# 管理学理论前沿

GUANLIXUE LILUN QIANYAN

主　　编　张洁梅　党永杰
副 主 编　唐冰辛　马悦杰
参编人员　孔维铮　宋朝冉
　　　　　王　昊　杨　柳

河南大学出版社
HENAN UNIVERSITY PRESS
·郑州·

图书在版编目(CIP)数据

管理学理论前沿 / 张洁梅，党永杰主编. --郑州：河南大学出版社，2023.4
 ISBN 978-7-5649-5437-6

Ⅰ.①管… Ⅱ.①张… ②党… Ⅲ.①管理学 Ⅳ.①C93

中国国家版本馆 CIP 数据核字(2023)第 059756 号

责任编辑　朱建伟
责任校对　李亚涛
封面设计　陈盛杰

| 出　版 | 河南大学出版社 | | |
|---|---|---|---|
| | 地址:郑州市郑东新区商务外环中华大厦2401号 | 邮编:450046 | |
| | 电话:0371-86059715(高等教育与职业教育分公司) | 网址:hupress.henu.edu.cn | |
| | 0371-86059701(营销部) | | |
| 排　版 | 郑州市今日文教印制有限公司 | | |
| 印　刷 | 广东虎彩云印刷有限公司 | | |
| 版　次 | 2023年4月第1版 | 印　次 | 2023年4月第1次印刷 |
| 开　本 | 787 mm×1092 mm　1/16 | 印　张 | 18.5 |
| 字　数 | 438千字 | 定　价 | 49.00元 |

(本书如有印装质量问题，请与河南大学出版社营销部联系调换。)

# 前　　言

管理学理论前沿是工商管理专业的基础课程,该课程围绕数字化带来的变革,就企业活动的经营环境、主体行为、产品以及产品创造过程等方面展开深入分析和探究。与国内外同类教材相比,该教材的鲜明特色是按照主编多年来对该课程的课堂教学情况和科研成果情况自拟教学大纲,具有很强的现实性和针对性。本教材的创新性主要表现在三个方面:

第一,基于新文科背景探讨管理学理论前沿问题。目前,国内外学者对新文科背景下管理学理论前沿的研究较少,本教材根据"现实取向"和"前沿追踪"的要求,从教师素质、教材质量、教学理念、教学模式、产教融合等方面出发,强调全面发展、学科交叉,变革教学理念和教学模式,推进以需求为导向的产教融合,在方法和理念上具有较强实用性和针对性。本教材在吸收借鉴国内外管理学理论最新研究成果的基础上,探讨新文科背景下管理学理论前沿问题,具有一定的创新性。针对新文科背景对管理类教材的要求,对现有教材进行完善和改进,凸显时代特征,突出中国特色,加强"新形态一体化"教材建设,将纸质教材当作重点,配套相应的视频、音频、习题库等教学资源,使纸质教材与数字化资源获得充分结合。

第二,基于数字化环境来进行教材的编写。随着数字化技术的快速发展,企业竞争日趋激烈,长尾效应的重要性日渐凸显,个性化推荐服务质量的提升愈发迫切,数字化管理也得以不断发展。围绕数字化带来的变革,本教材归纳、总结数字化环境下企业管理的一些典型特征。

第三,能够满足研究生需求的改变。现在的研究生大都是95后,具有较强的互动和分享特征。原来的管理学教材虽然结构完善,但内容比较传统、陈旧,没有结合环境的变化尤其是Z世代(网络流行语,也称为"网生代""互联网世代""二次元世代""数媒土著",通常是指1995年至2009年出生的一代人)学生的实际情况。在多年的课堂教学中,我们通过专题讨论的形式已充分了解到学生的需求,考虑利用相关的信息化平台和技术(如添加二维码等),以工商管理学科的专业特点以及学生的个性化需求为切入点来进行教材的编写。

管理学理论前沿的课程目标是使学生通过系统学习,在了解现代企业管理理论的主要流派和演化趋势基础上,吸取国内外学术界和企业界的前沿观点和实践经验,开阔视野,深化和拓展对管理学前沿理论的理解和实际应用,可以更好地应对动态变化的、充满机会与挑战的数字化环境。能熟练运用现代企业管理理论与方法分析解决我国企业发展中的实际问题,从而提高管理学理论水平和实际管理操作技能。本教材的编写以管理学前沿理论为主线,共设计十二章,除了第一章的管理学理论的构架是从总体介绍管理学理论的演变外,其他十一章分别介绍十一个现代企业管理理论,包括人性假设理论、领导理论、目标管理理论、质量管理理论、战略管理理论、组织文化理论、营销管理理论、业务流程再造理论、学习型组织理论、知识管理理论和数字化管理。

教材涵盖该课程所要掌握的重要知识点和基础理论，主要按照管理学前沿理论的演进安排顺序。第一章是管理学理论的构架，主要介绍管理学的学科体系、主要理论学派以及理论的研究范围。第二章是人性假设理论，包括东西方关于人性假设的观点、"经济人"假设与相应的管理理论、"社会人"假设与相应的管理理论、"自我实现人"假设与相应的管理理论、"复杂人"假设与相应的管理理论等。第三章是领导理论，包括管理与领导的区别、科特的领导理论、变革型领导与交易型领导、领导理论的新发展。第四章是目标管理理论，包括目标管理的产生与概念、实施程序、优缺点以及与全面质量管理理论的比较。第五章是质量管理理论，包括戴明的质量管理理论、朱兰的质量管理理论、克劳士比的质量管理理论、六西格玛和精益生产。第六章是战略管理理论，包括战略管理理论的演变、波特的竞争战略、核心竞争力和动态能力。第七章是组织文化理论，包括组织文化理论概述、形成、基本类型以及威廉·大内的Z理论、托马斯·彼得斯的追求卓越等。第八章是营销管理理论，包括市场营销的产生与发展、4P营销、4C营销与4R营销、新媒体营销、价值共创等。第九章是业务流程再造理论，包括业务流程再造的概念、过程、结果等。第十章是学习型组织理论，包括学习型组织的概念与特点、学习型组织的五项修炼、创建学习型组织的意义以及建设学习型组织的途径。第十一章是知识管理理论，包括知识管理理论的学派、内容、挑战以及发展趋势。第十二章是数字化管理，主要介绍数字化环境下企业管理面临的变化、企业治理结构的变革、企业内部管理的变革以及企业管理的创新方向。

本教材的编写由河南大学商学院的张洁梅、党永杰、唐冰辛、王昊、杨柳老师，河南经贸职业学院的孔维铮老师，河南应用技术职业学院的马悦杰老师，以及河南财政金融学院的宋朝冉老师共同完成。张洁梅拟定了教材编写大纲，并编写了第一章，党永杰编写了第二章、第三章和第六章，唐冰辛编写了第七章，马悦杰编写了第四章和第五章，王昊编写了第八章，杨柳编写了第九章，孔维铮和宋朝冉共同编写了第十章、第十一章和第十二章。

东北大学的研究生王晓静和黄嘉劲、西南财经大学的研究生杜秋萍参与了教材的资料收集和整理工作。在本教材的编写过程中，我们参阅了国内外大量的文献资料，借鉴了国内外学者的大量研究成果。我们还得到了河南大学出版社李亚涛老师的指导和帮助。在此，谨向所有帮助过、支持过本教材出版的同人们表示感谢。

本教材获得了河南省研究生精品教材项目"管理学理论前沿"（YJS2022JC29）的立项支持，得到了河南大学2022年校级规划教材建设项目的经费支持，本教材也是河南省高等教育教学改革重大项目"基于党委统揽作用的现代大学治理体系建构与优化研究"（2021SJGLX005）的阶段性成果。

由于编者水平有限，本教材难免还存在有一些不足之处，敬请广大读者批评指正，以便再版时修订和完善。

编　者
2022年12月

# 目　　录

第一章　绪论 …………………………………………………………………（1）
　　第一节　管理学的学科体系 ……………………………………………（1）
　　第二节　管理思想及理论的发展 ………………………………………（4）
　　第三节　中西方管理思想的比较 ………………………………………（12）
第二章　人性假设理论 ………………………………………………………（15）
　　第一节　东西方关于人性假设的观点 …………………………………（15）
　　第二节　"经济人"假设与相应的管理理论 ……………………………（22）
　　第三节　"社会人"假设与相应的管理理论 ……………………………（32）
　　第四节　"自我实现人"假设与相应的管理理论 ………………………（37）
　　第五节　"复杂人"假设与相应的管理理论 ……………………………（41）
　　第六节　人性假设理论研究的新进展及其对管理的影响 ……………（47）
第三章　领导理论 ……………………………………………………………（53）
　　第一节　领导理论的发展 ………………………………………………（53）
　　第二节　科特的领导理论 ………………………………………………（63）
　　第三节　变革型领导与交易型领导 ……………………………………（69）
第四章　目标管理理论 ………………………………………………………（77）
　　第一节　目标管理的概念及特点 ………………………………………（77）
　　第二节　目标管理理论优缺点评析 ……………………………………（80）
　　第三节　目标管理和全面质量管理的比较 ……………………………（84）
第五章　质量管理理论 ………………………………………………………（90）
　　第一节　质量管理理论产生的背景 ……………………………………（90）
　　第二节　戴明的质量管理理论 …………………………………………（91）
　　第三节　朱兰质量管理法 ………………………………………………（98）
　　第四节　克劳士比及其质量哲学 ………………………………………（106）
　　第五节　六西格玛管理 …………………………………………………（110）
　　第六节　精益生产 ………………………………………………………（117）
第六章　战略管理理论 ………………………………………………………（121）
　　第一节　战略管理理论的演变 …………………………………………（121）
　　第二节　波特的竞争战略 ………………………………………………（130）
　　第三节　核心竞争力 ……………………………………………………（141）
　　第四节　动态能力 ………………………………………………………（147）

## 第七章 组织文化理论·····(152)
### 第一节 组织文化理论概述·····(152)
### 第二节 组织文化的形成·····(157)
### 第三节 组织文化的基本类型·····(161)
### 第四节 威廉·大内的Z理论·····(167)
### 第五节 托马斯·彼得斯的追求卓越·····(174)
### 第六节 我国的组织文化建设·····(178)

## 第八章 营销管理理论·····(187)
### 第一节 市场营销的产生与发展·····(187)
### 第二节 4P营销理论·····(193)
### 第三节 4C与4R营销理论·····(197)
### 第四节 新媒体营销·····(201)
### 第五节 价值共创理论·····(205)

## 第九章 业务流程再造理论·····(220)
### 第一节 业务流程再造的概念·····(220)
### 第二节 业务流程再造的过程·····(230)
### 第三节 业务流程再造的结果·····(238)

## 第十章 学习型组织理论·····(241)
### 第一节 学习型组织的概念与特点·····(241)
### 第二节 创建学习型组织的意义及途径·····(244)

## 第十一章 知识管理理论·····(251)
### 第一节 知识管理理论学派及与其他管理理论的关系·····(251)
### 第二节 知识管理理论的内容·····(254)
### 第三节 知识管理理论面临的挑战·····(261)
### 第四节 知识管理理论的发展趋势·····(263)

## 第十二章 数字化管理·····(266)
### 第一节 数字化环境下企业管理面临的变化·····(266)
### 第二节 数字化环境下企业治理结构的变革·····(271)
### 第三节 数字化环境下企业内部管理的变革·····(276)
### 第四节 数字化环境下企业管理的创新方向·····(284)

# 第一章　绪　论

**本章要点**

1. 管理学的学科体系
2. 管理思想及理论的发展
3. 中西方管理思想的比较

## 第一节　管理学的学科体系

### 一、管理学的学科特点

管理学(Management)是一门跨学科(Interdisciplinary)的边缘科学和应用科学,主要研究人类管理活动的一般规律。它融合了社会科学领域的社会学、心理学、行为科学、人类学、政治学和经济学的知识及自然科学领域的数学、统计学、信息学、工业工程学、计算机科学和其他学科的知识。管理学所探讨的是与组织机构本身有关的管理问题,它包括组织内的管理者、管理者与下属、组织的行为、组织与组织之间以及组织与外部环境之间的关系等。第二次世界大战之后的50年间,作为边缘科学和应用科学的管理学,也伴随着其他社会科学领域和自然科学领域学科的发展而不断进步,管理理论中的各种学派呈现出百花齐放、百家争鸣的状态。

管理学首先面对的是组织的类别问题,组织的管理包括了对企业组织和非营利性组织的管理。这两类不同组织的管理问题既有共性又有个性,对这些问题的理解决定了对管理学学科体系所应包含内容的理解,大部分学者所认可的是,管理学更多的是研究营利性企业组织的管理问题。

虽然管理学成为一门科学是在20世纪初期,但管理思想的发展可以追溯到人类以集体活动来达到目标的远古时代。在第二次世界大战之前,管理学著作大多出自有实际管理经验的工作者(如泰勒、法约尔、穆尼、巴纳德等)之手,管理学的理论家对管理学的研究少有建树。在第二次世界大战之后的几十年间,众多管理学著作如雨后春笋般涌出,由于没有形成系统的学科体系以及研究脉络,这些专著对管理的各种分析方法、理论研究以及不同的观点导致了学科研究的混乱,如对什么是管理、什么是管理理论和管理科学,以及如何分析管理的各种问题等存在着争论。我们看到,管理学者和实际管理工作者的不同贡献形成了不同的管理分析方法,结果形成"管理理论的丛林",于是,关于管理学的统一理论框架的研究和探索从20世纪60年代初才真正地开始。管理学在经历了科学管理、行为科学和现代管理理论等几个发展阶段后已经进入了成熟期。成熟期的管理学对已有的管理理论和方法进行梳理、综合,形成了自己的学科体系,并且上升成为指导管理学二级学科(如企业管理、行政管理、旅游管理等)发展的一般管理学。

## 二、管理学的学科领域

管理学学科体系所涉及的领域,可以从广义和狭义两个方面来看。从广义上讲,它包括了组织机构的管理职能(Management Functions)和企业组织的营运职能(Operating Functions),如市场营销(Marketing)、人力资源(Human Resource)、会计(Account)、财务(Financing)、生产与作业(Production and Operating)等,从狭义上讲,主要探讨组织机构资源的有效配置和利用、组织结构的设计、员工的行为和激励问题以及组织的战略问题等。按照美国管理学会(Academy of Management)属下的专业委员会(Professional Divisions)的分类来看,它可以分为企业政策与战略(Policy and Strategy)、冲突管理(Conflict Management)、人力资源管理(Human Resource Management)、创新或创业(Creating or Entrepreneurship)、组织理论(Organizational Theory)、组织行为(Organizational Behavior)、组织的发展与变革(Organizational Development and Change)、管理的社会事项(Social Issues)、组织的沟通与信息系统(Communication and Information System)、国际企业管理(International Corporate Management),以及管理教育的发展、管理咨询等。本书所要探讨的管理理论,即是按上述狭义的管理学分类中的属于管理理论总纲的内容。

对于管理学学科体系所应包含内容(研究对象)的理解,各个管理学家有不同的看法。哈罗德·孔茨在其《管理学》一书中开宗明义地说"本书的目的是阐明经营理论和管理科学的基础知识"。小詹姆斯·H.唐纳利等人在《管理学基础》中表述的管理学则为"讨论只与某一特定的(虽然也是相当广泛存在的)事例有关的管理过程"。芮明杰等人主张管理学的研究对象为管理。按照芮明杰教授的说法,管理学的研究对象为组织本身和管理方式方法,而不包括经营。

在我国管理学的发展过程中,管理学主要是指组织机构的管理职能,如计划或战略(Planning or Strategy)、决策(Decision)、组织(Organizing)、控制(Controlling)、领导(Leading)、激励(Motivation)、人事(Staff)、创新(Creating or Transformation)、协调(Coordinating)和组织发展(Organizational Development)等。这种管理职能(或过程)的方法是由法国古典管理学者亨利·法约尔提出的。法约尔的观点被之后的彼得·德鲁克进一步阐释,德鲁克观察到,如果职能结构在使用中超出法约尔模式的界限,职能结构就会在时间和精力上付出巨额代价。

我国现今的管理学研究是从职能(Functionalist Perspective)的视角出发,大多数管理学教科书都沿用管理职能(或过程)学派的体系。许多学者和管理人员都认为,把知识实用而有条理地组织起来,有利于对管理进行分析。因此,在研究管理问题时,将其细分为计划、组织、人事、领导和控制等职能,并依据这些职能将知识组织起来是非常有用的。这样便可以将管理科学的概念、原则、理论和技术归于这些职能之下。这种情况出现的主要原因是我国管理学界深受职能(或过程)学派早期的代表人物亨利·法约尔的影响,在管理学教材体系上都沿用法约尔的管理职能学说。深受我国管理学者推崇的美国著名管理学教授哈罗德·孔茨也是管理过程学派的著名代表性人物。

管理过程学派的基本方法,首先就是注重管理人员的职能,随后再研究这些职能,并从纷繁复杂的管理实践中探求出基本规律,以期对这些职能进一步详加剖析。的确,管理过程学派的理论是一种适用性极强的综合管理理论框架,这一结构体系已在多年的管理实践中得到检验,哈罗德·孔茨认为它确实是为一般管理理论走出"管理理论的丛林"开辟了道路,但加拿大麦吉尔大学管理学院的明茨伯格教授把管理职能习惯分类法称之为"老一套"。虽然将管理知识实用而又有条理地组织起来的方法有多种,但时至今天,大多数管理学教科书作者在尝试了其他的知识结构组织方法之后,仍然采用这一结构体系或类似的结构体系。在讨论管理方法时可以看到,坚持管理职能方法的理论家所用的这些管理职能如计划、组织、领导和控制,已经作为划分日益增长的管理知识的一种方法。

管理过程学派把它的管理理论建立在以下7个基本信念基础上:

(1) 管理是一个过程,可以通过分析管理人员的职能从理性上很好地加以剖析。

(2) 可以从管理经验中总结出一些基本道理或规律,这些就是管理原理。它们对认识和改进管理工作能起到一种说明和启示作用。

(3) 可以围绕这些基本原理开展有益的研究,以确定其实际效用,增大其在实际工作中的作用和适用范围。

(4) 这些原理只要还没有被证明为不正确或被修正,就可以为形成一种有用的管理理论提供若干要素。

(5) 就像医学和工程学那样,管理是一种可以依靠原理的启发而加以改进的技能。

(6) 即使在实际应用中由于背离了管理原理而造成损失,但管理学的原理,如同生物学和物理学中的原理一样,仍然是可靠的。

(7) 尽管管理人员的环境和任务受到文化、物理、生物等方面的影响,但管理理论并不需要把所有的知识都包括进来才能起到一种科学基础或理论基础的作用。

我国管理学界居传统统治地位的观点都强调管理的职能,代表性的观点有:周健临等认为:"管理是对组织的人力、财金、物质及信息资源,通过计划和决策、组织、领导和控制等一系列过程,来有效地达成组织的目标。"杨文士等认为:"管理是指一定组织中的管理者,通过实施计划、组织、人员配备、指导和领导、控制等职能来协调他人的活动,使别人同自己一起实现既定的目标的活动过程。"这个过程的本质是在有组织的集体中让别人和自己一起去实现组织既定目标,这是典型的过程学派的观点。管理人员在管理活动中执行着计划、组织、领导、控制等若干职能。管理过程学派强调,管理是一个循环的过程,从计划到控制,再从控制反馈到计划表明了这一过程的连续性。我国当代大多数畅销管理学教材都沿用管理过程学派体系,说明管理过程学派或许能够对当代多样化的管理理论加以概括综合,形成一种一般管理理论。

由芮明杰教授主编的《管理学——现代的观点》认为:"管理是对组织的资源进行有效

整合以达成组织既定目标与责任的动态创造性活动。计划、组织、指挥、协调和控制等行为活动是有效整合资源所必需的活动,故而它们可以归入管理的范畴之内,但它们又仅仅是帮助有效整合资源的部分手段或方式,因而它们本身并不等于管理,管理的核心在于对现实资源的有效整合。"管理学的研究对象为管理,它包括管理的内涵、管理的架构、管理的过程、管理的方式和管理的绩效等部分内容。芮明杰教授强调,在过去的一个世纪,管理学有了很大的发展,同样的一个管理问题,过去和今天的看法可能完全不同,尽管我们需要了解管理问题的过去看法,但我们更要用今天的观点来看那些基本的管理问题。从现代的观点来看,目标、决策、计划、领导、监督、控制是管理的一个全过程,是在一定的组织架构下进行的。管理职能之说不过是管理分工后的产物,不能用分工来割裂它们之间的内在联系。

## 第二节 管理思想及理论的发展

理论的发展与持续,需要人们的广泛支持与配合。一方面,学术界整体的参与,是保证学术影响力的重要条件;另一方面,实践主体的追捧与认可,则构成了学术理论的价值体现。

在人类的历史上,管理活动源于有组织的活动,而管理思想反映了人们对这种活动的总结和思考。时代背景不同,环境特征不同,管理活动的表现形式也不尽相同。我们可以从已有的文字记载中,寻觅到中外思想家在不同时期提出的不同的管理思想。但管理理论的真正形成却是在19世纪末的欧洲工业革命。管理理论是对管理思想的提炼与概括,是较成熟、系统化程度较高的管理思想。

纵观管理历史的发展的过程,大致可以划分为五个时代:早期管理思想、科学管理时代、社会人时代、现代管理时代和后现代管理时代。

### 一、早期管理思想

管理思想贯穿于人类发展的历史,其时空范围是极其广阔的。如管理中的"管"字在我国春秋时期就已出现,"管"和"理"都包含着一种自然秩序或人对秩序的一种规范、要求。再比如原始社会中以部落首领为核心的一对多管理,封建社会"君权神授"的压迫思想等,这些都体现了人类为了谋求生存与发展会无意识地进行着管理活动和管理的实践。但这时人们对于管理只是一种相对狭隘的认识,管理者仅凭过去的经验和个人的主观臆断去管理,尚未对经验进行科学的抽象和概括,没有形成科学的、系统的管理理论和方法。

管理思想是文化的结晶,特定的管理思想寓于特定的文化传统中,并受其影响和制约,从而带有鲜明的文化传统特征和烙印。人类的管理思想有两种主要类型:一种是渊源于华夏文化传统的中国管理思想,另一种是渊源于古希腊文化传统的西方管理思想,二者各有特点。

## (一) 中国早期管理思想

中华文化在秦以前,百家争鸣,没有明确的主流思想,但自从汉武帝罢黜百家,独尊儒术以后,儒家思想逐渐成为占据统治地位的主导思想。中华文化共有三个层次组成,第一层是以儒、道、释为中心,第二层是以法、墨、农、名、兵、纵横、阴阳为副线,最外层是民族特色文化,形成了一个多元文化体系。在整个东方文化的历史发展进程中,儒家思想是贯穿始终的一条主线,道家思想和佛家思想是发展中的两条副线。儒家思想是一种以规则和说理的方式来传播的思想,而道家是以一种辩证的理论使人信服的,佛家则是以一种哲学的方式来解释世界。它们对人生、对事物发展的规律都有自己的解释理论,对人性的认识、社会的认识都有自己的角度,尤其是对人生、对人的本质的理解,更是各有不同。有人说,儒学治皮肤之疾,道学治血脉之疾,佛学治骨髓之疾。这里说出了三个层次:儒学尽管提出了许多的治国方略,有"半部论语治天下"之说,但是它的致命的弱点是缺乏严密的理论体系;道家有一套较为完整的理论体系,但是由于过于消极,同时又没有得到统治者长期的青睐,而没有在东方的文化中占主体地位;而佛学是一门出家人的学问,它有着一套严密的逻辑体系,对于事物发展的规律有一种自圆其说的逻辑。

中国在两千多年的封建社会中,中央集权的国家管理制度,使财政赋税的管理、官吏的选拔与管理、人口田亩管理、市场与工商业管理、文书与档案管理等方面,历朝历代都有新的发展,出现了许多杰出的管理人才,在军事、政治、财政、文化教育与外交等领域,显示了卓越的管理才能,积累了宝贵的管理经验。

战国时期著名的"商鞅变法"是通过变法提高国家管理水平的一个范例;文景之治使国家出现了政治安定、经济繁荣的局面;万里长城的修建,充分反映了当时测量、规划设计、建筑和工程管理等的高超水平,体现了工程指挥者所具有的高度管理智慧;都江堰等大型水利工程,将防洪、排灌、航运综合规划,显示了我国古代工程建设与组织管理的高超水平;丁谓主持的"一举三得"皇宫修建工程堪称运用系统管理、统筹规划的范例。还有许多令人赞叹的管理实践都体现了中国古人高超的管理智慧。

从中国古代管理实践可以看出,管理与行政基本融为一体。由于古代中国是典型的农业经济,行政管理是社会管理最主要的模式,因此,任何一项工程,任何一项管理活动,无不以国家或官府的名义展开,管理实践也只有在和行政融合过程中才有表现的机会。实际上,我们所了解的中国古代管理实践,无一例外不是行政中的管理实践。

中国古代的管理实践是一种经验管理,古代管理实践的成功与否主要取决于管理者或决策者的素质高低。管理者的个人知识、能力和经验越丰富,越有可能进行卓有成效的管理活动,否则,管理就可能缺乏成效,甚至失败。因此,管理实践是和个人经验分不开的,是一种典型的经验管理。

## (二) 西方早期管理思想

从历史进程看,西方文化包含着古希腊文化、罗马文化等。古希腊的文化带有一种和谐的特点,在现实和彼岸、理想和现实之间,它力求达到一种和谐;罗马文化,则完全是另一个方面,它一头扎进了功利主义、物欲主义的浊流里。西方文化起源于希腊、罗马、埃及、巴比伦等文明古国，他们在公元前6世纪左右即建立了高度发达的奴隶制国家。这些古国在国家管理、生产管理、军事管理、文化管理等方面都取得过许多优异的成绩，从而也产生了丰富多彩的管理思想。

古埃及宏大的金字塔工程诠释了当时的管理思想和方法，遗憾的是相关文献极少，后人只能从这些工程本身加以推测，其计划、组织、控制等管理思想是显而易见的。

古巴比伦的汉姆拉比法典共有282条，内容几乎无所不包，其中许多条款都涉及了经济活动的管理。希腊的城邦管理、军事管理、经济管理、文化管理等都为西方后世管理实践树立了典范，其管理思想与同时代的中国如出一辙，以人为中心的治事思想同样突出。如苏格拉底认为，管理主要是对人的管理，只有那些知道如何雇佣人的人才能在管理上取得成功。古罗马最主要的管理经验是把分权和集权恰当地结合起来，曾实行了一种把集权与分权很好地结合起来的连续授权制度，把整个罗马划分为4个大区、13个省、100个郡。公元3世纪后，随着基督教的兴起，基督教圣经中包含的伦理观念和管理思想，对以后西方封建社会的管理实践起着指导性的作用。

15世纪管理思潮的中心在意大利，出现有十分出色的工厂管理实践，威尼斯兵工厂的管理代表了这一时期的管理水平。威尼斯兵工厂在成品部件的编号和储存、安装舰只的装配线、人事管理、部件的标准化、会计控制、存货控制、成本控制等方面积累了成型的管理经验，已体现出近代管理思想的雏形。

## 二、科学管理时代

中国早期管理思想虽然博大精深，但是管理理论的系统却在西方形成。直到18世纪中叶，亚当·斯密的分工理论、以蒸汽机的发明为核心的动力改革以及珍妮纺织机等机器的应用颠覆了整个手工业时代，工业革命给我们带来了现代意义上的工厂，工厂制度日益普及，管理越来越突出，管理方面的问题越来越多地被涉及，早期的经验和主观臆断已满足不了企业发展的需要。人们日益增长的物质需求与生产力落后之间的矛盾，要求企业改进管理，提高劳动生产率。以泰勒、法约尔、韦伯等为代表的古典管理理论学派从管理职能、组织方式等方面研究企业的效率问题。泰勒针对放任随意所带来的管理低效的问题，提出了任务管理法和配备"第一流"的工人（如工时定额、计件工资制、标准化等）；法约尔则对组织管理进行了系统地研究，提出了管理的14项原则，并在此基础上提炼出管理的五大职能（计划、组织、指挥、协调和控制）；韦伯在管理理论方面的主要贡献是提出了理想官僚组织体系理论，他认为建立一种高度结构化的、正式的、非人格化的理想的官僚组织体系是提高劳动生产率的最有效形式。1900—1930年管理学发展的标志性事件如表1-1所示。

表 1-1 1900—1930 年管理学发展的标志性事件

| 时代阶段 | 标志事件 | 典型应用领域 |
|---|---|---|
| 1900—1910：秒表科学 | 1900：美国人均周工资为9.30美元<br>1901：吉列安全剃须刀公司推出吉列品牌世界上第一所工商管理研究院——达特茅斯大学阿莫斯塔商学院开始颁授学位<br>1902：百事可乐公司成立<br>1903：福特汽车公司成立<br>1904：罗尔斯·罗伊斯公司成立<br>1906：道·琼斯指数首次超过100点<br>1907：美国股市发生恐慌<br>1908：哈佛工商管理学院成立；通用汽车公司成立 | 鲁特－建立美国军中各部门协调机制，成立军事学院，创立参谋长联席会议；<br>法约尔14条"一般管理原则"；<br>弗里得里克·泰勒手持秒表，避免磨洋工，通过量化确定效率，提高单位劳动力生产率。 |
| 1911—1920：福特时代 | 1911：泰勒著作《科学管理原理》出版发行<br>1912：泰勒在国会作证，管理突然成为公众关注的问题<br>1913：美国联邦储备局成立<br>1915：第100万辆福特汽车下线<br>1917：太平洋航空产品公司发展成波音公司<br>1918：松下公司成立<br>1919：希尔顿酒店公司成立<br>1920：美国城市人口超过农村 | 亨利·福特采用装配线形式，劳动生产率提高了10倍，实现真正的大规模生产。<br>松下幸之助强调产品的质量且企业应承当承担强烈的道德和伦理责任。 |
| 1921—1930：发现组织 | 1921：美国失业率超过20%；索尼创始人盛田昭夫出生<br>1922：哈佛商学院院长亲自负责《哈佛商业评论》的出版；美国管理协会成立<br>1924：案例教学法成为哈佛商学院的主要教学方法<br>1925：西尔斯第一家零售店开张，奠定其最大百货商基础<br>1929：美国股市崩盘，大萧条开始；柯达发明了彩色电影胶片 | 斯隆在通用公司创造了高度职业化、不再依靠直觉做判断的经理阶层，创造了事业部制这种新的组织形式，即一种将分权与协调、集中控制相结合的组织模型。 |

## 三、社会人时代

古典管理理论把人看作一种工具，认为人是"经济人"，劳动双方都在追求最大的利益，其中心就是要提高生产效率，它忽略了管理的重要客体（人）以及对其社会属性和复杂心理的探索，因此这种管理思想是片面和浅薄的。其实，通过讨论我们不难发现，在泰勒的科学管理理论中，"理性经济人"是其关键性的假设。而梅奥、巴特勒以及罗斯利斯伯格、迪克森等人的发现，却试图证明在人的工作动机中，经济激励是第二位的。1924—1932年，行为科学代表人梅奥在美国芝加哥西部电器公司所属的霍桑工厂进行著名的霍桑实验。实验中，梅奥校正了早期研究者的科学偏见，提出"社会人"的观点，认为经济因素只是第二位因素，社会交往、认同、归属感等社会心理因素才是激励员工积极性的第一位因素，一个人是否全心全意地为团队服务，取决于他对自己的工作、同事和上级的感觉如何，以及由此产生的社会条件和人际关系的改进。在同一时代，管理的各个方面都有了较大的发展,出现了如马斯洛需要层次理论和赫茨伯格双因素理论等有深远影响的理论。梅奥等人对泰勒理论假设的修正,直接导致了管理理论对人的行为动机的认识,从泰勒意义上的"理性经济人"假设向"社会人"假设的转变,促成了西方管理理论中行为科学学派和社会系统学派的发展。

除了行为科学学派得到长足发展以外,有许多学者从各自不同的角度发表自己对管理学的见解,提出不同的理论、概念和方法,孔茨将其称为"管理理论丛林"。这一时期的管理理论学派繁多,出现了如人际关系、社会系统、权变理论等很多不同学派的理论。"人际关系学派"认为人是影响管理的主要因素,主要观点有亚伯拉罕·马斯洛提出的需求层次论,弗里德里克·赫茨伯格将工作的激励因素分为保健因素和激励因素,道格拉斯·麦格雷戈提出的X理论、Y理论的激励模型。此外,如过程理论、决策理论和系统管理理论等学派认为,管理不再是简单的通过标准化动作、定额工时等,而是把决策贯穿于整个管理过程当中,从系统的层面统筹考虑如何安排组织生产以提高效率。1931—1950年管理学发展的标志性事件如表1-2所示。

表1-2 1931—1950年管理学发展的标志性事件

| 时代阶段 | 标志事件 | 典型应用领域 |
| --- | --- | --- |
| 1931—1940:<br>关于人的探索 | 1930:美国国家失业理事会成立<br>1931:《财富》报道:超过500万工人工作完全屈服于机器<br>1932:道·琼斯指数达到其历史最低点41.22点<br>1933:美国棉纺工业规定了周工作时间和男工最低工资<br>1934:美国证券交易委员会成立<br>1935:罗斯福总统签署了《社会保障法案》<br>1936:丰田喜一郎将家族企业易名为丰田,转产汽车;亨利·福特成立了福特基金会<br>1937:美国规定了女工最低工资;戴尔·卡耐基的《如何赢得朋友和影响他人》出版<br>1938:切斯特·巴纳德的《经理的职能》出版<br>1940:麦当劳兄弟开了第一家餐馆 | 美国西方电气—霍桑工厂试验;<br>玛丽·帕克.福列特研究探索团队合作等组织管理中人文主义相关问题;<br>艾尔顿·梅奥提出工作场合人性化,工人和老板的行为分别受"感情逻辑"、"成本和效率逻辑"的支配;<br>罗斯福新政提出工业民主。 |
| 1941—1950:<br>战争的教训 | 1940:通用第2500万辆轿车下线;美国生产管理办公室成立的电视网络首次在美国出现<br>1941:亨利·福特勉强同意在福特公司出现工会;玛丽·帕克·福列特著作《动态的行政管理》出版<br>1944:IBM公司生产出第一台大型计算机世界银行成立<br>1945:第一家沃尔玛商店成立;高级管理人员培训项目成为哈佛商学院日常安排<br>1946:第一台电子管的数字计算机研制成功;井深大和盛田昭夫投资530美元创办了索尼公司<br>1947:美国国会通过《劳工管理关系法案》,限制工会活动;马克斯·韦伯著作《社会与经济组织理论》出版<br>1950:彼得·德鲁克成为世界上首位管理学教授 | 管理咨询顾问和商学院开始为军队作战争管理培训,以获得快速解决方案;<br>战时营销生产时代到来,如可口可乐汽水、箭牌口香糖、亨氏罐头、雀巢速溶咖啡、斯帕姆午餐肉等都是在此时代扬名立万;<br>美国人在管理方面的成就帮助日本高效地进行经济重建,典型企业代表:创造新市场的索尼,注重售后服务以及提倡做有道德良心的松下。 |

## 四、现代管理时代

第二次世界大战之后,世界格局重构,资本主义国家再一次进入发展的黄金时期。对美国人而言,20世纪50年代是富足的10年,道·琼斯工业平均指数增长了239.5%。工作和生活都是完全可以预见得到的,于是,非常忠诚的公司人成长起来。管理人员对企业的忠诚和努力工作换来了工作的安全感,这种相互之间的默契被称为心理协定。心理协定让管理人员满足于公司内规划好的升迁路径,而公司对管理人员最主要的期望就是"可靠"。在这个充满机会的时代,现代营销理念也在市场的渴望中诞生了,如E·杰姆罗·麦卡锡提出的"4P组合",特德·列维特主张公司应为市场导向而非生产导向等,这些学者都尝试阐明营销的确切性质和范围的真实本质。

1954年,彼得·德鲁克的著作《管理的实践》出版,则标志着现代管理学的诞生。这本"管理圣经"对管理的基本原则进行了精湛评述,同时他还将顾客放在前所未有的中心位置,定义企业的目的为创造顾客。IBM公司是20世纪50年代公司的典范,它发展出以服务为中心的品牌和强有力的企业文化。IBM管理者认为:"任何组织应准备改变所有的一切,但已经融合在公司生命中的信念永不改变。"像IBM这样有影响力的公司形成了强有力的企业文化,这在管理史上是一个重大发展,具有非凡的意义和重要性。这意味着公司对人类生活的影响已经超越了法律规定的范围。除此之外,地区之间物质财富分布相对不均,导致了全球化市场日益形成,跨国企业逐渐成为经济的主角。

这一时代,企业不再单纯局限于考虑在某一区域企业内部资源的配置以及员工心理因素问题,而是开始了对一般管理理论进行新的探索,对企业与环境的相互联系的问题更加关注,所考虑的范围更广阔,在延续过去管理思想的基础上,不断地追求能够系统地应对环境变化的管理手段。由于环境的复杂性、市场的多变性,人们看待管理问题的视角是多样的,如战略管理理论强调在目标、资源的基础上制定合适组织结构的行动方案,迈克尔·波特在《竞争战略》中提出了竞争的"五力框架"模型等理论都极大地丰富了管理领域,如同又形成了一个新的"管理理论丛林"。1951—1970年管理学发展的标志性事件如表1-3所示。

表1-3 1951—1970年管理学发展的标志性事件

| 时代阶段 | 标志事件 | 典型应用领域 |
| --- | --- | --- |
| 1951—1960:<br>在梦想中生活 | 1951:戴明质量管理奖开始评比<br>1954:彼得·德鲁克著作《管理的实践》出版;亚伯拉罕·马斯洛的著作《激励与人性》出版<br>1955:第一家特许经营企业麦当劳系统公司成立<br>1957:惠普公司提出第一套公司目标,称为"惠普之道"<br>1958:美国出现严重经济衰退,导致7.7%的失业率<br>1959:卡内基基金会和福特基金会发表报告批评商学院;弗里德里克·赫茨伯格著作《激励因素》出版<br>1960:道格拉斯·麦格雷戈著作《企业的人事方面》出版 | X理论、Y理论是麦格雷戈经典著作《企业的人事方面》一书的核心部分。X理论的思维方式是人要在"胡萝卜加大棒"下才会好好工作,而Y理论的基础是人希望并且需要工作。这两种理论可以简单地看作人力导向的宣言。 |

续表

| 时代阶段 | 标志事件 | 典型应用领域 |
| --- | --- | --- |
| 1961—1970：了解战略 | 1961：美国法定最低工资为1.25美元<br>1962：特德·列维特著作《市场营销的创新》出版；钱德勒著作《战略与结构》唤醒了对战略的关注<br>1963：小托马斯·沃森著作《一个企业和它的信念》出版<br>1965：伊戈尔·安索夫著作《公司战略》出版<br>1967：菲利浦·科特勒著作《营销管理》出版<br>1968：英特尔成立<br>1969：彼德·德鲁克在《不连贯的年代》中提出知识工作概念<br>1970：罗伯特·汤赛德的著作《提升组织》以幽默的笔调叙述了公司制度所面临的严峻形势 | 两年制美国MBA模式在商学院诞生，从此观念和教育结合起来，管理逐渐成为一种职业，新一代职业经理人也大多出于此。 |

## 五、后现代管理时代

西方国家自20世纪50年代以后相继进入了第三次科学技术革命，以信息技术、互联网和数据库的广泛应用为标志的新经济概念出现了，知识经济逐渐成为新的经济形态，知识资本取代土地、货币资本成为支配性要素，全面改变了传统企业构成的观念，管理者开始探索更好的管理方式。例如，1976年，美国麦卡锡公司开始对世界各国企业实践进行研究，以揭示战略、结构和管理有效性之间关系的性质，其中，由技术员控制作业速度的北欧沃尔沃汽车厂，以及采用新的社会技术设计的斯堪尼亚工厂，这些工厂中工作组的方式是一种更能激发人的才能，使组织更加人性化、更有效率的组织工作的新方式。此外，受行动学习理论影响下的英国煤矿生产效率提高了30%，团队工作和工业民主思想也逐渐开始盛行，欧洲的管理实践重新受到世界关注。20世纪80年代，随着日本的复兴崛起，日本的雇佣制度和管理实践也被极力推崇，质量管理和客户价值始终被其摆在首位，例如日本咨询顾问大前研一在著作《战略家的思想》中向西方读者揭示了日本战略制定背后的真相。日本企业在制定任何战略的时候，都必须考虑企业自身、顾客和竞争这3个主要因素，其中顾客是日本企业制定战略过程的核心和实现企业价值的关键。后现代管理的研究主要涉及管理哲学、人性假设、组织文化、组织结构、组织变革、国际化战略及跨文化管理等。其中针对过去人性的假设，后现代管理研究不偏不倚，从"社会人"和"经济人"的基础中汲取营养，提出"文化人"这一全新的概念，并围绕着这一命题从社会学、心理学和文化人类学等多个学科领域开展研究。1971—2000年管理学发展的标志性事件如表1-4所示。

表 1-4　1971—2000 年管理学发展的标志性事件

| 时代阶段 | 标志事件 | 典型应用领域 |
|---|---|---|
| 1971—1980：组织瘫痪 | 1971：纳斯达克市场出现<br>1972：道·琼斯指数第一次超过 1000 点，但很快衰退；亨利·明茨伯格在《管理工作的本质》中描述了经理人员的实际工作<br>1973：家用电脑面世<br>1975：苹果公司推出第一种完全组装的个人电脑<br>1977：克里斯·阿基里斯和唐纳德·施翁合著的《组织学习》出版<br>1978：迈克尔·波特的著作《竞争战略》出版<br>1980：阿尔文·托夫勒在《第三次浪潮》中对世界的未来进行了预言 | 梅内迪斯·贝尔宾开始探究团队成员的类型与团队绩效之间的影响 |
| 1981—1990：追求卓越的冒险 | 1981：理查德·帕斯卡尔和安东尼·阿索斯用《日本企业管理艺术》揭示了日本企业成功背后的秘密<br>1982：汤姆·彼得斯和罗伯特·沃特曼的著作《追求卓越》使得整个市场为之狂热；大前研一 1975 年的作品《战略家的思想》在西方出版<br>1983：罗莎贝尔·坎特著作《变革大师》出版<br>1984：梅内迪斯·贝尔宾著作《团队管理》重新将团队工作引入管理学；埃德加·沙因著作《组织文化与领导》出版<br>1987：道·琼斯指数首次逼近 2000 点<br>1988：约瑟夫·朱兰完成他的质量管理福音书《质量控制手册》<br>1989：《非理性的时代》和《超越界限的管理》揭示了正在出现的公司的现实<br>1990：迈克尔·波特的《国家的竞争优势》风行全球；理查德·帕斯卡尔著作《艰难的管理》出版 | 更多学者开始重新呼吁人本主义以及开展对领导力的研究 |
| 1991—2000：权力的新平衡 | 1991：道·琼斯指数第一次逼近 3000 点<br>1992：汤姆·彼得斯著作《管理的解放》为这 10 年建立了一个令人厌恶的基准；詹姆士·钱皮和迈克尔·汉默著作《企业再造》出版，成为缩减企业规模的圣经<br>1993：亨利·明茨伯格在《战略计划的兴衰》中宣布了传统战略的"死穴"<br>1994：加里·哈默尔和普拉哈拉德的著作《竞争大未来》标志战略管理新生代的产生<br>1995：道·琼斯指数第一次突破 4000 点<br>1996：道·琼斯指数突破 6000 点；道·琼斯指数突破 7000 点<br>1997：道·琼斯指数突破 9000 点<br>1998：微软以 2620 亿美元的市值成为美国最大的公司<br>1999：道·琼斯指数第一次突破 10000 点大关 | 新型组织形式开始继续被探究和倡导，如企业流程组织、顾客—供应商连接网络、"三叶草组织"、"联邦式结构"、"3I"组织等组织类型也被提出；<br>新公司典型代表：如ABB（合并后引入复杂矩阵结构—集中条件下分权的管理模式）、GE（六西格玛质量运动等）、丰田（实施戴明的质量管理理念——追求精益生产模式）、戴尔（利用互联网和其他通信工具与顾客建立直接联系，减少中间商） |

进入21世纪以后,管理面临的环境更加复杂,新的管理理论不断涌现,知识管理、跨文化管理等新理论成为新的管理研究重点。

## 第三节 中西方管理思想的比较

现代企业的发展,管理思想发挥着举足轻重的重要作用。现代企业管理思想主要有两种类型:一种是渊源于古希腊文化传统的西方管理思想,它在近代资本主义的条件下演变为具有一定科学形态的管理理论,从20世纪初泰勒开始,已发展成为科学化的理论体系,对现代人类的经济社会发展产生了重大影响;另一种是渊源于中华文化传统的中国管理思想,它具有鲜明的东方文化色彩,但由于社会历史条件的限制,中国管理思想在近代没有能够与产业革命及工业企业经营相结合,直到20世纪80年代,由于日本及"亚洲四小龙"经济的飞速发展,才使人们重新认识到中国文化传统包含的管理思想的重要意义。

由于不同的社会制度和思维模式,中西方管理思想在各自漫长的发展历程中,形成了风格各异且具有显著差异的管理思想。中国管理思想根植于其悠久的传统文化,其特点是以人为本,注重协和中庸,以"礼义"为控制手段;西方管理思想源于古希腊文化,带有浓重的科学主义,注重利益与效益,以科学为推动力,依靠制度与创新。二者有一定差异性,但优劣共生,呈现互补融合的态势。在管理学发展过程中,中西方管理思想的互补效应已经成为一种文化发展态势,其融合也成为一种必然趋势。

### 一、中国基于传统文化的管理思想的特点

1. 核心是"人"为本

这种人本观把人作为管理活动的出发点和归宿,人处于管理系统的中心地位。也就是说,管理是一个"修己安人"的过程,以"修己"为起点,以"安人"为目标。管理者要从提高自身修养和德行做起,以身作则以达到安人的目的。这种以道德作为固化人们实际行为的手段不失为一种合理的方法,但如果将这种方式上升为管理方法时,则略显乏力,控制力较弱,而且管理者处于核心地位,其德行修养高低直接影响管理效果。

2. 注重协和中庸

这种协和观以追求管理系统的协调、和谐、稳定为目标。关于中庸,宋代朱熹的《四书章句集注》中对它的解释是:中者,不偏不倚,无过不及之名。可以看出,中庸绝不意味着折中,而是管理过程中所要达到的至高境界,恰当而适合才是真正的核心。这一思想揭示了这样的管理理念:在管理中,没有一成不变、具有普适性的管理规律,也没有最好的管理方法,合适就好,要把握好做事的"度"。同时,注重整体系统观念,讲究从整体上把握一种和谐的境界。

3. 控制的"礼"与"义"

缺乏控制的社会,必定是不稳定的,要保证人类生存,需要实施好控制。在中国传统中,就运用"礼义"这个大的原则来进行管理。"礼"在中国古代兼具有伦理规范、规章制度、等级体系之意,主要表现为以"礼"为特点的内在性自我约束和以"义""刑"为特点的外在性约束。在中国传统的管理思想中,一直以"义"的无形来约束"利"的有形。尽管被管理者是重利的,但在社会认同和群体影响的环境下不可明言功利,管理者实施管理时,亦不能以功利的手段为指导。

## 二、中西方思想的融合

研究西方管理思想及其演变趋势,对我国管理活动的发展具有重要的借鉴意义。随着世界经济日新月异、经济全球化进程加快,交通领域的快速发展和因特网的广泛普及,加之科学技术更新速度迅猛提升,西方管理思想也逐渐开始融合东方管理思想,跨地区、跨文化的管理需求也不断被强化,同时现代企业为了能够跟上时代发展的节奏,也必须更加注重管理制度创新、管理方式灵活。

案例拓展

不可否认的东西方文化和思维差异,既不能消除,也难以统一,问题的关键是应当在差异彼岸构筑起一座沟通的桥梁。洋务运动时期的张之洞在他的《劝学篇》里提出"中学为体,西学为用",今天用在现代管理中,仍然有借鉴意义。在当代东西方文化进一步交流融合的趋势中,应当注意既掌握西方的管理理论,又领会东方的管理思想。尤其是在具体的实践过程中,西方的管理方法在外国公司有时很好用,但在中国企业的运用过程中就出现了一些问题,这就需要从亚文化的角度来观察,虚实结合,既学习西方的管理之术,又领悟中国的管理之道,从而让中国的企业也成为全世界学习的样板。

因此,真正做到学以致用,将理论成果转化为实际运用,可以从以下几个角度考虑:

### (一) 借鉴西方理性的管理思想

中国的管理思想有的注重对人的管理,倡导先义后利的思想,采取柔性管理的方式;有的奉行中庸的管理思想;有的强调无为而治。正如前文所说,中国的管理思想偏感性管理,理性的因素较少,而西方一直奉行的是一种理性管理的思维,因此,借鉴西方的管理思想能起到扬长避短的作用。

### (二) 将科学管理的方式引入管理

中国管理思想的发展过程中比较侧重依据经验进行管理,其成功的管理方式在推广使用上会存在较大的困难,而科学的管理方式则更有助于克服这一缺点,也更有利于实现管理的稳定性。因此,需要借鉴西方的管理方式,将科学的管理方式引入中国的管理领域。

### (三) 与时俱进,注重管理方式的革新

西方管理思想的演变过程中,通过不断改进管理方式来不断适应变化了的管理环境。

虽然中国管理思想也呈现出这样的特点,但是我国许多管理者的身上还带着保守的管理思想,不愿意接触和利用新科技、新技术,所以必须认清现状,学习西方先进的管理方式,在管理上实现与时俱进。

中西方管理思想,都是人类文明的结晶,各有所长,都曾在推动人类社会发展过程中起到不可替代的作用。中西管理思想的交流、移植和融合,中国传统管理思想在新的历史条件下的改造和重建,是一种必然的历史发展趋势。

伟大领袖毛泽东在其《实践论》中告诉我们,人的认识来自实践,最终还要回到实践中去,即所谓的实践→认识→再实践→再认识,循环往复,以至无穷。认识之所以必须再回到实践中,一是必须接受实践的检验,二是必须能够运用到实践之中,否则认识将失去存在的意义。丰富的人类实践活动一再表明,科学理论具有指导实践的永恒魅力,实践每发展一步,理论就要跟进一步。放眼人类历史,曾出现过无数的理论,有的昙花一现,有的青春常驻,这往往取决于理论的彻底性、科学性和价值性。当然,科学理论的强大生命力并不是一劳永逸的,正如习近平总书记强调的,"时代是思想之母,实践是理论之源",理论创新每前进一步,理论武装就要跟进一步。

新的管理理论同样面临来自实践的检验,同样应该能够运用到实践之中。对于本土化的管理学理论体系内涵而言,和合思想、矛盾视角、和谐领导、东方领导、潜规则、人情与面子、儒家文化等各种中国式特色,已经有诸多相关研究,学界应继续关注本土思想的构建,作出实质性的内涵阐释。

**【关键词】**

科学管理、行为科学、管理过程学派、社会系统学派、决策理论学派、系统管理学派、管理科学学派、权变理论学派、管理思想、中西方管理思想

**【本章小结】**

本章是学习管理学的入门篇,学习重点首先在于了解管理学科体系及特点,理解中西方管理理论的历史衍变及其特点和差异,并在此基础上把握管理学的研究视角,了解研究分类,最后掌握管理学理论研究和实际应用的新发展趋势。

**【思考题】**

1. 西方管理理论出现哪些分支?每个理论分支的内容与特征各是什么?
2. 现代管理学是如何产生的?这对当代管理理论研究和管理实践的发展可能提供哪些启示?
3. 分析什么是管理二重性。
4. 试分析管理思想演进的逻辑。
5. 管理学的研究对象是什么?在企业管理研究基础上抽象出的一般管理理论对其他组织的管理是否也具有指导意义?
6. 试分析管理学的理论研究与管理实践能力提升的关系。
7. 为什么说理论联系实际是管理学研究的基本方法?

# 第二章 人性假设理论

## 第一节 东西方关于人性假设的观点

### 一、人性假设的含义

何谓"人性假设"中的"性",学界有不同的认识。《康熙字典》解释为"性字从生从心",即性是与生俱来的心思。荀子:"生之所以然者谓之性";王充:"性,生而然者也";康熙字典的解释与之一脉相承。

管理学中的"人性假设",是指对管理活动中人的本质特征中的"人性"部分所做的理论假设。大家耳熟能详的有"性本善""性本恶""亦善亦恶""非善非恶""善恶两重性"等,不同的人性假设,会衍生出差异巨大的管理理念和管理方法。美国管理学家麦格雷戈在《企业中的人性方面》一书中指出:"每项管理的决策与措施中,都是依据有关人性与其行为的假设。"

以儒家文化为代表的中国传统文化大多认同"性本善"(荀子、法家认同"性本恶"),建立在性本善基础之上的东方管理理念及其所对应的管理方法,是"教育式管理""启发、引导式管理"。

以欧洲文化(基督教文化)为代表的西方传统文化大多认同"性本恶",而建立在性本恶基础之上的西方管理理念及其所对应的管理方法,是"契约式管理""制度化管理""服从式管理"。

### 二、西方关于人性假设的观点

#### (一) 西方思想家关于人性假设的观点

以欧洲文化为代表的西方文化,是以基督教文化为基础的文化。

基督教文化中的"原罪说"源于圣经中关于人类先祖亚当、夏娃偷吃禁果的传说,认为人来到这个世界上就负有深重的"原罪",这是典型的"性本恶",近现代西方文化中,"性本恶"是主流观点。西方持"性本恶"观点的思想家主要有奥古斯丁、马基雅弗利、霍布斯、叔本华等。

西方早期认同"有善有恶"的思想家有柏拉图、亚里士多德和康德等。柏拉图认为,人有欲望、意志和理性,当理性能够驾驭欲望和意志时,人性中就能获得善,反之人性中就充满邪恶。亚里士多德也认为人有理性和情欲,人性的善体现在用理性把情欲控制在一个合理的状态。康德认为人有"实我"和"真我"两个"我","实我"是情感主导的我,"真我"是理性主导的我,"真我"因为善的约束而高于欲望主导的"实我",所有人性中的主导取向是善压倒恶的取向。

## (二) 从管理学发展史看"人性假设"

1. "经济人"假设下的"古典管理理论"

在管理理论发展的早期,管理理论深受经济学理论的影响,追随古典和新古典经济学的人性假设,古典管理理论便在"经济人"假设的基础上得以建立。但与经济学中的"经济人"假设不同,管理学中的"经济人"具有这样几个"现实"特征:

(1) 天生就不喜欢劳动,一有机会,就会躲避劳动;
(2) 只有强迫、控制,才能迫使他们劳动;
(3) 较少有野心,宁愿受人指使,不愿意承担责任;
(4) 劳动的目的都是出于生理和安全的需要,唯有金钱和其他物质利益才能激励他们努力劳动。

古典管理理论由泰勒、法约尔和韦伯等人引领。泰勒1911年基于车间工人视角提出了科学管理理论。在泰勒之后,同时代的法约尔1916年另辟蹊径,基于办公室经理的视角提出了工业管理与一般管理理论。与泰勒和法约尔不一样,德国社会学家马克斯·韦伯1907年从组织的视角出发,基于对法定权力、传统权力和神授权力的分析,提出了独到的以法定权力为基础的行政组织理论。在韦伯看来,只有具有高度理性化的组织,才是对个人进行强制控制的最合理手段,是提高劳动生产率的最有效形式。

泰勒等人的古典管理理论为当时的企业组织协调劳资关系、构建管理制度以提高生产效率等,提供了科学的管理思想与理论指导。但由于古典管理理论仅将经济刺激作为其关注的焦点,所以古典管理理论与实践者们最终都未能摆脱"效率专家"的阴影。

2. "社会人"假设下的"人际关系理论"

尽管古典管理理论在提高劳动生产率方面取得了显著的成效,但在20世纪30年代"大萧条"时期,人们并没有期盼到像泰勒等人所描述的那番景象:劳资双方相互信任。相反,由于辛勤劳动的人们并不一定能够取得丰厚的回报,所以古典管理理论激起了工人特别是工会的反对。这样,基于"社会人"假设的人际关系理论便应运而生。

梅奥从自己所组织的"霍桑试验"中发现,工人不是被动孤立的个体,其行为不仅仅受工资的刺激,影响生产效率的最重要因素不是待遇和工作条件,而是工作中的人际关系。据此,梅奥提出了"社会人"假设的观点。"社会人"假设认为,驱使人们工作的最大动力是社会、心理需要,而不是经济需要,人们追求的是保持良好的人际关系。

受梅奥"霍桑实验"及其"人际关系理论"的影响,管理理论的重心开始从过去的"以人适应物"向"以人为中心"转移。20世纪40年代以后,"人际关系理论"逐渐演化为"行为科学学派"。

3. "自我实现人"假设下的"放权自治理论"

马斯洛在对人类需求结构进行考察以后,提出了与"经济人""社会人"假设不同的主张——"自我实现人"假设。在马斯洛所构建的需要层次结构中,自我实现是人类最高层次的需要。所谓自我实现人,是指人都具有发挥自己潜能和展现自己才能的冲动,只有将自己的潜能和才能在接受挑战中释放出来,人们才会感到满足。

在"自我实现人"假设下,管理者既不是生产任务的指导者,也不是人际关系的调节者,而是一个搜寻者。由于环境通常是造成人们发挥才智的障碍,所以管理者应以搜寻者的身份了解环境。管理者的主要任务是寻找什么工作对什么人最具有挑战性,最能满足人自我实现的需要。根据"自我实现人"的观点,人具有主动性,能够自治地开展工作,企业管理制度的建立,应当以能够保证员工充分施展才能,发挥其积极性和创造性为目的。马斯洛主张,企业管理要下放权力,建立决策参与制度、提案制度、劳资会议制度,使员工将个人需要与企业目标结合起来。

虽然不同于"单一静态性"假设,具有结构层次的"自我实现人"仍然具有"单一性"特征,即人们对需要的满足具有相同的实现路径,从追求生理需要开始,到关注安全需要,再到注重社交需要,然后再到强调受人尊重,最后渴望自我实现。实际上,马斯洛所主张的"放权自治"管理思想只是注重了对员工最高需要层次的满足。

4. "复杂人"假设下的"权变管理理论"

尽管泰勒等人的古典管理理论、梅奥的人际关系理论以及马斯洛的放权自治理论,对管理学的贡献毋庸置疑,但随着社会的进步,在新的管理环境下,已有的管理理论便显得捉襟见肘。于是沙因、莫尔斯和洛希、卢桑斯、卡斯特与罗森茨韦克等人便基于"复杂人"假设提出和完善了权变管理理论。

沙因等人认为,无论是"经济人""社会人",还是"自我实现人"假设,都有其合理性,但都不能适用于所有人。一方面,人与人之间存在着很大的个体差异;另一方面,同一个人在不同时间、地点、事件和环境下,会有不同的表现。人的需要、潜力和才智,会随着年龄、知识、地位和人际关系等的变化而各不相同,所以"复杂人"假设更符合实际。所谓"复杂人"假设是指:①人的需要多种多样,每个人的需要各不相同,需要的层次也因人而异,而且人的需要随着人的发展和生活条件的改变而变化;②在同一时期内,人有多种需要和动机,这些需要和动机会相互作用并整合一体,形成复杂的动机模式;③伴随工作和生活条件的不断变化,人会不断产生新的需要和动机;④个体在不同单位或同一单位不同部门的工作中,会产生不同的需要;⑤人具有对各种复杂管理模式的适应性,可以依自己的动机、能力及工作性质对不同的管理方式作出不同的反应。基于"复杂人"假设,权变理论认为,在企业管理中,不存在一种可以适合于一切人的管理方式和方法,管理者要根据企业所处的内外条件随机应变,没有什么一成不变、普遍适用的"最好的"管理理论。

权变理论为人们分析和处理各种管理问题提供了一种十分有用的思路。它要求管理者根据组织的具体条件及面临的外部环境,采取相应的组织结构、领导方式和管理方法,灵活地处理各项具体管理业务。这样,就使管理者把精力转移到对现实情况的研究上来,并根据具体情况进行具体分析,提出相应的管理对策,从而使其管理活动更符合实际情况,更加有效。同时,权变理论一改以往人们对管理行为的静态认识,率先提出了管理的动态性特征,使人们开始意识到管理的职能并非一成不变这个事实。但"复杂人"假设过分地强调了人的差异性,而忽略了人的共同性,所以基于"复杂人"假设的权变理论被有的管理学家比喻为一只装满管理理论的"大口袋",这只"大口袋"使管理理论趋于"泛化"而捉摸不透。

5."道德人"假设下的"文化管理理论"

"道德人"假设是20世纪80年代以后逐渐发展起来的一种管理人性假设观点。这种观点认为,人不仅具有物质性、社会性、自我实现性,而且具有道德性,人性是物质性与道德性的统一体。人们在追求物质需要的同时,能够承担对组织的道德义务和道德责任并且能够以道德自律的方式进行自我管理。基于"道德人"假设,管理的本质就是如何对待人,管理中内在蕴涵着一个根本性原则,就是把人当作目的道德原则。管理理论的中心议题不应仅仅是科学问题,还应该包括与价值和道德相关的哲学问题。管理要在符合规律性的同时,符合伦理性。可以说,20世纪80年代以来兴起的基于"人本管理"思想的企业文化管理理论,正是基于"道德人"假设的产物。

帕斯卡尔和阿索斯在《日本企业的经营管理艺术》中率先对组织文化进行了系统的阐述,提出了著名的"7S"管理理论。美国哈佛大学教授特雷斯·迪尔和管理顾问阿伦·肯尼迪在深入调研80多家美国企业的基础上作出了"杰出而又成功的企业大多拥有强有力的组织文化"的论断,从而大大提高了人们对组织文化的关注和重视程度。在美籍日裔学者威廉·大内以及美国管理学家托马斯·彼得斯和罗伯特·沃特曼的推进下,自20世纪80年代以来,文化管理理论一直是西方管理学界的一个重要论题。文化管理理论者认为,人不是纯理性的,其感情因素不容忽视;管理不仅要靠逻辑和推理,还要靠直觉和热情;理性化的解析手段和技术方法有一定作用,但不能迷信和滥用。在对传统理性管理理论的反思和批判中,文化管理理论提出了以人为本的管理模式。这个模式一方面认为管理应以制度化、理性化为基础,另一方面又特别强调共同的价值观、和谐的人际关系、卓越的团队精神、高超的管理艺术以及参与式激励方式等在管理理论与实践中的重要地位,主张以文化价值等人文因素统摄物质、制度等理性因素以及整个企业的经营管理活动,以含蓄代替严厉,以微妙取代精确,以人性充实理性,把管理的效率和效益在更大程度上诉诸人的自觉性和自我激励,试图实现物质与精神、理性与价值、个人与整体在企业管理中的融合与统一。基于"道德人"假设的文化管理理论正好契合了当代社会发展、科技进步所引发的劳动方式与管理方式变化以及劳动者素质提高等时代特征。

有关人性假设与它们相应的管理理论将在后面的章节中详加介绍。

## (三) 麦格雷戈的 X-Y 理论

麦格雷戈在关于人性的假设方面提出了两种截然不同的观点:一种是消极的 X 理论;另一种是积极的 Y 理论。他通过研究发现,管理者是根据一些假设来对员工进行激励和约束的。1957年,他在《企业中的人性方面》一文中提出X—Y理论。

X理论是基于以下的假设提出来的:

(1) 员工天生是懒惰的,他们不喜欢工作,只要有可能,他们就会逃避工作;

(2) 员工不喜欢工作,必须用强制、惩罚的办法,才能迫使他们为实现组织目标而工作;

(3) 以自我为中心,不关心组织的目标;

(4) 员工没有责任心。

这是麦格雷戈归纳的传统管理者的人性观,传统的组织结构、管理政策、措施和计划都反映了上述假设。传统的管理通常用的激励措施是金钱刺激加严厉惩罚。

与X理论相反的是Y理论,Y理论基于以下的假设:

(1) 一般人都是勤奋的,如果环境条件有利,工作如同游戏或休息一样自然;

(2) 员工在执行任务中,能够自我控制和自我指导;

(3) 一般情况下,员工不仅会接受责任,还会主动寻求责任;

(4) 员工有着高度的想象力、智谋和解决组织中问题的创造性。

Y理论告诉管理者,要尊重和信任下属,创造一个有利于下属发挥才能的条件,给他们一些具有挑战性的工作,让他们在工作中觉得自己的价值得到了体现。

由此可见,"性恶论"的X理论是和"经济人"假设相一致的,"性善论"的Y理论是和"自我实现人"假设一致的。虽然麦格雷戈认为Y理论比X理论更有效、更理想,现实的管理实践也越来越趋向于Y理论,但是并不是说Y理论就是万能的,X理论就是无用的。值得注意的是,X理论更适合人们低层次需求不能得到满足的情况,Y理论更适合人们低层次需求已经得到满足的情况。事实上,X理论和Y理论给我们提供了思考问题的角度,在使用时要根据社会现状以及人的个体因素综合考虑,不能机械地照搬套用。

## 三、东方关于人性假设的观点

### (一) 孟子、荀子、孔子关于人性假设的观点

1. 性善论与仁爱管理的可能性

人性善的观点在中国传统管理思想中影响最大,传统启蒙教材《三字经》开篇即称"人之初,性本善",从而使这一观点达到家喻户晓、妇孺皆知的地步。中国管理思想史上,对人性本善的探讨最具影响的是孟子。我们可以将孟子的"性善论"概括为三个方面:

人性可以为善。孟子所谓的人性本善,是指每个人本质上都具有向善的可能,但并不是说人在任何情况下都会自然而然地走向善。

仁义礼智,人所固有。孟子将仁、义、礼、智看成是每个人天生所具有的四种本能,即四端,就像人天生就有四肢一样。四端来自于恻隐之心、羞恶之心、辞让之心、是非之心四心,四心是人之所以为人的根本标志。

求则得之,舍则失之。既然人性本善,为何有的人作恶呢?孟子认为,这取决于人们对其本心的探求与放弃。积极努力,充分发扬人性本质的就表现为善;而放松努力,不去

探求和发扬人性本质的就表现为恶。

从孟子的性善论我们可以看出,人性本善是人之为人的内在规定性,人之所以会"为不善",除了外在的环境的影响之外,更重要的就是由于个人对自身内在应有的善的规定性缺乏主动的内求与反省。

孟子指出,培养人的善良本性,首先要从管理者自身做起,管理者应该依人固有的善良本性去维护管理,把"仁"推广到全部管理活动中去。假若管理者自己能努力培养和扩大人的"善端",就能形成"乐民之乐者,民亦乐其乐;忧民之忧者,民亦忧其忧"的良好社会氛围。总之,性善论说明了管理者只有自身素养得到了提高,才能在管理过程中表现出以善为本的"仁政",以自身的善端来带动被管理者的趋同,从而上下协同实现目标。性善论意在说明推行"仁爱"管理的合理性以及被管理者接受管理行为规范的可能性。

2. 性恶论与制度管理的必要性

荀子是中国传统管理思想史上性恶论的集大成者。与孟子性善论的思想相反,荀子否定性善是与生俱来的,肯定性恶是人性所固有的本性。"人之性恶,其善者伪也"。荀子认为,人性中的善是后天社会环境影响的结果,并不是先天的良知。人性的本能表现在"目好色,耳好声,口好味,心好利,骨体肤理好愉佚"。只有采用某些外在强制性的手段对"恶"的人性进行"伪",即改造,人性才能表现出"善"。荀子从恶与化、化与善、生与学、相与导、德与性等各个角度,集中论证了"人之性恶,其善者伪也"的命题,认为恶的人性需要加以教育、引导才能去恶从善。

荀子从性恶论观点出发,强调管理者应对人的本能欲求进行严格管理,经过严格管理后的人性才能体现出善。人所谓的善良本性是管理者严格管理的结果,假若管理者放纵人的本能欲求行为时,人本性的恶就会表现出来。荀子不仅从"人之性恶"的角度分析了管理的重要性,同时也提出了人性本能行为的管理原则。在荀子看来,一个人要寻求满足其本性所固有的本能欲求是正常的,关键是在寻求过程中要有一个度量的界定和限制,否则就会造成利益纷争,造成社会混乱局面,从而造成财缺民乏的形势。在这里,荀子明确提出了制度管理的必然要求,这种制度管理一方面强调对人性本能行为进行规范管理的必要性,另一方面提出了管理规范人性本能行为的基本原则,注重"物"与"欲"之间的平衡关系。荀子的性恶论说明了管理的必然性以及实施制度管理的必要性。

3. 人性可塑论与德治管理的必然性

孔子最早提出人性可塑的主张,《论语·阳货》上说"性相近也,习相远也"。他认为,人所禀受的天性,本来是差不多的,没有多大差别,无所谓善恶,一经后天的习染,人与人之间便渐渐拉开了距离,不再相近了。告子继承了这一思想,认为人是一张纯洁无瑕的白纸,其或善或恶的分化完全取决于人的后天行为,因此,"性无善无不善"。

孔子根据其人性可塑之说提出"为政以德",即德治。"德治"含义广泛,对于管理而言,首先是强调管理者应对被管理者进行道德教化,既然人性无善恶,人性可塑,那么管理者应该主要通过道德教化来进行管理。其次是管理者应以身作则进行自身道德修养,要"正心""修身""修己以安百姓"。只有如此,管理者才能做到"其身正,不令而行";否则,"其身不正,虽令不行"。建立在人性可塑论基础上的管理思想在行动上采取德治手段,用道德教化改造人,其管理目的是影响人与塑造人。

上述分析说明,性善论强调人之为人的社会属性,性恶论强调人之为人的自然属性,而人性可塑论对人性有了较为全面的理解。中国传统管理思想对人性假设的上述三种主要理论经历了从简单到复杂,从片面到全面,从肤浅到深刻的过程。各种人性论都对人性进行了分析,阐明了人性的观点,明确了人性假设对管理本质、管理目标、管理控制、管理伦理价值标准的重要前提作用,都从各自人性观出发,提出了关于管理的方法和建议。中国传统管理思想始终把人作为研究中心,体现了朴素人本思想的管理理念。

### (二) 近代思想家关于人性假设的观点

近代中国不少思想家为了民族的解放事业向西方学习科学,将中国的传统人性思想与西方的人性理论相结合,严复提出基于进化论的"性无善恶论",梁启超的"人性中心论",章太炎的"善恶同时进化论",李宗吾基于中西科学的"性恶论",但都没有形成系统的中国现代人性理论。中国古代和近代人性研究主要是对于统治者而言,当然这些都与中国的历史环境有关。

## 四、东西方人性假设之比较

### (一) 两者间的联系

首先,两者与管理的关系相同。两者都是管理理论的深层次结构,并都对管理思想和制度等产生了重大影响,具体管理思想的形成、管理措施的选择都是由相应的人性假设所决定的。其次,性善论和"自我实现人"人性假设有相通性,虽然表述不同,但两者都看到了人性中积极的一面,并在管理中充分利用人性中的这一面。两者都重视环境、教育和继续培训的作用。最后,性恶论和"经济人"人性假设有相通性,两者都看到了人性的利欲需要,都认为必须采取外界措施干涉利欲心,都主张采取强制措施。它们都同样忽视了人的社会性,片面强调了人的非理性和生物性。

### (二) 两者间的区别

1. 两者产生的年代和社会背景不同

中国古代的人性观产生于春秋战国、秦汉时期,是农业经济的产物。现代西方的"人性假设"是基于工业社会管理发展的需要而产生的。

2. 两者管理的对象和目的不同

中国古代管理理念的对象是国家、群体,是为巩固封建统治服务的。无论是性善性恶,还是善恶混淆论,都是为统治阶级进行仁爱德治,驱除恶行,大治于天下提供理论依据的,其目的是更好地安邦定国。现代西方管理的对象是企业、组织,是为提高组织的管理效率、生产效率服务的,其目的是激励员工,创造更多的经济利润。

3. 两者对管理的影响方式不同

中国古代人性观主要影响中国封建社会的社会政治管理,是一种由上至下的统一管理。西方人性假设主要用来管理西方的经济,分散应用于各个经济团体,每个经济团体自主采用自己所欣赏的理论,他们所采取的策略也不尽相同。

4. 两者的产生方式不同

中国古代人性观是个人在生活实践中通过观察,并根据自己的生活感受对人性进行主观判断得出的。西方人性假设是从人的不同需要出发,通过大量的行为科学、心理学研究得出的结论。

5. 两者的结构模式不同

中国古代人性论是线形平面结构,一端是性善论,另一端是性恶论,中间是善恶混淆论,所有的人都被划入这一结构中,人无论善恶还是中间状态都处于这个平面结构中,永远没有超越;西方人性假设是多侧面立体结构,它们有的强调人的经济性,有的强调社会性,还有的强调自我实现性和复杂性等,每个人某一时期的主导特性只属于其一。

总之,两者都对管理有很大的促进作用,但它们对管理所起作用的时间、影响层面和方式都是不同的。在具体的管理实践中我们既要吸收前人留给我们的宝贵遗产,还要有选择地吸收西方人性假设中的精华部分,使我们的管理实践更科学,效率更高。

## 第二节 "经济人"假设与相应的管理理论

### 一、"经济人"假设

#### (一) 理论背景

在科学管理理论诞生之前,人作为一种生产要素,其稀缺程度以及对生产的贡献远不如土地。人与人之间存在的极强依赖关系使得他们完全从属于他们赖以生存的各种血缘或地域的共同体,这时人的发展只能表现为从属于各种共同体的发展,人的生产能力只是在狭窄的范围内和孤立的地点上发展着,因而工人凭经验操作,工厂主凭经验和感觉进行管理。这种经验型的管理方法,实际上把工人视为"机器人"或"商品人",这表明人们对管理的认识还停留在感性认识阶段。

19世纪第二次科技革命后,企业规模不断扩大,资本和生产更加集中,劳动专业化程度越来越高,过去那种凭借经验和个人意志的放任式管理与大生产方式不能适应,造成稀缺资源得不到合理的使用,经济效率低下,物质财富不足。此时,"获取财富"即经济利益成为社会一切人等思考和行动的兴奋点,而经验管理铸就的小块经济利益大饼导致了人们之间冲突的不断发生。这种局面亟须能更加有效地使用资源增加整个物质和供应的管理方式。"经济人"从一种享乐主义的哲学观点出发,认为人的一切行为都是为了最大限度地满足自己的利益,工作的动机是为了获得经济报酬。这个时代的特定环境把泰勒引导到了以"经济人"假设为基础建立科学管理理论上。以泰勒制为主体的科学管理理论的诞生标志着科学开始代替随意、理性逐渐放逐经验。

## (二) 主要内容

### 1. 基本思想

1776年,亚当·斯密出版了《国民财富的性质和原因的研究》(以下简称《国富论》),在此书中,他把个人谋求自身利益的动机与行为纳入经济学分析范畴中,使"经济人"假设思想得以提出,并以追求自身利益的经济人为出发点,建立起古典经济学的整个体系。

亚当·斯密的"经济人"假设思想,是由一系列的命题组成的。在《国富论》中,他明确阐述了"经济人"假设的基本思想。第一,他认为人是自私自利的。追求自身利益是经济人从事一切经济活动的根本出发点。而这种动机和由此而产生的行为是人类本身的生物学和心理学的根据,它根源于人作为一种动物的本能。第二,人是理性的。这种理性就在于以最小的牺牲来满足自己最大的需求,从而实现个人利益的最大化。在追求自身利益的过程中,他能根据市场的情况、自身的处境、自己利益之所在作出综合的判断,使之尽可能最大化。第三,在经济活动中,经济人追求的是个人利益,通常并没有促进社会利益的动机。但是,当经济人在追求"自利"时,又可以给社会带来"公利"。经济人在追求个人利益最大化的活动中,会无意识但卓有成效地增进社会福利,虽然这并不是经济人活动的初衷。这就是说,在"看不见的手"的指引下,往往使他能比在真正出于本意的情况下更有效地促进社会的利益,人类的整个福利也就有所提高。

最早将"经济人"假设运用到管理学研究及管理实践中的是美国著名管理学家泰勒。泰勒以"经济人"假设为前提,认为人都是自私、自利和懒惰的,人从事劳动的唯一目的是为了获得物质利益。他提出的科学管理理论"工作定额""标准化""挑选第一流的工人""差别工资制""计划职能和执行职能相分离"等大大提高了劳动的生产率,但是他却忽略了人的感情。只是以提高劳动生产率为目的,认为人不懈地追求经济收入就会积极地工作。他总是根据工人的劳动量给予他们适合的报酬,来制定他的管理制度。

美国著名学者麦格雷戈把"经济人"假设称作X理论,并把这种X理论的内容概括为:员工天生是懒惰的;他们不喜欢工作,只要有可能,他们就会逃避工作;员工不喜欢工作,必须用强制、惩罚的办法,才能迫使他们为实现组织目标而工作;以自我为中心,不关心组织的目标;员工没有责任心。

### 2. 与"经济人"假设相对应的管理方式

根据"经济人"假设,经济学家和管理学家们认为在经济活动和管理活动中应采取以下管理主张和措施:

管理工作的重点是完成生产任务,提高劳动生产率,对人的感情和愿望可以不关心;

组织应以金钱刺激员工的劳动积极性,同时对消极怠工者采取严厉惩罚措施;

订立各种严格的工作规范,加强法规管制;

以权力和控制体系来保护组织本身及引导员工;

管理是少数人的事,与广大员工无关,工人的责任是干活,听从管理的指挥。

可见,这种管理方式,一方面用金钱刺激与收买员工;另一方面依靠严密的监督、控制和惩罚,来达到组织的目标。

## (三) 理论评价

### 1. "经济人"假设的贡献

"经济人"假设之所以在19世纪末20世纪初提出,并逐渐成为西方经济学和管理学的重要理论基础,有其合理性和历史必然性。"经济人"假设从纷繁复杂的社会现象和人的多种需要中,抓住了人的最基本的需要,发现了工人工作积极性背后的经济动机,这是个明显进步。亚当·斯密和泰勒所处的时期是社会化大生产建立初期,生产力水平相对低下,劳动成为谋生的第一手段,经济动机成为人们积极工作的主要动机。在这种假设基础上形成的经济学和管理学理论也有其合理性和科学性,这种理论在实践中运用也必能取得一定的效果。就此而言,我们应积极张扬"经济人"假设的正面效应,充分利用其合理性。

(1) "经济人"假设为西方经济学和管理学的发展提供了分析工具。经济现象和管理现象是现代社会中涉及面很广且极为复杂的两种社会现象,而研究经济现象和管理实践的经济学和管理学作为一门系统理论体系的建立,必须以一定的理论假设为前提。而"经济人"假设正好揭示了人类行为的基本特征之一,消除了不确定性和复杂性给经济学、管理学研究带来的困难,从而使科学的经济分析和管理科学建立成为可能,为以后西方的经济学和管理学的进一步发展奠定了基础。

(2) "经济人"假设客观地反映了人类行为的重要动机。"经济人"假设将人假设为利己的,并认为追求物质利益是人的行为的最大推动力的观点,从一定层面上揭示了人的行为的主要动机。人的行为的动机是多种多样的,社会生活也是丰富多彩的。但人的欲望、需要是人的行为动机的原始动因,在不同条件、不同时间、不同地点是有差异的。而历史已反复证明,物质利益的需要和满足是人类最原始、最基本的需要。因为人类要生存和从事其他活动,必须首先解决衣、食、住、行等最基本的生存条件问题。满足人的基本生存条件就必须要有最低限度的物质利益。尤其在人的基本生存条件还未得到根本保证的情况下,追求物质利益往往成为人的行为的最根本的动机。因此,在人的生活水平较低的情况下,运用经济手段和利益机制调动人的积极性,激发人的工作热情不失为一种好的办法。

(3) "经济人"假设对西方经济和社会发展产生了重要影响。"经济人"假设提出和运用的时间,正是西方资本主义形成和初步发展时期。在资本主义形成和发展初期,效率一直是困扰很多国家和学者的重大问题。因此,斯密和泰勒所处的时代,是资本主义发展历史上竭力追求效率,提高劳动生产率的历史转折时期。比如亚当·斯密经过长期艰苦的探索,提出了一整套提高劳动生产率的思想,泰勒制定出一整套规范化、标准化的规章制度、产品质量、工人培训和计酬方法等,而这些思想都是以"经济人"假设为前提的。上述思想,对当时的英国以及整个资本主义世界都产生了重要影响。19世纪末20世纪初,资本主义社会中劳动分工细化的完成,极大地提高了劳动生产率,进而从根本上影响了资本主义经济和社会的发展。

2. "经济人"假设的局限性

"经济人"假设虽然有其合理和科学的成分,但是,不可否认,"经济人"假设从一开始就表现出不能克服的局限性。从"经济人"假设提出不久直到现在,中外学术界都对它争论不休。那么经济人假设到底存在哪些局限性,至今人们众说纷纭,在本书中主要介绍以下较为明显的局限性。

(1) "经济人"假设对人性的认识是片面的。古今中外,人们提出了若干种人性假设学说,并把各种人性假说运用到社会生活的方方面面,在人性认识方面取得了一些重要的成就。但是,人类至今对人性的认识仍然是肤浅的,而且这种认识总是处在不断的发展过程中。每种认识都有其合理性和科学性,但每种认识都有其片面性。"经济人"假设只是众多人性假设中的一种,这种假设揭示了人的行为的利益动因,发现了人的行为与经济利益之间的关系,抓住了经济利益对人的行为的基础性重要作用。但是,"经济人"假设仍然是片面的,它只看到了人的行为动因的一个方面,而忽略了激发人的行为动因的多种因素。

(2) "经济人"假设适用度是有限的。"经济人"假设及以其为基础建立的经济学和管理学理论的适用度是极其有限的。它有自己特有的适用范围和社会发展阶段。如果离开特定的社会历史条件,抽象地将"经济人"假设运用到各种领域和经济发展的各个阶段,无限度地夸大其作用,甚至将其绝对化,必然造成人们思想上的混乱。实践证明,"经济人"假设比较适合一个社会经济发展水平较低、管理水平不高、效率低下、人们的生活水平不高的社会发展阶段。但随着经济的发展、人们的生活水平的提高,人的需要也将随之发生变化。现在的人类已进入知识经济时代,人们更加注重非经济因素对生活质量的影响,精神生活所占的比重将会越来越高,人的非物质需要如安全、交往、尊重和自我实现的需要将成为人们更为关注的需要,非物质的手段也将成为激发人的积极性的主要手段。

(3) "经济人"假设绝对化已经成为人的全面自由发展的桎梏。"经济人"假设把追求利益最大化作为人生的目的,而把人的自由发展作为手段。这在"以人为本"的现代社会中其局限性自不待言,与马克思主义的人的全面发展理论也是相悖的。即使是一些资产阶级经济学家也反对把获得利益看成是人生目的。古典政治经济学家西斯蒙第认为,"古典经济学以财富为对象而忘了人,它完全忽视了资本主义经济在盲目追求无限生产欲望的驱使下对人类幸福所造成的损害。"

所以,在"以人为本"的今天,有人仍然将"经济人"假设泛化,尤其是一些人将"经济人"假设绝对化,并把它作为解释人的行为的理论依据,这无疑将对人们的思想造成极大混乱,阻碍人的全面发展。经济学、管理学是关于人的学说,我们必须以人为本,促进人的全面发展,研究"完整的人",研究人与自然、人与人的关系;研究和满足人的多方面需要;研究如何全面提高人的素质,充分发展人的才能,力争使各方面协调发展,体现其真、善、美,推动人类社会不断由必然王国向自由王国迈进。

## 二、古典管理理论

### (一) 泰勒的科学管理理论

泰勒是科学管理理论的创始人,代表作是1911年出版的《科学管理原理》,被后人称为"科学管理之父"。泰勒对科学管理作了这样的定义:"诸种要素——不是个别要素的结合,构成了科学管理,它可以概括如下:科学,不是单凭经验的方法;协调,不是不和别人合作,不是个人主义;最高的产量,取代有限的产量;发挥每个人最高的效率,实现最大的富裕。"

泰勒的科学管理原理是建立在一系列基本假设前提之上的。

(1) 当时劳资双方矛盾尖锐的主要原因是管理水平的落后造成社会资源得不到充分利用,造成极大的浪费。如果通过科学管理可以将社会资源进行重新配置得到充分利用的话,使劳资双方都得到好处就可以缓和甚至解决劳资矛盾。

(2) 对工人的基本假定仍然是"经济人"。即每个人都是自私的和利己的,追求个人利益的最大满足,如果科学管理能够让工人提高其货币收入、增加其经济利益的话,那么工人就会愿意主动配合管理人员的工作,挖掘自身的最大潜力。因此,为了达到最高的工作效率可以采取任何方法,不用考虑人性的特点,把人视为机器和提高劳动生产率的工具。

(3) 科学管理思想认为单个人可以取得最大效率,集体的行为反而会使效率下降,所以科学管理是使单个工人提高效率的有效方法。泰勒针对工人磨洋工、工作效率低下现象所做的搬运铁块实验、铁砂和煤炭的铲掘实验、金属切削实验都是建立在上述3个假设的基础上的,取得了巨大的成功。科学管理理论也是以上述假设为前提的,基本要点包括以下内容:

1. 合理确定工作定额,提高劳动生产率

泰勒在《科学管理原理》中强调了提高效率的重要性,坚持效率至上原则。泰勒认为工人提高生产率的潜力是很大的。当时工厂的管理者对工人每天的工作量没有客观依据,只是凭经验确定了一个标准;而工人也不满资本家的剥削,普遍采用"磨洋工"的斗争方式,他们都尽量少干活,没有发挥出劳动的积极性。要确定科学合理的日工作量标准,必须对工时和动作进行研究并记录下来,加上必要的休息时间和延误时间,得出完成一项工作所需要的总时间,据此制定工人合理的日工作量,这就是工作定额原理。

2. 挑选"第一流的工人"

所谓"第一流的工人"是指适合于其工作,可以发挥他的才能和潜力,并且愿意努力工作的人,那些能够做这项工作但不愿意做的人并不能成为第一流的工人。泰勒认为每个人都具有不同的天赋和才能,只要工作适合他,都能成为第一流的工人。非一流工人只是那些体力或智力与工作不匹配的人,和适合工作但不愿意工作的人。对不愿意工作的人,要采用说服教育和相关的约束措施以及激励性的工资制度,以使其努力工作。对体力或智力与工作不匹配的人,要加以培训,重新安排他们做适合自己的工作。因此,天赋和才能固然重要,而制定科学的培训方法,培训工人成为第一流的工人也是管理者的重要职责之一。

3. 标准化原理

挑选了第一流的工人之后,应当实行标准化原理。以往,工人的操作方法、使用的工具、劳动时间和休息时间以及采用何种机器设备,都是由管理者根据经验确定的,缺乏科学依据。泰勒认为要实行标准化的作业方法,必须使工人掌握标准化的操作方法,使用标准化的工具、机器和材料,遵循标准化的工作流程,并协调好劳动和休息时间的搭配、机器的安排和作业环境的布置等,使作业环境标准化。通过实验分析消除不合理因素,把各种最好的因素结合起来,形成一种最好的方法,作为工人作业的标准。然后根据作业标准制定合理的作业时间,以确立工人一天的合理工作量。

4. 刺激性的计件工资制

泰勒认为以前的工资方案存在许多缺陷,计时工资制不能体现多劳多得,计件工资制虽然表面上将报酬与完成的工作数量挂钩,但是随着工人完成数量的增加,资本家可以通过降低单件报酬的办法剥削工人的劳动所得,最后并不能使工人的总报酬得到实质性的提高,于是磨洋工的现象开始出现。泰勒认为不合理的工资制是引发劳资矛盾的重要因素,于是他提出了著名的"差别工资制",为了激励工人完成定额的工作量,对同一种工作设有两种不同的工资率。这是一种具有很大激励性的工资报酬制度,主要包括三个方面的内容:①由管理部门根据实验制定一个工时定额或标准,摆脱以前的经验依据。②采用激励性的差别工资制,即按照工人是否完成定额来支付不同的工资。如果工人完成定额,所有的工作量都按照高工资率(125%)付给工资;如果工人没有完成定额,全部工作量都按低工资率(80%)支付工资,以此督促工人完成或超额完成工作量。③差别工资不是针对职位,而是根据工人的效率高低和实际工作表现来支付。差别工资制既避免了平均主义,又克服了磨洋工现象,提高了工人的劳动积极性,缓和了劳资矛盾,使劳资双方达到"和谐的合作关系"。泰勒还强调标准一旦形成,资本家就应当严格按照标准执行,保证工资的增长是永久性的,否则工人不会更卖力地为资本家干活。

5. 计划职能和执行职能

为提高劳动生产率,泰勒主张将计划职能和执行职能分开,改变传统的经验管理方法,实行科学的工作方法。泰勒认为计划和执行职能的分开是科学管理的基本原理之一。以前的工作方法都是工人根据自己或师傅的经验来决定,单凭经验不足以找到科学的方法,工人们也没有时间和条件来从事科学实验。因此,计划职能就由管理部门承担,建立专门的管理部门,配备专门的管理人员,负责进行时间和动作研究、制定工作定额或标准、选用标准工具和采用科学的工作方法等。工人只需要从事执行职能,按照计划部门制定的操作方法进行实际操作。计划工作与执行工作的分离在管理发展史上具有深远意义,它促进了劳动分工的发展,实现了管理工作的专业化,也为科学管理理论的形成奠定了坚实的组织基础。

#### 6. 实行职能工长制

传统的组织机构中,工长必须具备九种素质:智能、教育、专门的技术知识、机智老练、充沛的精力、毅力、诚实、判断力和良好的健康状况。但实际上一个人很难同时具备这些素质,为了提高工效,泰勒主张把工长的职能细分,由八个职能工长每人担任一项管理职责,代替原来的一个工长。这八个职能工长分别是工作命令卡工长、工时和成本工长、纪律工长、工作分派工长、工作程序工长、速度工长、修理工长、检查工长。职能工长制具有三个优点:每人只承担一项职能,培训所花费的时间较少;各个工长制职责明确,便于提高效率;工长不需要负责计划职能,只需进行现场指挥监督,技术不熟练的工人也可以从事复杂工作,降低了企业的生产费用。

#### 7. 例外原则

泰勒认为,大规模企业和组织除了采用职能原则进行管理之外,还必须应用例外原则,即高层管理者把一般日常的例行性事务交给下级管理人员去处理,而自己只保留对事关全局的重大事务或人事任免等例外事务的决策权。例外原则是泰勒提出的组织管理的重要原则,这种原则的实质是实行分权管理,对以后的事业部管理体制也产生了重大影响。在当时集权化管理占据统治地位的背景下,例外原则的提出无疑具有非常积极的现实意义,至今也仍然是管理中非常重要的原则之一。

## (二) 法约尔的一般管理理论

亨利·法约尔,法国人,1916年出版的《一般管理与工业管理》是他的代表作,被后人尊称为"管理理论之父"。1860年,法约尔从圣埃蒂安国立矿业学院毕业后进入康门塔里-福尔香堡采矿冶金公司成为一名采矿工程师,不久成为该公司一个矿井的经理,1888年升任为该公司的总经理,在实践工作中积累了管理大企业的经验。同时,他还在法国军事大学任过管理教授,对社会上其他行业的管理进行过广泛的调研。他退休后创办了管理研究所。

法约尔被公认为是第一位概括和阐述一般管理理论的管理学家,其一般管理理论关注的焦点是什么类型的专业化和等级制度才能使组织效率最大化。他的理论贡献主要体现在他对管理职能的划分和对管理原则的归纳上。

#### 1. 企业的六项基本活动与管理的五种职能

任何企业都存在六项基本活动:
(1) 技术活动,指设计制造;
(2) 商业活动,即进行采购、销售和交换;
(3) 财务活动,即确定资金来源及使用计划;
(4) 安全活动,即保证员工劳动安全及设备使用安全;
(5) 会计活动,即编制财产目录,进行成本统计;
(6) 管理活动,包括计划、组织、指挥、协调、控制五项职能。

其中计划职能是指管理人员要尽可能准确预测企业未来的各种事态,确定企业的目标和完成目标的步骤,既要有长远的指导计划,也要有短期的行动计划;组织职能是指确定执行工作任务和管理职能的机构,由管理机构进一步确定完成任务所必需的机器、物资和人员;指挥职能是指对下属的活动给以指导,使企业的各项活动互相协调配合;协调职能是协调企业各部门及各个员工的活动,指导他们走向一个共同的目标;控制职能是确保实际工作与规定的计划、标准相符合。

2. 14项管理原则

法约尔根据自己多年的管理实践总结出了著名的14项管理原则。这些原则是任何一个管理人员在管理过程当中都会遇见的,既普遍又重要,直到今天仍然是管理者们在实践中所遵循的,也是管理学者一直关注和研究的主题。

(1)分工。每个工人工作范围缩小,可以提高生产效率。劳动的专业化,使实行大规模生产和降低成本成为可能。每个工人工作范围缩小,培训费用也将大为减少。

(2)权力与责任。权力即下达命令的权利和强迫别人服从的力量。权力可区分为管理人员的职务权力和个人权力。职务权力是由职位产生的,个人权力是指由担任职务者的个性、经验、道德品质以及能使下属努力工作的其他个人特性而产生的权力。个人权力是职务权力不可缺少的条件。他强调权力与责任的统一,有责任必须有权力,有权力就必然产生责任。

(3)纪律。纪律的实质是遵守公司各方达成的协议。要维护纪律就应做到:对协议进行详细说明,使协议明确而公正;各级领导要称职;在纪律遭到破坏时,要采取惩罚措施,但制裁要公正。

(4)统一指挥。一个员工在任何活动中只应服从、接受一位上级的命令。违背这个原则,就会使权力和纪律遭到严重的破坏。

(5)统一领导。为达到同一目的而进行的各种活动,应由一位首脑根据一项计划开展,这是统一行动、协调配合、集中力量的重要条件。

(6)个人利益服从集体利益。一个组织谋求实现总目标比实现个人目标更为重要。协调这两方面利益的关键是领导阶层要有坚定性和做出良好的榜样。协调要尽可能公正,并经常进行监督。

(7)人员的报酬要公平。报酬必须公平合理,尽可能使职工和公司双方满意。对贡献大、活动方向正确的职工要给予奖赏。

(8)集权。集权就是降低下级的作用。集权的程度应视管理人员的个性、道德品质、下级人员的可靠性以及企业的规模、条件等情况而定。

(9)等级链与跳板。"等级链"即从最上级负责人到最下级负责人各层权力联成的等级结构。它是一条权力线,用以贯彻执行统一的命令和保证信息传递的秩序。为了保证命令统一,请示要逐级进行,指令要逐级下达。等级链有助于命令的统一,但是会延误信息,鉴于此,法约尔设计了便于同级之间横向沟通的"跳板"。但是,在横向沟通前需要征求各自上级的意见,事后要立即向各自上级汇报,维护统一指挥原则。

(10)秩序。秩序即人和物必须各尽其能。管理人员首先要了解每一工作岗位的性质和内容,使每个工作岗位都有称职的职工,每个职工都有适合的岗位。其次还要有条不紊地精心安排物资、设备的合适位置。

(11)平等。即以亲切、友好、公正的态度严格执行规章制度。雇员们受到平等的对待后,会以忠诚和献身的精神去完成他们的任务。

(12) 人员保持稳定。生意兴隆的公司通常都有一批稳定的管理人员。因此,最高层管理人员应采取措施,鼓励职工尤其是管理人员长期为公司服务。

(13) 首创精神。必须大力提倡、鼓励雇员们认真思考问题和创新,同时也应使员工的主动性受到等级链和纪律的限制。

(14) 集体精神。职工的融洽、团结可以使企业产生巨大的力量。实现集体精神最有效的手段是统一命令。在安排工作、实行奖励时不要引起嫉妒,以避免破坏融洽的关系。此外,还应尽可能直接地交流意见。

法约尔说:"没有原则,人们就处于黑暗和混乱之中;没有经验与尺度,即使有最好的原则,人们仍然处于困惑不安之中。原则是灯塔,它能使人辨别方向;它只能为那些知道通往自己目的地道路的人所利用。"法约尔的14项管理原则可以适用于一切的管理活动,其实质内容在于统一指挥和等级系列。这些原则不是呆板的而是灵活的,重要的是把握问题的尺度,这是一门很难掌握的管理艺术,领导者要充分运用自己的智慧、经验、洞察力和判断能力去适当运用这些原则管理好自己的企业。

### (三) 韦伯的行政组织理论

马克斯·韦伯是德国著名的社会学家,与法约尔、泰勒并称西方古典管理理论的三位先驱。韦伯是现代社会学的奠基人,他在组织管理方面有关行政组织的观点对社会学家和政治学家产生深远的影响。他不仅考察了组织的行政管理,而且广泛地分析了社会、经济和政治结构,深入地研究了工业化对组织结构的影响。他提出了所谓的"理想的行政组织体系理论",其核心是组织活动要通过职务或职位而不是通过个人或世袭地位来管理。

韦伯认为,一切社会组织的基础是等级、权威和行政制。权威有三种类型:个人崇拜式、传统式与理性-合法的权威。个人崇拜式权威的基础是对个人明确而特殊的尊严、英雄主义或典范品格的信仰等,传统式权威的基础是先例和惯例,理性-合法权威的基础是"法律"或"处于掌权地位的那些人发布命令的权利"。在这三种权威中,只有理性-合法的权威才是理想组织形式的基础,因为它为管理的连续性提供了基础,担任管理职务的人员是按照他胜任工作的能力来挑选的,具有其合理性;领导人具有行使权力的法律手段;所有的权力都有明确的规定,任职者不能滥用其正式权力。

韦伯认为理想的行政管理体制即官僚制,不同于以传统权力或对某种神秘启示的信仰为基础而建立的管理体制,它是以合理、合法的权力为基础。官僚组织结构之所以能带来高效率,是因为从纯技术的角度看,官僚制强调知识化、专业化、制度化、正式化和权力集中化,它在组织中消除了个人感情等非理性因素对组织活动的影响,因此,它能使组织内人们的行为理性化,具有一致性和可预测性。韦伯理想的行政组织体制的主要特点:

(1) 明确的组织目标。明确的目标是任何组织运行的基础,人员的一切活动都必须遵守一定的程序,以实现组织的目标。

(2) 明确的职能分工。对人员进行专业化分工,明确划分每一个组织成员的职责权限,并以制度和法规的形式严格固定这种分工。在官僚制的组织结构中,所有工作都被细分为若干小的方面,然后落实到组织中的每个人,并且组织中每个职位的权利和义务都有明确的法律规定。高度明确的分工有利于形成工作的专业化,有利于提高组织的工作效率。

(3) 层级节制的权力链条。在官僚制组织中等级与权力是一致的,各种职位按权力等级组织起来,形成一个井然有序、层层节制、自上而下的金字塔式权力等级体系。在这种权力体系中,每一级人员的权力与责任相互对应,对自己的行为负责,并共同服从于一个指挥决策中心,上级对下级进行指挥和监督,下级服从上级,从而形成一个严密的行政管理等级系列,保证组织的强有力和稳定运行。

(4) 专业的培训机制。官僚制的不断发展,必然带来专业管理人员的增加,这就要求组织内的所有职务都要由受过专业训练的专业人员来担任,具有与职位相适应的技术能力。因此,人员任用必须经过考试和培训精心挑选,根据职位需要提供各种专业的培训,以候选人的技术条件为依据来挑选,以提高管理人员的素质和能力,人员职位相称,同时又相对固定,以从根本上提高组织的工作效率。

(5) 合理合法的人事制度和薪酬制度。人员任用根据职务的要求,以自身的资格条件和能力为基础,实行委任制,职务要能发挥人员的最大积极性,并以自由契约关系来承担,不得随意免职、转职和脱离组织。组织发给员工固定的薪金和养老金,保障他们应得的各项合法权益,也同时拥有解雇他们的权力。管理人员的升迁、奖励和报酬要以明文规定的工作成绩和资历为标准,组织应有稳定、合理的薪酬制度和严格的考核制度。

(6) 组织管理的非人格化。韦伯认为,组织管理应明确划分公事和私事的界限,公务活动不得掺杂个人感情等非理性因素的影响,为保证合理性、合法性和客观性,在人员之间的关系上应完全以理性准则为指导,每个组织成员都恪尽职守,以冷静的态度处事,这就表现为一种指挥和服从的非人格化关系。

(7) 严格遵守规章制度和办事程序。官僚组织要建立有关职权和职责的法规和规章,组织的运行就是以一整套规章和程序为基础对组织及其成员进行管理的,以保证组织管理工作的统一性和明确性,减少个人感情的影响和组织内部的冲突与矛盾。

(8) 业务处理和传递以书面文件为准。在官僚制组织中,一切重要的决定和命令都要以正式文件的形式下达,即使可以用口头方式联系的业务活动,最终处理也要以指示、申请、通知和报告等规范的书面文件形式处理。

韦伯认为,这种高度结构化、正式的、非人格化的理想的行政组织体系是强制控制的合理手段,是实现目标、提高效率最有效形式。他的理论是对泰勒和法约尔的补充,对后世管理学者,特别是组织理论管理学者影响重大。

# 第三节 "社会人"假设与相应的管理理论

## 一、"社会人"假设

### (一) 理论背景

科学管理只展示出人的自然属性,而漠视人的社会属性和精神属性,其人性假设的非科学性导致了它在解决劳资矛盾这个社会问题时一筹莫展。企业主感到单纯用科学管理已不能有效地控制工人,社会化大生产的发展需要一种与之相适应的新的管理思想。

19世纪末20世纪初,资本主义社会由自由资本主义进入垄断资本主义,随着社会物质生活水平的迅速提高,人们由最初的单纯追求物质文明转向追求个人价值的实现等精神生活的需要,经济的刺激难以激发出人的最大潜能。资产阶级经济学家开始从人的社会属性、从社会生产关系方面考察经济延长线上的行为。科学,行为科学将工人设想为有各种需求的"社会人"。

### (二) 理论内容

1. 基本内容

"社会人"假设是美国哈佛大学教授梅奥在霍桑实验之后提出的。这种假设认为:调动人的生产积极性的因素不是人们在工作中得到的经济报酬,而是良好的人际关系。和良好的人际关系相比,物质刺激只具有次要的意义。这种假设认为"社会人"有以下主要特征:

(1) 人是"社会人",影响人的积极性的因素除物质因素外,还有社会的心理因素。

(2) 生产效率的高低,主要取决于员工的士气,而士气则取决于家庭、社会生活及企业中的人与人之间的关系是否协调一致。

(3) 在正式组织中存在着非正式群体,这些非正式群体有其特殊的行为规范,对其成员有很大的影响。

(4) 由于技术进步和工作合理化,使得人对工作本身失去了意义。

(5) 领导者要了解人,善于倾听和沟通员工的意见,使正式组织的经济需要和非正式组织的社会需要取得平衡。

"社会人"假设注意到了员工的精神方面的需要,这和以前理论相比是一个重大的进步,使人性第一次受到了尊重。

2. 与"社会人"相对应的管理方式

(1) 管理人员不仅要注意完成生产任务,更应该注意关心人,满足人的需要。

(2) 管理人员不能仅仅重视生产过程中的指挥、计划、组织和控制,而更应该重视职工之间的关系,培养并形成职工的归属感和整体感。

(3) 在实行奖励时,着重提倡集体奖励,不主张个人奖励制度。激励措施以正向激励为主,较少体现负激励。由于管理方式方法的转变,严厉的惩罚措施已经不复存在,但必要的惩罚措施依然存在,只是管理者们所关注的程度不一样了。此时,管理者更为关注的是如何调动下属工作积极性的问题,同时也找到了一些方法,诸如工作扩大化、工作丰富化、建立职工的职业晋升通道,带薪培训、带薪休假、职工聚餐、舞会等。

(4) 管理人员不应只限于制定计划、组织工序、检验产品等,其职能应该发生相应改变,即在职工与上级之间起联络作用。一方面要听取职工的意见和要求,了解职工的思想感情;另一方面要向上级呼吁、反映。

(5) 提出了"参与管理"的新型领导方法。所谓"参与管理"就是让职工或下级在不同程度上参加企业决策的研究和讨论。"参与管理"比传统的任务管理更有成效。因为职工参与企业决策的研究和讨论,使职工感到与管理者处于平等的地位,增强了主人翁感,满足了其自尊等社会性需要,从而心情愉快舒畅,关系协调,工作积极性和热情高,生产效率也就大为提高。

### (三) 理论评价

1. "社会人"假设的贡献

(1) 随着社会生产力的发展,企业之间竞争的加剧和企业劳资关系的紧张,使得管理者开始重新认识"人性"问题。从"经济人"假设到"社会人"假设,从以工作任务为中心的管理到以职工为中心的管理,无疑是在管理思想与管理方法上进了一步。资本家实行参与管理,满足工人需要,在企业中确实起到了缓和劳资矛盾的效果。

(2) "社会人"的假设认为人与人之间的关系对于激发动机、调动职工积极性比物质奖励更为重要,因此,对企业制定奖励制度有一定参考意义。

(3) "社会人"假设的出现开辟了管理和管理理论的一个新领域,并且弥补了古典管理理论的不足,为以后行为科学的发展奠定了基础。

2. "社会人"假设的局限性

(1) "社会人"假设中的人际关系,并未改变资本主义社会的雇佣关系、剥削关系,也没涉及社会生产关系的改变,因此,它不能解决资本主义社会的阶级矛盾与冲突。

(2) "社会人"假设尽管看到了人的物质需要以外,还有心理、情感等社会需要,然而它又走向了另一个极端,即过分强调个人对于团体的归属感和心理上的安定感等社会需要,而轻视经济利益。

(3) 过分偏重于非正式组织,而轻视正式组织,而且只是提出重视人际关系比物质激励更有用,对人的积极主动性及其动机研究还缺乏深度。

(4) 过分强调人与人之间关系中社会情感因素的作用,而轻视理性逻辑的作用等。

## 二、人际管理理论

### (一) 梅奥与霍桑实验

人际关系学说的代表人物是梅奥。梅奥原籍澳大利亚,后移居美国。梅奥曾领导1924年至1932年在芝加哥西方电气公司霍桑工厂进行的一系列实验中后期的重要工作,这就是引起管理学界重视的"霍桑实验"。霍桑实验的目的是要找出工作条件对生产率的影响,以寻求提高劳动生产率的途径,结果却发现人际关系才是影响劳动生产率的决定因素。该实验分为四个阶段。

1. 车间照明实验(1924—1927)

该实验是在国家研究委员会的协助下进行的,主要目的在于调查和研究工厂车间的照明度和工作效率之间的关系。实验专家选取了一个绕线圈小组,将它分成实验组和对照组,分别在两个工房内工作,对照组的照明条件不变,实验组的照明条件是不断变化的。结果发现最初改善照明条件时,两组工人的产量几乎同样地增加,但稍后的实验结果令人迷惑不解,照明度降低的情况下产量有时也会增加。这个结果说明照明度对工作效率的影响微乎其微,它们之间并没有直接的关系,生产效率应该与某些其他未知因素有关。

2. 继电器装配室实验(1927—1932)

这个实验挑选了6名青年女工在实验室内进行电话继电器的组装工作,目的是想通过改变各种工作条件,如作业和休息时间的长短、工资水平的高低等,来考察福利措施的变化对工作效率的影响。实验小组以泰勒的科学管理思想为指导,他们认为工作条件变差的情况下,生产效率会降低,反之则会提高。他们改善了福利措施,缩短了工作日,增加了休息时间并在休息时间免费提供茶点,这些措施提高了生产量。研究人员不能确定哪种因素在发挥作用,便取消了一切特殊待遇,使工作条件恢复到原状,但实验结果却出乎意料,在各种工作条件变化的情况下,产量反而稳定增加。研究人员把影响生产率的可能性因素一一列出,包括材料供应情况、休息时间、奖金、监督和指导方式,通过一一验证,最后得出监督和指导方式能促使工人改变工作态度,提高生产量。通过实验梅奥等人发现,实验挑选的6名女工是由2名要好的女工选定的其他4名,他们自由组合成友好的小集体,无人监督,这形成了一种团体意识,可以使她们相互帮助,增加自主感和责任感。并且在实验过程中她们受到部长召见委以重任,个人价值得到认可,这也激发了她们的自豪感。这种意外的实验结果使梅奥认识到工人之间的社会关系以及与管理人员之间的合作态度,对劳动生产率具有重大影响。为了进一步扩大研究范围,他又在霍桑工厂进行了大规模的访谈计划。

3. 大规模的访谈实验(1928—1930)

实验过程中,梅奥等人花费了三年的时间对西方电器公司的两万多名职工进行了个别访问调查,目的是了解工人内心的真正感受和工作态度、工人对工作和薪酬方面的意见,了解他们对公司的意见和监督人员的方式对工人的影响,进而帮助他们解决问题,提高工人的满意度和劳动的积极性。实验以自由交谈的方式进行,调查发现每个工人的需求因人而异,个人对工作也有不同的见解,这些都影响了职工的工作热情。作为管理者应当认真听取工人的意见和不满,发泄工人的怨气,消除他们与厂方的对立情绪,使工人感到企业对他们的关心,才能提高其生产积极性。

4. 电话线圈装配的群体实验(1931—1932)

通过以上实验,梅奥等人已经发现了非正式组织的作用,为了进行深入观察,开始了第四阶段的实验。这是一项关于工人群体的实验,目的是为了证实非正式组织的存在和作用,系统地观察实验群体中工人之间的相互影响。实验在电话线圈装配室进行,梅奥挑选了14名男工,其中9名接线工,3名焊接工,2名检验工,他们都在同一个工房内工作。这个班组实行特殊的工资和奖金制度,在这种制度下,规定一个适当的日生产额,多干活收入也就多。公司根据动作和时间研究本来确定的日工作定额是焊接7312个接点,但工人实际只完成6000—6600个接点,每个人的产量基本都处于大致水平。这个标准是工人自己限定的,他们担心过度地努力工作会造成同伴的失业或公司制定更高的生产定额。因此,他们达成协议,每天只完成大家都认可的工作量,他们是为了保护班组的团体利益。从这项实验中得出的最重要的结论就是:工作小组中存在自然形成的非正式组织,自觉保护其成员的行为免受管理者的干预,这种非正式组织对工人的工作态度有极大的影响。

经过四个阶段的实验,梅奥及其研究小组终于从中发现了一些提高生产效率的规律。研究表明,工作条件的改变与工人产量的增加没有直接关系,即工作条件、休息时间、工资报酬等因素的改变不是影响生产率变化的第一位因素。企业管理层与员工之间,以及员工与员工之间的社会关系才是影响劳动效率最主要的因素。非正式组织的行为以及对劳动效率的影响,使企业认识到应当重视存在于正式组织之中的非正式组织,这为解决当时资本主义的劳资纠纷提供了一条新的思路。梅奥将实验的结果集结成书,书名是《工业文明中的人类问题》,1933年正式出版。之后他又继续进行实验,直到1936年才结束,并于1945年发表了《工业文明中的社会问题》,进一步阐述了他的观点。

## (二) 人际关系学说

霍桑实验用了8年时间,获得了大量的第一手资料,梅奥在实验结束后,最终提出了人际关系学说,体现在《工业文明中的人类问题》一书中。人际关系学说是行为科学的前身,主要内容有:

1. 人是"社会人"而不仅仅是"经济人"

古典管理理论仅仅把人看作自私利己的"经济人",这种"经济人"的所有活动只是为了追求个人利益的最大化,所以金钱才是刺激人的积极性的唯一动力。但是,霍桑实验表明工作条件的改变、工资制的改变都不是劳动生产率提高或者降低的决定性原因。所以梅奥等人认为职工是"社会人",提出了"社会人"假设,他指出人是独特的社会结构,是作为某一社会集团的成员出现的,只有使自己完全地投入到集体中去,才能实现彻底的自由,正如工厂中的工人,他们不是单纯地追求金钱收入,影响人们生产积极性的因素,除了物质方面之外,更重要的是心理和社会方面的需求得到满足,即追求人与人之间的友情、忠诚、关心、理解、爱护、安全感、归属感,渴望受人尊敬等。在生产效率的决定中,逻辑的、经济的因素远不如感情的、非逻辑的态度所起的作用大。这就要求管理者不能把职工单纯地当成"经济人"来看,工人更大意义上是"社会人",应从社会系统的角度来对待。

2. 企业中存在着非正式组织

非正式组织是与正式组织是相对产生的。正式组织是企业为了实现其目标所规定的成员之间职责范围的一种组织结构,主要体现在组织结构、职权划分、规章制度等方面。梅奥认为,人具有社会性,在企业的共同工作当中人们相互联系,由于共同的感情和爱好、地理位置关系、亲戚朋友关系、工作关系等,会自然形成一种非正式组织,这种源自于人的社会性的非正式组织的存在某种程度上支配着其成员的行为方式。正式组织以效率逻辑为其行动标准,即为了提高效率,企业各成员之间保持着形式上的协作。非正式组织指一些惯例、价值观、准则、信念、非官方的规则,以感情逻辑为其行动标准,即出于某种感情和爱好而采取一致行动的群体。非正式组织可以保护工人减少因内部成员的疏忽和非正式组织以外管理人员的干涉所造成的损失。梅奥等人认为,任何一个机构中,在正式的法定关系的掩盖下都存在着大量非正式组织。各种各样的非正式组织贯穿于正式组织中,两者相互依存,非正式组织不受正式组织中层次和部门的影响和限制。非正式组织对组织而言有利有弊,其缺点是可能集体抵制上级的政策或目标,优点是使个人有表达思想的机会,可以提高士气,促进人员的稳定,有利于信息沟通,有利于提高工人们的自信心,并减少工作中的紧张感,能扩大协作程度。作为管理者的一方,要充分认识到非正式组织的作用,并进行适当的引导,注意正式组织的效率逻辑与非正式组织的感情逻辑之间的平衡,利用非正式组织为正式组织的目标服务。

3. 新的领导能力在于提高职工的满足程度

科学管理认为生产效率主要取决于作业方法、工作条件和工资制度。而梅奥等人在霍桑实验的基础上,依据"社会人"和"非正式组织"的观点,认为生产效率的高低主要取决于工人的士气和工作态度,而工人的士气和工作态度又取决于人际关系,取决于他们感受到的各种需要的满足程度。金钱和物质的刺激对促进工人生产效率的提高起着重要作用,起更重要作用的是职工的满足度,即职工在安全方面、归属感方面、友谊方面的需求得到充分的满足,并且要因人而异。满足度越高,其士气就越高,生产效率也就越高。因此,企业管理人员新的领导能力要同时具有技术——经济的技能和人际关系的技能。新的领导能力就在于区分事实与感情,懂得取舍,善于协调各种人际关系,能够在效率和感情之间取得平衡。这样才能适时、充分地激励员工,达到提高劳动生产率的目的。

人际关系学说同以前的管理理论的着眼点不同,它抛弃了以物质为中心的管理思想,而以人为中心进行研究,弥补了古典管理理论忽视人的因素的缺陷,并在实践上取得了重大成就。但人际关系学说和古典管理理论的直接目的都是为了追求更高的生产率,只是两者的手段不同而已。泰勒是通过工作研究、科学的计划、严格的组织和控制来改善管理,从而实现资本家和工人之间的协作;梅奥则是通过改善企业内部的人际关系,消除工人的不满情绪来协调资本家和工人之间的合作,他们所追求的目的都是一致的。

随着时间的推移,霍桑实验的影响逐步扩大,人际关系学说也进入了企业。许多管理学家和心理学家认识到人是管理永恒的主题,人的行为会随着时间、空间、环境因素、心理因素的变化而变化,他们开始从人的行为和心理的角度展开研究,形成了一系列的理论,使行为科学理论由人际关系学说逐步发展起来,成为西方管理理论的一个重要流派,为管理学和管理实践的发展开辟了一个崭新的领域。

## 第四节 "自我实现人"假设与相应的管理理论

### 一、"自我实现人"假设

#### (一) 理论背景

从工业革命一直到20世纪早期,商业还处于急需"摆脱折磨人、令人丧失希望的贫困、工人的地位还很低下的阶段"——处于人被称之为"劳动力"的阶段。在这一阶段作为激励理论基础的人性假设没有被现实管理实践的运作者积极利用。究其原因可能是管理者把管理的侧重点主要放在对组织显性制度——那种看得见并利于操作的管理措施的改进上。

首先,20世纪五六十年代,第二次世界大战之后西方经济得到了长足的发展;其次,战时发展起来的一些高新技术迅速投入到生产领域,还产生了计算机技术、新材料、生物技术等一系列新兴技术门类,大大改善了生产和生活;最后由于劳工维护自己权利的运动的不断发展,工人的生产条件和工资水平也有所改善,使得工人在追求经济利益的同时产生了新的更高的需求。与此同时,机械化生产条件下,工人的工作日益专业化,特别是传送带工艺的普遍运用,把工人束缚在狭窄的工作范围内。人只是重复简单、单调的动作,看不到自己的工作与整个组织任务的联系,工作的"士气"很低,影响产量和质量。企业之间的竞争更加激烈,急需组织调动人的各种潜能。在这种意识中,人们才会主动研究管理视域中的人性假设——研究更能促进组织发展,更能调动人性各种潜能(包括激情和责任感等)以便形成组织发展更持续的动力的人性假设。

#### (二) 理论内容

1. "自我实现人"假设的基本内容

1943年,亚伯拉罕·马斯洛在《人类动机理论》一书中提出"自我实现人"假设。美国心理学家亨利·默里于1938年在其著作《人的探索》中,将人类动机分为20个层次。在此基础上,马斯洛进一步概括总结提炼,将人类基本需求分为5个层次:生理需要、安全需要、感情和归属的需要、地位或受人尊重的需要、自我实现的需要。其中最高层次的自我实现的需要主要内容包括:首先,指一个人能按自己的意愿去工作,并发挥自己最大的潜能,实现自己设定的目标与理想,并能不断地创造和发展自我;其次,一个自我实现的人具有的特点是：自动、思想集中于问题、超然、自治、不死板、同别人打成一片、具有非恶意的幽默感、有创造性、现实主义、无偏见、不盲从、同少数特定的人关系密切等。麦格雷戈是美国著名的行为科学家，他于1957年在美国《管理评论》杂志上发表了《企业中人的方面》一文，提出了X理论Y理论。其中Y理论主要是基于马斯洛的自我实现人提出的。

结合马斯洛需要层次理论中的自我实现人和麦格雷戈的Y理论，自我实现人假设的主要内容包括：

(1) 人都是非常勤奋的，只要环境适宜，人是乐于工作的，人并不是天生就对组织的相关要求采取消极或者抵制态度，如果他们态度消极，大部分是他们在组织内的经历和遭遇造成的。

(2) 组织内部的奖励和惩罚并不是驱动人努力工作，进而实现组织目标的唯一有效办法，人在完成工作的过程中，能够自我管理和自我控制。

(3) 对工作的态度好坏取决于人对工作的理解和感受，在一般情况下，人不仅会接受具体任务，而且能主动承担相关责任。人对组织目标尽力与否，依赖于完成目标后所得到的报酬，在这些报酬中最主要的是自我实现需要的满足。

(4) 大多数人都具有解决组织中具体问题的创造力和想象力，但在很多情况下，多数人只是发挥了部分潜力。人并不是天生就厌恶工作，人受到有效激励时潜力会得到发挥，承担相应的责任，进而愿意积极地为组织目标而努力，所有这些全都客观地存在于人的身上，并不是由管理人员强加的。

2. 与"自我实现人"相对应的管理方式

(1) 管理重点的改变。"自我实现人"假设认为，重点从人的身上转到工作环境上，创造出有利于员工发挥能力的环境，使员工的自我价值得到实现。"经济人"假设只重视物质因素，重视工作任务，轻视人的作用和人际关系。"社会人"假设则相反，重视人的作用和人与人的关系，而把物质因素放在次要地位。"自我实现人"假设又把注意的重点从人的身上转移到工作环境上，但重视环境因素与"经济人"假设的重视工作任务不同，重点不是放在计划、组织、指导、监督、控制上，而是要创造一种适宜的工作环境、工作条件，使人们能在这种环境下充分挖掘自己的潜力，充分发挥自己的才能，也就是说能够充分地自我实现。

(2) 管理人员职能的改变。"经济人"假设，管理者的职能是生产指挥者；"社会人"假设，管理者的职能是上下级的联络者；"自我实现人"假设，管理者的职能是为员工实现自我价值排除障碍。

(3) 奖励方式的改变。"自我实现人"假设认为，内在奖励更能满足人的尊重和自我实现的需要，从而极大地调动员工的积极性。"经济人"的假设依靠物质刺激调动员工的积极性，"社会人"的假设依靠搞好人际关系来调动员工的积极性，这都是从外部来满足人的需要，而且主要满足人的生理、安全和归属(交往)需要。

(4) 管理制度的改变。"自我实现人"假设认为，管理制度应该为能让员工发挥自己的才能服务。"自我实现人"的理论假设下，人被认为是具有潜力的，只要人的潜力能够被充分地挖掘，那么人的潜能就能够得以发挥，同时人也能够得到最大满足。但是前提条件是组织要给以职工充分发挥自身才能的制度保障，必要的时候提供帮助，减少和消除员工在自我实现过程中所遇到的困难。所以此时组织管理的方式方法同"社会人"假设下的管理方法基本趋于一致,仍以人性化的管理方式为主。

### (三) 理论评价

1. "自我实现人"假设的贡献

自我实现人假设对我们的社会管理活动产生了巨大的积极作用,尤其是在当今经济科技日新月异、一日千里的时代,更需要充分发挥它的巨大作用。自我实现人假设使得管理活动一改以前的以工作为中心的理念,更加注重人的作用。在激励上,除了满足员工基本的物质和人际关系需要之外,更加注重对员工自我实现需要的满足;在管理上,给予工人更多的自主权,让员工参与管理和决策,充分调动员工的工作积极性和主动性,对自我实现人主要是给予来自工作本身的内在激励,让员工担当更具挑战性的工作,担负更多的责任,创造环境,让员工充分发挥自身能力以实现工作目标。

自我实现理论的充分运用就是美国著名企业管理专家德鲁克提出的目标管理。在认为目标明确,人们能够对自己负责的条件下,他主张组织中的上级和下级一起商定组织的共同目标,并由此决定上下级的责任和分目标。这种管理模式是比较科学和有效的,使工作人员发现工作的兴趣和价值,享受工作的满足感和成就感,从而充分调动员工的主动性、积极性,提高了士气,降低了成本,提高了效益,进一步完善了企业的管理,在某种程度上起到了立竿见影的效果。

2. "自我实现人"假设的局限性

自我实现人假设有其合理的一面,对我们的管理活动产生了积极的效果,同时,我们必须清醒地认识到它的不足之处。

(1) 这种假设对人类的动机作了过分乐观的假设:认为多数人都有发挥潜力、承担责任、实现自治和富有成就感的需要,都有事业心和上进心,而且有机会,他们就会通过努力工作来满足这些需要,在工作中把成就看得比金钱更重要。然而,在实际工作中,当面临考核和奖励时,人们往往会感觉自己出力较多而奖励较少,往往对自己的贡献作出过高的评价,而对自己获得报酬不满,尤其是当和其他员工进行比较时,他们更多地会考虑自己获得的报酬是否是公平的;另外,在实际工作中,很多人并不能正确认识自身价值的实现,当同事之间讨论时,他们往往会以工资或职位的高低评价一个人的成就和贡献的大小,而不是内心价值的实现与否。

(2) 用辩证唯物主义的观点来看,人既不是天生懒惰的,也不是天生勤奋的,人不一定都把充分发挥自己的潜力、充分表现自己的才干作为最大的满足。人是很复杂的,他是否追求"自我实现",是否把充分发挥自己的潜力,充分表现自己的才干作为最大满足,并不取决于马斯洛等所谓的人的自我实现的自然发展过程,而取决于此人后天所接受的全部社会环境的影响。实际上,勤奋和勇于寻求责任并不是人的本性,也不是像"自我实现人"假设所认为的那样:"自我实现"是人天生要追求的自然发展过程。恰恰相反,正是人的自然实体所受的社会环境和教育的影响,使一部分人形成了"自我实现"的需要,也使一些人仅仅把低层次的生理、安全、交往等需要的满足作为追求目标。

（3）马斯洛的自我实现理论产生于个人英雄主义盛行的西方世界，必然受到西方世界的文化影响。他所强调的自我实现，是单个人的自我价值的体现，而不是个人在社会中个体价值的充分实现，没有将个人的自我价值和社会价值完美地结合起来，只是片面地追求个人价值。他与马克思主义所坚持的人的全面发展是有本质的区别的，也与当今我们所坚持"以人为本"的科学发展观有着本质的区别。

## 二、马斯洛的需要层次论

1943年，美国心理学家马斯洛在默里于1938年提出的20种人的需要分类基础上提出了需要层次理论，后经过几次修正。

该理论认为人有五种最基本的需要。它们由低层到高层分别是：

（1）生理需要。指对食物、水分、空气、睡眠、性的需要。这种需要是一切需要之中最占优势的需要。如果一个人缺少食物、安全、爱情和尊敬，他对食物的要求可能要比对其他需要更为强烈。在生产力水平比较低的时候，这种需要是比较重要的。

（2）安全需要。指人对稳定、安全、得到保护、秩序等的需要。如果生理需要得到满足，就会出现安全需要。特别是在社会不安定时期，这方面的需要显得尤为重要。

（3）社交需要。一是归属感的需要，即成为某个团体的成员；二是友爱的需要，即能和家属、朋友、同事、上下级、团体成员等保持良好的关系，既可以从别人那里得到友爱和关心、帮助，又可以给予别人关怀和友情。

（4）尊重需要。尊重的需要可以分为内部尊重和外部尊重。内部尊重是指一个人希望在各种不同情境中有实力、能胜任、充满信心、能独立自主，包括自尊、自主和成就感；外部尊重是指一个人希望有地位、有威信，受到别人的尊重、信赖和高度评价。这些需要的满足可以增强人的自信心和自豪感。

（5）自我实现需要。指人追求实现自己的能力或潜能得到充分发挥的需要。

人类的这五种需要按照需要的强度和优势从低到高，构成了不同的层级。需要层次越低，力量越强，随着层次的上升，需要力量在减弱。通常先要满足低级需要，然后才能满足高级需要。有时，高级需要产生之前，低级需要只要部分满足就可以了。也就是说，一个需要的出现往往是在另一个更占优势的需要已经满足之后。每一种需要的产生是与其他需要是否满足相联系的。

其中，生理需要和安全需要属于低级需要，也叫作缺失需要，它的满足与健康的关系非常密切。其他的需要属于高级需要，又叫作成长需要，它的满足可以使人更健康，更有活力。

此外，马斯洛还提出：

（1）任何有动机的行为都是许多基本需要同时表现出来或得到满足的途径。一个典型的行动总有一个以上的动机。

（2）一切生物体的行为状态都受动机支配。

（3）对动机的分类必须解决动机的特殊性或普遍性的等级问题。

（4）动机分类必须以目标为依据。

(5) 动机理论必须以人类为中心而不是以动物为中心。

(6) 动机理论并不等于行为理论。动机只是行为的决定因素中的一种。虽然一切行为差不多都是有动机的,但一切行为也总是受生物、文化和情境条件所决定。

马斯洛的需要层次论得到了普遍的认可,特别是在实践中的管理者。这主要是因为该理论简单、明了、容易理解且具有内在的逻辑性。马斯洛的需要层次论,在一定程度上反映了人类行为和心理活动的共同规律。马斯洛从人的需要出发探索人的激励和研究人的行为,抓住了问题的关键;马斯洛指出了人的需要是由低级向高级不断发展的,这一趋势基本上符合需要发展规律。因此,需要层次理论对企业管理者如何有效地调动人的积极性有启发作用。然而,他的这一理论却未得到验证性的支持,在一定程度上还存在着争议。道格拉斯·T.霍尔和哈利勒·努盖姆曾做过5年的相关研究,没有足够证据证明需求是有层次的。而证据显示,随着主管人员的升迁,他们的生理需要和安全需要在重要程度上有逐渐减少的倾向,而归属需要、尊重需要、自我实现需要则有增强的倾向。他们坚持认为,需求层次的提高,是职位上升的结果,而不是在低级需求得到满足后产生的。换句话说,需求没什么层次之分。

## 第五节 "复杂人"假设与相应的管理理论

### 一、"复杂人"假设

#### (一) 理论背景

由于经济飞速发展,内外环境产生改变,行为科学理论等不能满足西方社会的管理需求,这时"复杂人"假设顺应时代被提出。管理学家雷恩认为:"管理植根于人们的经济问题中。从本质上来说,管理是一种广义的经济研究,它涉及用一种确定的方式生产和分配经济价值。"因此,首先管理实践及理论与经济生产生活密不可分。其次是科技迅速发展——科技作为第一生产力不仅是组织的外部环境因素,而且是组织内部的环境因素,影响着企业的组织结构和管理。最后,社会和政治也发生了巨大变化。"管理不仅仅是一项经济活动,它是必须把多种资源在其经济、社会和政治环境中恰当地组合起来的一种理性职能"。所以,"管理活动还必然受到社会价值规范、国家法律和政治安排的影响和制约"。

"经济人""社会人"和"自我实现人"假设存在着不可避免的局限性。一方面,对人性的看法过于单一。"经济人"假设认为人性好逸恶劳,需要严格的制度对人进行约束;"社会人"假设认为调动人的生产积极性的因素不是人们在工作中得到的经济报酬,而是良好的人际关系;"自我实现人"假设认为人性可以自我实现,必须进行鼓励以激发其潜能。另一方面,对人性影响因素的研究过于片面。"经济人"假设过于强调工作流程的标准化和制度的严格化;"社会人"假设则过于强调人际关系对人行为的重要影响,忽略理性因素和外部环境对人性的制约;"自我实现人"假设对人类的动机作了过分乐观的假设,认为多数人都有发挥潜力、承担责任、实现自治和富有成就感的需要,都有事业心和上进心等,忽略了人性中懒惰、自私的一面。这些人性假设理论,对人的行为和需求的看法,以及对影响人的外部因素和环境的研究,要么过于单一化,要么过于片面化,以至于过了特定的管理阶段,该人性假设就会因为局限性逐渐被弃之不用。

## (二) 理论内容

### 1. 人性的可变性和复杂性

埃德加·沙因从不同的维度对人的本性作出全面的探讨,深化了管理者招聘、选拔、管理员工的人性标准,并进一步推动人性假设理论的发展。

首先,沙因批判了从生物学角度来解释人性动机的观点。该理论认为,作为一个生物物种,我们与生俱来的内部需要决定了自己的动机和行为倾向。针对这种认为人的行为动机由先验需求所决定的观点,沙因列举了金钱激励的因素予以反诘。表面上看,金钱是否对自我产生激励效用,取决于自己对金钱需要的感知。可是,对金钱的需求感知又部分地取决于我如何把自己的身份地位同能代表我"参照群体"的人联系起来。对金钱激励所作出的反应,因当事人所处的社会情境的不同而不同。由此可见,我们的动机和需要主要取决于对自身所处情境的感知。沙因认为,"从生物学起源探究'人性'是一个谬论,而且还有压倒一切的证据表明,决定人类行为的最重要的动机性因素是情景和相关角色。"

其次,沙因从社会情境观去探究人性动机的"可变性"。沙因援引了社会学的概念"情境定义":人们生活在由一个人对所拥有的集体感知、假设和期望来确定的情境之中。人的活动总是从一个情境转移到另一个情境中去,我们的动机行为取决于自身对情境的定义和建构。如果我们想要理解在某种特定的情境中,一个人想要做什么和为何这样做,就必须理解这个人的情景定义。假设一个组织制定一系列金钱奖励制度去提高生产率,可是事与愿违,效果显微,原因极有可能是员工对情境的定义产生差别:一个人干的比别人卖力,就会破坏与别人的友谊,丢掉令人愉快的社会关系,甚至使以后的某项工作报酬降低。处在这种社会情境中,员工就会认为金钱激励不值得冒险,行动也就没有改变。沙因从社会情境观出发,认为金钱激励因素并非是组织提高生产效能的唯一因素,因人所处的社会情境不同,人性动机存在明显的"可变性"。

最后,沙因又分别从发展观和组织观的角度去探究人性的"复杂性"。一方面,发展观认为,人的需求动机、价值观和行为规范都会随着周围环境的变化而变化。发展观其实是社会情景观的一种延续,依照此观点,在人生某个阶段上已经显现出极为重要的价值观,到了另外一个阶段就会完全改变。人类行为中较为重要的问题是人们难以区分需要保持稳定的因素和需要改变和发展的因素,人类生命的延展是一个自我形象和自我价值趋于稳定的过程,可是千万不能忽视生命中期和后期发生的变化。管理者必须注意到这种变化,不要根据适用于某一年或某一文化群体的激励理论进行决策。另一方面,组织观认为,我们的组织所产生的规范与价值观的类型、权威与权力的类型,都会有力地影响到我们的行为动机的类型。沙因把权力权威类型分为四类,分别是强制性权威、功利主义性权威、规范性权威和混合型权威,而绝大多数组织都是若干类型的复杂混合体,随着市场环境的日趋变化和组织对成员良好业绩的依赖性的增加,在经营管理中出现了使心理契约更加功利化和规范化的趋势。组织越来越期望员工热爱本职工作,全身心投入以实现组织目标,在此过程中更加富有创造性,而员工获得一定的决策权,这样管理者的权威也相应降低了。

2. "复杂人"假设的提出

埃德加·沙因是美国的心理学家和行为科学家,1947年毕业于芝加哥大学教育系,1949年在斯坦福大学获得社会心理学硕士学位,1952年在哈佛大学获得博士学位,此后一直在麻省理工学院斯隆商学院任教,教授组织心理学和管理学。他的代表作是1965年出版的《组织心理学》,在书中总结了西方管理思想史中著名的人性假设理论,包括"经济人"假设、"社会人"假设和"自我实现人"假设,同时他也提出了第四种人性假设——"复杂人"假设。

(1) 经济人假设(相当于X理论)。"经济人"假设作为科学管理理论的支撑性假设,影响了早期的管理学理论的发展,相当于麦格雷戈所说的X理论:

人是由经济诱因引发工作动机的,以获得最大的经济利益为目的;

经济诱因在组织的控制之下,因此,人被动地在组织的操纵、激励和控制下从事工作;

人们都是以一种合乎理性、精打细算的方式行事;

人的情感是非理性的,会干预人对经济利益的合理追求,组织必须设法控制人的感情。

(2) 社会人假设。社会人假设是梅奥和其他行为科学家所倡导的观点,沙因把社会人的特点归纳为:

人的工作动机是社会需要,与同事合作获得认同感;

工业革命时代和工作合理化,使得工作变得单调而无意义,人们必须从工作的社会关系中寻求工作意义;

非正式组织的社会影响比正式组织的经济诱因对人的影响更大;

人们最期望的是得到领导的认同并满足他们的需要,因此,领导者要善于沟通,倾听员工的意见。

(3) 自我实现人假设。自我实现人假设是根据马斯洛需要层次理论中的自我实现需要提出的一种人性假设,也可以简单概括为Y理论,主要有以下特点:

人有低级和高级的需要,目的都是为了达到自我实现的需要;

人们力求在工作上有所成就,实现自治和独立,发展自己的能力和技术;

人们能够自我刺激和自我控制,外来的激励和控制会对人产生一种威胁,造成不良的后果;

个人自我实现同组织目标并不冲突,而且是一致的,在适当的条件下,个人应自己调整自己的目标使之与组织目标配合。

(4) "复杂人"假设。20世纪60年代中期以后,随着时代的变迁和经济的发展,管理学研究者逐渐意识到,无论"经济人"假设、"社会人"假设还是"自我实现人"假设,它们仅仅在一定程度上具有合理性,但并非适用于所有的情况和个人。人性是复杂多变的,不仅因为组织个体的差异性,还因为人的需求的多样性和层次性,动机的异质性和复杂性。随着人所处的情境发生改变,人与人之间的关系也在随时随地发生着变化。沙因认为,上述的三种人性假设理论虽然对各自时代的管理实践起到促进作用,但并非适用于所有的情况和个人。于是,沙因在《组织心理学》中正式提出了"复杂人"假设理论。在此基础上,洛尔施和莫尔斯也进行了理论延展,提出了超 Y 理论,可以看作对"复杂人"假设的另一种概括。

人有着复杂的动机,将人性简单地划一并不适合管理的实际需要,于是沙因提出了复杂人假设:

每个人都有不同的需要和不同的能力,工作的动机不但是复杂的而且变动性很大。人的许多动机安排在各种重要的需求层次上,这种动机阶层的构造不但因人而异,而且同一个人在不同的时间和地方也是不一样的。

一个人在组织中可以学到新的需求和动机,因此一个人在组织中表现的动机模式是他原来的动机模式与组织经验交互作用的结果。

人在不同的组织和不同的部门中可能有不同的动机模式,在正式组织中与别人不能合群,可能在非正式组织中能满足其社会需要和自我实现的需要。

一个人是否感到心满意足,肯为组织出力,决定于他本身的动机构造和他同组织之间的相互关系、工作的性质、本人的工作能力和技术水平、动机的强弱以及与同事间相处的状况。

人可以依自己的动机、能力及工作性质对不同的管理方式作出不同的反应。

沙因将人性的各种情况进行了非常好的归纳,给管理者提供了坐标,这是对管理思想的重要发展。事实上管理实践中没有哪一种方式适合于任何时代和任何组织,以复杂人假设为依据产生了权变管理理论。

3. 与"复杂人"假设相对应的管理方式

"复杂人"假设认为,人的需要是多种多样的,同一个人在同一时间也会有多种需要,并且会随着工作生活条件的变化不断产生新的需要。

可见,对于"复杂人"来说,没有任何一套适合的管理制度。对于"复杂人"要根据实际情况采取灵活的应变措施,要因人、因时、因事而异,不能一刀切。

## (三) 理论评价

1. "复杂人"假设的贡献

(1) 推进了人性假设多维性考量。第一,"复杂人"假设之前的人性假设理论具有明显的单一性和片面性。他们对人的行为和需求的看法,以及对影响人的外部因素和环境的研究,要么过于单一化,要么过于片面化,以至于过了特定的管理阶段,该人性假设就会因为局限性逐渐被弃之不用。第二,"复杂人"假设更注重内在需求和环境的双重影响。它不仅注重对人的内部需求的多样性的考量,更注重外部环境对人的影响。既从人的需求层面去探究经济因素、情感因素对人性的影响,又从人所处的外部环境层面去探究社会因素、时代因素等对人性的制约。第三,"复杂人"假设具有需求和动机相互作用的整体性特征。人的需求和动机是一个相互作用的整体,人的需求复杂多样,根据需求层次的不同而不同。人进行管理实践的动机变化多端,随着时间的推移不断发生改变。

(2) 适应了管理实践的必然要求。"复杂人"假设的产生是管理实践发展的必然性要求,与组织文化理论的发展相同步。沙因基于"复杂人"假设的建构特质去研究人性本质、人的需求和人的动机,开拓了组织文化管理的全新视角。

第一,"复杂人"假设的全面性扩宽了组织文化理论的维度。第二,"复杂人"假设的权变性使组织文化更好地适应管理实践。"复杂人"假设的权变性促使组织能够不断纠正文化管理中的主要问题,及时采取补救和修正策略以改变组织面对外部环境时的关于使命、策略和方式的共享假设。第三,"复杂人"假设的价值性整合了个体和群体的利益诉求,更易于文化变革。

(3) 促进了管理理论的深化发展。第一,促使人性假设理论从静态性向动态性过渡。"复杂人"假设之前的人性假设理论,通常仅仅停留在人的表层心理和可视行为上,既是对人性某种局部性的研究,又是对人性某种静态性的研究。"复杂人"假设呈现出辩证思维的特点,愈加深入地对人性进行动态性和深层性的研究。"复杂人"假设认为,在实践过程中要遵循因人而异、因时而变和因事而变的管理原则,这就跳出了以往用静止和片面的思维方式去看待人性,使管理者重新对人性加以审视,最终发现人是一个兼具动态性和复杂性的实体,不同的人有着不同的需求,需要用不同的管理理念来激发自身的潜能。

第二,"复杂人"假设推动了人本管理理论的发展。相对于以往的人性假设,"复杂人"假设把握住了人的属性的丰富内涵,尊重人的需求的多样性,更能凸显出人的作用,并不断地深化了我们对人性的看法,使我们对人性的认识多元化,进一步推动了人本管理的实现,加深了管理实践中人的主体性的认识。

2. "复杂人"假设的局限性

"复杂人"假设本质上把人当作一个构造精细的工具,承认人的复杂性的目的,无非是为了提高生产效率,实现管理目标。

"复杂人"假设否认阶级性,忽略了人的真正本质。"复杂人"假设表面上尊重人的异质性的需求和动机,实际上它所提倡对人的潜力的挖掘、鼓励人的自我实现最终目的是为了实现"物的增产"。这就不可避免地忽略了由生产关系所制约的人的社会属性,对人的阶级性总是避而不谈,否认人的阶级性,否认阶级分析的方法。"复杂人"假设的出发点建立在,资本主义社会剥削阶级和被剥削阶级的人性在本质上是共同,这也体现出沙因"复杂人"假设人性观上的历史唯心主义实质。人的本质要想获得真正地实现,不仅需要理性精神和人本精神的融合,还要注重其所处生产关系和社会关系的变化和发展。

"复杂人"假设没有使人成为真正的自由自觉的创造主体。人作为生产力中的决定性因素,在管理实践中必须充分发挥人力资本的作用,因此我们要对人性本质进行全面把握,对人性的需求和动机进行深入了解,只有树立马克思主义关于人的本质的正确观点,才能对"复杂人"假设有一个深入的分析和批判。我们必须在对管理实践中人的本质的生成变化的社会历史条件、管理制度成因和具体历史形态分析的基础上,才能揭示出人的本质的发展规律。

## 二、权变管理理论

权变理论是 20 世纪 60 年代末 70 年代初发展起来的一种管理理论。权变理论是以系统管理理论为前提的,它以系统观点为基础来考察问题,试图通过分析组织内部的各个子系统之间,以及组织与外部环境之间的相互关系,以得出各种有关变量的特征和相互关系的变量模式和多种可变因素的结构,最终提出适合于具体情境的经营管理方式。该理论认为,在组织管理中,没有一成不变的和普遍适应的管理理论和方法,组织管理"最好"的方法就是根据组织内外环境的变化,随机应变、因地制宜的管理方法。"没有最好的,只有适合的"是权变管理的核心思想和理念。

权变理论提出后,得到了管理学家的高度赞扬,认为权变理论是在企业和组织外部环境复杂多变情况下的一种最有效、最实用的一个理论派别,给管理者提出了一种全新的解决管理问题的思路和方法,提出没有包治百病的"灵丹妙药",主张用"变"的思维来面对管理,来处理问题,这为后来出现的战略管理提供了一种方法论支持和基础。权变理论在当时被希望成为结束现代管理理论丛林时代的"光明理论",但由于它自身的局限性(如过分注重管理过程中的具体环节和条件,忽视普遍性和战略性等)而没有完成这一使命。

权变管理理论是在"复杂人假设"的基础上建立和发展起来的。莫尔斯和洛尔施在《超 Y 理论》一书中指出,不同的人都是怀着不同的需要加入组织的,组织的设计和管理方式也应该根据组织目标、任务性质以及组织成员的不同能力和需要来确定。"复杂人假设"在行为科学的基础上带有了权变管理的意味,因而成为权变理论的理论基础。

美国著名的管理学家弗雷德·卢桑斯是权变管理理论的主要代表人物,也是对权变理论作出系统总结和高度评价的管理学家,他于 1973 年 6 月在《工商业界》杂志上发表了《权变管理理论:走出丛林的道路》一文,又于 1976 年出版了《管理导论:一种权变学说》一书,系统地介绍了权变管理理论,指出权变理论可以统一各种管理理论的观点,引导管理学走出丛林之路。

表 2-1 环境变数与管理变数

| 环境变数 | | | 管理变数 | | | |
|---|---|---|---|---|---|---|
| 外部环境 | | 内部环境(正式组织系统) | 管理程序变数 | 计量变数 | 行为变数 | 系统变数 |
| 一般环境 | 特定环境 | | | | | |
| 社会<br>科学技术<br>经济<br>政治与法律 | 供应商<br>顾客<br>竞争者 | 组织结构<br>决策程序<br>联系与控制<br>科技状况 | 计划<br>组织<br>指挥<br>联系<br>控制 | 决策<br>经济批量<br>等候模式<br>模拟模式 | 学习<br>激励<br>团体力学<br>组织发展 | 一般系统理论<br>系统设计与分析<br>管理情报系统 |

卢桑斯指出,权变理论主要是研究经营内外环境和企业管理之间关系的理论。他认为,以经营环境为自变量,以企业的经营管理为因变量,从而在环境和管理之间形成了一种函数关系,作为因变量的管理思想、管理方法和管理技术,根据环境自变量的变化而变

化。这种函数关系可用"如果……就要"的关系来表达:如果出现某种环境,就要采取某种对目标的实现更有效的管理思想和管理技术,否则管理将陷入困境,目标也将难以实现。关于权变管理中的环境变数和管理变数,从表2-1可看出,环境变数包括外部环境和内部环境。外部环境又有两种:一般外部环境的各个因素通常不会直接影响企业的正式组织系统,但会有间接的影响,并且这些因素之间也会产生相互影响;特定外部环境的因素直接影响企业的生产,相互之间也会产生影响。内部环境是指企业的正式组织系统,内部环境变数一般作为因变量,它们受到外部环境变数的直接影响。至于管理变数,全部都属于因变量,随环境变数的变化而变化。

权变理论的基本设想就是要在组织与环境之间,以及组织的各个子系统之间寻求一致性,根据环境的不同特点,采取灵活的组织结构设计和管理方式,以实现管理的任务。卢桑斯指出,由于环境变数和管理变数都是很复杂的,所以环境与管理之间的权变关系也是多维的和多变的。在具体的管理实践中,管理者应该根据具体的环境变化选择合适的管理理念、管理方法和管理技术,以最有利于组织目标的实现。

权变理论兴起之后,引起了不少管理学者的重视和研究,不同的学者开始从不同的角度对权变理论进行拓展,形成了形形色色的权变理论,如组织结构的权变理论、领导方式的权变理论等。比如菲德勒模型、路径-目标理论和领导的生命周期理论等。

权变管理理论主张管理者根据组织的具体条件和环境变化,采取相应的领导方式和组织结构,灵活处理各种管理业务,这使得管理者把精力转移到对现实情况的具体分析,从而使管理策略能对症下药,更加有效。但它缺乏理论分析,否定一般管理原则和理论,偏重于案例研究方法,试图为每一种具体情况确定一种理想的管理模式,始终未能形成统一的概念和标准,管理理论走出"丛林"的希望又一次落空。

## 第六节 人性假设理论研究的新进展及其对管理的影响

### 一、"复合人"假设的提出

随着知识经济的发展,创造性的、富于变化的、不可预测的知识型工作将成为新经济时代的主要工作形式。在人力资本和知识资本正成为企业竞争优势源泉的时代,企业之间知识的创造、利用与增值等等,最终都要依靠知识的重要载体——知识型员工来实现。

在农业时代与工业化时代的前期,由于物质(金融)资本极度稀缺和人力资本相对充裕,加之社会生产活动对人力资本层次的要求不高,大多需要的是同质型人力资本,当时的管理人性假设是单一的以物质资本为主导的"经济人""社会人"等假设。在知识经济时代,作为知识重要载体的知识型员工的稀缺性和不可替代性也更加突出。一方面,与相对充裕的物质资本比较,人力资本特别是高层次人力资本(如经营型人力资本)的供给越来越短缺,另一方面,组织对人力资本特别是高层次人力资本的需求会越来越旺盛。所以物质资本与人力资本的平等性进一步增强。伴随人力资本地位的提升,人们更有理由和能力追求更加多元化的需要。因此,单一的或等级阶梯式的需要模式正在被多元化的复合需要模式取代。所以,在将来的社会,单一式需要假设(如"经济人""社会人"假设等),或等级阶梯式需要假设(如马斯洛的需要层次假设),抑或动态不定性需要假设(如"复杂人"假设),都无法适应和满足未来客观实际的需要,"复合人"假设即将走到前台。

### (一) "复合人"假设的含义

"复合人"假设主要包含以下几层含义:

(1) 在一定条件下,人们倾向于同时追求多元化的目标,即同时追求多方面的需要满足。

(2) 在不同条件下,人们可能会改变自己的需要结构,但处于最前端的需要通常不会只是某种单一的需要。单一需要模式或层次递进需要模式正逐渐成为过去或某一特定情势下人们需要的特例。

(3) 组织内所有员工在作为独立个体时力图依赖于团队实现个人价值极大化,追求物质利益平等的同时,追求人格平等,并在遵循"共同信念"的前提下,崇尚思想自由和行为自由。一句话,复合人假设是说人们的需要是复合的或多元重叠的,这种复合或多元重叠性表现为人们不是单一的追求某一特定需要的满足,也不是梯次地追求某些需要的先后满足,而是同时追求某几种需要的满足。虽然我们可以像马斯洛那样,在一定情势下为某类员工确定一个需求结构,但我们不能为人们的需要确定一个明确的梯次结构,因为,人们的多元化需要正在趋于水平重叠。现实中,我们可以发现,越来越多的人在从业时,不但追求高收入,而且注重发展空间、强调自我能力的实现等。经济酬报的功能也正在从简单的生存符号向自我能力的显示信号转变。另外,当代团队工作概念也越来越强化着人们对沟通与合作的需要。所以,未来的管理人性观会倾向于进一步消除劳资双方的不对等交换观念,强化劳资平等意识,表现为人力资本与物质资本的平等合作、共同发展、公平分享。

### (二) "复合人"假设对管理的影响——"和谐式"管理

基于"复合人"假设,我们认为,未来管理理论将以平等对待人力资本和物质资本为轴心,向"和谐式"管理方向发展。

所谓"和谐式"管理,是指在人力资本与物质资本的平等合作下,管理将从一种强调一方对另一方居高临下的协调控制活动演变成一个"和谐"相处、互助共赢的双向沟通过程。"和谐式"管理将通过以下主要内容的研究而展开:

(1) 创业管理理论的研究将成为热点。一方面不但随着物质资本的日益丰富,以物质资本所有者为发起人吸收人力资本(或知识资本)的创业成为普遍现象,而且由于知识的重要性日益增强,以人力资本(或知识资本)所有者为发起人吸收物质资本创业的情况也会屡见不鲜;另一方面,由于科学技术的发展,一个组织对人力资本的需求会逐渐减少,从而需要更多的组织来吸纳从原有组织中溢出的人力资本和社会新生成的人力资本。所以创业可能成为人们的普遍需要,研究怎样创业以及如何管理创业的理论也就自然成为热点。

物质资本与人力资本共同治理与分享及其机制设计将成为管理理论突破的重点和难点。在理论上,从20世纪80年代魏茨曼明确在宏观层次上提出经济分享理论以来,有不少学者站在组织的角度,对如何通过人力资本介入而改进组织治理进行了广泛的探讨。在实践中,不少组织的中、高层管理者们已经逐渐成为组织(剩余)利润的分享力量。但无论是理论上在组织治理中的地位,还是实践中在分享中的份额,人力资本都还仅仅处于一个从属于物质资本的地位。因此,在未来,和创业过程一样,对创业成功以后的组织治理与利益分享将同样体现物质资本与人力资本的对等性和合作性,所以怎样实现物质资本与人力资本对组织的共同治理,如何将组织利益在物质资本与人力资本(包括经营型、管理型、技术型与技能型人力资本)之间共同分享等,一系列既涉及组织制度创新,又关乎激励机制革命的重大课题,将成为未来管理理论(和经济理论)突破的重点和难点。

(2)团队能力管理、团队绩效管理与团队激励机制也将成为管理理论研究的重要内容。将来的创业过程和创业成功以后的组织运营,更多地是以团队合作的形式进行的,即团队合作的概念会进一步增强。所以,要实现组织的共同治理与组织利益的共同分享,理论上和实践中需要解决的一个重要问题是团队能力的衡量与团队绩效的管理问题。只有根据团队能力和团队绩效进行团队分享,才能实现对团队的有效激励。

(3)人力资本的获取、保持、开发与退出机制的研究将继续成为管理理论研究的重要内容。由于信息的获取变得更加容易,知识的更新速率加快,人们的"复合型"需要结构变化也会加快。所以,人力资本的流动频率会增加,对组织而言,怎样获取、保持和开发人力资本变得越来越重要,如何通过个人学习、组织学习氛围的营造去建立物质资本与人力资本共同治理与分享的组织愿景成为管理者的主要任务。

(4)在"和谐式"管理模式中,对和谐组织文化建设的深入研究将成为管理理论的一个焦点。由于人力资本地位的上升,加之人才竞争的全球化,将来的组织要长寿,极大地依赖于良好的组织文化去培养一支可能更多是"跨文化"性质的工作团队。而且为了实现组织、员工、社会、自然之间的和谐发展,将生态概念引入企业文化建设成为必然。所以,基于企业文化建设研究企业组织内生态与外生态的形成机制和运行模式将成为管理理论的重要领域。

本书从总体上大致介绍了未来管理人性假设与管理理论发展的趋势。管理人性假设会朝着"复合人"假设迈进,管理理论的"和谐式"发展趋势会进一步体现管理模式向人性回归的时代特征。

## 二、海尔制——人单合一模式

1984年被视为中国企业元年,在这一年张瑞敏就任青岛电冰箱总厂(海尔前身)厂长。他从"不准在车间里大小便"等13条管理规定开始,以带头砸毁有质量问题的76台冰箱为标志,义无反顾地开启了海尔漫长而无间断的管理创新之路。从"激活休克鱼""相马不如赛马""日清体系"到"自主经营体""倒三角""人人都是CEO";从"人单合一""网络化战略""平台型企业"到"物联网时代的商业模式""用户乘数""智能互联共厂",鲜有一家企业像海尔一样持续地进行自我摧毁和管理创新,也鲜有企业家像张瑞敏那样对时代格局和管理思想如此敏感,不断地通过管理模式创新来推动着企业的转型升级和稳步增长。

谷歌从成立到上市仅用 6 年时间,阿里巴巴在 2014 年刚刚上市就被估值 2000 亿美元,微信不到三年就拥有高达 4 亿的用户,几乎一夜之间取代其他社交软件,2018 年初微信每月活跃用户数已经超过 10 亿规模。成立于 2010 年的移动互联网公司小米的手机业务仅仅用了两年半就成为中国第一、世界第三;海尔旗下的雷神 911-E1 款游戏本在预售日的短短 1 秒钟内,首发 500 台就被网友抢购一空。这些看似无章可循的战略、无法控制的增长、无可阻挡的商业创新方式被拉里·唐斯称为"大爆炸式创新",受到张瑞敏的大力推崇。2018 年 3 月初,在哈佛商学院的课堂上,张瑞敏指出:"当年我们砸了冰箱,现在我们砸了组织,我们砸组织这个举动比当年砸冰箱要艰难得多,而且意义深远得多。"国际战略管理大师加里·哈默多年跟踪研究海尔"人单合一模式"的创新实践,从一开始的不可思议到郑重得出其结论:"海尔进行的商业模式和组织管理模式变革,是对西方经典管理理论的颠覆。""颠覆""颠覆式创新""大爆炸式创新"在海尔并非危言耸听,而是国内外学者对于海尔人单合一模式达成的基本共识。

在海尔,"创造性破坏"(约瑟夫·熊彼特在《经济发展理论》中提出)的"企业家精神"已经充斥每个角落,经典管理理论的组织设计原则、领导与激励理论在这里已无踪影。其实,与熊彼特的"企业家精神"仍旧强调企业家的"英雄"作用不同,张瑞敏在海尔打造的"企业家精神"更进一步,他希望每个海尔人都能成为企业家,倡导去中心化的"企业家精神"。在这种思想指导下,海尔成功地推行了一系列"大爆炸式创新",颠覆了许多经典管理学中的基本组织原则和管理原理。久在商学院的学者初次走进海尔,会发现这是一个内部没有管理中层,外部没有组织边界,人人创业、自我驱动的光怪陆离的新世界,"部门""科室""经理""员工"等经典管理概念已然消失,萦绕耳边的是"平台""小微""创客""引爆""竞单""对赌跟投""用户付薪""用户乘数""生态价值""二维点阵"等新鲜词汇。从最初被质疑、被否定到现在被学习、被模仿,无论外界如何评论,海尔始终如一地行走在转型变革的模式创新道路上。张瑞敏把互联网思维融入企业战略与组织中,在物联网即将引爆之际,率先走出了一条改造中国制造业和治愈世界大型企业病的转型之路。

改革开放至 20 世纪末的中国企业大都奉行"拿来主义",努力学习西方企业管理的制度与方法,海尔、联想、华为、阿里巴巴、腾讯、百度等公司均经历过这个阶段,通用电气、IBM、雅虎等都曾经是中国企业学习和模仿的标杆性企业。作为后发国家的新兴企业,从管理移植到管理创新有个漫长的历史过程。尽管"中国管理模式""中国式管理""中国管理学"的概念提出已有数年,但是长期以来,没有中国领先企业成功管理实践和制度创新的支撑,没有学术共同体对成熟理论体系的开发,所谓"中国管理模式"与"中国管理学"事实上是不存在的,仅仅在古代典籍里采撷零散的管理思想并阐发其现代价值而产生的"中国式管理"在理论逻辑与实践功效上更是难以令人信服。

而学术界、媒体界与企业界对海尔模式的关注与推崇表明,新时代能够代表中国管理模式的海尔制已经浮现,中国企业告别了对西方管理理论模仿、复制和移植时代,开启了管理方式创新与引领世界的征程。现在需要正式提出海尔制,对海尔管理实践创新进行系统化的理论提升和学术研究。

## （一）"自主人"假设及其对管理的影响

海尔制产生于互联网技术蓬勃发展的 21 世纪初（以 2005 年人单合一模式的提出为标志），它最突出的特征是与时俱进、迭代创新。如张瑞敏所说"没有成功的企业，只有时代的企业，所有的企业都要跟上时代的步伐才能生存"。海尔制首先立足于新的时代属性预判基础之上，在多年打造"互联网企业"之后，张瑞敏指出："物联网是移动互联网之后下一个最重大的经济活动。它最核心的东西是实现社群经济。所谓的社群经济就是根据每一个人的需求为他提供场景服务。"与此相适应，海尔制突破以往管理方式"经济人""社会人"的假设，将企业家精神遍植于每一个员工，从而发展出"自主人"假设，并将企业预设为：高不确定性、超常规竞争的市场环境中进行内外互动、价值创造的生态系统。与这些关于管理的世界观、基本假设、理论焦点相适应，海尔制将共享、开放、创新、创业等管理原则根植于组织之中，通过智能互联工厂进行多品种、大规模的个性化定制，强调用户体验和员工自治，拆解组织部门隔阂，解散中层管理人员，打破员工与用户界限，将原来的自主经营体发展为一个个独立核算、自主经营"小微企业"，使海尔整个组织转型为整合社会资源、孵化创业小微的生态平台。在员工激励方面，海尔制通过人单合一模式以价值创造为标准，将员工报酬、顾客价值和企业目标有机结合在一起，鼓励员工自我实现、自我驱动和自我领导。

## （二）海尔制的影响

承载着新的时代基因与中国智慧的海尔制，在时代属性、人性假设、企业本质、管理原则，以及组织结构、激励方式等各个领域，全面超越了日本的丰田制。海尔制彻底消灭了自泰勒制以来的科层制等级控制体系，将企业的适应能力、创造能力和生产规模结合在一起，将组织经济绩效、员工自我实现和用户个性化需求有机融合，以智能互联工厂连接了组织社群中的所有资源，淡化了企业与市场之间的界限，通过持续、动态的内外交互消除组织边界并获取生态价值。与福特制、丰田制在管理思想史上更多专指制造企业的生产组织形式不同，海尔制在智能互联工厂之外，还包含从管理哲学到战略、组织、领导等更为丰富和完整的理论内容，其内涵与外延在组织与管理理论的几乎所有维度均超越了福特制（美国管理）与丰田制（日本管理）的范畴，触及了经典管理理论范式的人性假设、哲学基础、管理原则等硬核，冲击了传统理论范式的组织、控制、领导、激励等理论保护带，已经孕育出新时代管理理论发生新的范式转移的基本元素。

未来可以预期的是，对海尔实践模式的总结提炼是丰田制之后管理思想演化史上又一里程碑式的理论突破。继福特制、丰田制之后，作为企业管理的第三次革命，海尔制承载着丰富的时代精神和中国智慧，在人类组织演化史和中国企业史上具有更为丰富的理论内涵和现实意义，也在管理思想史上留下熠熠生辉的篇章。

## 【关键词】

人性假设、经济人、社会人、自我实现人、复杂人、复合人、人单合一、科学管理理论、人际关系学说、需要层次理论、权变管理理论

## 【本章小结】

本章学习人性假设相关理论,首先理解东西方关于人性假设以及对应的管理理念和管理方法的区别和联系,其次重点掌握"人性假设"的管理理论发展的五个阶段:"经济人"假设下的"古典管理理论","社会人"假设下的"人际关系理论","自我实现人"假设下的"放权自治理论","复杂人"假设下的"权变管理理论",最后了解人性假设理论研究的新进展及其对管理的影响。

## 【思考题】

1. 简述东西方关于人性假设的观点。
2. "经济人"假设的基本内容是什么,如何评价?
3. 请简述"社会人"假设的产生背景。
4. 人际关系学说的主要内容包括什么?
5. 如何评价"自我实现人"假设?
6. 马斯洛的需要层次理论内容是什么?
7. "复杂人"假设的贡献与局限性是什么?
8. 和谐式管理和海尔制的核心思想是什么?

案例拓展

# 第三章 领导理论

**本章要点**

1. 领导理论的发展
2. 科特的领导理论
3. 变革型领导与交易型领导

## 第一节 领导理论的发展

### 一、领导和领导理论

领导(Leadership)是组织行为学(Organizational Behavior)研究领域中一个非常重要的概念,不同的研究者从不同角度和层面对其进行了不同的界定。在具有代表性的观点中,罗宾斯认为,领导是领导者的一种能够影响一个群体实现目标的能力;诺思豪斯则认为,领导就是某一个体影响并带动一组个体实现某一个目标的过程。由此可以看出,二者共同点是:(1)领导具有影响力;(2)领导发生于一定的组织结构中;(3)领导与目标的追求相关联。但不同的是:罗宾斯认为领导是一种能力,而诺思豪斯则认为领导是一个过程。基于此,赵国祥(2009)等学者提出,领导是具备一定能力的个体——领导者(Leader),影响一个组织实现其目标的过程。该过程由领导者、被领导者和组织环境三者的相互作用而决定,用公式表示,即:

$$领导 = f(领导者 \times 被领导者 \times 环境)$$

确定影响领导有效性的因素,寻找提高领导有效性的方法和途径以及受领导影响的组织变量(如员工满意度、组织绩效等)是领导理论研究的核心。从20世纪初起,研究者从不同的切入点提出了不同的领导理论,传统领导理论的发展也经历了特质理论、行为理论和权变理论三个阶段。随着经济发展的全球化和组织结构的变化,以及组织决策不确定性的增加,研究者在原有领导理论的基础上提出了一些更加符合当代组织实际情况的具有更大弹性的新的领导理论。

## 二、传统领导理论的发展

### (一) 领导特质理论

20世纪早期的领导理论研究者认为,领导的特质(Trait)是与生俱来的,天生没有这种特质的人不可能成为领导者,而有效的领导者与无效的领导者,或领导者与非领导者之间在人格特质方面存在着差异。基于这样的假设,研究者坚持把领导者个人品质特征作为领导有效性的预测变量,力图找出和确定具有什么样的个人特征的人才能成为有效的领导者。对此,研究者进行了大量的研究,希望发现有效的领导者在个性、生理特征、社会交际能力以及智力等方面同其他个体的差异。后续的特质理论研究者认为,领导者的特质可以在个体所具有的先天品质的基础上通过训练和培训加以塑造,从而否定了早期"天赋伟人说"的观点,这无疑比早期的领导特质理论前进了一步。

但是,无论早期的领导特质理论的研究还是后期的领导特质理论的研究,大多数研究没有明确地分离出与领导具有稳定关联性的领导者的特质。比如,一项元研究综述概括了20篇不同的研究文章,共列出了近80项领导特质,其中在4篇报告中同时出现的特质因素仅有5项。因此,领导特质理论的研究结果并没有实现最初目的,即没有找到一系列总能区分出有效领导者和其他个体差异的特质。另外,领导特质理论研究在因果关系方面也存在不足,即究竟是因为具备某些特质而使个体成为领导者,还是领导者由于工作的成功而形成了某些特质。对此,领导特质理论的研究无法给出一个明确的结论。但是对领导特质进行的一系列研究能够告诉我们哪些品质特征对想成为领导者的个体是有用的。

此外,通过研究者开发的领导特质问卷(Leadership Trait Questionnaire,缩写为LTQ),有成为领导者意愿的个体还可以知道自己的强势和弱势。基于此,有学者认为,个体具备某些特质提高了有效领导的可能性,但并不能保证个体必然取得成功。

### (二) 领导行为理论

由于领导特质理论孤立地研究个体特质对领导工作效能的影响,而没有注意到组织下属的特点和工作环境特性对领导的影响,故这种孤立的研究存在着内在局限性。从20世纪40年代起,对领导有效性的研究转向了对领导者行为的研究。领导行为理论认为,领导行为的不同对领导效能和组织绩效的影响较大,有效的领导行为可以通过后天的培训和塑造获得。此类研究关注的重点是领导者做什么和如何做,即从领导者的行为方式探索有效的领导模式。对此,美国俄亥俄州州立大学的学者进行了开创性的研究,他们将领导行为归纳为"定规"(Initiating Structure)维度和"关怀"(Consideration)维度,并首次以二维空间的形式表示领导行为,为后续的研究开创了道路。

领导行为理论研究的学者们认为,总体上领导是由两类重要的行为维度构成:员工导向行为(Employee-Oriented Behaviors)和任务导向行为(Task-Oriented Behaviors)。其中,员工导向的领导者关注人际关系,尊重下属的意见,承认人与人之间的差异等;任务导向的领导者更强调目标的实现,明确部门职责,帮助组织成员完成预定目标,并把组织成员视为达到目标的手段。领导行为理论研究的目的在于弄清这两种行为的结合方式,从而引导和影响下属实现特定的目标。

领导行为理论的研究运用因素分析的方法将众多的领导行为归纳为两个维度,而且在领导行为和组织绩效之间的一致性关系上也提供了很多有力的证据。但是,该理论更像是一个框架,只是提供了一个对领导行为进行评价的宽泛方式,却无法说明领导行为和下属相应的表现两者之间相互作用的机制。此外,领导行为理论也没有找到一个在各种环境中通用的能够指导领导者作出有效领导行为的领导模式。不过无论如何,领导行为理论告诉我们,只要通过恰当的培训,就可以壮大组织管理中领导者的队伍。

## (三) 领导权变理论

对领导特质和领导行为的深入研究以及研究面临的困难,使人们逐渐认识到情境因素对领导效果的影响,于是各种领导权变理论便应运而生。领导权变理论假定:①领导的有效性依赖于情境因素;②这些情境因素可以被分离出来。

在领导权变理论模型中,菲德勒(1954,1967)强调领导者风格和其所处情境的匹配,并将领导风格分为任务取向型(Task Oriented)和员工取向型(Person Oriented)两种相对的类型。根据领导权变模型设计的有关最难共事者的问卷(Least Preferred Co-Worker,LPC),可以用来测量个体的领导风格。该问卷确定的情境变量有 4 个,即领导者－成员关系;组织压力;任务结构;领导者职位权力。菲德勒认为,当领导者的领导风格和情境匹配时,会达到最佳的领导效果。

赫西(1969)和布兰查德(1982)开发的情境模型是重视下属的领导权变理论。他们认为,领导者的任务行为和关系行为同员工工作成熟度(Sub-Ordinate Maturity)的相互作用是影响领导有效性的重要因素。他们还根据任务导向和关系导向两个维度,划分出 4 种领导模式,领导者可以根据员工工作成熟度选择相应的领导模式。

豪斯(1974)等人的"路径－目标"理论("Path-Goal Theory")关注的重点是领导者如何激励和帮助员工达到组织指定的目标的。在激励过程中,员工的个性特点和组织任务的特点两个情境变量也能影响激励的效果。为此,领导者应根据不同的情境灵活选择相应的领导风格。

乔治·格里奥(1976)等的领导者－成员交换理论(Leader-Member Exchange Theory,缩写为 LMX)是另一重要的领导权变理论。LMX 假定由于时间和精力有限,领导者在工作中对待每一个成员的态度并不一样,他们与不同的下属建立起不同类型的关系,并将领导者和成员之间的双向互动关系视为领导过程的重点。LMX 在相关效果变量研究方面,探讨最多的是 LMX 和组织公民行为(Organizational Citizenship Behavior,缩写为 OCB)之间的关系。

领导权变理论认为,领导的有效性依赖于情境变量。该理论分离出了一些情境因素,与领导特质理论和领导行为理论相比无疑是一种进步。但是,领导权变理论对情境变量的研究依然是在静态水平上进行的,没有意识到情境变量是可以加以改变的,如员工的态度和技能水平等。另外,每一种领导权变理论研究只考虑了部分情境因素,没有从整体上进行把握,因此领导权变理论的预测性不高,不能适用所有情境。

## 三、领导理论研究的新进展

### (一) CPM 领导理论

日本大阪大学的社会心理学家三隅二不二,在有关领导行为理论研究的基础上提出了 PM 理论。PM 领导理论认为,领导者的行为方式分为两类:一类是以执行任务为主的领导方式(Performance-Directed),简称 P 型;另一类是以维持群体关系为主的领导方式(Maintenance-Directed),简称 M 型。采用 PM 分析法可以把领导者的领导行为分为 4 种类型,即 PM 型、P 型、M 型和 MP 型,其中 PM 型的领导效果最好。

我国学者凌文辁等人在对我国领导行为进行研究时发现,受中国传统文化氛围的影响,组织对领导的评价往往是从"德"和"才"两方面进行的。为了使 PM 领导理论更加适合中国的情况,他们假定中国人的领导行为除了 P 因素和 M 因素外,还存在领导者的品德因素,即 C 因素(Character and Morals)。P 和 M 因素反映着领导的共性,而 C 因素则反映领导的个性,即文化特异性。基于这样的假设,他们编制了 CPM 领导问卷,并且通过实证研究验证了最初的假设。依据 CPM 领导理论和 CPM 领导问卷中的 C 分量表,赵国祥(2007)等人编制了党政领导干部品德问卷,并对处级领导干部群体进行了实证研究,探讨了当前我国党政领导干部的品德结构。

凌文辁等人(2000)还在 CPM 领导模式的基础上,对中国人的内隐领导理论(Implicit Leadership Theory)进行了研究,并开发了中国人内隐领导问卷(Chinese Implicit Leadership Scale,缩写为 CILS)。内隐领导理论是人们内心关于"领导者应该是什么样的"问题的概念化。与基于行为论的外显领导理论不同,内隐领导理论立足于人格特质。内隐理论将领导内容分为 4 个维度,即个人品德(Personal Morality)、目标有效性(Goal Effectiveness)、人际能力(Interpersonal Competence)和多面性(Versatility)。这一模式与 CPM 领导理论有着类似的结构,前 3 个维度分别对应于 C、P、M 这 3 个因素,第 4 个维度"多面性"的内容也包含在 P 因素和 M 因素中。

CPM 理论的研究结果表明,在对领导行为的评价上,中国和西方的模式是不同的,CPM 理论模式更符合中国的文化背景。

### (二) 魅力型领导理论

豪斯于 1976 年提出了魅力型领导理论(Charismatic Leadership Theory)。House 认为,领导理论研究的核心是通过领导者独特的人格魅力对下属施加特殊的影响,试图改变员工的态度、信念和价值观等。阿瓦姆莱和加德纳(1999)对魅力型领导者分离出 5 种领导特质,即具有领袖魅力的领导都有一个愿景目标,并能够清晰、准确地描述这个目标;愿意为实现这个目标承担风险且不惧怕失败;能够对组织环境的限制和资源作出现实评估;对下属的各种需要敏感;常表现出新奇的和不合规范的行为。这些特点把具有领袖魅力的领导者从其他领导者中区分出来。

沙米尔、豪斯和阿瑟(1993)的研究表明,具有领袖魅力的领导者通过以下过程影响下属。领导者首先向下属描述一个和组织现状与未来相联系的愿景规划;同时,对下属表达出高绩效的期望,并对下属实现组织的未来愿景表现出充分的信心;接下来,领导者基于自身的领袖魅力通过言语和行为向下属传递一种有利于组织目标实现的新价值观念,并为下属树立仿效的榜样;最后,具有领袖魅力的领导者会为了实现组织愿景而不惜作出自我牺牲,以表明他们的勇气和实现未来愿景的坚定信念,以此加强下属对组织目标的认同和提高工作绩效。

在后续的发展中,加德纳和阿沃利奥(1998)也提出魅力型领导是下属对领导者的一种认知和感觉,是一种归因现象。中国本土实证研究发现,魅力型领导的特质结构包含愿景规划、关心员工、创新精神、亲和力和业务能力等5个维度。更多的研究试图确定魅力型领导对下属造成了哪些实质性的影响。魅力型领导能够通过强大的感染力让下属信任、追随并且拥护领导者,进而影响员工的行为。

从实践的角度也证实了这个观点。一方面,在唤起下属共同的理想抱负时,魅力型领导起到至关重要的作用,例如陈胜吴广揭竿而起、刘邦"挽狂澜于既倒,扶大厦之将倾",以其坚定的信念为一盘散沙的队伍指明方向,使下属紧紧跟随左右。同时,魅力型领导关心爱护下属,想下属之所想,解下属之所需,充分体现了民本思想,从而赢得下属死心塌地的追随。另一方面,作为有效领导的代名词,魅力型领导如马云、任正非、乔布斯等人借助其超凡的人格魅力,创造了一个又一个商业奇迹。同时凭借对环境的高度敏感性,预先制定变革策略,从而带领员工摆脱不利的现状,以适应当前时代的变革和复杂的环境。

有研究表明,具有领袖魅力的领导者与下属的高绩效和高满意度之间有着显著的相关性。从员工的角度看,魅力型领导者能够加深员工对领导者的信任、对领导者价值观的认同、对领导者的服从和认可,认同领导者提出的目标并全身心地投入。此外,魅力型领导者还可以提升员工的自我目标和增强完成任务的信心等。魅力型领导理论看起来似乎是"天赋论"的推崇者,然而事实并不是这样。有研究者认为,个体可以经过培训而展现出领袖魅力,成为一名魅力型领导者。因此,魅力型领导理论在领导特质理论的基础上又进了一步,即主张领导者的后天可塑性。简而言之,魅力型领导者致力改变下属的以自我为中心的观念,试图将员工个人及其自我观念和整个组织的愿景目标联系起来共同发挥作用。该理论强调工作过程本身的收获,而不看重外在的奖励,期望员工把工作当成自己智慧和能力的体现,同时领导者在工作过程中努力帮助下属树立自信心和提升自我效能感。

已有研究发现,魅力型领导能够促进团队内学习氛围的产生,而这有助于提高员工知识转移的意愿,领导可以激发员工之间的对话和不同观点的碰撞,有利于促进组织内的学习,进而更加有利于提高绩效。如张鹏程等(2011)发现魅力型领导对员工的创造力有显著的正向影响,不是仅仅依靠心理安全机制,而是进一步激发了员工的知识共享行为,从而增进员工的创造力。胡海军等(2015)基于元分析发现,魅力型领导与组织、团队和员工个体绩效显著正相关。同时,刘小禹等(2018)也指出了私权魅力领导会削弱员工的内部动机进而阻碍创造力的产生,且魅力背后的利己动机,也会给组织带来风险。任旭、刘佳(2021)发现魅力型领导对团队成员知识转移意愿有显著的正向影响;心理安全感在魅力型领导和知识转移意愿关系中起中介作用;环境动态性负向调节心理安全感对知识转移意愿的正向影响。贾建锋等(2021)发现魅力型领导正向影响追随力,员工心理可得性在其中起积极的传递作用,这一正向影响在感知的人力资源管理强度较高时尤为显著。

但是,魅力型领导理论并不适用于所有情境。当下属的任务结构不明确时,或者员工所处的环境带有极大的不确定性时,魅力型领导者能够起到很好的作用。如果员工的任务结构清晰,工作规范明确,员工又有着良好的专业技能,这种领导其实并不需要。

### (三) 变革型领导

变革型领导,作为领导学领域的一个重要概念,它出现于伯恩斯(1978)的著作中,而作为一种理论被发展却是巴斯(1985)的功劳。伯恩斯(1978)首次将领导划分为两种类型:交易型领导(Transactional Leadership)和变革型领导(Transformational Leadership),这一分类为领导理论的研究开辟了新的思路。

交易型领导是领导理论模式的主要部分,前面提到的俄亥俄州州立大学的研究、Fiedler的领导权变模型以及"路径—目标"理论等都属于此范畴。交易型领导者通过明确工作角色和任务,指导并激励下属向着既定的目标前进,这类领导者典型的行为是通过奖赏、承诺来维持组织的高绩效。与此相对,变革型领导者以自身的领袖魅力,通过关注员工的需求,影响和改变员工对待工作的态度、信念和价值观,鼓励员工为了组织利益而超越自身利益。

巴斯的领导学说虽然是在伯恩斯研究的基础上建立的,但他和伯恩斯的观点并不完全一致。伯恩斯认为两种领导类型是处于同一连续体上的两个极端。与伯恩斯相比,巴斯更关注员工的需求而不是领导者的需求,而且他还认为交易型领导和变革型领导是各自独立的,并不像伯恩斯认为的那样是截然相反的两种类型,且领导者的魅力因素对于变革型领导来说是必要的但并非全部。

通过对交易型领导和变革型领导的研究,巴斯建立的模型涵盖了两种领导类型共7项不同的基本要素,其中,变革型领导包括领导者的魅力因素(Charisma)、感召力因素(Inspiration)、智力激发因素(Intellectual Stimulation)和个性化关怀(Individualized Consideration)因素;交易型领导包括不定时奖赏(Contingent Reward)、例外管理(Management by Exception)和自由放任(Laissez-Faire)3个因素。其中,对例外管理因素又分为积极的和消极的两种情况。巴斯(1995)等人根据此模型编制了多元领导特质问卷(Multifactor Leadership Questionnaire,缩写为MLQ),用以测定变革型领导者在领导过程中的优势和劣势。

变革型领导理论是在交易型领导理论的基础上形成的,与单一的交易型领导行为相比,变革型领导行为可以使下属产生更高的动机水平和绩效水平;与魅力型领导者依靠领袖魅力向下属灌输自己的价值观相比,变革型领导者更愿意采纳新观点并鼓励员工创新。

过去20年里,变革型领导逐渐成为最具影响力的领导理论,但组织学界对其应当被视作个体层面还是群体层面的概念一直没有达成共识。最初的变革型领导理论认为变革型领导会对不同的个体展示不同的领导行为,强调对个体的直接影响,因此更适合被看作个体层面的变量。

然而有学者指出这样定义变革型领导过度强调领导员工的对偶关系而忽略了变革型

领导对群体过程的影响。于是有学者开始尝试将变革型领导视作群体层面的变量,认为变革型领导会直接对一些群体层面的结果如团队效能、团队创新产生影响。在团队层次主要从团队互动过程入手探索变革型领导对团队创造力的影响路径,如有学者探讨了团队学习、团队沟通、团队中心主义等变量的中介作用。个体层面则主要聚焦于动机与认知机制,探讨心理授权、自我效能感、内部动机、下属依赖等变量在两者关系间的中介效应。鉴于变革型领导能够同时对员工个体与团队整体产生作用,王小华和豪厄尔(2010)进一步指出变革型领导应该是一个多层次的变量,并针对多层次导向的变革型领导开发了多层次、多维度的测量量表。具体而言,个体导向的变革型领导会对员工表达较高的绩效期望、注重员工技能与能力的发展、善于激发员工的智力并对员工展示出个性化的关怀;团队导向的变革型领导则会强调群体认同,愿意与团队成员沟通交流愿景,进行团队建构以增强团队内成员间的信任、合作和减少摩擦等。

### (四) 以价值观为本的领导

随着研究者对文化认识的加深以及组织内部文化的构建对组织发展的重要性,20世纪90年代中期,美国宾夕法尼亚沃顿商学院的豪斯教授及其同事基于以往的领导理论和多年的实证研究提出了以价值观为本的领导理论(Value Based Leadership Theory)。

以价值观为本的领导理论认为,领导者通过和下属共同承担一种强烈的、明确的组织愿景规划,向组织和工作注入自己的价值观,以唤醒下属对组织和组织愿景规划的强烈认同,从而激励组织所有成员发挥最大效能,以提升组织成员的自我价值和完成组织目标。以价值观为本的领导理论提出了一系列对形成组织共同价值观非常有效的领导特质和领导行为。在各种文化价值所公认的核心领导特征有:健康的人格、自信心、影响力、领袖魅力等。

相应地,以价值观为本的领导行为包括:能清晰地表达组织的愿景规划;向下属展示自己的良好素质和对愿景规划不懈的追求;向员工传递高层期望,并表达对员工实现目标具有高度信心;将富有创造性的人团结在领导者自己的周围变为组织效力。组织成员在对领导者和组织所信奉的价值观强烈认同从而内化为自身价值观后,将会产生强烈而持久的激励效果。

基于以价值观为本的领导理论和前人的研究,Prilleltensky系统地介绍了该理论的VIP-CWL相互作用模型。其中V、I、P分别指的是价值观(Values)、利益(Interests)、权力(Power);CWL分别代表的是利益相关者(Citizens)、员工(Workers)、领导者(Leaders)。

在评价方面,费尔南德斯和霍根开发了动机、价值观和绩效量表(Motives, Values, preferences Inventory;缩写为 MV-PI),该量表包括10个项目,用于员工时可以了解他们是否同工作、团队或组织相匹配,用于领导者时可以测量领导者建设组织文化类型的倾向。

对下属的激励方面,以价值观为本的领导理论衡量领导激励效果的指标是以下属的承诺、有效性、工作动机和满意程度(Subordinate Commitment, Effectiveness, Motivation, Satisfaction;缩写为 CEMS)为尺度的。以价值观为本的领导理论在领导特质理论和领导行为理论的基础上,将二者有机地融合在一起,这既是领导理论研究的一种进步,也是未来领导理论研究发展的一个趋势。国内相关研究也发现,以价值观为本的领导理论非常符合中国的经济文化环境,在此理论指导下的领导行为对于增强下属的组织认同感、工作满意度以及激励下属为实现组织目标而工作的动机等方面是有效的。而且与传统应急式的物质奖励和经济报酬或者惩罚措施所激发的动机相比,以价值观为本所激发出的员工的工作动机将会更强烈、更广泛、更持久。此外,以价值观为本的领导最大的优势是通过对组织核心价值观的构建,为组织建立了一个长效的发展机制,使组织能够避免因领导者的更迭而出现大的兴衰变化。

但是,由于不同国家的社会文化和不同组织的内部文化有所差异,以价值观为本的领导理论没有也不可能提出一个无条件适用于任何情境的理论模式,它只是提出了一个基于各种文化共性的指导原则。与此相应,各个国家的研究者应当根据各自的文化根基开展本土化的以价值观为本的领导理论的研究。

## (五) 领导伦理

伦理一直被认为是领导者的重要品质,早期关于领导层面伦理维度的研究主要集中在变革型领导和魅力型领导领域,近十几年商业道德丑闻的频繁出现使领导者的道德问题受到了广泛重视。在当代组织中,无论是在领导者进行决策过程中,还是在领导者与下属的相互作用过程中都会越来越多地涉及道德问题。这些问题包括:领导者在制定组织目标时是否考虑了社会道德规范;领导者是否公正地对待每一个下属;领导者与下属在沟通过程中是否诚实;领导者有没有关注下属需要,有没有为下属服务的意识;领导者在带领组织实现目标的过程中是否承担了社会责任等。对这些问题的研究无疑和组织的绩效和声誉有着密切的关系。

有学者研究总结出伦理型领导(Ethical Leadership)包含以下两个方面的特点:①符合伦理的个人,即在品质上诚实正直、可信赖,在行为上正确行事、关心下属、公平开放,在作决定时坚持原则、客观公正、心系社会。如克雷格和古斯塔夫森曾在此方面作了一些探索,并开发了领导正直度量表(Perceived Leader Integrity Scale,缩写为PLIS)。②符合伦理的领导者,为员工作出行为示范,与员工沟通伦理与价值观问题,并建立正确的奖惩系统来规范员工的行为。对比其与其他类型领导方式不同之处,虽然变革型领导、真实型领导、精神型领导和公仆型领导的个人特质均包含伦理层面,都为员工提供了良好的榜样作用,但伦理型领导在"符合伦理的领导者"特征上与其他领导行为明显不同,即伦理型领导不仅注重自身的伦理修养,还更加关注在工作中通过双向沟通和建立组织规范等方式来影响员工的伦理道德水平。

在组织环境中,领导行为是满足员工心理需求的重要情境因素。孔子云:"其身正,不令而行;其身不正,虽令不从。"可见,领导者自身的伦理素质决定了员工是否服从管理并实施主动性行为。具体到领导行为方面,伦理型领导兼具了多种领导类型的特质,突出表现为"道德性"和"利他性"的典型特征;同时,由于伦理型领导掌握资源分配和统筹管理的权力,从而扮演着直线管理者和道德模范的双重角色。伦理型领导能为员工提供成长关怀、心理氛围支持和道德垂范,这种行为方式恰恰能够满足员工自主、胜任和关系需求,因此,伦理型领导有望成为激发员工主动性行为的重要前因变量。已有研究发现,伦理型领导能显著激发下属的情感承诺和建言行为等。这些研究主要从社会认知理论、社会学习理论和社会交换理论出发来探究伦理型领导对员工行为的作用效果，但伦理型领导对员工行为影响的研究视角仍有待拓宽。

### (六) 跨文化领导

跨文化领导(Leading Across Cultures)是在经济交流和市场扩展的过程中逐渐产生出来的一种独特的领导现象。学者以往在关注领导活动时，总是局限于某一特定的文化体系之内，对领导方式和领导方法的研究，都具有特定的文化含义。例如，美国学者在研究领导现象时，就比较注重美国文化中的个人主义传统与自我意识，而亚洲学者则比较注重领导活动中的集体主义特性，领导活动被深深地打上了某一特定文化体系的烙印。但是跨文化领导的崛起，却使领导活动必须在多种文化体系的交融中才能得到完整的理解。当不同的文化在一个跨国组织中相遇的时候，文化之间的碰撞与交融则是不可避免的。在单一文化体系中非常有效的领导方式和领导方法，有可能在多元文化的碰撞中丧失它原来的有效性。

关于跨文化领导的概念有两种理解。一是从组织的角度来理解跨文化领导，即跨文化领导就是领导者在由不同国籍、不同价值观念和不同文化背景的员工构成的组织中所实施的一种统领和协调的行为。从这个角度来说，跨文化领导是存在于跨国企业和跨国组织之中的。另外一种理解是从文化交流和文化变迁的角度，把跨文化领导视为适应全球化浪潮和服务世界性文化浪潮的一种新型领导活动。从这个角度来说，跨文化领导乃是考验领导者驾驭和适应文化挑战能力的一种独特现象。

当下关于跨文化领导力的实证研究角度主要集中于以下四点：

(1) 跨文化领导力与领导效能的关系。郑弘(2014)以中德跨文化团队为研究对象，从团队中主要领导者文化背景、人与环境匹配程度不同的比较中发现了差异，并验证了成员对领导力的感知在中德跨文化领导力对领导效能的影响过程中的中介作用，以及人与环境匹配程度在中德跨文化领导力对领导效能上的调节作用。

(2) 跨文化领导力对团队绩效的影响。陈春蕾(2012)采用开放性问卷和访谈的方式，调查了跨文化背景下领导力和跨文化沟通对团队绩效的影响，并就调查结果提出了提高跨文化环境下团队绩效的建议。

(3) 跨文化领导者的授权领导行为。赵丹(2012)通过对中国本土下属及其直属的新加坡或印度尼西亚外派中国领导者进行的90分钟半结构化深度访谈，基于现有的跨文化理论和授权领导理论，采用扎根理论收集和分析数据，构建了新加坡、印度尼西亚两国领导者的授权领导行为模型，揭示了以新加坡、印度尼西亚两国的外派中国领导者在参与到中国本土下属管理中的优势与挑战。并在此基础上编制了问卷，采用现场研究法对新加坡外派中国领导者、印度尼西亚外派中国领导者以及中国领导者在这些授权领导行为上的异同进行了文化对比研究，确认了三国领导者授权领导行为上存在的差异，并且这些差异通过与下属国所在文化的交互作用于下属心理授权感知的不同维度，影响下属的心理授权感知。

(4) 跨文化上下级信任互动研究。张晓玲(2014)采用半结构式访谈从文化对比和跨文化互动两个层面展开研究。在文化对比方面,分析了中德信任文化、中德上下级信任文化的异同。在跨文化互动层面,首先对跨文化人际信任与跨文化交流的同质性进行了理论论证,其次在奥斯特洛和韦伯发展的上下级信任互动模型、维塔尔对跨文化人际信任的研究结果两大理论基础上,归纳出跨文化上下级信任的互动模型。

目前跨文化领导力的研究主要都在描述性分析和极少部分的实证研究,未来仍需更多的学者来探讨跨文化领导力的影响因素、结果变量及中间变量,以更深入地理解跨文化领导力的内涵和丰富跨文化领导力研究的内容和理论。同时,跨文化领导力的评价体系不统一。对跨文化领导力的内容模型和评价体系的分析,不同的学者有不同的分类,并在不同跨文化组织中进行实证研究,并未形成统一的指标体系,这可能会影响结果的可靠性和扩展性。未来的研究仍需验证这些内容模型在不同样本中的应用,并探索出可靠的评价指标因子。

### (七) 信息化领导

物联网、移动互联、云计算等新兴技术的出现改变了组织的形式和商业运作模式,领导者和追随者交往的方式随之发生了改变,他们更多地使用电子邮件、视频会议等电子方式。这种新的工作特征促使领导力理论不断发展,拥有更加丰富的内涵,信息化领导(E-Leadership)由此应运而生。

至今尚未就信息化领导力的概念和基本理论问题达成一致,影响力较大的是美国学者 Avolio(2001)提出的概念,他认为信息化领导是以先进信息技术为媒介,使个人、团体或组织产生态度、感情、思维、行为或者绩效方面变化的社会影响过程。国内对于信息化领导的研究较多的是霍国庆和孟建平,他们认为电子领导力是领导者在信息化时代吸引、影响追随者及利益相关者并持续实现群体或组织目标的能力,它是传统领导力的子概念,包含传统领导力的全部内涵,但又比传统领导力的内涵丰富。

根据现有文献数据库检索,信息化领导力研究在国内外尚处于萌芽阶段,尚没有引起主流领导学研究者的关注,基本上属于一个边缘性的研究主题。国内外信息化领导力研究成果主要聚焦在信息技术对领导力的影响、经典领导理论在信息化环境中的应用、职业信息化领导者即 CIO 研究等方面。

### (八) 服务型领导

服务型领导是近一时期出现的西方领导研究的新热点,在我国创建服务社会的过程中,对服务型领导的研究显得特别重要。格林利夫(1977)认为,领导来源于服务,即领导者首先应该是一个服务者,他应具有为别人服务的主动愿望,能够满足他人的需求,只有这样才能取得下属的信任,形成对下属的领导力。格林利夫对服务型领导者进行了界定,认为服务型领导者是那些能把他人的需求、愿望和利益放在自身利益之上的领导者,是那些首要动机是服务他人而不是领导和控制他人的领导者。服务型领导的目的在于使追随者变得更加明智、更加自由、更加善于自我管理,更愿意把自己也变成一个服务者。

通过对服务型领导结构的研究,格林利夫指出,服务型领导应具有主动性、说服他人、建立共同体等 12 个方面的能力。在此基础上,佩奇和黄(2000)对领导者的 12 种能力重新进行了分类,即分成了形成特征维度、关系维度、任务维度和过程维度4个方面。利登等(2008)通过实证研究得到服务型领导的7个维度:情绪健康、为团体增加价值、分析解决问题、授权下属、帮助下属成长、以下属为先和符合伦理的行为。这个工具对于服务型领导进行了多维测量,信效度较好。

目前,学者们研究的服务型领导的影响主要体现在两个层面:个体(主要指下属)和团队。其中对下属个体层面影响的研究又占绝大部分,包括下属的信任(领导信任和组织信任)、下属的绩效(工作绩效、组织公民行为、社区公民行为、助人行为、责任心及创新行为)和下属的组织承诺等;对团队层面的影响主要是团队组织公民行为、团队对组织的承诺和团队绩效。对服务型领导与组织学习关系的研究在已有文献中尚未见到。服务型领导的研究视角是界定和探讨领导者与下属之间的关系,是用内部的力量推动组织学习。就像森奇(1990)所认为的那样,创建学习型组织需要新兴的学习型领导,更需要领导者具有教练般的风格,以便为下属和企业服务。图安等(2016)研究表明,服务型领导可以促成知识共享。因此,服务型领导对组织学习的开展来说也是至关重要的。如于海波等(2017)不同的领导风格对组织学习的作用不同,服务型领导对组织学习的推动作用在企业的成长中显得越来越重要。

## 第二节 科特的领导理论

美国管理学家约翰·科特是世界著名的管理行为学和领导学的权威,他最重要的思想主要有两项:一是领导和管理是两个截然不同的概念;二是企业文化对长期经营绩效有巨大的正相关性。科特的《总经理》是在实地调查的基础上形成的一部具有意义深远的名著,成为企业领导者的必读之作,并被列为美国MBA硕士学位的必读参考书。后发表的《权力和影响》《成功领导的因素》,以及1990年出版的《变革的力量》,突破了经理角色理论的框架,其中关于企业家的领导艺术以及产生根源是对组织行为学领导理论的重大发展。约翰·科特企业领导理论研究的是领导过程、结构、领导艺术、企业领导环境的产生和企业文化对企业经营的作用。两者是相互联系的,后者是在前者研究基础上的进一步深化,是科特理论中最有首创精神和最重要的部分。

### 一、企业领导权力的四个来源

#### (一)掌握信息和知识

"知识就是力量",领导工作也不例外,但它所需要的最重要的知识是有关工作环境的详细情况。一个人如果对工作人员的差异和相互依赖没有深刻的理解,就绝不可能干好领导工作。这里所说的理解是指哪怕涉及的人员成百上千,也要了解有关各方都是什么样的人;了解他们有哪些不同观点,各种不同观点的重大分歧是什么,他们的世界观是什么,他们想要什么,他们真正感兴趣的又是什么;要清楚各种观点的重大分歧表现在哪些方面,要对每一方面有些什么权力来源使他们能够去干他们感兴趣的事,以及他们准备把那种权力运用到何种程度,做到心中有数。

### (二) 良好的工作关系

科特认为,建立在尊重、钦佩、相互需要、道义和友情基础上的良好工作关系是完成工作所需的一个主要权力来源。没有这层关系,人们就会由分歧而产生疑心,由相互信赖而变成相互推诿,从而使命令无法下达给具体操作者,这样即使再好的点子也会被人们拒绝执行。此外,这些关系也是重要信息的传播渠道,没有它们我们就缺乏开展工作必需的信息依据。

### (三) 良好的个人履历和声誉

如果一个人缺乏其他必需的权力源,一份可信的履历表以及由此带来的声誉,也可以帮助他迅速与人建立并保持良好的工作关系。对一些牵涉人员过多、时间要求紧的领导工作来说,利用这些权力源来节省时间显得尤为重要。

### (四) 技巧

这包括:一种认识能力,即正确判断谁真正拥有解决某个具体问题的权力,准确估计人们之间的分歧及其原因,明了人们的共同利益所在;一种处理人际关系的技巧,即彼此只有有限的面对面的交流条件,在现代生活紧张的压力下仍要设法与各种各样的相关人员建立并保持良好的工作关系;一种巧妙利用各种个人影响的技巧,即在某个特定环境该如何利用自己掌握的信息和已有的关系,如何行使常规权力和其他权力源,最后它们还包括各种各样的相关行业或部门所要求的技术能力。有了这些权力源,就能吸引优秀人才,引来必需的资金,产生新产品的设想,调动所有人员去实施行动计划。

## 二、成功企业领导的素质要求

虽然进行领导的领导者们并不是一群超然于世俗和理性分析之外的人物,但成功地对企业进行领导,必须具备必要的个人素质。科特总结出 6 种进行领导的先决条件:

(1) 行业和企业知识。领导者要有广博的行业知识,了解公司情况。

(2) 在公司和行业中的人际关系。领导者需要在公司和行业中建立一整套广泛而稳固的人际关系。

(3) 信誉和工作记录。在公司主要活动中,领导者要有很高的声望和出色的工作记录。

(4) 能力和技能。领导者要思维敏捷,表现为较强的分析能力,良好的判断力,能从战略上、全局上考虑问题,有很强的人际交往能力等等。

(5) 个人价值观。十分正直,能公正地评价所有的人和组织。

(6) 进取精神。领导要有充沛的精力和很强的领导动机,这种领导动机是建立在自信心基础上的对权力成就的追求。

## 三、如何领导企业变革

科特认为,领导实质上是一种以非强制性活动促进企业发展和变革的行为,他反对把领导行为当作企业的最高"统帅者"或"统帅层",对企业活动自上而下进行引导、达到目标的行为。日常生活中"好的"或"成功的"领导这些词汇包含了多层意思,但最基本的只有一点,即"好的"领导鼓励人们朝着真正给他们带来长期最大利益的方向努力,而不会引导人们走向绝境,不会浪费他们的稀缺资源,也不会造成人性的阴暗面。这是一种很有独到的见解。什么是优秀的领导行为?科特认为,如果领导行为能带领人们朝一个确实更好的境况发展,并且不损害他人利益,我们就称之为"好的""有效的"领导,蕴含于这种观念之中的领导职能定能带来建设性或适应性变革。要完成变革的职能,一个复杂企业组织的领导过程要分为三个过程:

### (一) 确定企业发展方向

领导力创造变革,是其首要职能。领导力的核心正在于拟定经营活动的发展方向,即描述某种在未来、通常是遥远未来的状态(即愿景),以及实现这一状态的战略。要理解定向这个过程的重点,需要分清楚哪些活动不属于这个范畴,要求我们区别开企业定向和计划或长期计划。

二者实际上有本质的差别,如表 3-1 所示。计划属于管理范畴,本质上是演绎的过程,首要目的是为了维护有序的结果,而非制造变革,这与领导力中的定向大相径庭。好的计划包括从当时到达成目标期间要做的每一件事,它需要清晰易懂,便于口头传达,让每个人了解预期结果。但是,最好的计划也不能等同于领导力的定向,更不能替代领导力。

表 3-1 计划与定向

| | 管理:计划和预算 | 领导:定向 |
|---|---|---|
| 首要职能 | 通过计划帮助企业在重要领域创造预期结果(例如按时按预算完成任务)。 | 通过确定变革方向,帮助企业实现为应对不断变化的商业环境所需的变革。 |
| 活动概述 | 制订计划:就如何达到目前重要利益相关方(如客户和股东等)的期望结果而制订一个详细计划,如果过于复杂而且难记或难以言传,可以用书面形式;同时制定一个时间表,规定何人须在何时完成何事,以及所涉及的费用。<br><br>制订计划是一个倒推演绎的过程,从要实现的目标出发,逐一厘清必要的步骤、时间表和费用。 | 确定方向:确定愿景以描绘未来企业组织或活动的核心方面,制定战略以实现愿景。<br><br>确定方向是一个分析归纳的过程,期间需要广泛搜集有关所在行业、企业组织或活动的信息,回答该领域的基本问题,并根据对问题的理解程度,对替代方向进行检验,可能会就其中一些选项进行试验,最后确定企业发展方向。 |

领导力的定向环节不生成计划,而是确定愿景和制定战略。这里说的战略是指对事

物(一家企业、一种企业文化、一个行业、一项技术和一类活动)未来本质的描述。一个愿景需要是具体的,具体到能切实给予人们指导,同时又要是抽象的,抽象到可以激发人们的创造性,并且适用于各种情况。好的愿景需要同时满足需求和可行性的检验。需求是指一个愿景中描述的未来状况在多大程度上满足了重要利益相关方的需求。可行性则表现在战略上,因为战略展示最终达到理想状况在现实中的可能性,尽管这一理想状态并不一定能实现。相反,不好的愿景要么忽视了重要利益相关方的合理需求和权利,要么在战略上行不通。

确定方向通常是一个分析归纳的过程,即大范围地搜集关于经营活动或者行业的信息,尤其是从客户处搜集,向传统想法提出挑战,并分析得出能够回答经营活动或行业中基本问题的方案(例如,商业成功需要什么?客户对我们的产品和服务有何看法?),再根据对问题的理解得出多种方案并进行验证,甚至可以试用其中一些选项,最后选定一个好的方向(同时具备需求和可行性)。它是一个持续很长时间的过程,在此期间里会经历市场的淡季和旺季,愿景和战略通常是动态且不断演变的。愿景和战略并不像计划那样数字化,并且更注重风险消除。因为愿景和战略总是和一定程度的不确定性相生相伴的。

清晰的发展方向指出团队的目标、达成目标的方式以及提供鼓舞人心的信息,因此有助于产生有利的变革,尤其是重大或激进的变革。

如果公司不能很好地区分开定向与计划,那就会造成管理过度、领导不足的局面。缺乏清晰的发展方向,结果就是无力适应竞争日益激烈的动态商业环境,逐渐被市场所淘汰。在动态商业环境中,出现意外情况是常有之事,因此制定长期计划就成了沉重的负担,促成了企业对其计划必须加以期限。但是,如果一个企业缺乏发展方向,那么即使制订了有期限的计划也可能会功亏一篑。因为缺少对计划过程进行限制或是引导的愿景和战略,那么就需要制订多种计划以防任何不测。在这种情况下,公司可能会错误地将重心放在不断地制订应急计划上,占用投入核心要务的时间和精力,无法为公司确定当下的发展方向。

有人认为,愿景及确定愿景容易让人陷入形而上学的陷阱,但许多企业用事实证明,这个想法从根本上就是错误的。确定良好的企业发展方向不是凭空而来毫无依据的过程,而是一个近乎艰难甚至令人筋疲力尽的搜集信息和分析资料的过程。那些确定愿景和制定战略的人不是想象家和魔术师,而是敢于冒风险且实力雄厚的战略家。有效的商业愿景本身并不是虚无缥缈的,而是可以通过形式和功能清晰的计划加以诠释的。

当计划不是定向的替代品,而是定向的补充活动时,才能发挥其最大功效。一个良好的计划过程通过回答以下问题能有效地检验定向活动:为达到目标采取的最初几步是否可行,我们是否真的能为此付出代价。而一个具备竞争力的定向过程为计划的实际执行指明了方向,厘清了计划必须做什么以及哪些与计划无关。

## (二) 组建联盟

现代企业的一个核心特征就是相互联系,没有人是完全独立的,人与人之间因为工作、技术、管理体系和职级联系在一起。一旦企业试图变革,这些联系就对实施领导力形成了特殊挑战。如果大多数人的力不能往同一个方向努力,那么必定会造成相互掣肘。

因此,组建联盟存在其合理性。联盟是指一群彼此相关的人对某一愿景和整套战略达成共识,承认发展方向的有效性并愿意为之奋斗的一种状况。

联盟与组织不相同,如表3-2所示。管理者"组织"创建了用人机制,以便尽量准确有效地实施计划。这通常需要做一些复杂的决定,从职位和汇报关系的无数可能性中挑选出合适架构,并为这一架构配备人员,这又要求人员和职位相匹配。如果人员不具备一般情况下该职位所需的技能和知识,那么公司就必须明确为这些人提供何种培训和指导。计划总是需要向员工传达,这就意味着需要决定传达的对象和传达的信息量。此外,还需要时常设计一些经济刺激以鼓励计划落地执行,这些计划又总是存在诸多替换方案可供选择。同样,监督计划实施系统也存在许多可能性。以上的一切都需要有明确的指导。

表3-2 组织与联盟

| | 管理:组织、配备人员 | 领导:与员工联盟 |
|---|---|---|
| 主要职能 | 建立一个执行计划的组织,帮助企业在重要方面(例如成本、交货时间表、产品质量)产生预期结果。 | 在某一愿景和一系列战略的指引下使人们联合起来,以创造变革,适应不断变化的环境(例如推出新产品和处理劳资关系的新方法等)。 |
| 活动简要描述 | 一个包含合适性判断的组织设计过程:什么样的结构最适合此项计划;结构中的每一项工作最适合什么人去做;计划中的哪一部分适合哪个人,因此交给他或她来做;什么样的薪酬体系最适合该计划和有关人员等。 | 一项重大的沟通挑战:通过与所有能对愿景实现提供帮助和合作的人员进行大量沟通,帮助他们理解并相信这一愿景及其战略,在沟通过程中尽可能做到表达清楚,令人信服。 |

联盟至少在三个方面和组织有着本质的区别。

第一,尽管组织工作意味着与很多人交流,但和领导活动相比人数较少。在争取联盟与人沟通的过程中,目标人群不限于某一位管理者,还会牵涉老板、同行、企业其他部门的员工、供应商、政府官员甚至客户。可以说,任何可能帮助实现愿景和实施战略的人,或是可能阻碍以上过程的人,都属于相关人群。

第二,组织活动中和目标人群的交流可能很复杂。在日常商业活动中,要帮助人们理解最新计划以及他们在其中所扮演的角色并非易事,而要让他们理解一个在很大程度上改变未来的愿景,则更为困难。这在很大程度上关系到日常工作和非日常工作、做过或正在做的事与新事情的差别。前者与后者相比所需沟通更少,更容易理解,更易于接受。

第三,听众人数众多,传达复杂信息的困难程度加剧,尤其在规模庞大或是地理位置分散的企业更加明显。

如果认识不到联盟与组织之间的差别,管理者很可能会把全部注意力集中在员工身上,而且很可能仅仅局限于那些直接向他汇报的人。他可能存在严重的沟通不足,可能很少努力增加信息或者信息传达者的可信度,甚至可能会有上级盛气凌人,认为命令至上,这会导致他失去他的联盟。

为了达成联盟应该尽可能地向能够提供帮助的人或合作方(包括直接下属、下属、老板和供应商等)反复传达发展方向;传达过程中尽可能使用简单的图像、符号或隐喻加强沟通的有效性,这不需要侵占已经过度使用的沟通渠道,也不需要大量宝贵的管理时间;

多措并举增加信息的可信度,包括发动具有良好业绩者和工作关系的传达者,以尽可能合理方式传达信息,确保传达者言行一致,证明对既定愿景和战略全情投入(所谓身体力行的领导力)。

员工容易在企业难以适应市场或技术变化而落后时产生一种无力感,因为他们即使察觉了重大的外部变化,然后积极地采取适当的行动,也可能并不会被领导接受,甚至可能被责难他们的行为是"违背政策""不是他们的职责"等。

联盟通过至少两方面的授权来帮助解决无力感的问题。第一,当一个清晰的发展方向传达到整个企业的时候,职级较低的员工就可以采取行动而不会轻易受到诸多责难,只要他们的行为与愿景一致。第二,因为大家之间的目标一致,个人提议之间的冲突导致计划搁置的可能性将减少,达成联盟的人具有朝着某一愿景取得进步的潜力。

### (三)激励和鼓舞

在努力创造重大变革时,即使是朝着最合理发展方向达成联盟的群体也会遇到巨大挫折。这些挫折可能是经济方面的,如资金链突断;也可能是官僚主义或政治方面的,如某个政府职能部门拒绝加急办理等。这些都会中断或是大大延迟变革的过程。

领导的首要职能是创造变革,通过高度激励使员工全情投入到创造变革的过程中,与拟定发展方向以及达成联盟一样重要。从某种意义上说,定向指出了一条适合企业发展的道路,有效的联盟使人们沿着这条道路前进,而成功的激励则确保这些人有足够的能量来克服沿路的路障。获得激励的群体是一群展现出远超正常水平的精力、强度和决心的人。成功的领导力能使这种激励水平保持相当长一段时间。

管理中的激励和领导中的激励也是不同的。管理的基本功能是维持内稳态,即通过确保关键变量一直保持在其容许范围之内,从而使系统充满活力。控制是实现内稳态过程中的重要一环,目标和达成目标的系统确立之后,一套控制系统随即形成,可监控计划的实际完成情况并能在发生偏差时及时采取行动。管理中实现控制的方法之一是"激励"人们遵守标准或计划,通常以经济刺激来实现,对那些将偏差降至最小的人给予一定奖励。

激励能够满足人们的基本需求,包括成就感、归属感、自尊心,以及让员工觉得自己获得认可,能掌握自己的命运并实现自己的理想。采用的方式有:①通过强调传达对象在实现愿景的过程中的核心价值,反复而明确地阐述愿景;②让员工参与到关于如何实现愿景或是部分愿景的决策;③通过指导、反馈、树立行为榜样和大量的热情来支持员工工作;④公开真诚地认可并奖赏员工取得的所有成功。

管理中的控制过程力求将计划执行过程中的偏差最小化,从而带来稳定一致的结果。而领导范畴下的激励过程则试图将能量输出最大化,从而克服变革过程中的障碍。前者谨慎而保守,后者果敢,甚至可能鲁莽。控制行为纯粹受大脑理性驱使,而激励则常常发自内心。前者注重表面行为及其带来的结果,后者强调对灵魂最深处的触碰。二者均非易事,所有企业组织对它们的需求越来越迫切,但是必须认清二者的区别,如表3-3所示。

表 3-3 控制与激励

| | 管理:控制和问题解决 | 领导:激励和鼓舞 |
|---|---|---|
| 主要职能 | 将计划执行过程中的偏差最小化,因而有助于企业在重要领域取得预期结果。 | 激励人们克服实现愿景过程中的巨大障碍,因而有助于产生应对环境变化所需的变革。 |
| 活动简要描述 | 通过正式和非正式手段较详细地控制计划执行结果,采用报告、会议和其他控制机制来确定计划执行中常被称作"问题"的偏差,然后制订计划并组织人员解决这些问题。 | 满足个人非常基本而又常被忽视的需求——成就感、归属感、认可感、自尊心、掌控感以及实现理想的需求,从而激发出个人极大的能量。 |

短时间的激励只需要一场危机或是某一个精心策划的特别活动就能起到作用,但如果要在更长时间内达到持续激励的效果,则困难更多,对瞬息万变的商业环境来说更是如此。

要达到长时间的激励效果,首先要反复持续地传达愿景和战略,而不是仅仅一次或偶尔为之;这种沟通传达不仅仅止于告知,而是必须融入人们的价值观中,点燃他们的激情;人们必须真正愿意参与愿景的实现,而不是受人操控;在需要时提供适当的帮助,让人们能成功地朝着愿景努力;此外,奖赏和认可必须是真心诚意的。如果能够做到上述措施,一群在同一方向上达成联盟并获得高度激励的人们,一定能克服前进道路上的各种障碍。

## 第三节 变革型领导与交易型领导

### 一、变革型领导和交易型领导的概念及结构

#### (一) 变革型领导的概念

变革型领导一词首先是由唐顿于 1973 年在《反叛领导》(Rebel Leadership)一书提出,接着由伯恩斯于 1978 年在《领导》(Leadership)一书中予以概念化。但是变革型领导理论的发展是巴斯在 1985 年《领导与超越期望的绩效》(Leadership and Performance Beyond Expectation)一书中建构而成。伯恩斯在提出变革型领导时,是以马斯洛的需要层次理论来界定变革型领导概念的。他认为,变革型领导是领导者与成员相互提升道德及动机到较高层次的过程。以马斯洛的需要层次理论来分析,变革型领导重视提升成员内在动机,希望将下属的需要层次提升到自我实现的境界,从而超越原先的工作期望,而不是仅局限在利益的交换上。伯恩斯认为变革型领导者通过提出更高的理想和价值,如自由、正义、公平及人道主义等,以唤起下属的自觉,进而协助他们满足较高层次的内在需要,使下属能由"平凡自我"(Everyday Selves)提升到"更佳自我"(Better Selves)。巴斯依据伯恩斯的见解,认为变革型领导会使员工对领导者产生信任、尊敬及忠诚。他认为变

革型领导是领导者通过改变下属的价值与信念,引导下属超越自我利益,以追求更高的目标。学者的观点不同,对变革型领导提出了许多不同的定义,现将国外主要研究者对变革型领导的定义进行归纳,如表 3-4 所示。从上述学者的看法中可以了解变革型领导已经不再只是局限于将领导看成是控制、协调等管理的过程与技巧的使用,它更注重领导哲学的提升和领导理念的创新。变革型领导是通过领导者个人的人格力量与魅力的特质来影响下属,通过提升下属的需要层次和内在动机水平,激励下属不断地挑战与超越自我,为追求更高的目标而努力的过程。

表 3-4 变革型领导的定义

| 研究者 | 定义 |
| --- | --- |
| 伯恩斯(1978) | 变革型领导是领导者通过较高的理念与道德价值,激发、鼓舞员工的动机,使下属能全力投入工作,进而提升下属成为领导者,而领导者则成为推动改革的原动力。它是领导者和下属之间相互提升到较高的需要层次及动机的过程。 |
| 巴斯(1985) | 变革型领导通过让员工意识到所承担任务的重要意义,激发下属的高层次需要,建立互相信任的氛围,促使下属为了组织的利益牺牲自己的利益,并达到超过原来期望的结果。 |
| 尤克(1989,1994) | 变革型领导是指影响组织成员在态度上与假设上产生改变,并建立对组织使命或目标的承诺。它强调领导者要赋予成员自主性来完成目标,以改变组织文化与结构,并与管理策略相配合,进而完成组织的目标。 |
| 萨乔万尼(1990) | 变革型领导是一种附加价值的情感领导,强调高层次、内在动机与需要。领导者激发成员发挥智能,超越原有的动机与期望,这种领导具有文化与道德的意义。 |
| 莱思伍德(1992) | 变革型领导是由领导者提供愿景作为内在诱因,通过分享、投入、热情与刺激等手段,在实际运作过程中改进并提升成员的想法,使其对未来充满希望。 |
| 沃德尔(1996) | 变革型领导是领导者能与下属共同创造专业气氛与态度,通过专业的发展,决策的分享,自我价值的提升,进而创造一种尊重、接纳、友善、支持成长与学习的环境。 |
| 菲尔德和赫罗尔德(1997) | 变革型领导是通过下属对领导者及其愿景的认同,使下属能超越利益上的交换。 |
| 皮莱等(1999) | 变革型领导是领导者通过激发下属较高层次的需要,促进组织的信任关系,使下属将组织利益建构在自身利益之上,以促使下属能作出超越预期的表现。 |
| 威尔曼尔和托马斯(2001) | 变革型领导是一种合作、决策分享的取向,它强调专业能力的发展与授权,了解变革而且鼓励成员进行变革。 |
| 罗宾斯(2001) | 变革型领导者具有魅力特质,对追随者具有特别影响力,激发下属为组织牺牲自身利益,并且对下属进行个性化关怀与智能上激发,使下属愿意尽最大的努力,达成团体目标。 |

## (二) 变革型领导的结构

巴斯和阿沃利奥在1993提出变革型领导的主要因素包括：

(1) 领导魅力或理想化的影响(Charisma or Idealized Influence)：领导者了解什么样的事情对于未来是重要的，以此来凝聚组织成员的注意力，能提出吸引人的愿景以及达成愿景的策略，并能得到员工的支持，而且能够通过组织内外人士、正式与非正式的沟通网络，有效地将愿景传达给他人。

(2) 动机鼓舞(Inspirational Motivation)：领导者能启发组织成员的工作动机，赋予员工工作的重要意义，以此提高员工的工作期望，相信自己能表现得比预期的标准更好。

(3) 智能激发(Intellectual Stimulation)：领导者能提出新的构想或观点，激发成员思考完成工作的方法，鼓励组织成员能用不同于以往的方式来解决问题。此外，本尼斯和纳努斯还指出有效能的领导者会从失败中吸取教训，将错误视为成员学习与发展的机会，鼓励成员制定长期的学习与发展的规划。

(4) 个性化关怀(Individualized Consideration)：领导者关心每一个组织成员的个别需求，发现成员的潜能，辅导他们达成任务，他会考虑员工的独特性格，提供不同的支持与持续性的技能发展。李超平、时勘结合文献综述的结果，采用归纳法(Inductive Method)确定了在中国文化背景下变革型领导的四个维度，分别是德行垂范、愿景激励、领导魅力、个性化关怀。与巴斯所得到的结果相比，两者都有领导魅力、愿景激励(动机鼓舞)、个性化关怀这三个维度，不同之处集中表现在李超平等人的研究得到了一个具有中国特色的维度——德行垂范。此外个性化关怀与巴斯的个性化关怀相比，内涵更宽，即管理人员对员工的个性化关怀不仅包括对员工工作、成长的关怀，还包括对员工生活和家庭的关怀。

## (三) 交易型领导的概念

伯恩斯于1978年在《领导》(Leadership)一书提出了交易型领导的概念，通过对政治领导者的研究，比较了交易型和变革型领导行为，认为交易型领导通过奖励与下属工作进行交换，来鼓励下属。这与激发下属实现自我实现的目标是不一样的，是一种短期的交换结果。他认为交易领导为下属提供的是纯粹的交换，例如，用下属的工作来交换选票等，是基于社会交易的观点，强调成员与领导者之间的关系是互惠的、基于经济的、政治的及心理的价值互换。

交易型领导的理论，是巴斯在1985年的《领导与超越期望的绩效》(Leadership and Performance Beyond Expectation)一书中建构而成的。巴斯认为交易型领导是以领导—成员交换理论(Leader-Member Exchange Theory, LMX)和路径—目标理论(Path-Goal Theory)为基础发展而来的，认为交易型领导是指通过在奖酬基础上的即时交换来影响追随者。

社会交换理论(Social Exchange Theory)，是由巴纳德在1938年提出的，后来又得到了马奇和西蒙的完善，其主要观点认为，个体用自己的贡献与组织所提供的某种报酬构成交换关系。后来，布劳等人将人类的交换区分为经济交换和社会交换两种行为。经济交换行为是建立在一个明确列出交换物数量的契约之上，双方(或通过第三方)在明确的行为和时间下达成协议；而社会交换行为则是建立在信任基础上的一种个人的自愿性行为，其动力是为了使个人获取回报。交易型领导理论正是以社会交换理论作为其理论背景，认为领导是领导者与成员间相互影响的动态过程，希望双方在最大利益与最小损失原则下，达成共同目标。

凯勒曼认为交易型领导中，领导者与员工间的关系是相互依赖的，领导者与员工都把对方视为满足需要的途径，领导者希望员工达成组织目标，而员工则希望在达成目标后能获得精神上或物质上的满足。所以领导者之所以有影响力，乃是员工认知到按照领导者的需求去做事是对其有利的。也就是说领导者掌握了下属想要的资源，就可以通过对这个资源的控制和分配，来要求下属达到组织的工作标准，并以此换取酬赏。

格拉恩等在 1975 年提出的领导者－成员交换理论(Leader-Member Exchange Theory，LMX)认为由于组织内资源的有限性，领导者无法对每一位下属平均分配其所具有的资源。而且由于领导者迫于时间压力，因而常常需要找一些得力的助手来帮助他们执行任务与达成目标，领导者为了奖励这些得力助手的努力与付出，会给予他们更多关怀与互动。所以组织中会以领导者为中心而形成非正式团体，此团体内的成员与领导者间会有较紧密的工作关系。这些团体成员就被称为圈内人士(In-Group)，其他成员则称为圈外人士(Out-Group)。领导者会提供圈内人士更多的机会，赋予更大的责任，双方的互动过程带有较多的积极特征。而对于圈外人士，领导者则赋予较琐碎、例行的事务，并施以较正式的权威予以监督。

亚马里诺等认为交易型领导重视领导者与下属间的交换关系，这种交换的性质可分为明确的或低品质的，以及较不明确的或高品质的。较低品质的交易主要是有形物质交换，例如员工的目标达成则薪酬增加；较高层次的交易则是领导者和员工间无形物质的交换，例如忠诚、情感与信任。途径－目标理论(Path-Goal Theory)认为，一个成功的领导者不仅要能够理清组织目标，为员工提供相应的奖赏，同时必须能明确告诉成员如何去达成目标以及获取奖赏的途径，同时去除下属达成目标的各种障碍，增加实现目标的概率，使下属更努力工作，获取较佳的工作成果和较高的满足感。在交易型领导理论中，领导者的主要任务就是界定员工的角色，设定员工达成组织目标时可获得的奖酬，并提供员工达成目标及获得奖酬的路径。因此，路径－目标理论的内涵，可作为交易型领导理论的重要依据。学者们提出了许多不同的交易型领导定义，现将主要的定义归纳整理见表3-5。

表 3-5 交易型领导的定义

| 研究者 | 定义 |
| --- | --- |
| 伯恩斯(1978) | 交易型领导是领导者与成员通过磋商达到互惠的过程，领导者与成员在最大利益和最小损失的原则下，来达成共同的目标。 |
| 巴斯(1985) | 领导者确认并澄清员工的工作角色，以使员工有方向感，了解并满足员工的需要，以促使其努力工作。 |
| 萨乔万尼(1990) | 交易型领导是一种以物易物的领导，领导者与下属为了各自的利益与目的，通过协议约定而各取所需。 |

**续表**

| 研究者 | 定义 |
|---|---|
| 莱思伍德(1994) | 组织中各种酬赏系统被领导者所应用,以换取领导者所要的成果。 |
| 皮莱等(1999) | 交易型领导建立在交易过程中,领导者依照下属的努力与表现情况给予奖赏反馈。 |
| 罗宾斯(2001) | 领导者通过澄清角色及工作要求来建立目标与方向,并以此来引导或激励下属。 |

### (四) 交易型领导的结构

巴斯以及阿沃利奥等人将交易型领导分为权变报酬及例外管理两个主要方面:

(1) 权变报酬(Contingent Reward):它是指领导者给予员工适当的奖励与避免使用处罚,以增加员工工作的诱因。权变报酬可以分为两个次级因素,其一为承诺的权变报酬,即领导者向下属人员保证,会按他们的表现给予应得的奖赏;另一因素为实质的权变报酬,这是领导者按下属人员的表现情况,提供其应得的奖赏。领导者把实现目标与获得报酬、澄清期望、交换承诺、提供资源、筹划相互满意的协议、进行资源谈判、能力上相互帮助以及未成功的绩效提供奖赏确定为联系起来的途径。

(2) 例外管理(Management by Exception):它是对下属的错误与不合乎标准的行为加以纠正、反馈或处罚的历程。例外管理分成主动例外管理与被动例外管理。前者是指领导者主动监控成员的偏差行为,并且修正其偏差行为,强化规则以确保成员达成目标。后者则是指领导者平时并不会对成员的行为进行干预,只有成员发生偏差行为时才会采用权变式惩罚或其他修正行动。波德萨阔夫及其同事将交易型领导分为权变奖励(Contingent Reward)和权变惩罚(Contingent Punishment)两个维度。权变奖励是指领导者对达成组织任务的下属,给予其需要的奖赏;权变惩罚则是领导者对于没有达成任务或有偏误的下属,给予纠正或惩罚。麦肯齐,波德萨阔夫和里奇指出,权变惩罚在概念上与巴斯的例外管理是一致的。变革型领导与交易型领导的测量巴斯及其同事在明确了变革型领导和交易型领导结构的基础上,发展了多因素领导问卷(Multifactor Leadership Questionnaire,MLQ)。虽然 MLQ 问卷是研究变革型领导使用最广泛的工具,但是对于其构想效度却一直存在争议。如特赫达等采用了四个独立样本来研究 MLQ 的结构,结果发现,MLQ 的结构效度并没有得到验证,但是,在减少问卷项目数之后却具有较好的构想效度。国内学者孙建国和田宝等人验证在我国文化背景下变革型领导的构想效度。李超平、时勘结合文献综述的结果,采用归纳法(Inductive Method)确定了变革型领导问卷的维度,并编制了变革型领导问卷。新问卷共有四个因素,分别是德行垂范、愿景激励、领导魅力、个性化关怀。运用新的测量工具对 440 名被试的研究发现,新问卷具有较好的信度与效度。当然,这部分工作尚需要通过在国内的不同地区、不同行业、不同规模和性质的组织进行调查,以检验变革型领导问卷的通用性,并将其不断地加以完善。此外,这个问卷并没有涵盖交易型领导的内容,无法形成在我国文化背景下对领导行为的全面评价与测量。

## 二、变革型与交易型领导的作用机制

### (一) 领导行为与领导有效性的关系

在交易型与变革型领导的研究中,领导行为与领导有效性之间的关系是研究的重点。学者们一般认为,变革型领导对于交易领导具有扩大效果,即变革型领导的影响是在交易型领导的基础上,对下属有额外的影响效果。

卡梅伦和乌尔里奇的研究发现,变革型领导对领导效能、工作满足、工作绩效及组织承诺等各变量的影响力,都比交易型领导高。哈特等人的研究结果也表明,不管是优秀的管理者,还是普通的管理者,变革型领导与下属的有效性以及下属的满意度之间关系要比交易型与这些变量之间的关系要强,优秀管理者在变革型领导上的得分要高于普通管理者的得分。洛威等对以往的38项研究进行了元分析,结果也表明变革型领导与领导有效性的各项指标之间有着明显的正向关系。荣格和阿沃利奥利用实验法进行了研究,结果发现变革型领导较交易型领导可使员工产生较多创意。陈小萍和樊景立在台湾的研究也发现,在中国文化背景下变革型领导的某些维度如个性化关怀与下属的绩效以及OCB行为有着正向的关系。李超平、孟惠和时勘发现,变革型领导对组织公民行为具有显著的影响。领导魅力和智能激发对额外努力、领导的满意和领导有效性有正面的影响,个性化关怀对额外努力有正面的影响。罗纳德等的研究也发现变革型领导对工作绩效具有正面的预测作用。国内外对于变革型领导的有效性探讨较多,而对于交易型领导的有效性探讨较少。同时关于交易型领导对于领导有效性的影响的报告存在较大的差异。如对权变奖励的报告,一般都认为对工作满意以及工作绩效有正向的预测作用,也有报告是负向的预测作用。而对于权变惩罚(例外管理)的报告更是各有不同,有报告积极关系的、负向关系的以及没有关系的。在群体或团队层面,索西克等针对团队所进行的研究,结果亦显示变革型领导对于团队效能的影响较交易型领导大。曼和吉莱斯皮发现变革型领导在知识建构和团队建设的角色重视更被大家信任,更受大家尊敬。李超平等国内的研究者探讨了变革型领导对团队效能、团队凝聚力的正向预测作用。但相对于个体层面而言,针对配对、群体或团体层面的研究目前还较少。

### (二) 领导行为作用的中介变量与调节变量的研究

总的来说,对于交易型领导与变革型领导作用机制中的中介变量与调节变量的研究目前还很少。在中介变量研究方面,皮莱等采用结构方程技术探讨了变革型领导与程序公平、结果公平、信任以及工作满意度、组织公民行为、组织承诺之间的结构关系。里贾纳等则探讨信任与公平知觉在变革型领导和交易型领导对工作满足、组织承诺及公民行为的中介效果。李超平等发现心理授权对变革型领导与员工工作态度的关系具有一定的中介作用,愿景激励与德行垂范通过工作意义影响员工满意度与组织承诺,愿景激励通过自我效能影响组织承诺。王辉等探讨了LMX变革型领导与组织公民行为的中介作用。而在团体层面,团体内合作对领导魅力、个性化关怀与团体满意度,对个性化关怀与团体凝聚力，领导魅力与团体绩效具有完全中介作用。罗纳德等探讨了工作特点在变革型领导和工作绩效之间的中介作用。

在调节变量的研究方面，波德萨阔夫等探讨了替代领导对于变革型领导行为与员工的态度、角色认知和绩效的调节作用。德·弗里斯等探讨了领导的需求在变革型与员工绩效之间的调解作用。徐长江等探讨了LMX在变革型领导与工作绩效之间的调节作用。罗纳德等探讨了工作特点在变革型领导与工作表现之间的调解作用。然而，对于变革型领导和交易型领导与领导有效性之间的调节变量方面的研究更为少见。虽然学者们开始关注变革型领导和交易型领导的作用机制，但是，在这一方面的研究远远不够，并且缺乏系统性，尚需要进一步的研究去揭示交易型领导和变革型领导与个体、群体、组织方面的结果变量之间的关系，揭示在这种关系中一些变量所起的中介与调节作用。

总体来看，关于变革型和交易型领导的作用机制见图3-1。

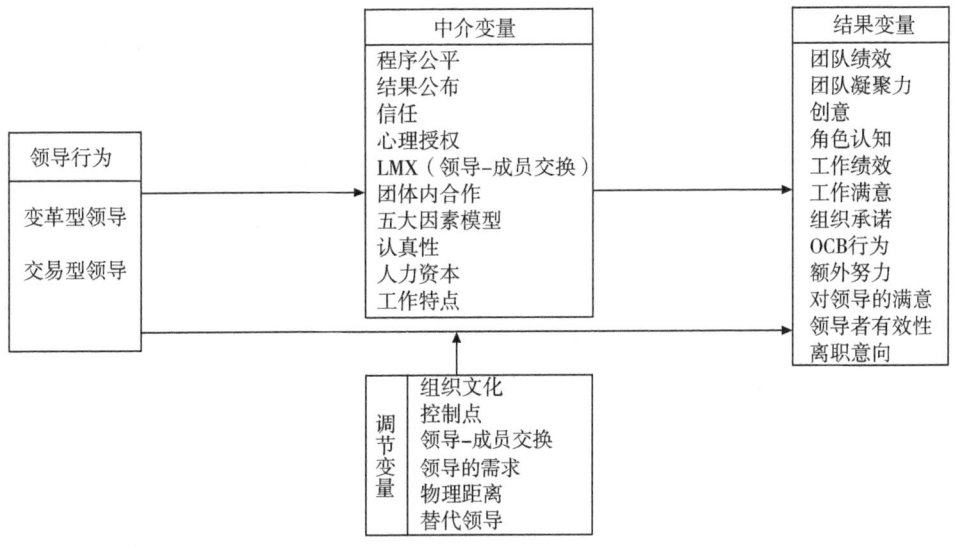

图3-1 领导行为（变革型－交易型领导）作用机制

## 【关键词】

领导理论、领导、管理、领导特质理论、领导行为理论、领导权变理论、CPM领导理论、变革型领导、交易型领导、魅力型领导、以价值观为本的领导、领导伦理、跨文化领导、信息化领导、服务型领导

## 【本章小结】

本章学习领导理论，首先需要掌握领导理论的三个主要发展阶段，以及理论发展的前沿学者及其观点，把握领导理论研究的最新动态，重点了解科特的领导理论，以及变革型领导理论及交易型领导理论的区别与联系。

## 【思考题】

1. 简述领导与管理的联系与区别。
2. 领导权力的来源是什么?
3. 什么是变革型领导?
4. 什么是交易型领导?
5. 你认为应如何成为一个有效的领导者?

案例分析

# 第四章 目标管理理论

**本章要点**

1. 目标管理的概念及特点
2. 目标管理理论优缺点评析
3. 目标管理理论和全面质量管理理论的比较

## 第一节 目标管理的概念及特点

### 一、目标管理的概念

目标管理是德鲁克在 1954 年出版的《管理的实践》一书中提出的最重要、最有影响力的概念,并已成为现代管理学理论体系的重要组成部分。"经理人必须实施目标管理",这是德鲁克从福特公司濒临倒闭的案例中得出的结论,也是德鲁克给经理人的忠告。德鲁克认为,管理的原则是能让个人充分发挥特长,凝聚共同的愿景和一致的努力方向,建立团队合作,调和个人目标和共同福祉的原则。

德鲁克认为:"目标管理和自我控制是唯一能够做到这一点的管理原则。"目标管理一方面强调管理的目标导向,德鲁克指出,"每个职务都要向着整个企业的目标,才能有所成就。特别是,每个管理人员必须以整个企业的成功为工作中心。管理人员预期取得的成就必须与企业成就的目标相一致。""他们的成果由他们对企业成就所做的贡献来衡量。"另一方面,德鲁克强调目标管理的内部控制,即管理中的员工自我控制。德鲁克指出:"(目标管理)能让追求共同福祉成为每位管理者的目标,以更加严格、精确和有效的内部控制取代外部控制。"

目标管理理论以 Y 理论为基础。Y 理论的主要观点是:一般人的本性不是厌恶工作,如果在一定程度上给予适当的机会,人们会喜欢上工作,并渴望发挥其才能;多数人愿意对工作负责,并会寻求发挥能力的机会;能力的限制与惩罚不是使人去为组织目标而努力的唯一办法;激励在需要的各个层次上都能够起到一定的作用;想象力和创造力是人类广泛具有的。因此,人是"自动人"。激励的办法是:将激励扩大到整个工作范围;尽可能把职工的工作安排得富有意义,并使其具挑战性;安排工作使得员工在工作之后引起自身的自豪,满足员工自尊和自我实现的需要;企业通过合理的工作安排使职工在工作程度上能够达到自己激励。只要启发内因,实行自我控制和自我指导,在条件适合的情况下就能实现组织目标和个人需要统一起来的最理想状态。麦格雷戈称 Y 理论实现了"个人目标与组织目标的结合"。以 Y 理论为基础的管理方法能够鼓励组织成员参与决策,向他们提供承担责任和挑战性工作的机会,扩大他们的工作范围,便于组织分权和授权,倡导他们对自己的工作进行评价,通过激励和引导,使他们努力来实现组织的目标。这与组织管理理论的"对目标进行管理,以自我控制为主,注重工作成果的管理方法和制度,通过组织全体上下级管理人员共同制定目标并共同实现"原则相吻合,Y 理论在一定程度上促进了目标管理理论的发展。

## 二、目标管理的特点

### (一)自我控制和参与式管理

目标管理的一个鲜明特点,就是运用了行为科学理论。美国著名心理学家、行为科学家道格拉斯·M.麦克雷戈(1957)认为,目标管理试图将管理的重点从寻找弱点转移到绩效分析上来,以区分人的能力和潜力。他相信,要实现这种转移,首先要使下属在重要任务目标上与上司的认识一致;然后,为了实现这些目标,个体必须确定短期绩效目标和行动方案,从而可以自我衡量绩效。下属可以和监督人员共同讨论他们的自我评估结果,并确定新的目标和方案。这种方法的重点在于达成共识和取得绩效,监督人员的角色从评判者变成了协助者,从而减少角色冲突和混沌。此外,目标管理减少了角色的混淆,它使得更多地参与互动目标的设定和互动成为可能,加强不同责任者之间的沟通,保证个体和组织目标的明确和实现。

目标管理具体运用的行为科学理论主要有两个方面:自我控制(Self-Control)和参与式管理(Participative Management)。德鲁克认为:"目标管理的主要贡献在于,我们能够以自我控制的管理方式来取代强制性管理。"目标管理可以把客观的需要转化为个人的目标,通过自我控制取得成就,这是真正的自由。目标管理的最大好处在于它使管理人员能够控制他们自己的成绩。这种自我控制可成为更强烈的动力,推动他们尽自己最大的努力把工作做好。在目标管理体系中,每个人都可以通过比较实际结果和目标来评估自己的绩效,以便进一步改进自己的工作,这就是自我控制的原则。绩效还可以由上级和下属来进行定期评估,这有利于采取必要的行动。上下级间的沟通因此会得到改善,双方的困难和期待也会变得更加清晰。《大师的轨迹:探索德鲁克的世界》一书的作者杰克·贝蒂指出:"从根本上讲,目标管理的一个重要假设是把经理的工作由监控下属变成给下属设定客观的标准和目标,让他们靠自己的积极性去实现目标。这些共同的衡量标准,反过来又使得被管理的经理用目标和自我控制来管理。"奥迪奥恩认为,目标管理的优点在于实行"参与式管理",通过上下结合的方式进行反复协商和综合平衡,以使所确定的目标更加具有动员性和激励性,更加便于实现。

## （二）权力下放

目标管理强调在管理过程中实行分权制，将权力适当下放到下级领导层或者职工。在公司内部管理结构中，高层、中层、基层管理者的职责是有所不同的，且每一个经理人的目标也是由他们对自己所属的上级单位的成功应做的贡献来规定。制定自己的目标是每一位经理人的责任，上级管理当局在制定目标时应同下级经理人一同参与，将制定目标的权力下放以确保在目标的制定上，下级经理人能够根据自我的具体情况来设定工作目标。德鲁克指出："每位管理者必须自行发展和设定本单位的目标。当然高层管理者仍然需要保留最终的目标批准权，但提出这些目标则是管理者的职责所在。""企业的宗旨和任务必须转化为目标，管理者必须通过这些目标来领导下层并以此来保证企业总目标的实现。"在高层管理者控制目标的前提下，操作层面的管理者可以"发展目标"，但不能逾越高层对管理的终极控制。故公司在进行目标管理的过程中，在公司制定发展目标时，应适当将权力下放，以便让不同层次的管理者能够根据自身的具体情况制定适合发展的工作目标，促进公司整体目标的实现。

集权和分权的矛盾是企业的一个基本矛盾，目标管理的推行，有助于协调这一矛盾，促使权力下放，在保证有效控制的前提下，把企业的经营管理搞得更加生动活泼。下属人员设置目标，上级领导必须听取他们的想法和意见，并视具体情况批准下属人员的目标。目标一旦确定，上级管理人员就要放手把一部分权力交给下级人员，自己去思考一些战略性和综合性的问题，重点抓整体的平衡和目标网络的协调衔接，为目标实施人员提供情报、解决困难、创造良好的工作环境等，努力保障组织目标的如期实现。

## （三）注重结果

目标管理的中心思想是引导管理者从重视流程、管理制度等细节问题转为重视组织的目标，目标管理达到目的的手段是过程激励。德鲁克注重管理行为的结果，而不是对行为的监控，这是一个重大贡献，因为他把管理的整个重点从工作努力（即输入）转移到生产率（即输出）上来。首先，每一个经理人都必须明确其目标，这些目标应该始终以企业的总目标为依据。制定自己的目标，是每一个经理人的责任，并且是他们的首要责任。其次，目标管理的主要贡献之一，就是它使得我们能用自我控制的管理来代替由别人统治的管理。最后，目标管理把客观的需要转化成为个人的目标，通过自我控制来取得成就。德鲁克认为："只有这样的目标考核，才能激发管理人员的积极性，不是因为有人叫他们做某些事，或是说服他们做某些事，而是因为他们的任务目标要求他们做某些事（岗位职责）；他们付诸行动，不是因为有人要他们这样做，而是因为他们自己认为必须这样做——他们像一个自由人那样行事。"

## （四）目标管理的系统性

目标管理具有系统性。一方面，目标管理在目标的制定上以企业整体目标为导向，从企业发展角度出发，让员工参与企业目标的制定，加深员工清楚地知道企业的整体目标以及自己对于企业总目标的贡献，能够克服因对于企业总目标的无知而造成的只关注自己的专业领域,各部门各自为政,错把手段当目的的局面。另一方面,目标管理以企业整体目标为导向,必然将资源集中使用在对组织目标有贡献的领域,从不同的层面对目标进行细分,将组织的整体目标细化为组织的各单位与个人的具体目标,进而更合理地配置和利用人力、物力和财力,做到人尽其才、物尽其用,在使得整体目标的实现途径具有更强操作性的同时也可有效避免资源浪费。

目标管理是自上而下的,更是自下而上的。在目标管理中,企业目标的制定离不开企业内部各个层次结构管理者的参与,在目标的制定与实行中,每一个部门和个人都清楚且明晰自己的目标以及自己在组织中的绩效和自我贡献。通过让员工参与公司目标的制定,让员工在完成自身工作的同时产生自我激励,进而促使员工工作的主动性使其更有动力将工作进行下去。目标管理通过让公司全体员工参与到公司目标的制定,使得组织的整体目标逐级衍生出各层级系列的具体目标,将单位、部门的目标细化到个人,实现将不同层次间的目标相连成的紧密网络,横向上各司其职、权责明确,纵向上层次清晰、首尾呼应。

## 第二节 目标管理理论优缺点评析

### 一、目标管理的优点

#### (一) 形成激励

实行目标管理能够在一定程度上对企业的职员、中层管理者以及高层管理者形成激励,增大他们的工作动力。德鲁克认为基层员工在工作中总是会被过多的职务性工作缠身,占据大多的工作时间,以至于忽略真正对企业整体绩效有用的部分,会在一定程度上对员工产生误导,使得员工无法清晰自己的工作目标和任务,进而影响企业的整体绩效,员工当月的绩效薪酬也将遭受一定的影响,最终打击员工的积极性。企业进行目标管理,通过企业上下级全体成员的共同协商,确定各个成员明确的任务目标,员工摆脱了自身过多的职务,促进了成员目标的完成。

同时,目标管理符合激励理论的原则,在一个组织中,把各个员工通过组织的共同目标联系到一起,并为了组织的共同目标而努力,这种效力并不是所有员工简单相加的总和,通过制定适当的目标能够激发人们的行为动机,调动人们的积极性和主观能动性。目标管理最科学的地方就体现在变以前的外部控制为内部激励。它通过让员工参与设计和制定目标,可以起到激励员工的作用,促使员工发自内心地、努力地完成组织目标。

#### (二) 有效管理

目标管理的有效性主要体现在迫使管理者认真思考目标,有利于计划的制定。通过制定明确的目标为管理者与员工提供了相互交流和沟通的机会,也可以改善组织中的人际关系;通过员工参与制定出的目标,既可以增加员工的工作能动性,又可以调动员工的积极性。洛克和莱瑟姆曾经指出,目标管理可以促进生产力的提高,其原因就在于目标管理可以把管理者和员工的注意力集中到重要方向,也可以发挥出一个人真正的工作能力。

人们非常认同德鲁克对于卓有成效的理解和判断。更加重要的是,他让人们知道卓有成效是可以学会的,也是必须学会的。在《卓有成效的管理者》里,德鲁克告诉人们传统管理者与有效管理者的区别是什么。在德鲁克看来,传统管理者的首要特征是专注于烦琐的事务中,因而他们的时间属于别人;第二个特征是身在什么岗位上,就用什么样的思维方式来看待问题,不知道整个系统所需要的条件是什么;第三个特征是只专注于事物,忽略了人的培养。在中国企业的管理实践中你会发现大部分的管理者都具有德鲁克所描述的传统管理者的特征,这也是为什么中国企业的管理效率不够高的主要原因,所以必须学会做有效的管理者,通过不断地实践,最终将追求成效变成一种习惯。

管理必须有效,如果管理实践不能够有所作为,将是对所调用资源的极大浪费,绩效不存在,管理也就无从谈起。企业一定要明确人是用来创造价值的,否则,人力就完全沦为企业的成本,而"人是资源不是成本"是德鲁克反复强调的。这要求企业管理者不能责怪被用的人,而是应该致力于发挥人的长处。管理本身的过程并不程序化,也没有明确的对错之分,只要能达到期望的成果,就是有效的管理。德鲁克常说,效率是把事情做好,效果则是做正确事情,务必要把正确的事情做好,这就是管理,目标管理在一定程度上也保证了控制的有效性。

### (三)明确任务

德鲁克指出:"任何一个其绩效和结果对企业的生存和兴旺有着直接和举足轻重影响的领域,都需要有目标。"管理层的每一个决策都会对这些领域产生影响,因此每个管理者在决策时都应考虑到"这些领域都决定了企业实质意义所在,企业在这些领域中需要达成哪些具体的效果,需要达成哪些目标以及在这些领域中为达成目标需要采取哪些有效的做法。"执行目标管理法的首要任务就是要明确企业的总任务,例如:公司的市场地位、公司的营销目标、公司是否要进行产品的创新、公司的生产力和"贡献值"、公司的实物和财力资源、公司的利润率以及其他关键领域的发展,不管是自上而下的领导分配确定或者自下而上逐级确定,最终都要将企业的总目标确定出来,进而通过全体公司成员的合作,将大目标逐级缩小范围,将目标缩小到每个成员的身上,并针对每个目标设置目标完成的时间,使成员明确自己的目标并在规定的时间内完成任务。

### (四)自我管理

德鲁克认为:"目标管理的主要贡献在于,我们能够以自我控制的管理方式来取代强制性管理。"目标管理可以把客观的需要转化为个人的目标,通过自我控制取得成就,这是真正的自由。目标管理的最大好处在于它使管理人员能够控制他们自己的成绩,这种自我控制可成为更强烈的动力,推动他们尽自己最大的努力把工作做好。在目标管理体系中,每个人都可以通过比较实际结果和目标来评估自己的绩效,以便进一步改进自己的工作,这就是自我控制的原则。

企业管理的原则是:能让个人充分发展,凝聚共同的愿景和一致的努力方向,建立团队合作,调和个人目标和共同福祉的原则。目标管理和自我控制是唯一能做到这点的原则,管理者的动机不再是因为别人命令他或说服他去做某事,而是因为管理者的任务本身必须达到这样的目标。他不再只听命令行事,而是自己决定必须这么做,以自由人的身份采取行动。

### (五) 控制有效

目标管理将管理过程分为制定目标、执行目标、评估目标三个阶段。在目标制定及执行完成后,员工应该对照组织整体目标衡量个人绩效和成果,以组织目标为标准,调整个人目标,避免个人工作偏离组织目标,并为未来的工作指引方向。明确的组织目标为个体目标提供了清晰的标准,使得个体能够根据清晰的标准在工作中实现有效的自我控制,通过目标管理促使管理人员对自己提出更高的要求,同时有利于对个体工作效果进行量化考核。

罗珉(2004)结合目标管理在中国的发展提出了相关经验:将组织的目标和方针结合起来,发展成为"方针目标管理"。组织的方针是指导组织行为的总则,它是建立目标、制定和实施战略的基本框架。用方针来指导组织目标的制定以及战略的制定和实施,有助于目标的实现;将目标管理同组织的责任制、行政领导人的任期目标责任制结合起来。按照目标来管理,使组织有了明确的目标导向,有利于进一步强化责任制;将目标管理同计划管理、质量管理、经济核算等工作组合起来,使各项管理工作可以围绕目标来展开,有明确的方向和具体的行动指南,有利于提高计划工作质量,完善质量保证体系,加强经济核算;将目标管理与劳动人事管理结合起来,有利于加强劳动纪律,更好地体现责、权、利相结合和按劳分配的原则,使得职工奖惩及工资奖金分配有了更为科学的标准。

## 二、目标管理的缺点

### (一) 目标制定存在困难

在目标制定过程中,目标难以确定。制定目标,既需要企业领导的高瞻远瞩,也离不开上下级之间、部门之间、员工之间的充分沟通,因此该过程花费的时间较长。从工作质量来看,如果哪个环节有所激进或保留,都会使目标管理的绩效大打折扣。

同样,能够被适用于考核的管理目标也难以被确定。因为,组织事实上是一处产出的共同体,其实是集结但不容易被理清的付出。目标的实现,是属于大家合作的集体成果。在这样合作中,较难确定你做的多少,他做的分量多少等,所以目标确定的可测,也就显得很困难。组织目标,有时只能被定性地记录。虽然我们希望,目标可以实现度量,但实际上,要做到定量是非常困难的。但对指标全部的完成,不一定完成"对组成成员的有效服务"这一指标。

## (二)目标自身无法权变

目标系统在任何环节发生变化都会影响企业整体目标的实现,而目标体系本身无法根据变化了的情况进行权变,仍然需要按目标管理法的步骤进行重新计划、执行、考核,因此看上去缺乏灵活性。现实是不断变化的,目标一旦制定,目标变化的弹性就受到相应的限制,目标制定后遇到一定的问题要发生变更比较困难;同样目标的制定是根据以往的经验和一定的预测制定的,制定中获得的信息是有限且较难把握的,成员目标的改变更易使公司的整体目标受到影响,故目标管理法的灵活性会一定程度上受到限制。

## (三)长期目标容易被忽略

在制定目标的时候,对于公司来说,短期目标往往是最优选。公司目标一般可以分为年度目标、季度目标、月度目标等。一方面,短期目标不抽象、易被分解为一个个小部分来逐级进行实现;长期目标,则会比较大且抽象,致使长期目标难以被分解;另一方面,短期目标的实现效率比较高,短期目标可以通过一定时间的工作迅速见效,长期目标则反之,且长期目标往往容易使人觉得看不到实现的希望而产生放弃的念想。因此,在目标管理方式中,组织一般更加倾向于关注短期目标的实现,对长期目标的关注度就比较低。这就容易导致企业对长期目标重视度的降低,产生"为了短时的利益而损害长期利益"的结果。

## (四)目标协商增加管理成本

在目标管理中,目标的确定有时候是需要各方面进行协商然后统一思想,这种操作是目标管理的一个特点。一方面,这种操作方式在实际运用中比较耗时,各个部门需要统一协调以确定目标分配的合理性以及确定目标的可实行性,这就容易造成时间成本的增加;另一方面,每个部门和个人都会在完成目标的时候只关注自身目标的完成,具有独立性,这往往很有可能忽略了目标实现需要相互协作和互相配合,容易滋长本位主义、临时观点和急功近利倾向。

## (五)假设条件不一定与实际相符

目标管理在联系实际操作的时候,具有一定的局限性。目标管理在运用到实际的问题中,问题的提出以及任务的确定往往是建立在一定的假设条件之上,通过假设的确立来确定公司的任务以及公司的目标。但在确定目标以及实现目标的过程中,所设置的假设在一定程度上是不存在的,这就容易导致目标实现的实际效果在一定程度上和预期是有差距的,也容易导致目标难以实现。

## 第三节 目标管理和全面质量管理的比较

### 一、相同之处

目标管理模式从根本上讲，就是把经理人的工作由控制下属变成与下属一起设定客观标准，让他们靠自己的积极性去完成工作，并通过划分组织目标与个人目标的方法，将许多关键的管理活动结合起来，实现全面、有效管理的一整套完整的管理理论体系。

全面质量管理是以质量为中心，以全员参与为基础，旨在通过让顾客和所有相关方面受益而达到长期成功的一种管理途径。它主要是强调质量管理的全面性，即推翻了传统的质量保证是产品检验工作的责任，提出质量管理与改善并不是个别部门的事，而是需要由最高管理层领导的推动才可以有效，即全面管理、全程管理以及全员管理。这就表示全面质量管理的实质就是重视过程的一种管理方式。

任何一种管理都不是万能的，目标管理与全面质量管理在实践中证明也各自存在不足。

进入20世纪80年代，目标管理在实践应用中的弊端也逐渐显露出来，主要有以下几个方面的不足：过于强调短期目标；可度量的目标设置比较困难；目标的灵活性较低。目标管理执行过程中，目标一旦确定就不能轻易改变，也正是如此使得组织运作缺乏弹性，无法通过权变来适应变化多端的外部环境。同时，过于重视结果而忽略过程。目标管理使员工和评价者的注意力集中在目标的实现程度上，忽视达到目标的过程和行为。这容易导致各部门只顾完成各自的目标，而会忽略部门之间的联系与沟通，甚至会使组织内部部门之间为完成目标出现矛盾和冲突。

全面质量管理强调"一切用数据说话"，强调为用户服务，上道工作环节为下道工作环节服务，用质量标准衡量每一个组织成员的工作成绩。因此它要求各级管理人员严格依照质量标准开展本部门工作，在质量标准一定的情况下，尽可能地采取措施节约成本，缩短时间，获得最佳效益。管理者对下级的管理主要是依据固定的质量标准体系，不能随意修改各项技术指标，这种管理思想也就暴露出一些缺点：上下级隶属关系明确、约束力强，重视行政手段的运用，不注重对组织内部人际关系的协调。虽然这样的管理，有利于工作规范化、科学化，但因其过于强调标准的唯一性，而容易忽视组织内部的民主气氛与协作精神。同时，由于全面质量管理实行的"三全一化"的管理思想，其中的"一化"即标准化是一个对生产和服务比较精确的规定，但事实上，由于社会化大生产本身就具有太多的不确定性因素，再加之外界环境等不可控因素的不断增多，导致标准的制定越来越困难，也越来越精确化，从而导致全面质量管理的实施面临极大的挑战。

## (一) 强调管理的一致性和统一性

德鲁克在有关目标管理的论述中提到所有企业必须具备统一的目标,而且主要目标只能有一个。也就是说,任何部门任何个人的目标都是应该一致性地以组织总目标的实现为前提。整个组织大大小小的目标纵横交错,构成了一个目标系统,这个系统中任何一个要素都是以组织最终的目标为核心而展开,以保证整个系统的一致性和统一性。

具体来说,目标管理强调的一致性和统一性包括两个方面的含义:一方面指的是工作和人的一致性和统一性;另一个方面指的是组织目标和个人目标的一致性和统一性。目标管理强调整体效率,即以提高组织的整体效率为目的,要求在管理中要克服本位主义和分散主义,要努力合作、相互配合,这也恰恰体现出整个模式的运转正是以这两个一致性和统一性为核心。

对比来说,全面质量管理的"三全一化"从表面上来看是一种平铺开来的模式图,但是无论是全面、全员还是全程都以"一化"即标准化为根本准绳。标准化其实也是一致性与统一性的表现。戴明等人认为组织的整个生产过程都必须严格遵照标准来开展工作,在质量管理中,顾客是管理的鉴定者,质量必须始于识别顾客的质量要求,终于顾客满意,这是任何质量管理都必须时刻遵循的首要规则。此外,全面质量管理和其他各项管理是在统一的体系中,追求统一的管理目标,向统一的生产过程和统一的管理基础计量、检查、原始记录等,从不同的角度,分别提出数据,分别进行核算与分析,分别提供信息,向统一的生产活动过程反馈,促进生产各项活动的改善。

## (二) 主张员工参与管理

德鲁克提倡用目标管理来代替驱使管理,用自我控制来代替上级控制。管理人员知道了自己单位的目标以及企业的目标以后,就可以指挥自己的活动了。在组织中,无论是高层领导者还是基层管理者,他们都是管理的主干力量。从目标的制定到计划的实施再到管理工作结果的评估都是一个全员参与的过程。每一个员工都是组织运转的保障,让他们认识到自身的价值和意义。通过这样的管理方法,员工的工作积极性被很大程度调动起来。德鲁克在《组织的管理》一书中指出:"目标管理最大的优点也许就是允许管理者对自己的绩效进行控制,即使目标管理不一定就能统一企业管理团队的方向并使管理团队的成员同心协力。当然,目标管理的一个重要贡献,就是使我们能够用自律管理来取代支配管理。"

全面质量管理提到"全面管理、全程管理和全员管理"以及"根源处控制质量",都强调了产品的高质量并不仅仅是质量检验人员的工作,也不仅仅是管理人员的责任,只有做到每一道工序每一个员工都积极投入到提高产品质量的工作中去,才能是产品质量的最坚实的保障。因此如何充分调动人的积极性和创造性,激励人的工作热情是提高质量管理成效的关键,例如,通过由操作者自己衡量成绩来促进和树立他对产品质量的责任感和关心。以上理念的实施就要求在企业内部形成有效的质量激励措施以及对员工进行贯穿始终的质量教育培训。通过各种培训能使员工的工作能力迅速提高,对于出现的事情能及时地作出正确的判断,节约了时间,提高了效率,使得员工在日常工作中更加得心应手,从而提高了质量管理的效果。

### (三) 难以定量化

无论是目标管理还是全面质量管理,其实质都是定量化管理的表现形式。但是,随着社会环境的复杂化以及生产服务的综合化,量化管理的弊端也逐步显现出来。真正可用于考核的目标很难设定,尤其组织实际上是产出联合体,它的产出是一种联合的不易分解出谁的贡献大小的产出,因此可度量的目标确定也就十分困难。同时,随着全面质量管理在不同领域的广泛使用,其"标准"也成为管理工作的一大难题,"一化"作用在实践中也越来越难以突显出来。比如绩效的考核需要通过对目标的衡量来验证,在生产管理中的控制需要以一个明确的标准为基础,而有些标准或目标是非定量或较难定量的,如"企业形象""职工士气""职工生产安全"等。这些要素不像利润、企业收入、产品规格等这么具体。因此,这使得目标管理与全面质量管理在实践中往往会碰到难以解决的瓶颈。

如果是过分强调客观的、量化的管理,忽视人性因素的作用,导致自我激励效果不佳。无论是目标管理还是全面质量管理,在设定目标或者标准时,如果要充分考虑到员工的愿望及个人抱负的话,就更加难以做到量化抑或标准化。

## 二、不同之处

### (一) 管理重点不同:重结果和重过程

对比来说,目标管理与质量管理的管理重点并不相同,前者是以结果为导向,而后者则以过程为导向。

德鲁克提出企业的运作要求各项工作都必须以整个企业的目标为导向,尤其是每个管理人员的工作更必须注重于企业整体的成功。他注重管理行为的结果而不是对行为的监控,把管理的整个重点从工作努力即输入,转移到生产率即输出上来。德鲁克对这一概念做了精辟的解释:"所谓目标管理,就是管理目标,也是依据目标进行的管理。"目标管理模式在运用的最初阶段就是全体员工上下一起制定组织的目标,并且采用系统的方法,使组织的总目标分解为各个部门甚至个人的分目标来确保总目标的实现。可见,目标管理在运用的全过程中都是以结果为航标来指导整个组织工作的开展,其实质是重视成果的管理模式,通过对目标成果的检测而得出结论。

而全面质量管理则是注重对工作过程的管理。在很多企业中,都会有一个专门的质量检验部门,而传统的观点则认为该部门就是质量管理的特定机构。戴明在通用电器公司工作期间作过相关研究,并且他用数据得出结论,质量检验部门只能发现不合格产品,但并不能从根本上减少其出现。况且质量检验部门对产品的检验即使反复进行过多次,都不能完全消除不合格产品。因此,这给整个企业的产品质量带来了极大的威胁。戴明等人在全面质量管理中提出要把对质量的管理转移到整个工作流程中来,要注重对产品生产的整个流程的管理。从原料的采购到产品的设计,从生产线到企业的后勤部门,再从人员的选拔到培训无一不是围绕提高产品质量而开展工作的。总而言之,全面质量管理就是以对工作的全过程进行管理为导向来优化整个组织的工作质量。

## (二) 对员工的能力要求不同:沟通协调和专业独立

虽然目标管理和全面质量管理都十分重视人在企业活动中的重要性,但二者对于人员的要求又各有千秋。

在目标管理的运用中,尤其是目标的制定与分配过程中,要求工作人员必须具备很强的统合能力,能够很好地把握组织的整体与部分之间的联系,时刻对公司所有部门之间的关系要有清晰的认识。也就是说,组织一定要有很强的凝聚力和向心力。在对人才众多能力的要求之中,沟通和协调变得尤为重要。因为组织的总目标才是最终的归宿,而各部门之间又各有其职责和评价标准,所以各部门之间一定要不断地加强联系和沟通,并且能够很协调地开展自己的工作。这样,组织才能是一个更加联系紧密的大整体。

相对目标管理而言,全面质量管理对员工的要求在沟通和统一方面并不很高。在全面质量管理过程中,各个部门之间虽然也有着密切的联系,但是各部门人员的工作重心则是更加专注于本职工作的精确度。例如,一个企业的采购部门的员工,他的工作职责就是在企业资金预算许可的范围内尽可能地采购质量最优的原材料,其工作的职责变得更加清晰。再如一条流水线上的员工,他们的职责就是拧紧一个螺丝钉,在工作中,他们无须衡量自己的工作对实现企业目标的意义有多大,只要做到在自己的这个工作环节中不出现纰漏。可见,在这样的管理模式下,每个员工都有责任使自己哪怕极为细微的工作最大限度地接近零缺陷,照此类推,如果每个部门的每一位员工都能够做到以自己的工作质量为重心,那么整个企业的产品质量水平自然就出现新的高峰。因此,在全面质量管理模式的运用中,对员工的要求更加注重"质量"一词的成效,并且各自工作的独立性也相对增大了。

## (三) 显效期限及调整重点不同:显效快但重局部和显效慢但重系统

目标管理中的大多数目标通常是一些短期的目标:年度的、季度的、月度的等。相较于长期目标,短期目标比较具体易于分解且更容易迅速见效,所以,在目标管理方式的实施中,组织似乎更强调短期目标的实现,对长期目标不关心。目标的制定都是以一定时期为期限,一般为一年,相对全面质量管理而言,目标管理具有见效快,显效期限短的特点。

而全面质量管理理论认为:"质量是一种能满足或超过期望的产品、服务、人员、过程和环境相联系的动态的过程"(杨亮,2007)。组织的发展是通过一个又一个循环呈阶梯状不断持续进行的,单靠一个或者少数几个很难出现质的突破,要坚持不懈地在以众多的循环为量变,最终实现整个组织的质变。

这正如人们对于医学的分类"中医"和"西医"。目标管理理论的理念如"西医",一般人生病用西医治疗可以在短时间内达到药到病除的效果,但是西药对身体带来的副作用也会一定程度破坏整个身体的免疫系统。而反过来,全面质量管理就如"中医",主要采取的是逐步调理的方法使人的身体在较长时间内达到一个较好的健康状况,同时以中成药为主的中医治疗方法对身体所产生的副作用相对也会比较小。因此,目标管理与全面质量管理的模式好比西药与中药的不同一样,西药是强调短期效果,见效快,而中药强调长期效果,见效慢。笔者认为,目标管理好比西药,全面质量管理好比中药,前者强调短期效益及对短期目标的控制,从后往前管理,而后者则更多地从更大范围的市场需求出发,从前往后管理。目前,无论是医学界对"中医"与"西医"的取舍,还是管理学界对目标管理与全面质量管理的认可,众专家仁者见仁,智者见者,尚无确切的定论。

### (四) 管理方法的不同:社会科学方法和自然科学方法

管理模式的不同必然导致方法和手段也存在着区别。目标管理是一种以目标为导向的管理思路,其采取的手段也是以社会科学方法为主,而全面质量管理则是通过采用数理、统计等严谨的自然科学方法,制定严格的产品质量标准,并在工作过程中时刻用这些标准来进行控制。

戴明认为,解决产品质量问题方法的核心是通过统计来找差距、找原因,不断改进生产程序,把产品质量控制在满意的程度。每个程序,不管在车间还是办公室,同理想的标准相比较都有差距,管理的责任就是要通过一种系统的统计方法来衡量这些差距,找出原因,改进程序,从而提高产品质量。戴明式管理方法侧重于质量管理,其理论基础是用统计学和系统的方法不断改进和解决问题。在全面质量管理中,就是运用统计工具,对产品质量进行管理。在员工绩效考评中,就是运用统计工具,对员工日常工作业绩进行统计管理,对其工作成效作出考评,以提高企业整体工作绩效,并促进员工素质的提高。建立在数理统计基础上的各种工具和方法,使企业一切活动都必须在数字的履带上行驶一切用数据说话的原则,把一切模糊的"大概"和"差不多"的工作方法,统统从生产领域里根除出去,使管理工作由概念性管理上升到以数字为基础的管理。

以德鲁克为代表的经验学派强调自然科学与社会科学的区别,反对把自然科学方法运用于管理科学,并认为自然科学是探寻自然界的一般规律,而管理科学则是说明组织及其管理中的具体事物的联系,它具有不可重复性,也没有一般规律可循。二者在管理方法上的差异性主要来自以下两个方面的原因:

第一是管理理论本身的要求,各自的特点决定了其方法和手段。

第二是受其代表人物知识结构的影响。在有关代表人物的比较中可以得知,目标管理之父德鲁克是一个比较崇尚社会科学以及人文艺术的学者,他除了在管理学界取得令世人瞩目的成绩以外,在艺术、写作等方面也有不少论著问世,为他的管理理论提供了坚实而全面的知识结构。同时,拥有良好的社会科学天分的德鲁克非常重视人在组织中的作用,在追求企业利润的同时,也意图用人性化的手段让所有员工参与到组织的管理中,他强调通过对管理对象人心的笼络使组织目标能够进一步得到员工的认同,从而激发他们努力工作的积极性。而全面质量管理的代表人物戴明受其教育和工作背景的影响,多年来从事物理学和统计学的研究,具备了非常深厚的数理统计的理论知识和实践经验,这也就形成了他对待工作比较严谨、追求精细的习惯和态度。在质量管理发展的阶段里,他深刻认识到标准化对产品高质量的重要性,并且提出从全面、全程和全员入手,充分以标准化为基本要求,稳打稳扎,从各个方面、各个环节纵横交错地建立一整套的质量生产管理网,从而达到产品的质量标准。

### （五）局限性的不同：过于集中 & 过于分散

目标管理的管理目光短浅。在目标管理中，一切工作的开展都是围绕组织总目标的实现而进行的，而各部门又把精力主要集中在自身目标的实现，这就给部门之间造成一种信息沟通的壁垒，各自为政。企业的根本目的，说到底，就是要不断地提高经济效益，提高企业当前和今后经济效益的唯一途径是时时、事事、处处都要取信于顾客，而这需要企业中众多环节的协调努力。在企业经营管理中，绝不能把这众多的环节当作一堆零散孤立的链环来看待，而必须当作环环相扣的一根链条或多根链条组成的网络来管理。

除此之外，大多数的目标管理中的目标通常是一些短期的目标，年度的、季度的、月度的等，相对来说短期目标比长期目标更迅速见效。所以，在目标管理方式的实施中，组织似乎常常强调短期目标的实现而对长期目标不关心，这也就容易使组织成员的目光变得短浅，过分地追求短时间内的成效，对组织的长期发展视而不见。

全面质量管理的管理目光涣散。全面质量管理是一种比较注重长远发展的管理方法，在任何时候它都强调全面、全员、全程。而事实上，时刻都做到"三全"的现实可能性并不大，由于过分强调这"三全"，容易导致管理者的目光过于涣散，不能很好地抓住事物的主要矛盾，对问题不能依据轻重缓急来进行解决和安排。

同样地，全面质量管理由于过于强调全面，把目光过多地放到各项工作的细节中去，则容易忽略彼此之间的联系与协调，不能为提高企业的利润作出最有效最直接的贡献。

### 【关键词】

目标管理、自我控制、参与式管理

### 【本章小结】

本章首先介绍了目标管理理论发展的五个阶段，进而展开了对目标管理概念的界定与特点的介绍；紧接着具体展开对目标管理方法优缺点的评价；最后将目标管理理论和全面质量管理理论在管理模式、管理方法以及两者的不足之处进行比较。本章重点在于理解目标管理理论，掌握目标管理方法，对目标管理理论有一个系统的认识。

### 【思考题】

1. 目标管理理论的发展背景与现实意义是什么？
2. 实施目标管理方法的注意事项有哪些？
3. 试谈谈目标的制定是采用自下而上法更高效，还是自上而下法更为高效。
4. 请分别谈谈不同规模类型的企业该如何采用目标管理法。

扩展阅读

# 第五章　质量管理理论

**本章要点**

1. 质量管理理论产生的背景
2. 戴明的质量管理理论
3. 朱兰的质量管理理论
4. 克劳士比的质量管理理论
5. 六西格玛管理
6. 精益管理

## 第一节　质量管理理论产生的背景

### 一、产生背景

在二战结束后,随着科学技术的飞速发展和经济水平的不断提高,买方市场完全形成,顾客的需求特征也从"数量化"与"规模化"的需求逐渐转为"质量化"与"个性化"。人们对于产品的追求不再仅限于产品的数量,而是对产品的质量和样式等方面提出了更高的要求,这也迫使企业不得不从以往"以量取胜"的战略,转向"以质取胜"的道路,"质优者胜"成为市场经济竞争的一条铁律。

随着人们对产品与服务质量重视程度的不断加深,企业界也逐渐意识到,光靠统计质量控制及事后质量控制,不能实现买方市场对质量的高要求。质量的实现还受到其他诸多因素的影响,如员工的参与度和积极性、生产过程的合理性等等。与此同时,工商管理界也开始认识到,光靠传统的质量理念和思想,也不能实现绝对低成本基础上的高质量。传统的观点认为:"高质量必然导致高成本。"而全面质量管理观点认为,质量和成本不是矛盾的,而是统一的,高质量并不必然导致高成本,相反还可能会降低成本。要实现这一结果,方法就是在整个生产过程中,从市场调查、产品开发设计、购买原料、产品生产到产品营销、产品服务和反馈等,处处对产品的质量进行控制和监管,而非仅生产后对企业成品进行检查。全面质量管理认为,质量管理绝对不是企业只向顾客作出质量优良的承诺,而是对企业的生产、运输和营销等的全部过程和环节进行全面督导和监控的一种管理方式。在这一背景下,全面质量管理逐渐取代了传统的质量观念,开始在企业界和工商管理界占据主导地位。

## 第二节　戴明的质量管理理论

### 一、戴明的质量管理思想

#### (一) 戴明14条管理理念

1. 企业要把提高产品和服务的质量作为持续不断的追求目标,以使自己能够具有竞争力,能持续生存下去并提供工作机会

质量管理不是临时举措,不是头痛医头脚痛医脚,更不是消防队式的"救火",要有长远考虑。所以,质量管理要落实在持久的竞争力上,以稳定持续的经营为基础。只有最高主管们能够建立组织所不可缺少的恒久而一致的目的,并形成支持这一长远目的的核心价值观,为企业确定出长期方向,质量才能得以保证。

2. 采用新的观念

传统观念认为,高质量意味着增加开销,而戴明指出,新质量观念的核心是提高质量会降低成本,质量必须成为一种"信仰"。戴明认为:"同样一笔钱买到的产品与服务越好,生活开销就愈低。""可靠的服务降低开销,延迟与错误就增加开销。"在缺乏竞争的情况下,顾客没有较多的选择,出于需要,顾客不得不购买那些令人不满意的产品和服务。然而,当今全球性竞争日趋激烈,顾客的挑选范围越来越大,对于那些不满意的产品和服务,顾客可以扭头就走。没有了顾客,就没有了企业,因此质量变成关系到企业生死存亡的关键因素,所以,我们必须更新观念,对质量精益求精。

3. 停止靠检查来提高质量

建立质量保证应在设计产品的第一时间而非后期的大规模检查。从泰勒的科学管理开始,企业家学会了转嫁产品生产责任风险的办法,那就是检验。用检验发现不合格的产品,由制造不合格品的员工承担全部责任或连带责任。这种管理模式对提高企业效率和产品质量都无济于事,而且只会增加成本。实际上,任何检验,当发现产品缺陷时,就已经产生了损失。尽管这种损失可以让员工承担,但员工收入的降低,以及他们受到惩罚的失落感,对企业的可持续发展可能是一种更大的损失。这种管理模式把所有质量问题都归罪于员工,而同管理者和企业系统无关。事实上,大量的质量问题属于"系统错误"(指不是员工个人错误而是生产系统本身的错误),把这种由于制度和工序的错误归责于员工,是打错了板子。

戴明提出,应当将传统的"把次品挑出来"改为"不生产次品",即从事后检验变为事前

预防,而这就需要系统改善。戴明说:"质量不是来源于发现问题后再改进,而是来源于改进生产过程。"从产品设计、原材料采购、生产工序到产品包装、发送各个环节,都严格控制,不断改进,使生产系统处于高质量状态,在此基础上提高员工的责任意识才有意义。

4. 废除以最低价竞标的制度

企业常以最低价格标准作为采购依据。然而,最便宜的原料并不一定是成本最低的,相反,低价采购所造成的成本增加往往大得惊人。戴明强调:"当我们无法衡量进料品质时,价格本身是毫无意义的。"

在购买原料上节约支付的成本,肯定会在管理、维修、产品质量保证上增加成本。戴明主张,在采购上要尽可能采用单一货源,而要做到这一点则需要形成供货商和企业的良好信任关系,建立长期忠诚的合作伙伴。经营企业要明白一个常识,即低价竞标后面往往紧跟着质量陷阱。

单一供货商除了能够保证稳定的质量外,还会通过不断地重复博弈减少欺骗,降低风险,节约讨价还价的时间成本和信息成本,这些都会影响到总成本。作为供应商,长期单一供货可以避免"打一枪换一个地方"的投机行为,集中全力关注他的顾客需要。只有建立起与供应商之间水乳交融、荣辱与共的关系,才能真正降低成本,提高质量。

5. 持续不断地改善现有产品和服务,改善现有流程

提高质量需要着眼于今后,而不是着眼于当下。解决当下问题并不是改善,充其量不过是恢复常态。戴明借用同样是质量管理大师的朱兰所举的例子说:"投宿旅馆时,假设你听到有人高喊失火,并拿灭火器灭火,按警铃通知消防队,让所有人都安全逃出——看来你似乎做对了。但扑灭火焰本身并未改善旅馆的消防系统。"发现并解决一个问题,仅仅是恢复了原来的正常状态,并没有改善。改善是在原有正常质量基础上的进一步提高。

戴明强调,改善必须由上而下,只有高层管理人员才能动员改善质量与生产力,单靠生产线上的员工,影响有限。对质量的期望是从高层经理开始的,由高层的质量意图转变为相应的计划、标准和措施,再接着是公司里的每一个部门直到每一个人,都致力于持续不断地改善,而不能局限于制造者或销售者,更不仅仅是售后服务者。只有从上而下,才能全员参与,才能使每个部门和每个员工不会只考虑自己而着眼于全局,着眼于今后。

6. 建立在职培训体系

单单改变企业的制度,并不能保证会产生连续性的改善,应当配合对所有员工实行长期连续的教育和培训,尤其是对管理层的培训。

戴明认为,如果老员工没有受到系统的培训,只是长期工作富有经验,那么,这样的老员工很难带出高超的新员工。这种师傅带徒弟式的培训,就像一个学生向一位不懂音乐理论却会弹钢琴的老师学琴一样。由于完全靠自行摸索,跟着这样的老师上课,必定会学到许多错误——当然也会学到一些正确的东西,但老师和学生都无法辨明。

同时还应信任员工通过培训可以提高技能。有些经理,往往为培训的花销而心疼。当然,培训的费用不会体现在资产负债表上,不会增加企业的有形净值,而花在"设备"上的钱会增加有形净值。如果老板只盯着有形资产,就别指望质量能持续提高。

### 7. 建立领导体系，改进领导方式

管理不是督导，而是领导。督导是"盯人"，领导是"激励"。变管理者为领导者，就是放弃所谓的数字化管理、标准化管理、目标管理、绩效评估等，把对成果的关注转移到对服务理念的关注上来，把监督工人是不是在干活转移到培养员工"以工作为荣"的意识上来。

许多管理者分辨不清系统错误和人员错误，把系统问题当作人员问题，这只会把事情搞得更糟。还有许多管理者对员工低于"平均水平"有一种敏感的警惕，不厌其烦地找低于平均水平的工人谈话，殊不知任何一个系统总会有近半数人在平均值以下，不管怎样改进，总会有人是倒数第一。

戴明认为，"领导"是管理阶层的工作。管理者的责任就是解决员工工作中的各种问题，消除掉任何妨碍在员工中形成以工作为荣氛围的因素。下属的成功与否与领导有很大关系，聪明的领导把下属的成功看成是自己的成功，并积极为下属创造成功的条件，最终使企业获得成功。

按照戴明的分析，企业中存在的问题有85%是由管理不善而造成的系统错误，只有15%是由操作不当而引发的人员错误。因此，解决企业中存在的问题，关键是改善管理，改进领导方式。

### 8. 排除员工的恐惧感

恐惧不安有着极大的副作用，往往会使员工表现不佳。然而，恐惧十分普遍，在管理人员中这种情况也十分常见。戴明说："大多数在职人员，尤其是位居管理阶层的人，都不了解自己的职责所在，也不了解怎样做才对。更糟糕的是，他们并不清楚怎样找出答案，多半不敢问问题，也不敢表明立场。恐惧所造成的实际损失，相当惊人。"

戴明认为，许多人不敢问问题的原因，是害怕引发争端或受到责备，另外，管理阶层缺少一套解决问题的制度。在这种环境下提出新主意实在很冒险，如害怕因此影响加薪或者升迁，他们也担心如果自己的态度太坚决或者问太多问题，会使上司感到威胁，采取某种方式来报复自己。在大多数受雇者的心中，保持现状才是唯一安全的做法。所以，只有管理层有所改进，员工才能培养出对领导者的信心，恐惧感才会消失。

### 9. 破除部门之间的藩篱

质量的提高要靠企业整体，而不仅仅是某个部门。研究、发展、设计、生产与销售人员，必须以团队精神工作，在思想上打破分工限制，事先发现产品及服务可能遇到的潜在问题，并防患于未然。

为了说明部门间的藩篱无处不在，戴明举了一个鞋厂的例子。他说，一家鞋厂的技术人员设计了一款他们自认为绝对畅销的新鞋，并制作了8套样品供销售部门展示。推销人员果然不负众望，接回了好几千双鞋子的订单。但这个故事并不能说明已经成功了，因为订单太多了，多到工厂无力承接——设计人员和销售人员从来就没有征求过生产部门的意见。结果生产部门断然拒绝合作，销售人员只好告诉经销商，他们无法交货，生意告吹。

如果公司内的个人、小组、部门，都分别用以自己为中心的方式运作，而不是以整个组织的目标为念，公司就会逐步丧失长期利润、工作乐趣及其他生产品质上的要素。对此，

戴明主张,将公司视为一个系统来管理,明智地扩大系统的边界,鼓励沟通,提供不同部门人员的非正式对话机会,鼓励持续学习与进修,等。

10. 撤除那些要求员工零缺点及提高生产力标准等的标语口号

戴明再三重申,贴标语、喊口号、搞训示等,不能帮助任何人做好工作,只能让人徒生挫折和不满,形成与公司对立的关系。因为许多品质与生产力低下的情形是系统不良造成的,员工无法左右,不应一味要求员工。

戴明说:"你可以鞭策马匹,让它快跑一阵子,但'目标'就像有些人挂在马鼻子前的草料一样——马很聪明,不久就会发现,无论它怎么快跑、慢跑、小跑、走步,或根本站着不动,都追不上干草,它们就会干脆不动。同样道理,我们也知道,除非公司变革现行系统,否则什么事也不会发生。这是管理层的职责,不是员工的职责。"

因此,管理者需要扎扎实实地去解决问题,而不是富有想象力地空喊口号。空喊口号的管理者得不到下属的信任,更谈不上支持,员工的积极性和创造性也不可能得以调动和发挥,放弃华而不实是质量工作的起点。

11. 废除员工的定额标准,废除目标管理及管理人员的数值目标

戴明认为企业是一个为实现目标组织起来的系统,就像一辆汽车,它的发动机和传动系统决定了它的速度,要想提高极限速度,只有改进系统,而奖罚驾驶员只会损坏汽车,这就是为什么要放弃目标管理绩效考核的原因。

目标管理的目标、评分或排名绩效考核(控制管理)无法做到公平准确,不能表示公司最重要的东西,只会制造谎言、失败者、恐惧、不公平、怨气、不合作、不帮助,破坏团队精神和领导力。

如果不能准确预测股市或地震,同样也就无法制定准确的目标,如用这个不能反映实际情况变化的目标,往回压实行反向强制管理,人们为应对不可能实现的目标时,就会作假撒谎。如果实行目标绩效考核,那就是在用一把不可能准确的尺子在严肃地测量人们的表现。

12. 消除那些阻碍工人以工作为荣、以技术为荣的障碍

金钱并不是唯一能让员工培养自豪感的因素,除此之外,还有领导对员工的尊重、信任、重视等精神因素,这些因素有的时候甚至比金钱更有意义。在管理过程中,有效的交流显得非常重要,管理者应当有效听取员工的意见和建议,并及时给予反馈,以解决他们的实际问题,从而增加他们的满意程度和自豪感。只有员工对待工作像传统的艺人那样精益求精,面对自己的工作成果充满自豪,才是提高质量的根本之道。

根据戴明的调查,阻碍工人以工作和技术为荣的因素,包括:不清楚工作是什么,组件的延误与短缺,工作指导文件不知所云,上级考虑不周造成的赶工,过时的工程图,工作完成后又变更设计导致返工,主管无知,工具和设备有问题,与管理层没有沟通渠道,工作环境令人憋气,绩效评定是胡闹,供应商提供的不合格品,得不到技术协助。这些统统阻碍着工人改进自己的工作,消磨工人的荣誉感。

13. 鼓励每一个员工自我教育与提高(建立学习型组织)

企业不只是需要优秀的人才,而且还需要那些能够自我教育和改善的人。随着生产

力的提高,某些工作所需要的人力将逐渐减少,某些工作会消失,但某些新的工作机会也会出现。因此,戴明强调:"企业应该向员工明确表示,没有人会因为生产能力的提高,失去自己的工作。"要做到这点,企业应该制造员工追求知识、自我改进的气氛,提供促进员工提高自己的内在动力。这一点,戴明同德鲁克强调的"真正的培训只能是自我培训"不谋而合。

14. 不能坐而论道,而要采取行动实现管理转型

管理层应该要针对前面的13点内容,付诸实施。遵循 PDCA 循环不断改善品质。所谓 PDCA 循环,即计划(Plan)→实施(Do)→查核(Check)→行动(Act)的连续循环。该概念由戴明引进日本,被日本企业称为"戴明环"。

## (二) 戴明学说的核心

"领导职责的14条"是由戴明先生针对美国企业领导提出的,从美国各刊物所载原文来看,无论是次序还是用语,都各有差异,这可能是由于戴明本人在不同场合有不同的侧重点。大体上来说,戴明学说的核心可以总结为以下几点:

1. 高层管理的决心及参与

一个团队的好坏,一个项目的好坏,从根源上来说就是高层管理决策的问题。戴明管理14条中的第1条和第14条都强调了高层管理者的重要作用与地位。高层应该不断地将提高产品质量作为企业发展的目标,在公司的战略规划上高层管理应该具有改革的决心;戴明核心思想的第14条提到不能坐而论道,而要采取行动实现管理转型。高层管理者应该针对前面的13条内容付诸实施,具有改革和控制质量的决心,实际参与到生产的每一个环节中。

2. 群策群力的团队精神

一个项目、工作的成功完成,离不开每一位团队成员的协作与努力。要形成一个团队精神,就需要团队中的每一位成员参与其中,对团队的发展敢于提出自己的意见。正如戴明管理思想中所提到的"要消除员工的恐惧心理,使每个人都敢于提建议,对公司提供有效的工作",鼓励员工实际参与到工作中来,对公司与工作负责。戴明质量管理思想第10条中提到要取消要求工人零缺陷和提高生产效率的口号、警告和指标,让员工从意识上融入企业的生产工作中,发挥员工在企业生产中的团队作用。

3. 通过教育来增强质量意识

产品质量的不断提高离不开员工质量意识的不断提高,提高员工的质量意识需要公司对员工进行一定的培训。正如戴明管理准则中所提到的第6条和第13条内容,提供在岗培训并建立一个强有力的教育培训和自我发展计划,通过对员工的培训和员工自我提升的不断影响来促进员工形成质量意识上的转变,同时制造员工追求知识、自我改进的气氛,提供员工提高自己的内在动力。

4. 质量改良的技术训练

生产出质量优质的产品,离不开对员工生产技术的不断训练,要在生产的第一时间控

制产品质量,让产品刚生产出来就得到质量的保证,这也符合戴明质量管理法则的第 3 条。同时戴明管理思想第 5 条提出,要有持之以恒的提高生产和服务的稳定系统,以提高质量和生产效率,进而不断地降低次品率和成本。也正如第 11 条内容所提,取消目标管理的方式,取消数值目标的管理方式,代之以有效性的程序,真正帮助员工干好工作,提高劳动生产率。

5. 制定衡量质量的尺度标准

对于产品质量的衡量要有一个量化的标准,正如戴明质量管理思想第 12 条所提到,管理者的职责必须从调整数字改变到关注质量上来,使员工都能为他们自身的技艺和本领而感到骄傲。

6. 改进对质量成本的分析认识

正如戴明管理法则第 4 与第 5 条所说,结束以价格为标准来选择供应商的行为,而要以总成本最小化为前提,在建立长期忠诚和信赖的基础上选择供应商;更要有持之以恒地提高生产和服务的稳定系统,以提高质量和生产效率,进而不断降低次品率和成本。

7. 各级员工的参与

项目的执行、工作质量的控制是需要产品生产各级员工相互配合,需要各级员工共同参与,具有一个共同目标,力朝一处使;要打破部门的界限,在研究、设计、销售和生产等不同部门的人应该以一个共同团队的形式来工作,以预测产品或服务在生产中可能遇到的问题。

# 二、PDCA 循环

PDCA 循环,即管理循环,由戴明于 20 世纪 50 年代初提出,故又称"戴明环"。PDCA 循环是在一切管理活动中,提高管理质量和效益所进行计划(Plan)、实施(Do)、检查(Check)和处理(Action)等工作的循环过程。PDCA 循环被运用到各个行业的各项工作中,对行业的发展与行业质量管理产生了重要的影响。

## (一) PDCA 的基本内容

1. 计划阶段 P(Plan)

确定方针和目标以及活动计划,从四个步骤方面进行:提出问题,收集资料;分析问题产生的原因,并找出主要问题;确定管理目标;提出计划对策和实施方案。

2. 实施阶段 D(Do)

具体运作,实现计划中的内容,按计划对策和实施方案组织实施。

3. 检查阶段 C(Check)

检查计划实施情况,分析进展情况,纠正出现的偏差。

4. 处理阶段 A(Action)

它包括两个步骤:巩固已取得的成果,对总结的检查进行处理,成功的经验加以肯定,并予以标准化,或制定作业指导书,便于以后工作时遵循;对于这一循环未解决的问题进行总结,以免重现,并将没有解决的问题移给下一循环去解决。

"戴明环"的四个阶段周而复始,紧密衔接,四个阶段的过程不是运行一次就完结,而是要周而复始地进行。一个循环完了,解决了一部分的问题,可能还有其他问题尚未解决,或者又出现了新的问题,再进行下一次循环。循环模型图如图 5-1 所示。

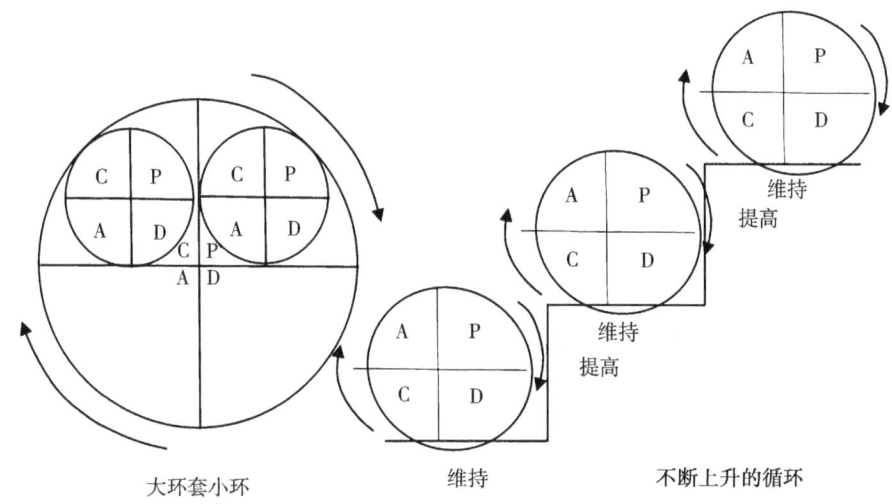

图 5-1　戴明环——PDCA 循环

### (二)"戴明环"的步骤

(1) 分析和评价现状,以识别改进的区域;
(2) 分析质量问题中各种影响因素,并确定改进的目标;
(3) 寻找可能的解决办法,以实现这些目标;
(4) 评价这些办法并作出选择;
(5) 实施选定的解决办法;
(6) 测量、验证、分析和评价实施的结果,以确定这些目标已经实现;
(7) 正式采纳更改;
(8) 必要时,对结果进行评审,以确定进一步改进的机会。

其中,步骤(1)(2)(3)(4)即 P——计划;(5)即 D——实施;(6)即 C——检查;(7)(8)即 A——处理。以上所述,即为解决问题所必须遵从的一个过程、四个阶段和八个步骤。应当指出,PDCA 循环中 A(Action,处理)是关键环节。若没有此环节,已取得的成果无法巩固,也不能及时发现上一个循环实施后的遗留问题以及新的质量问题,因此在 PDCA 循环四个阶段中,我们应特别关注 A 阶段。

### (三)"戴明环"的特点

#### 1. 周而复始

PDCA 循环的四个过程不是运行一次就完结,而是周而复始地进行。在一个循环中解决了一部分问题,未被解决的问题将被移入到下一个循环阶段中进行解决,直到该问题被成功解决为止。采用 PDCA 循环解决问题的办法就是通过这样不断循环往复地重复 PDCA 四个步骤,针对每个问题进行不断的解决。

2. 大环带小环

如果把整个企业的工作作为一个大的 PDCA 循环,那么各个部门、小组还有各自小的 PDCA 循环,就像一个行星系一样,大环带动小环,一级带一级,有机地构成一个运转的体系。

3. 阶梯式上升

PDCA 循环不是在同一个水平上循环,每循环一次,就解决一部分问题,取得一部分成果,工作和水平也会有相对应的前进和提高,因此,下一次的循环又将会有新的目标和内容,也会更上一层楼。"戴明环"的步骤与方法如表 5-1 所示。

表 5-1 "戴明环"的步骤与方法

| 阶段 | 步骤 | 主要方法 |
| --- | --- | --- |
| P | 1. 分析和评价现状,以识别改进的区域 | 排列图、直方图 |
| | 2. 分析质量问题中各种影响因素,并确定改进的目标 | 因果图 |
| | 3. 寻找可能的解决办法,以实现这些目标 | 排列图、相关图 |
| | 4. 评价这些办法并作出选择 | 回答"5w"。为什么制定该措施(why)?达到什么目标(what)?由谁负责完成(who)?什么时间完成(when)?如何完成(how)? |
| D | 5. 实施选定的解决办法 | |
| C | 6. 测量、验证、分析和评价实施的结果,以确定这些目标已经实现 | 排列图、直方图、控制图 |
| A | 7. 正式采纳更改 | |
| | 8. 必要时,对结果进行评审,以确定进一步改进的机会 | |

4. 统计工具

戴明 PDCA 循环应用到了科学的统计观念和处理办法,其中运用到的 7 种广泛的统计工具有:直方图、控制图、因果图、排列图、相关图、分层法以及统计分析表。

# 第三节 朱兰质量管理法

## 一、人物简介

约瑟夫·朱兰(Joseph M.Juran)博士是世界著名的质量管理专家,他所倡导的质量管理理念和方法始终深刻影响着世界企业界以及世界质量管理的发展。他的"质量计划、质量控制和质量改进"被称为"朱兰质量管理三部曲",他最早把帕累托原理引入质量管理。《管理突破》(Management Breakthrough)及《质量计划》(Quality Planning)二书是他的经典之作。由朱兰主编的《质量控制手册》(Quality Control Handbook)被称为当今世界质量控制科学的名著,为奠定全面质量管理(TQM)的理论基础和基本方法作出了卓越的贡献。

朱兰是罗马尼亚籍的犹太人,出生于1904年。8岁的时候,为了摆脱贫困,躲避对犹太人的暴力侵害,朱兰跟随家人来到了美国的明尼阿波利斯。朱兰的童年与戴明相比更加凄凉,在他12岁的时候,肺结核夺走了母亲的生命,经受了幼年丧母悲痛的小朱兰,从此生活变得尤为艰难。在明尼阿波利斯的12年中,朱兰做过16份不同的工作——从报童到杂货店小伙计,从簿记员到仓库搬运工,从门卫到打字员……在旁人看来,这段颠沛流离的生活会在少时的朱兰的心中蒙上阴影,但是朱兰却相信正是这样的磨难帮助了他,他说:"我们成长于艰难的工作环境中,它让我们无所畏惧……"

在朱兰20岁的时候,他在芝加哥的西电公司工作,和戴明虽在同一个公司,但在不同的部门,两人直到20世纪40年代才得以相见。自1924年以来,朱兰就一直在管理领域中从事各种不同的职业,先后担任过工程师、总经理、政府官员、大学教授、社团董事和管理顾问。他所获得的荣誉包括12个国家的专业协会和名誉团体所授予的30余枚勋章、会员资格和名誉会员资格等。

## 二、朱兰质量管理理论内容

朱兰首次提出"适用"产品质量这一概念,给质量下了一个很宽泛的定义——"适用性",并把它作为产品和服务的特征。他认为产品是否适用取决于消费者的判断而不是生产者。工作的头衔远不如这样一种意识重要:对于企业内部其他人和外部顾客来说,每个人都是产品和服务的提供者,都对产品质量负有不可推卸的责任。同样,在产品增值链上,处于下游的每个企业都是上游供应商的真正顾客。朱兰强调首先要识别顾客的需求。他把质量策划路线图描述成"输入—输出的连锁装置",并且认为任何活动都离不开顾客、中间商和供应商这三个角色。

### (一) 朱兰的"大质量(Big Q)"与"小质量(Little q)"

根据两种话语体系的分别,朱兰界定了两种不同的质量管理模式,即"战略管理模式"和"日常管理模式"。他形象地将前者称为"大质量"(大 Q),而将后者称之为"小质量"(小 q)。小 q 中的质量意味着传统"微观经济"理论下的质量手段,主要是在日常工作环节中做好控制,使结果达到预期;而朱兰的"大 Q"理念拓宽了微观经济视角下的应用,通过一种体系化的方法,从竞争差异性的角度肯定了质量。"大 Q"和"小 q"的差异可见于表 5-2,二者适用的场景也有所不同。

"小 q"通过应用朱兰的三部曲——计划、控制和改进来管理质量,它能够保证企业质量的一致性,同时又为持续改进奠定了基础,通常它是企业开展质量管理的起点。在典型的企业质量管理中,如丰田公司,质量管理部门运用信息技术采集分析产品和管理数据,再通过自动化分析向整个丰田生产体系内的员工提供支持和帮助,由此形成日常的质量管理体系。这种方式可以被称之为"现场1"模式,体现了"小q"的基本特征,质量管理的各项职能主要由部门主管和一线管理者负责,并通过指令下达给工作一线。

表 5-2 "大 Q"和"小 q"的差异

| "大 Q"——战略质量 卓越企业 | "小 q"——操作质量 良好运营 |
| --- | --- |
| 文化(公司) | 竞争(人) |
| 视野、使命和价值观 | 个人和团队发展 |
| 政策和哲学 | 培训/发展项目 |
| 竞争(企业学习) | 能力(过程) |
| 创新 | 日常进度管理 |
| 影响 | 流程和决策标准 |
| 标杆 | 数据库和分析软件 |
| 改变(更新) | 合规(产品) |
| 战略性 | 质量管理体系 |
| 操作性 | 绩效同意书 |
| 层叠式(排列) | 证书(标准化) |
| 改进项目 | 体系认证/标准 |
| 对象及目标 | 功能认证/标准 |
| 衡量体系 | 行业认证/标准 |
| 交流(意识) | 一致性(学习) |
| 短讯 | 行业和运营评估 |
| 媒体 | 修正(修缮和提升) |
| 频道 | 修正/预防措施 |

当一个组织推行"大Q"时,管理重点将放在结果或产出上。组织运用朱兰质量管理三部曲计划、控制和改进的方法实施质量战略,追求与竞争对手的差异化,这种变革性的战略会颠覆现有的产业或市场结构,从而使组织有机会获得突破性的发展。朱兰将对变革的管理称之为"一次一策",后来日本人把它叫作"方针目标"。当一个前瞻性的质量提升项目可以全面提高公司的绩效,需要各部门发挥不同职能和共同配合,从而带来流程、产品和服务的改进,为这一个过程提供指导和资源支持的管理模式,这种方式称之为"现场2"模式。"现场2"模式同"大Q"相关,指通过领导和推进实现整体上的质量管理。表5-3对"现场1"和"现场2"作了比较。

表 5-3 现场 1 和现场 2 的特征比较

| 质量特点 | 现场 1("小 q") | 现场 2("大 Q") |
| --- | --- | --- |
| 占主导地位的工作类型 | 有形工作 | 无形工作 |
| 衡量种类 | 实物(时间) | 财务(金钱) |
| 绩效管理目标 | 提升生产量——提交的单位产量 | 经济增长——盈利 |
| 质量重点 | 产品质量 | 财务质量 |
| 领导动机 | 工作决定 | 管理者决策 |
| 组织聚焦 | 内部 | 外部 |

续表

| 质量特点 | 现场1("小q") | 现场2("大Q") |
|---|---|---|
| 主导思维类型 | 系统2* | 系统1* |
| 提升重点 | 持续性/渐进性 | 突破/改变 |
| 期待的状态 | 稳定性/常规性 | 灵活性/适应性 |
| 主导工作方式 | 操作功能 | 执行功能 |
| 主导学习模式 | 动觉/口头 | 口头/书面 |
| 交流方式 | 非正式/交谈式 | 证书/指令性 |
| 交流细节 | 清晰具体 | 模糊抽象 |

两种模式最大不同之处在于所用的语言不同。当领导层听到来自基层的对一线的直接表述时，感觉会像来到巴别塔一样困惑，搞不明白这些人讲的东西究竟和收入、利润有什么关系；同样的，基层人员也搞不清楚那些财务指标如何影响自己的工作。

实际上，朱兰早期曾试图解释质量和成本的相互作用，即通过质量成本曲线来描述两者的关系，这条曲线后来被广泛地应用和传授，然而，在传播和实践的过程中，朱兰最初想要通过该曲线表达的想法被极大地曲解。许多人认为，成本曲线随着检查员数量的增多和他们薪资酬劳的增长而增长，质量提升的利益曲线的增长是由于增加检查员的工作，并清理出不符合要求的产品导致；但事实上，以检测为基础来达到质量需求的方法并不经济，也不现实，提升质量的最佳手段是投资于技术和过程，从而消灭缺陷发生的可能性。在突破性项目中采用"大Q"的方法，即在"现场2"中推动战略性目标，所执行的战略性目标有所收获，同时不同层级的团队在"现场1"中的各个价值产生点上实施"小q"的方法，就可以带来效益。

## （二）朱兰质量管理三部曲

朱兰提出了"质量三元论"的观点，该理论将管理过程分为三个步骤：计划、控制和改进。这就是有名的"朱兰质量管理三部曲"，如图5-2所示。

1. 质量计划

这一步骤是为了有能力满足质量标准化的工作程序而建立的。具体方法是：确定顾客，明确顾客要求，开发具有满足顾客需求特征的产品，建立产品目标，设计开发流程，满足产品目标，证明流程能力。

2. 质量控制

质量控制是为了监视质量形成过程，消除质量环节上所有阶段引起不合格或不满意效果的因素，以达到质量要求，获取经济效益，而采取的各种质量作业技术和活动。质量控制活动主要是企业内部的生产现场管理，是指为达到和保持质量而进行控制的技术措施和管理措施方面的活动。质量检验从属于质量控制，是质量控制的重要活动。质量控制可以为掌握何时采取必要措施纠正质量问题提供参考和依据，是"三部曲"中的重要环节。质量控制所要做的工作是：选择控制点，选择测量单位，设置测量，建立性能标准，测量实际性能，分析标准与实际性能的区别，采取纠正措施。

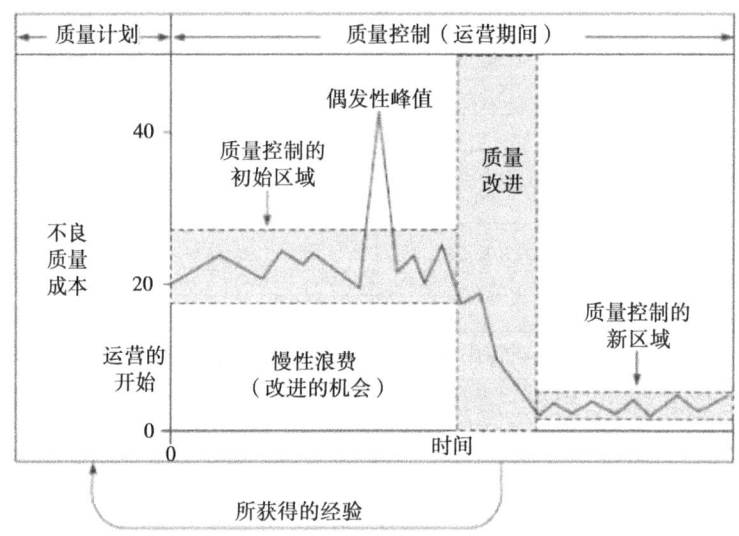

图 5-2　朱兰质量管理三部曲示意图

3. 质量改进

朱兰在欧洲质量管理组织第 30 届年会上发表《总体质量规划》论文中指出,质量改进是使效果达到前所未有的水平的突破过程。

(1) 质量改进的对象。它包括产品(或服务)质量以及与它有关的工作质量,也就是通常所说的产品质量和工作质量两个方面。前者如电视机厂生产的电视机实物的质量、饭店的服务质量,等;后者如企业中供应部门的工作质量,车间计划调度部门的工作质量,等。因此质量改进的对象是全面质量管理中所叙述的"广义质量"概念。

(2) 质量改进的效果在于"突破"。朱兰认为,质量改进最终的效果是按照比原计划目标高得多的质量水平进行工作,如此工作必然得到比原来目标高得多的产品质量。质量改进与质量控制效果不一样,但两者是紧密相关的,质量控制是质量改进的前提,质量改进是质量控制的发展方向,控制意味着维持其高质量水平,改进的效果则是突破或提高。可见,质量控制是面对"今天"的要求,而质量改进是为了"明天"的需要。

(3) 质量改进是一个变革的过程。质量改进是一个变革和突破的过程,该过程也必然遵循 PDCA 循环的规律。由于时代的发展是永无止境的,永不满足则兴,裹足不前则衰。此外,还要深刻理解"变革"的含义,变革就是要改变现状。改变现状就必然会遇到强大的阻力,这个阻力来自技术和文化两个方面。因此,了解并消除这些阻力,是质量改进的先决条件。在质量管理过程中,既要及时排除产品的质量缺陷,又要保证产品质量的继续提高。缺陷是质量管理的主要对象,缺陷是指不满足预期的使用要求。一般情况下,质量缺陷分为偶然性质量缺陷和长期性质量缺陷两种类型。偶然性质量缺陷是指产品质量突然恶化所造成的缺陷,长期性质量缺陷是指产品质量长期处于低水平状态所造成的缺陷。

更合理和有效的管理方式往往是在质量改进中被挖掘出来的。它包括确定改进项目、组织项目团队、发现原因、找出解决方案、证明措施的有效性、处理文化冲突、对取得的成果采取控制程序。

"朱兰三部曲"中的三个步骤既有各自的目标，又相互联系。它作为一个质量管理目标的成功阶梯，还需要一些其他条件才能有效地施行，例如要有积极向上的领导力和环境以及对质量的有力支持等。

没有一个相当完善的质量文化为基础，即使"朱兰三部曲"有天大的"魔力"，也不可能充分发挥它的作用，因为在复杂的企业管理中，一个小小的因素都可能对公司的各层人员产生影响，更何况领导力和环境等并不是可以被任意忽视的小因素。

### （三）朱兰质量管理"80/20 原则"

1. 帕累托原则

帕累托原则代表一种存在于任何人群的普遍现象，即相对少数的人创造了绝大多数的价值，这既是一种自然规律，也是一种思维方式。根据这个原则，质量损失呈不均匀分布状态，也就是说大部分后果是由少数几个原因造成的。这个原则使人们把注意力集中在几个能够产生重大影响的事物上，因此成为质量改进最有力的工具。可以用来经常性地分析问题产生的原因，进而消除或最大限度地削减不利影响因素。

帕累托原则可以概括为关键的少数原理，这一原理存在于我们日常生活的方方面面。维尔弗里多·帕累托（Vilfredo Pareto）是从财产的分配中发现这个原理的，他的重要贡献是提出了符合关键的少数现象的收入分配对数法则。20 世纪 50 年代，朱兰首次把这个法则推广到许多工作领域，套用一句老话，他把这个原则称为"关键的少数原理"。

2. "80/20 原则"

朱兰博士经过大量质量活动实践发现，有些人常常认为，产品质量差是因为工人素质差或者不负责任造成的。这种指责是不公正的，起码不是问题的全部。为此朱兰博士进行实地调查，经过统计分析，发现产品质量问题有 80% 出于领导责任，而只有 20% 的问题是由工人造成的。此外，他还得出 80% 的质量问题是在 20% 的环节中产生的。其中，领导的问题可能由于设备资源不够，或者对工人培训不到位，还可能是领导对质量的重视只停留在口头，没有形成质量价值观导向，这样工人就难免不对领导或产品质量随便应付一下。究其原因，责任还在领导；而工人的问题，往往在于领导提供充足的资源和技术培训后，仍不能利用良好的生产条件和环境，甚至毫不负责任地粗制滥造，这将难免出现质量问题。就是这样，工人对整个产品质量的影响，往往只占 20%，80% 的责任在领导。因此，朱兰博士提出"80/20 原则"。这不仅是质量问题的普遍规律，同时对质量改进也具有现实直接意义。在国际标准 ISO9000 中，与领导责任相关的要素所占的重要地位，在客观上证实了朱兰博士的"80/20 原则"所反映的普遍规律。

朱兰认为，高层主管必须积极地参与到质量改进活动中去，仅仅营造意识，设定目标，然后就把所有事情交给下属，是远远不够的。这样的尝试不断重复，已经证明结局只能是一再的失败。朱兰强调，没有哪家公司在没有管理高层的积极参与下而成为质量的领先者的。他指出，参与意味着高层主管必须亲自担任一系列角色。关于公司高层主管实际所应承担的一系列角色，朱兰罗列出了以下内容，并特别强调这些角色是不可下授的。

（1）参加质量委员会。这对于高层主管而言是至关重要的。组织的其他成员将此看作是反映高层主管重视与否的一个指示器。

（2）获得质量管理的培训。除了学习专为高层主管设计的课程，高层主管还可参加相关的会议，参观成功的公司也属于这类培训的范畴。

（3）批准质量目标和质量方针。越来越多的公司规定了它们的质量目标和质量方针。质量目标和质量方针在公布之前，无疑需要得到高层主管的批准。

（4）批准质量目标。必须对包括在经营计划中的质量目标加以分解，以确定要做的事情及所需的资源，高层主管在目标展开过程是重要的一方。

（5）建立基础架构。在20世纪80年代，许多高层管理提供了大量资源用以培训人员，主要是强化意识和统计工具方面，但是在质量管理和建立质量改进的基础架构方面却投入不大。基础架构包括一系列手段，用于项目的提案和选择、制定项目的使命陈述、任命团队牵头及成员、培训团队和推动者、报告进展状况等。没有这样的基础架构，质量改进只能在局部开展而不可能对基本的经营指标产生显著的效果。

（6）评审进展情况。高层主管个人参与质量管理方面的一个明显的败笔，是未能对质量改进的进展情况进行定期的评审。

（7）表彰认可。表彰常常要举办一些隆重的活动，表明高层主管对于质量改进的支持。高层主管应当尽量抓住这些机会，实际上大多数高层主管也都会这样做。

（8）修改薪酬制度。按照传统的薪酬制度，完成了传统的目标就会得到报酬。但现在这一制度中必须给予质量改进绩效一个适当的权重。这是高层主管要做的事情，因为薪酬制度的任何变更都需要他们的批准。

（9）参加项目团队。作为公司高管，承担这一角色的重要性是不言而喻的；在参与的过程中也需关注雇员们所担心的事情。

### 3. 朱兰质量螺旋曲线

所谓质量螺旋曲线是一条螺旋式上升的曲线，如图5-3所示。该曲线把全过程中各质量职能按照逻辑顺序串联起来，用以表征产品质量形成的整个过程及规律性，通常称之为"朱兰质量螺旋曲线"。朱兰质量螺旋曲线反映了产品质量形成的客观规律，是质量管理的理论基础，对于现代质量管理的发展具有重大意义。具体来说，曲线主要包含以下内容：

（1）产品的质量形成过程包括市场研究，产品开发、设计，制定产品规格、工艺，采购，仪器仪表及设备装置，生产，工序控制，产品检验、测试，销售及服务等共13个环节。各个环节之间相互依存，相互联系，相互促进。

（2）产品质量形成的过程是一个不断上升、不断提高的过程。为了满足人们不断发展的需要，产品质量要不断改进，不断提高。

（3）要完成产品质量形成的全过程，就必须将上述各个环节的品质管理活动落实到各个部门以及有关的人员，要对产品质量进行全过程的管理。

（4）品质管理是一个社会系统工程，不仅涉及企业内各部门及员工，还涉及企业外的供应商、零售商、批发商以及用户等单位及个人。

（5）品质管理是以人为主体的管理。朱兰螺旋曲线所揭示的各个环节的品质活动，都要依靠人去完成。人的因素在产品质量形成过程中起着十分重要的作用,品质管理应该提倡以人为主体的管理。此外,要使"循环"顺着螺旋曲线上升,必须依靠人力的推动,其中,领导是关键,要依靠企业领导者做好计划、组织、控制、协调等工作,形成强大的合力去推动质量循环不断前进,不断上升,不断提高。

(6) 瑞典质量学家桑德霍姆从企业内部管理角度出发,将主力质量螺旋归纳为企业内部八大职能和企业外部的两大环节,形成质量循环图。

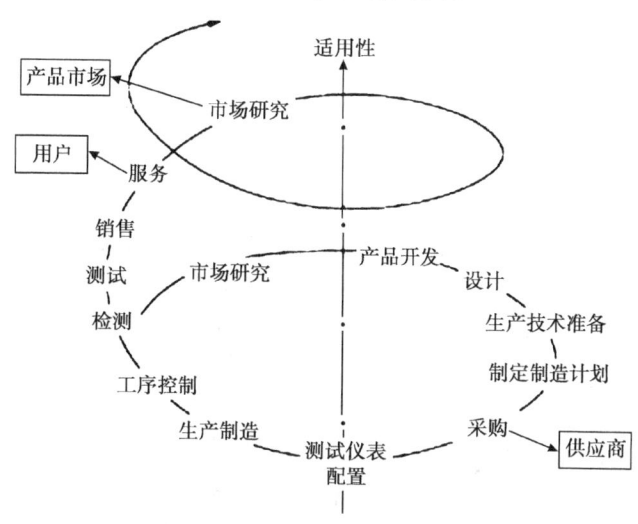

图 5-3　朱兰质量螺旋曲线

### 4. 朱兰的"突破历程"

朱兰博士的"突破历程"综合了他的基本学说,以下是此历程的 7 个环节:

(1) 突破的取得:管理层必须证明突破的急切性,然后创造环境使这个突破能实现。要去证明此需要,必须搜集资料说明问题的严重性,而最具说服力的资料莫如质量成本。为了获得充足资源去推行改进,必须把预期的效果用货币形式表达出来,以投资回报率的方式来展示。

(2) 突出关键的少数项目:在纷纭众多的问题中,找出关键性的少数。利用帕累托法分析,突出关键的少数,再集中力量优先处理。

(3) 寻找知识上的突破:成立两个不同的组织去领导和推动变革——其一称之为"策导委员会",另一个可称为"诊断小组"。策导委员会由来自不同部门的高层人员组成,负责制订变革计划,指出问题原因所在,授权作试点改进,协助克服抗拒的阻力,及贯彻执行解决方法。诊断小组则由质量管理专业人士及部门经理组成,负责寻根问底。

(4) 进行分析:诊断小组研究问题的表征,提出假设,以及通过试验来找出真正原因。另一个重要任务是决定不良产品的出现是操作人员的责任还是管理人员的责任。(若说是操作人员的责任,必须同时满足以下三项条件:操作人员清楚知道他们要做的是什么,有足够的资料数据证明了他们所做的效果,以及有能力改变他们的工作表现。)

(5) 决定如何克服变革的抗拒:变革中的关键任务必须明了变革对所要变革的部分的重要性,单是靠逻辑性的论据是绝对不够的,必须让所要变革的部分参与决策及制定变革的内容。

（6）进行变革：所有要变革的部门必须要通力合作，每个部门都要清楚知道问题的严重性。不同的解决方案，变革的成本，预期的效果，以及估计变革对员工的冲击及影响，必须给予足够时间去酝酿及反省，并提出适当的训练。

（7）建立监督系统：变革推行过程中，必须有适当的监督系统定期反映进度及有关的突发情况。正规的跟进工作异常重要，足以监督整个过程及解决突发问题。

5. 朱兰的生活质量观

不久的将来，产品质量将面临更大的挑战，这是每一个企业管理者都可以预见的，然而社会工业化引起了一系列环境问题，它严重影响着人们的生活质量，朱兰认为，现代科学技术、环境与质量密切相关。他说："社会工业化引起了一系列环境问题的出现，影响着人们的生活质量。"随着全球社会经济和科学技术的高速发展，质量的概念必然拓展到全社会的各个领域，包括人们赖以生存的环境质量、卫生保健质量以及人们在社会生活中的精神需求和满意程度等。朱兰博士的生活质量观反映了人类经济活动的共同要求：经济发展的最终目的，是为了不断地满足人们日益增长的物质文化生活的需要，也就是说，没有需求的拉动，经济发展将难以实现。

环视当今社会，国家间的竞争正逐渐被企业间产品及服务的竞争所替代。质量已不再是一种奢求，而是任何产品及服务所必须具备的，用户完全满意已经成为世界一流企业和跨国公司所必须具备的最基本要求。因此，每个企业、每种产品和服务，要想在国际市场上占有一席之地，都要面对极其严格的质量要求，都要努力使自己达到世界级的质量水平。

# 第四节 克劳士比及其质量哲学

## 一、克劳士比质量管理思想

### （一）克劳士比的质量管理四项基本原则

1. 原则一：质量的定义就是符合要求，而不是好

什么是质量？质量即符合要求，而不是好。好、高、卓越、美丽、独特等形容词都是主观和含糊的，因此质量不分高低，也无好、差之分，而分有、无之别。任何产品、服务或过程只要符合要求就是有质量的产品、服务或过程。过低顾客不能接受，过高则浪费资源。因此质量定义达成共识十分重要。

对质量概念的理解达成共识是成功的秘密武器。为了对质量定义达成共识，上级在对下级布置每项任务时，必须要明确要求，沟通要求，做符合要求的事，如果要求不明确则会陷于盲目。作为领导者，除明确要求外还需配备必需的资源并帮助员工符合要求。

## 2. 原则二：产生质量的系统是预防，而不是检验

质量是怎样产生的？是预防，而不是检验。产生质量的系统是预防，而不是检验，预防是第一位的，而不是事后检验。"通过预防缺陷可以使你致富"是克劳士比的名言。同时强调，预防问题高于解决问题。检验过程是在过程结束后，缺陷已经产生，而把坏的从好的里面挑出。检验只能反映事情的发生，是事后把关，不能产生质量。而预防则可防止某些缺陷发生，只有预防，才能产生质量。尽管预防要发生一些费用，但整体上仍是较便宜的经营之道。

克劳士比学院的研究表明，制造公司不符合要求的代价占运营成本的20%～25%，服务公司则占运营成本的30%～40%。其实要获得质量只需要花费几个百分点的预防和教育费用。

## 3. 原则三：工作标准必须是"零缺陷"，而不是"差不多就好"

什么是工作标准？工作标准是"零缺陷"，而不是"差不多就好"。"差不多就好"是说我们将仅仅在某些时候满足要求；而"零缺陷"的工作标准则意味着我们每一次和任何时候都要满足工作过程的全部要求，它是一种认真地符合我们要求的个人承诺。"零缺陷"和"差不多就好"是两个不同的概念和工作标准。工作标准是"零缺陷"，"零缺陷"是质量管理的又一次革命。

"零缺陷"是一种工作态度，是一种心态，是质量工作的决心，即决不向不符合要求妥协的精神。要求我们第一次就把事情做对，避免双重标准，克服人无完人、金无足赤的传统陋习。

## 4. 原则四：质量是以不符合要求的代价来衡量，而不是指数

怎样衡量质量呢？衡量质量是用不符合要求的代价（货币现值），而不是指数（比例或数量）。克劳士比先生提出了与传统的质量专业人员所持的质量成本不同的概念——不符合要求的代价。

他认为，成本似乎是理所当然应该支出的。用成本会麻痹管理者的头脑，而"代价"则不同。因为不符合要求付出代价，而这些代价本来是可以避免的。克劳士比提出任何工作都是一个过程，过程是一连串活动的结果。对每一项工作都可运用"过程模式作业表"进行分析，采取消除不符合之处和改进质量的五个步骤。通过这一过程实现PDCA的循环。

质量就是诚信，说到做到，讲究质量信誉就是企业质量文化。四项基本原则是一个整体，即：质量就是符合要求，用不符合要求的代价来衡量，预防产生质量，必须以"零缺陷"作为工作标准去实现顾客满意，这就是建设企业质量文化的工作哲学。必须以"零缺陷"为核心，向"零缺陷"挑战，以各岗位的"零缺陷"实现产品、过程或服务的"零缺陷"，通过自上而下，分阶段按步骤、不同层次的培训，比较系统地学习。

## （二）克劳士比的质量管理程序

克劳士比的质量管理程序包括14个步骤，如图5-4所示。

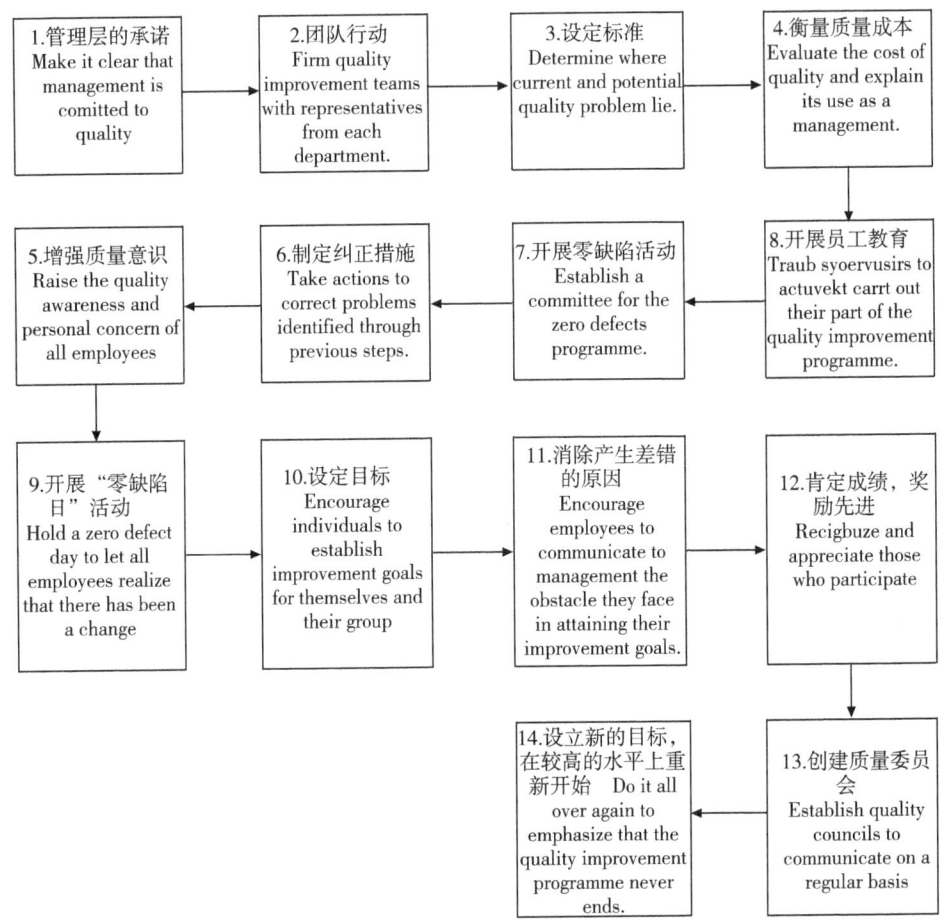

图 5-4 克劳士比质量管理程序

## 二、戴明、朱兰和克劳士比的思想比较

戴明、朱兰和克劳士比三人,并称世界质量管理运动的领军人物。纵观三人各自的质量管理思想,可以发现,他们的思想有异有同。这三位大师根据各自的特点提出的质量管理思想,都已经成为质量管理发展史上的宝贵财富。

不可否认,三位大师的质量管理思想有着惊人的相似,主要表现为以下方面:

(1) 在对质量内涵的理解上,三人都一致认为质量不仅仅意味着相应的规格和标准,更重要的是顾客的需要。戴明认为,真正的质量是立足于用户需要,追求不断提高用户满意程度而形成的。朱兰提出了质量的适用性这个概念。克劳士比认为质量要符合要求,而这个要求就是用户的需求。

(2) 三人都对以往质量与成本正相关的观点予以彻底颠覆。以往人们普遍认为,高质量必然导致高成本,他们三人从各自不同角度论证了高质量不但不会导致高成本,反而会降低成本,提高生产能力。

（3）三人都认为质量不能完全依赖检验。戴明和克劳士比都提出了事先预防的重要性。不同的是，戴明侧重在组织中建立系统改善；克劳士比提出用"零缺陷"这个质量工作标准来实现；朱兰则认为检验对于质量的提高没有决定性的意义，他认为质量的人事方面是关键。

（4）三人都认为主要的质量问题是源自系统，而不是源自工人。戴明认为85％的生产失误责任在于管理者而不是操作者。朱兰的80/20法则也是针对管理者因素提出的。克劳士比也认为零缺陷管理最重要的是自上而下的推动，高层领导负有不可推卸的责任。

（5）三人都提出质量改进是一个持续过程，不是头痛医头、脚痛医脚和一朝一夕的短期工作。戴明认为，解决当下问题并不是改善，充其量不过是恢复常态。克劳士比设定的预防过程，就是一个持续的质量改进过程。朱兰的"质量环"和"突破历程"也论证了这一点。

（6）三人都强调质量改进应该打破部门隔阂，在把企业当作一个整体的条件下运行。戴明管理14点中的打破部门之间的隔阂、朱兰的质量环及三部曲、克劳士比的零缺陷管理和四项原则，都从不同角度印证了部门之间的合作对质量改进的重要性。

（7）三人都强调质量改进过程中"人"的重要性，都反对见物不见人的传统质量观。然而，三位大师的学习经历、工作经历以及人生感悟各不相同，因此，他们提出的质量管理思想不可避免地打上了自己的烙印，使质量管理理论异彩纷呈。

戴明坚信，应用统计方法是解决质量问题的重要工具。戴明甚至反对举办有关"全面质量控制"的研讨会，他认为统计质量控制就已经很全面了。日本科技联盟的常务董事小柳认为，戴明在统计方面很杰出，但他缺乏实践经验，而且没有把质量作为整体来把握。

戴明过于重视统计的倾向，也受到了朱兰的批评。朱兰认为统计的确是必不可少的，但除此之外还需要很多其他的东西。他甚至认为戴明的观念狭隘、自私。朱兰指责戴明过多地运用了统计学理论而不是管理学理论。在他的自传中，朱兰这样描述戴明："当一些方法不多的数学家到工业界中开阔了眼界时，戴明却没有。他固守自己的狭隘的专长，这是他专长中最好的一个，但他的思想看上去对其他事物都是封闭的。"

朱兰的方法与戴明的方法相比，少了几分机械性，对人际关系的强调更重一些，这可能恰恰与他在实际生活中不擅长此项有关。正是人际关系处理上的挫折，使朱兰对这一问题的重要性铭记在心。朱兰一直对他的教训念念不忘，说："在我的职业生涯中，遇到了无数的人际关系问题，不仅仅是自己的，而且是普遍存在于其他人之间，存在于客户的经理们和雇员之间类似的问题。"因而，朱兰将人性尺度加入到质量范畴之中，他以人际关系扩展了质量的内涵，将质量管理从狭隘的统计范畴扩展到管理范畴。

朱兰与戴明的观点还有截然相反的地方。比如戴明"管理14点"中的"排除员工的恐惧感"，鼓励员工在企业中放开手脚和思路，减除员工的思想负担。对此，朱兰极为反对，这很有可能同朱兰一生的种种伤痛和磨难有关。也许，在朱兰眼里，适度的恐惧能够使人体验到生命的真谛。可以说，在这个问题上，戴明和朱兰各偏向了一个极端。

克劳士比注重用超前的思想指导行为实践，强调用管理和组织过程而不是用统计学科的方法来改善企业的状况。这一点与戴明极为不同。他运用医学和商学的交叉思维来解构质量，从整体的需要和行动的目的出发，提出了"完整性"的"质量哲学"。同朱兰相比,克劳士比更像一个智者。

总的来说,戴明和克劳士比更多地从哲学角度来阐述质量问题,并主张公司应将质量作为一种概念来接受,而朱兰一直致力于质量体系的计划与实施,他的研究范围侧重在质量管理的方法论上。

正是因为他们的质量管理思想有着各自不同的风采,他们之间的争论也从未间断。身为理论学派代表的戴明,固执地认为接受实践学派克劳士比学说的那些经理是容易受骗上当的,而不接受统计方法培训的管理高层是愚蠢的。克劳士比的门徒们反击道,戴明把数学和统计学的意义赋予了质量,朱兰致力于质量的工程学和数理方面的挖掘,但他们的思想充其量只是数量哲学,而克劳士比的管理思想才是完整性的质量哲学。克劳士比的后继者显然认为自己推崇的宗师要比戴明和朱兰更加技高一筹。但这不过是一家之言。不管有多少争论,这三位大师运用各自的聪明智慧提出的质量管理思想,为质量管理的发展作出了巨大贡献。

## 第五节 六西格玛管理

### 一、六西格玛管理的定义

六西格玛($6\sigma$)是一种能够严格、集中和高效地改善企业流程管理质量的实施原则和技术,它包含了众多管理前沿的先进成果,以"零缺陷"的完美商业追求,带动质量成本的大幅度降低,最终实现财务成效的显著提升与企业竞争力的重大突破。

西格玛即希腊字$\sigma$的译音,是统计学家用于衡量工艺流程中的变化性而使用的符号,在统计学中,$\sigma$是标准差,表示分布偏离目标值$\mu$程度。尽管六西格玛基于统计学上的正态分布,六西格玛质量水平要求百万缺陷机会中的缺陷数(DPMO)不超过3.4(或过程能力指数$Cp \geq 2.0$,$Cpk \geq 1.5$),但现在六西格玛的概念已经完全超出其统计含义,它已经不仅是一种质量目标,更重要的是,它已经成为一种理念、文化和方法体系的集成。

目前有关六西格玛的论文和专著已经很多,而且有越来越多的趋势,但是对六西格玛管理进行定义的并不多见。六西格玛管理早期的倡导者Mikel Harry认为六西格玛是通过设计和监测日常业务过程,减少浪费和资源损失,提高顾客满意度,显著改进过程绩效的业务管理流程。Breyfogle等在《六西格玛管理》一书中将六西格玛定义为组织中的智慧与统计工具的有效结合,能提高满足顾客需求的有效性和效率。六西格玛不是为了改进而改进,而是为了给顾客创造经济价值。因此他们认为,六西格玛是一种公司战略,而不仅仅是一种质量改进活动。胡雅琴与何桢(2004)通过梳理文献认为,六西格玛是一套系统的业务改进方法体系,旨在持续改进企业业务流程,实现客户满意的管理方法。它通过系统地、集成地采用质量改进流程,实现无缺陷的过程设计,即面向六西格玛的设计(DFSS,Design for Six Sigma),并对现有过程进行过程定义(Define)、测量(Measure)、分析（Analyze）、改进（Improve）、控制（Control），简称 DMAIC 流程，消除过程缺陷和无价值作业，从而提高质量和服务，降低成本，缩短运转周期，达到客户完全满意，增强企业竞争力。

换句话说，六西格玛就是一个代名词，其含义是客户驱动下的持续改进，其方法体系的运用不仅局限于解决质量问题，而且包括业务改进的各个方面——时间、成本、服务等。除此之外，其方法体系也不仅仅是统计技术，而且是一系列的管理技术和工业工程技术的集成。

## 二、六西格玛管理的属性分析

六西格玛计划已成为许多公司推动质量连续改进的一个重要方法。该方法并不是摩托罗拉公司凭空创造出来的，而是受到了戴明、朱兰、克劳士比、费根堡姆等多位质量大师的影响，在此基础上形成了一种可提供系统地发现、分析、解决问题的流程和方法。它与 TQM、精益生产等管理方法之间既有区别又有联系，与其他现代管理的模式和理念相兼容。

促成六西格玛发展至今的要因有四个：质量大师的质量理念，如戴明 PDCA 持续改进环、朱兰的质量三部曲；企业已有的六西格玛成功实践，如摩托罗拉、通用电器等企业实践；历史基础，如 TQM、零缺陷管理等；其他业务改进与管理方法，如福特 8D、项目管理等。六西格玛管理的属性如下：

1. 管理层支持与参与

六西格玛实施成功的关键是管理层支持。吉居·安东尼等人在英国的企业范围内进行的一项关于六西格玛实施过程中关键因素的调查研究表明："管理层的支持与参与是六西格玛项目开展过程中最重要的因素。"在六西格玛中，管理层支持不仅包括六西格玛的组织保证、资源分配和激励政策，还要求管理层参与六西格玛培训和项目工作以及黑带、绿带资格认定工作。

戴明、朱兰、克劳士比、费根堡姆等人也十分重视质量管理过程中管理层的参与和支持。戴明认为，管理层的职责是领导，而非监督。监督只是对工作进行简单的检查，而领导则意味着对员工进行指导，以帮助他们用较少的代价更好地完成工作，企业应建立新的领导机制，目的是使员工和设备更好地工作。朱兰认为高层管理者应在质量管理的过程中起到积极的领导、推动作用。同样，克劳士比与费根堡姆的质量理论中都强调了管理层支持的重要性。

2. 客户驱动

所谓客户驱动就是要求企业的产品、服务及过程等一切以客户为导向。这里的客户不仅包括外部客户，也包括企业内部上下游形成的客户关系。"关注顾客"是六西格玛核心价值观之一。在六西格玛改进项目的界定阶段绘制 SIPOC 图（Supplier，供应者；Input，输入；Process，流程；Output，输出；Customer，客户）的目的就是对业务过程有个整体的了解，从客户源头出发，反向分析所做的每一件事情是否给客户带来价值，客户对我们的工作是否满意,如何改进,等。此外,六西格玛改进团队还要对顾客需求进行分析,认清顾客对产品与服务的要求有哪些及这些要求的优先顺序,使团队能够针对所选定的业务过程找出顾客关键需求。在测评阶段,所选择的输出指标要能够反映顾客及业务对质量和服务的要求,从而确定需要哪些关键输入指标和过程指标来达到所希望的结果,以满足顾客的需求,可以说,"以顾客为中心"的思想贯穿了六西格玛改进的始末。戴明认为,企业应采用新的质量管理思想以满足新的竞争环境下市场对企业的要求,即减少有缺陷产品的目标已经不再适用,取而代之的是提高顾客满意度这样的目标,简单来说,顾客服务指标已经取代具体的测量指标成为衡量质量好坏的标准。在"朱兰三部曲"中,质量计划阶段的任务不仅包括找出目标顾客、识别顾客需求,还要制定与顾客需求相对应的产品特征参数,作为后阶段控制和改进的输入端。

3. 综合运用多种质量改进工具

六西格玛方法中集成了大量的质量工具,包括七种基础质量工具、实验设计、方差分析等。与之类似,综合运用多种质量改进工具的思想同样体现在朱兰与费根堡姆的方法体系之中。在朱兰质量改进方法的"诊断"阶段,需要借助大量的工具方法进行数据的收集、分析工作,找出并解决过程中可能存在的问题。

4. 跨职能项目小组推进改进活动

六西格玛改进的所有活动都通过项目来实现。项目团队的成员包括倡导者(Champion)、赞助人(Sponsor)、资深黑带(Master Black Belt)、黑带(Black Belt)、绿带(Green Belt)以及项目涉及的相关人员。由于许多六西格玛项目涉及企业的多个职能部门,因此六西格玛项目的成功推进需要打破职能部门的壁垒,倡导跨部门合作。

朱兰认为,改进活动应在项目小组的领导下,完成验证改进需求,决定改进对象,找出问题的根本原因,针对问题制定改进措施,并控制过程以保持改进成果等工作。克劳士比则制定了改进流程的14个步骤,以指导企业中的质量改进项目团队的工作,这个团队应由组织中各个部门的人员组成。

5. 以统计学方法作支撑

六西格玛是以数据为基础的改进方法,即借助统计手段进行数据收集与分析,发现造成过程中产生变异的根本性原因,提出改进措施和方案。六西格玛方法中测评阶段的主要任务就是通过对现有过程的测量和评估,制定期望达到的目标及质量水平衡量标准,识别影响过程输出 $Y$ 的 $X$ 因子,测评阶段的结果就是后阶段分析与改进的输入。戴明是将统计学方法应用于质量管理过程的积极倡导者,他认为"变异是导致质量问题的首要原因",而"统计学方法是找出由特殊原因引起变异的主要工具"。与戴明一样,朱兰将统计控制作为质量管理的重要手段。而费根堡姆则在质量改进的三个步骤中明确指出,使用现代化的质量技术,包括统计学及其他质量改进工具。

6. 持续改进

六西格玛是客户驱动的改进模式,客户需求的动态性决定了任何业务过程都必须持续改进。六西格玛计划的本质在于通过持续改进,消除一切可能的缺陷,不把达到六西格玛质量水平看成一个绝对静止的目标。六西格玛控制阶段的任务就是使改进成果体制化,通过有效的监测方法维持过程改进的成果并寻求进一步提高改进效果的持续改进的方法。戴明提出的循环和朱兰提出的质量环实际上都是持续改进的具体形式。

7. 全员参与

六西格玛作为一种质量文化,是通过员工参加六西格玛改进项目体现出来的。员工参与包括员工广泛接受六西格玛理念和方法的培训,员工能主动地发现过程中存在的问题和改进机会,在六西格玛黑带和绿带的领导下,按照 DMAIC 流程解决问题,保证持续改进。

全员参与同样体现在戴明的思想里。他认为,企业中的每一名员工都应接受新的质量管理思想和相关的技术培训,从而参与到管理的过程中。费根堡姆将质量视为企业的战略工具,要求组织中的每一名成员都参与其中。

## 三、六西格玛的管理思想

### (一) 六西格玛的 DMAIC 管理过程

六西格玛改进过程分 5 个阶段:界定阶段(D)、测量阶段(M)、分析阶段(A)、改进阶段(I)、控制阶段(C)。用六西格玛语言来描述就是 DMAIC 过程。

1. 界定阶段(D)

项目界定是六西格玛项目成功与否最为关键的阶段,主要工作内容包括改进机会的确定、绘制 SIPOC 图、确定顾客的需求和关键质量特性、绘制详细流程、项目团队的建设等,将改进项目界定在合理的范围内。

2. 测量阶段(M)

测量阶段在于首先要明确测量的对象、方法和指标,定义测量过程,确定过程输出指标和 CIQZ 间的关系,过程输出指标和输入指标、过程指标之间的关系,进行测量系统分析。测量阶段的目的是保证项目工作能够采用正确的方法,测量正确的指标,测量结果的变异尽可能小,后续分析阶段使用的数据准确可靠。

3. 分析阶段(A)

分析阶段的目的是要找出影响业绩指标关键的、潜在的原因。由于六西格玛项目的复杂性,如果没有科学的数据分析,难以保证能够找到真正的、根本的原因。因此分析阶段要综合采用各种统计方法以及管理技术,进行数据的统计分析、比较试验、缺陷分析、变异来源分析、关键因素分析、多变异分析、相关分析和回归分析、失效模式和效应分析(EMEA)以及作业增值性分析等。

4. 改进阶段(I)

改进阶段主要是基于分析阶段所找到的根本原因,大胆地提出问题解决方案。对于有些工程技术问题,实验设计技术可以用于过程参数优化或产品设计改进。在本阶段,一些非传统的创造性思维方法也是非常有帮助的。改进方案要进行评价和筛选,可以采用一些综合评价技术进行方案的选择。为了保证方案实施的成功,有必要进行一些局部试运行试验,对改进方案进行验证。

5. 控制阶段(C)

控制的目的在于保持项目的成效。在控制阶段,要在质量管理体系中及时更新流程改进后的程序或作业指导书,建立过程控制系统和失控行动方案,采用统计过程控制的技术对过程进行实时监控。另外,在本阶段,将项目成果进一步向其他类似的业务流程推广也是一项重要的任务。

为了保证项目严格按计划执行,需对项目进行定期阶段评审。企业的高层领导、六西格玛倡导人等参加项目评审,发现项目执行过程的问题后要及时采取纠偏行动。在项目界定阶段,重点评估项目界定是否明确,目标是否量化和切实可行,团队构成是否合理,计划是否可操作,等。在测量阶段,重点评价测量项目是否有意义,测量的数据是否真实可靠,测量系统是否可以接受,等。在分析阶段,重点评审是否找到了问题的根本原因,分析工具和分析结果是否可靠,等。在改进阶段,重点评审改进方案的可行性、效果和改进方案、实施计划等。在控制阶段,重点评审过程控制系统和控制方法的有效性,保持改进的成效。六西格玛 DMAIC 过程改进各阶段所使用的主要工具如表 5-4 所示。

表 5-4　六西格玛 DMAIC 过程改进各阶段所使用的主要工具

| 阶段 | 活动要点 | 常用技术和工具 | |
|---|---|---|---|
| 界定阶段(D) | 项目启动 | 头脑风暴法<br>亲和图<br>树图<br>过程流程图<br>SIPOC 图 | 顾客之声<br>因果图<br>失效成本分析<br>项目管理 |
| 测量阶段(M) | 确定基准 | 排列图<br>因果图<br>散布图<br>过程流程图<br>测量系统分析<br>失效模式分析图 | 过程能力指数<br>抽样计划<br>水平对比法<br>直方图<br>趋势图<br>调查表 |
| 分析阶段(A) | 确定要因 | 头脑风暴法<br>因果图法<br>箱线图法<br>多变量图<br>水平对比法 | 抽样计划<br>假设检验<br>回归分析<br>方差设计<br>实验设计 |
| 改进阶段(I) | 消除要因 | 实验设计<br>田口方法 | 过程改进方法<br>测量系统分析 |
| 控制阶段(C) | 保持成果 | 过程能力指数<br>控制图<br>标准操作程序<br>过程文件控制 | 防错法 |

## (二) 六西格玛管理的实施

1. 前期准备

六西格玛管理的具体效果是通过完成大量的六西格玛黑带、绿带项目得以实现的。这些项目之所以取得效果并推动企业持续改进,是因为项目的目标与企业的战略相吻合。因此,企业在实施六西格玛之前,需制定或重新评价企业的战略。

制定或评价企业战略的方法或模式很多,其中常用有战略要素评价矩阵、SWOT 分析和企业战略的竞争性比较或基准评价。战略要素评价矩阵可以帮助企业战略决策者对企业外部或内部各个领域的主要优势与劣势进行全面综合的评价。SWOT 分析通过分析企业内部的优势(Strength)、劣势(Weakness)以及企业外部面临的机会(Opportunity)、威胁(Threat),确定企业的战略定位、战略方针和目标。基准评价可以通过与竞争对手的比较,确定竞争优势和劣势,制定致力于超越竞争对手的战略。另外一个确定企业的优势和劣势的方法是采用世界级企业的卓越绩效标准(如美国国家质量奖或我国国家质量奖评奖标准)进行自评,发现企业自身的问题并建立适当的竞争战略。

一旦确定企业的战略,下一步就是如何将企业的战略具体展开和付诸实施,这就需要将战略分解,制定出从企业高层到基层的业绩考核指标。目前国际上普遍采用的方法是平衡计分卡(Balanced Scorecard),平衡计分卡通过对客户和市场、财务、企业内部、学习和发展四个方面的绩效考核将企业战略逐步展开。组织上的准备工作包括确定六西格玛倡导人,六西格玛倡导人应由企业的高层领导担任,全面负责六西格玛推广工作,包括项目选择、协调、评审、考评等。

2. 项目选择

项目选择对六西格玛的成功至关重要,项目选择不是黑带学员的个人行为,要有管理层参与。在具体选择项目时,以下几点非常重要:

(1) 六西格玛项目的选择应与企业的战略目标一致,即六西格玛项目的成功将直接有利于企业战略的实现。

(2) 六西格玛项目拟解决的问题应是平衡计分卡中的弱项或通过其他方法确定的企业劣势。

(3) 六西格玛项目所涉及的流程最好是跨职能的,流程中的问题有一定的复杂度,需要跨职能的团队合作才能完成。

(4) 项目成果是可以预计的,在项目开始前,财务方面专家要评价项目的预期收益指标。

具体来讲,在选择六西格玛项目时,重点从以下几个方面考虑改进的机会:

(1) 顾客方面:采用恰当的方法研究顾客的需求和满意度水平。通过设计合理的问卷和统计分析确定顾客满意度水平和影响顾客满意度的主要因素,或通过问卷调查、电话访谈、拜访大客户、顾客投诉等方法或渠道了解顾客的需求,确定顾客关键需求(CCR, Critical Customer Requirements),并整理出关键质量特性(CIQ, Critical to Quality)。六西格玛项目应从顾客的关键需求出发,解决影响顾客满意度的关键因素。

（2）企业的内部流程方面：主要是分析平衡计分中的弱项指标或关键业绩指标中的弱项，明确这些指标和企业的关键业绩指标（如利润、现金流、成本或质量等）之间的关系，六西格玛项目选择的改进机会应是影响关键业绩指标的流程。

（3）竞争对手方面：主要是通过基准评价找出本企业与同业之冠之间的差距，确定本企业的哪些流程是急需改进的流程。

一般来讲，根据以上方面确定出的改进机会可能比较多，从这些改进机会中要筛选出优先改进机会作为六西格玛项目。另外在安排六西格玛项目时，要考虑企业的资源是否充分，项目之间有没有目标或资源上的冲突，项目本身属于黑带项目还是绿带项目等。一般来说，绿带项目相对于黑带项目在技术层面要简单一些，不如黑带项目复杂。

3. 六西格玛项目计划

确定六西格玛项目以后，需要根据六西格玛项目所涉及的职能部门确定跨职能的团队人员项目组组长。项目组长一般是六西格玛黑带，他们是六西格玛管理变革的主力。团队人选的确定标准：首先，成员应熟悉其业务流程，有较好的业务基础；其次，成员有强烈的业务改进意识和变革精神；再次，成员有良好的团队合作精神。作为项目组组长，除具备上述团队成员应具备的素质外，还要具备良好的管理、沟通和人际交往等方面的能力。

项目团队建立起来以后，为了明确项目的目标、内容和工作计划，需要建立团队宪章（Team Charter），团队宪章主要包括：拟改进业务背景、改进机会描述、项目的目标、项目的范围、项目具体计划和团队成员。业务背景重点在于阐述本项目和企业战略之间或整体的业绩指标之间的关系；改进机会描述重点描述企业当前的业绩水平与顾客需求或企业战略目标之间的差距；项目的目标应以具体和量化的形式表明项目的总目标以及分阶段的目标；项目的范围指出项目的起始点和终止点，以及项目所涉及的职能部门，通过绘制拟改进过程的 SIROC 图（供方－输入－过程－输出－顾客，Supplier-Input-Process-Output-Consume）来确定项目的边界；项目计划要用甘特图的形式具体列出开展本项目的活动计划，项目计划要尽量详细，要能通过项目计划看出项目执行过程中的关键节点、里程碑事件以及相应的评审点；最后，在项目团队成员中要说明团队成员的来源、主要职责等。除此以外，为了保证项目团队的工作效果还必须制定团队的行为规范，以防止团队工作的矛盾和内讧。

目前绝大部分企业实施六西格玛都是采用边培训边执行项目的方式，这个过程被称为学以致用。DMAIC（Define-Measure-Analyze-Improve-Control）是六西格玛业务改进最常用的模式，前文已经介绍过 DMAIC 的流程。

为了保证项目严格按计划执行，需对项目进行定期的阶段评审。企业的高层领导、六西格玛倡导人等参加项目评审，发现项目执行过程的问题后要及时采取纠偏行动。在项目界定阶段，重点评估项目界定是否明确，目标是否量化和切实可行，团队构成是否合理，计划是否可操作，等。在测量阶段，重点评价测量项目是否有意义，测量的数据是否真实可靠，测量系统是否可以接受，等。在分析阶段，重点评审是否找到了问题的根本原因，分析工具和分析结果是否可靠，等。在改进阶段，重点评审改进方案的可行性、效果和改进方案实施计划等。在控制阶段，重点评审过程控制系统和控制方法的有效性，保持改进的成效。

#### 4. 项目效果评价和成果表彰

项目效果的评价分为两个方面：一是直接的经济效益评价，一般由财务部门配合完成。直接经济效益评价指标包括投资收益比、净现值收益率等。二是间接效益评价，主要包括项目所带来的管理水平的提高、员工士气提升、环境改善以及项目带来的社会效益等。效果评价和宣传可以起到明显的示范作用，对于进一步推广六西格玛工作至关重要。另外，根据项目成员在项目工作中的表现，授予六西格玛黑带或绿带。这些黑带或绿带以后要持续完成更多的六西格玛项目，在企业内部进行六西格玛培训，并有责任发现和培养更多的人加入六西格玛持续改进活动之中。

## 第六节 精益生产

### 一、精益生产的核心思想

精益生产就是要在企业生产过程中精简生产方式，提高生产效率，通过及时制造，消灭故障，消除一切浪费，向零缺陷与零库存进军的一种生产方式。精益生产方式的核心思想就是消除浪费，站在客户的角度来消除不增值的一切环节。通过价值流分析，精益生产过程中要消除产品缺陷(Defects)、过量生产(Over Production)、库存(Inventory)、过度的流程处理(Over Processing)、多余动作(Motion)、搬运(Transportation)、等待(Waiting)这七种典型的浪费。这既是一种以最大限度减少企业所占用的资源和降低企业管理和运营成本的主要目标生产方式，又是一种新的理念、一种文化。"消灭浪费、创造价值"是精益生产方式核心思想的精髓。

### 二、精益生产的特点

#### (一) 拉动式准时化生产

精益生产以用户的最终需求作为生产的起点，强调生产各要素的均衡，突出物流平衡，追求零库存状态，进而能够使加工工序完成后，零部件立刻进入到下一道工序之中。在实际的生产过程中组织生产依托于看板形式，通过看板向下道工序传递需求信息。生产中节奏与速度由人工加以干预与控制，核心在于保障生产的物流平衡，前一道工序需要准时将零部件传递到下一道工序，保证准时化。

#### (二) 全面质量管理

强调质量是生产出来而非检验出来的，由生产中的质量管理来保证最终质量。生过程中对质量的检验与控制在每一道工序都进行，重在培养每位员工的质量意识，在每一道工序进行时注意质量的检测与控制，保证及时发现质量问题。如果在生产过程中发现质量问题，根据情况，可以立即停止生产，直至解决问题，从而保证不出现对不合格品的二次无效加工。对于出现的质量问题，一般是组织相关的技术与生产人员作为一个小组，一起协作，尽快解决。

### (三) 团队工作法

每位员工在工作中不仅是执行上级的命令，更重要的是积极地参与，起到决策与辅助决策的作用。组织团队的原则并不是完全按行政组织来划分，而主要根据业务的关系来划分。团队成员强调一专多能，要求能够比较熟悉团队内其他工作人员的工作，保证工作协调地顺利进行。团队人员工作业绩的评定受团队内部评价的影响。

团队工作的基本氛围是信任，以一种长期的监督控制为主，从而避免对每一步工作的稽核，提高工作效率。同时，团队的组织是变动的，针对不同的事物，建立不同的团队，同一个人可能属于不同的团队。

### (四) 并行工程

在产品的设计开发期间，将概念设计、结构设计、工艺设计、最终需求等结合起来，各项工作以最快的速度按要求的质量完成。各项工作由与此相关的项目小组完成。进程中小组成员各自安排自身的工作，但可以定期或随时反馈信息并对出现的问题协调解决。依据适当的信息系统工具，反馈与协调整个项目的进行。利用现代技术，在产品的研制与开发期间，实行辅助项目进程的并行化。

## 三、精益生产的实施

### (一) 准时生产(JIT)

JIT(Just in Time)——准时生产，又译为实时生产系统，简称 JIT 系统或 JIT 生产方式，是综合了批量生产和单件生产特点和优点，创造了一种在多品种小批量混合生产条件下高质量、低效消耗的生产方式。JIT 的基本思想是只在需要的时候，按需要的量生产所需的产品。JIT 的核心是追求一种无库存的生产系统，或使库存最小化的生产系统，即消除一切只增加成本而不向产品中增加价值的过程。JIT 的生产体系包括：减少不合理生产过程；实行生产同步化；提高生产系统灵活性；推行标准化作业；保持库存最优化；人本管理；追求产品"零缺陷"。JIT 的基本要素是柔性化资源、TQC、单元 CELL 布置、TPM、JIT 供应商，它具有三种支持手段：通过生产同步化、均衡化来适时适量生产；通过少人化、多技能员工来弹性配置作业人员；通过自动化来保证质量。

### (二) 自动化(Jidoka)

自动化是 TPS(Toyota Production System)的另一大支柱。Jidoka 与日语词汇"自动

控制"的含义几乎完全相同,但增加了人性化和创造价值的内在含义。自动化的意义是一个帮助机器和操作员发现异常情况并立即停止生产的方法,它使得各工序能将质量融入生产,并且把人和机器分开,以利于更有效地工作。自动化突出显现问题,因为当问题一出现的时候,工作就立即被停止下来,通过消除缺陷的根源,来帮助改进质量。

### (三) 现场 5S 管理

良好的现场管理是实施精益生产的基础。在生产现场的人员、机器、材料等生产要素,要进行有效的管理,可以推行整理(Seiri)、整顿(Seiton)、清扫(Seiso)、清洁(Seiketsu)、素养(Shitsuke)等源于日本的"5S"活动。目的是为了培养员工的积极性和主动性,创造人和设备皆宜的环境,培养团队合作精神,改善和提高企业形象,促成效率的提高,减少直至消除故障,保障品质,降低生产成本,缩短加工周期,确保交货。

### (四) 连续流(Continuous Flow)

通过一系列的工序,在生产和运输产品的时候,尽可能地使工序连续化,即每一个步骤只执行下一个步骤所必需的工作。连续流可以通过很多方法来实现,包括将装配线改装成手工作业单元(Manual Cells)等。也被称为"一个流"(One Piece Flow),"单件流"(Single Piece Flow),以及制造一件(Make One)、移动一件(Move One)。其优点体现的是生产时间短,在制品存量少,占用生产面积小,易暴露问题点,容易适应市场与计划的变更,有利于保证产品品质,有利于安全生产,不需要提高性能的大型化设备。

### (五) 拉式生产

由下游向上游提出需求的控制方法,按客户需求生产。将加工中心连接在一起,紧密合作与交流,将问题暴露出来,消除过量生产,低库存满足需求,交付周期短。

### (六) 节拍时间(Take Time)

节拍时间是 20 世纪 30 年代德国飞机制造工业中使用的一个生产管理工具,指把飞机移动到下一个生产位置的时间间隔。时间公式化,就是用可利用的生产时间除以客户需求频率。这里客户是广义的,下道工序也可以看作客户。与其相关的周期时间,是制造一件产品需要的时间。通过改善要让节拍时间尽可能地接近或等于零。节拍时间是设计工序能力的重要指标,是寻找改善点的重要参考数据。

### (七) 价值流(Value Stream Map)

价值流是指资源或原材料转变为产品和服务并到达客户手中所有经历的全部活动。价值流中包括了增值的活动和不增值的活动。通过在价值流中找到哪些是增值的活动,哪些是可以立即去掉的不增值活动,并且发现浪费现象并予以及时消除,从而使创造价值的各项活动顺畅地流动起来。

**【关键词】**

戴明质量管理、朱兰质量管理、克劳士比质量管理、六西格玛管理、精益思想

**【本章小结】**

本章详细介绍了戴明质量管理、朱兰质量管理、克劳士比质量管理、六西格玛管理以及精益生产这五种质量管理理论,重点在于理解并掌握不同质量管理理论的方法、核心思想与内涵,将理论与实际相结合去提高企业的核心竞争力。

**【思考题】**

1. 戴明质量管理思想的核心是什么?"PDCA"循环的四个阶段与特点是什么?
2. 谈谈你对朱兰质量三部曲的理解。
3. 试比较戴明、朱兰以及克劳士比这三位质量管理大师的质量管理思想的异同点。
4. 六西格玛管理的主要模型是什么?六西格玛管理如何实施?
5. 如果你是一名企业管理者,你更愿意采用以上哪一种管理思想,或者你将会怎样去实施企业的质量管理?请结合本章质量管理理论内容,自选一个企业进行你的质量管理计划。

拓展阅读

# 第六章 战略管理理论

**本章要点**

1. 战略管理理论的演变
2. 波特的竞争战略
3. 核心竞争力
4. 动态能力

## 第一节 战略管理理论的演变

从历史沿革及演变过程来看,西方企业战略管理理论的产生与发展大致经历了五个阶段,即 20 世纪 60 年代,以安德鲁斯和安索夫为代表的战略规划学派;20 世纪 70 年代,以奎因、明茨伯格为代表,以环境因素为基础的传统环境适应学派;20 世纪 80 年代初,以波特为代表,以产业结构为基础的竞争战略理论;20 世纪 80 年代中后期至 90 年代末,以资源基础、核心能力为研究中心的战略管理理论;21 世纪以来,战略管理理论的新发展。

### 一、20 世纪 60 年代,战略规划学派

#### (一)早期战略思想阶段

从管理思想发展史来看,企业战略的思想是随着西方企业管理理论的发展而逐渐形成的。18—19 世纪伴随着产业革命,产生了以亚当·斯密、瓦特、斯图亚特等为代表的欧洲管理学家,后来在美国又出现了以泰勒为代表的科学管理理论家。但这些早期的管理研究者都将思考的重点放在组织内部活动的管理上,还没有涉及对企业整体经营管理问题的研究。

20 世纪初,法国管理学家法约尔对企业内部的管理活动进行整合,将工业企业中的各种活动划分为技术活动、商业活动、财务活动、安全活动、会计活动和管理活动六大类,提出了计划、组织、指挥、协调和控制即管理的五项职能,并认为计划职能是企业管理的首要职能。法约尔的这一思想创造了从职能角度研究管理的基本思路和方向,奠定了现代管理学研究的基本理论框架,具有重大的历史意义。同时,他认识到了计划职能在企业管

理中的首要地位,形成了战略思想和理论产生发展的重要理论基础,可以说是企业战略思想最初的萌芽。

1938年,巴纳德在其著作《经理人员的职能》一书中,首次提出了战略因素的构想,认为管理工作的重点是实现企业组织内部平衡,并与外部环境相适应,提高组织的效率,这种组织与环境相"匹配"的思想成为现代战略管理研究的基础。

在20世纪60年代之前,出现了企业战略管理的思想萌芽,但还没有形成系统的理论框架,我们将其称为早期战略思想阶段。

### (二)战略规划学派主要观点

战略规划的核心问题是实现企业资源的优化配置,即企业为获得高于平均利润的投资报酬率,如何将组织资源与外部市场机遇实现有效匹配,形成企业独特竞争优势,实现企业的长期盈利。奠定战略规划基础的历史人物是钱德勒、安德鲁斯和安索夫,他们着重阐述了战略规划在组织发展中的作用,认为战略规划是一个有条理的行动顺序,为了使预定的任务目标得以实现,根据外部环境的不断变化,结合分析企业自身的资源优势、技术优势,从而控制企业的行动结果,是一种指标引导的行为。

1962年,美国著名的管理学者钱德勒出版了《战略与结构:美国工商企业成长的若干篇章》一书,他较为全面地分析了环境、战略与组织结构之间的相互关系,提出了"结构追随战略"的观点,认为企业战略应当适应环境的变化,而组织结构又必须适应企业战略的要求,随着战略的发展而变化,从此揭开了现代战略管理理论研究的序幕。

在20世纪60年代的战略管理理论发展中,形成了设计学派与计划学派。

设计学派以哈佛大学商学院的安德鲁斯为代表。安德鲁斯于1971年发表了设计学派的经典著作《公司战略概念》,认为企业外部环境对企业战略的形成有着重大的影响。环境不断产生机遇与威胁,组织就要不断调整,以发挥自身优势,弥补自身劣势,规避威胁并利用机遇。战略形成过程实际上就是把企业内部条件与企业外部环境进行匹配的过程,这种匹配能够使企业内部的优势和劣势与企业外部的机会和威胁相协调。战略制定是企业高层管理者在比较机会与威胁、优势与劣势的过程中,按照扬长避短、趋利避害的原则进行组合而形成的,由此建立了著名的SWOT(Strength、Weakness、Opportunity、Threat)战略分析模型,这是设计学派的重要基础,也已成为战略管理学科最基础和重要的方法。安德鲁斯还建立了将企业战略分为制定与实施两大部分的基本模型,为形成完整成熟的战略管理过程模型构造了基本理论框架。他认为战略包括4个要素:市场机遇(企业可能做什么,Might Do)、公司能力(企业能够做什么,Could Do)、个人激情(企业想做什么,Want to Do)以及社会责任(企业应该做什么,Should Do)。其中市场机会和社会责任是组织面临的外部环境因素,而公司实力与个人价值观和渴望则是组织发展的内在资源能力,而战略就是实现四者的有效契合(Fit)。通过分析,外部环境机遇决定了企业"应该做什么",而内部资源和能力则决定了企业"能够做什么",战略的作用就是将两者实现有效地匹配使组织达到最优均衡。安德鲁斯的战略理论奠定了现代战略理论的坚实基础,形成了战略规划的基本理论体系。

几乎与"设计学派"同时产生的另一个学派是"计划学派"。哈佛商学院的安索夫,在

1965 年出版了计划学派最有影响力的著作《公司战略》,提出了"战略四要素"说,认为战略的构成要素应当包括:产品与市场范围及企业在所处行业中的地位;增长向量,即企业经营的方向和趋势;协同效果,即"大于由公司各个部分资源独立创造的总和的联合资源回报效果";竞争优势,是指企业及其产品和市场所具备的不同于竞争对手的,能够为企业奠定牢固竞争地位的特殊因素。

此外,计划学派继承了设计学派 SWOT 的思想,但认为设计学派的方法过于主观。计划学派认为战略管理不是一个简单的战略制定的过程,而是组织内部不断调整以实现与外部环境相适应的动态过程。计划学派认为,战略的形成是一个由企业高层管理者负责、计划人员参与的有意识、受控制、条理化的正式计划过程。企业战略制定出来后,要通过细致的目标、预算、程序和各种经营计划来贯彻执行。因此,他们引进了决策科学中的数量分析方法,提出了许多制定企业战略的数学模型和定量分析方法。

## 二、20 世纪 70 年代,以环境因素为基础的环境适应学派

20 世纪 70 年代,外部环境变化的步伐逐渐加快,对企业经营的冲击逐渐加强,战略规划学派的思想前提开始动摇,它的关于未来可以预测规划的思想受到各界的质疑。以奎因、明茨伯格等为代表的环境适应学派在对战略规划学派批判的基础上应运而生。1972 年,安索夫在《企业经营政策》杂志上发表了《战略管理思想》一文,正式提出"战略管理"的概念,为战略管理的进一步研究提供了统一的概念平台。1979 年他又在《战略管理论》一书中系统地阐述了战略管理模式,即企业的战略行为模式,突破了钱德勒的"战略决定结构"的模式,认为战略行为是组织在对环境的适应过程中企业内部不断结构化的结果,使战略计划的研究深入到战略管理的研究。1980 年,奎因在《应变战略:逻辑渐进主义》一书中提出了"逻辑改良"的战略思想,认为战略决策者受理性认识的局限以及受环境的不可知和不可预测因素的制约,要求战略制定的过程必须是渐进的、不断适应的过程。战略制定者应随着环境的变化,突破既有的思维,用一种有意图的逻辑改良主义方法为组织融合一个内在关联的战略模式。

该学派的主要理论观点:认为企业与环境是相互交融、相互渗透的,环境在战略形成的过程中扮演中心角色,企业所处的外部环境是企业自身无法控制的,适应环境是企业战略关注的焦点并对企业的生存和发展起着重要的影响作用。除此之外,该学派认为外部环境是动态开放的、难以预测的,将环境的不确定性对企业经营的影响作为战略理论研究的主要内容,提出组织的发展必须建立在对环境适应的基础上,根据外部环境的不断变化而对自身战略进行持续调整。此外,环境适应学派还借鉴了达尔文进化论的思想,认为战略是开方动态的、路径依赖型的,允许可能的随机偏差在企业内或企业间进行选择。然而该学派对企业内部条件的差异性对竞争优势的影响研究较少,且认为竞争优势是外生的。

## 三、20 世纪 80 年代初,以产业结构为基础的竞争战略理论

波特竞争战略理论与早期战略管理理论不同,后者认为企业绩效的高低是由企业内

部战略的制定、执行与控制等过程综合决定的;而前者是一种从企业外部着手的研究思路,将企业战略问题的研究对象更多地聚焦于企业所处的外部产业结构特征以及企业在该产业内的相对竞争位置,认为企业所处的外部产业特征是战略制定的起点,不同产业的竞争状况决定企业的战略、发展与绩效差别,强调市场结构对市场行为和市场绩效的决定性作用,因此可以说是一种外在的竞争优势观点。

美国哈佛大学的经济学家梅森和贝恩,在新古典经济学相关理论的基础上,提出了现代产业组织理论的三个基本范畴——市场结构、市场行为、绩效,也就是所谓的 S-C-P(梅森-贝恩范式),其基本目的在于制定产业组织政策。该研究范式构成了产业组织竞争战略理论的理论根源,他们认为企业在某一产业中的行为与战略导向是由该产业的产业结构决定的,而企业行为与企业战略导向又影响着企业的经济绩效。美国哈佛大学的竞争战略专家迈克尔·波特是这一时期最重要的代表人物。他的主要理论贡献有:

第一,波特在1980年出版《竞争战略》一书中,指出行业结构决定企业的竞争范围以及企业应如何更有效地获取竞争优势以加强其市场地位。竞争战略的选择是由两个中心问题构成的,其一是产业选择问题,即选择进入长期盈利的、有吸引力的行业。各个产业提供的持续盈利机会并非都是同等的,一个企业所属的产业结构所具有的自身内在盈利能力是决定企业获利能力大小的重要因素。其二是企业自身在产业中的竞争地位问题,即如何在一个选定的产业内取得并保持企业的相对优势竞争地位。竞争战略受制于该企业所属产业的结构状况,制定战略应从产业分析开始。波特强调,"产业结构分析是建立竞争战略的基础","理解产业结构永远是战略分析的起点"。产业结构对竞争规律的确立及形成与之相适应的企业战略的影响是巨大的。制定竞争战略的最终目的就是运用市场竞争规律,最理想的结果是将这些规律不断变换使其对企业的经营绩效有利,而企业经营活动所处的市场结构是制定经营战略的基础。因此,竞争战略就是针对决定产业竞争的各种影响力而建立一个有利可图和持之以恒的地位。

第二,提出著名的"五力"分析模型,用来分析企业所处的产业结构以及所属产业的竞争强度。波特认为,一个产业的竞争状况(利润潜力)主要取决于五种基本力量:新进入者的威胁、顾客讨价还价能力、供应商讨价还价能力、替代品的威胁和本产业中现存企业之间竞争的激烈程度。上述五种力量的综合影响,共同塑造了企业面临的竞争态势,在此基础上可以确定企业如何获取竞争优势的基本竞争战略。另外,波特提出了三种基本竞争战略——总成本领先战略、差异化战略和专一化战略。正如波特在《竞争战略》中所说的那样,"一个企业对三种基本战略均适宜的情况绝无仅有"。所以,企业可以选择其中的一种战略来获得市场竞争优势,但不存在同时使用三种战略的情况。波特认为,企业制定或选择战略,首先要注重对企业外部环境因素的考虑,特别是对企业所处的产业结构状况的分析;其次确定企业在产业中的战略位置,战略位置进而决定企业的组织结构;最后确认企业在产业中的竞争地位,制定适合企业自身情况的适合战略,并运用不同的战略与特定的产业环境相匹配以建立自身的竞争优势。

第三,1985年,波特出版《竞争优势》一书,从企业的内在环境出发,系统识别和分析企业竞争优势的来源,提出以价值链为基础的战略分析模型,具体是指内部后勤、生产作业、外部后勤、市场和销售、服务五种基本活动和采购、技术开发、人力资源管理、企业基础设施配置四种辅助活动。其认为价值链活动之间的差异是企业竞争优势的关键来源之一,企业可从产业层次上思考决定产业营利性的系统性方法,审查企业内部的所有行为及其相互关系,通过调整企业内部各价值链活动以及不同价值链之间的关系,来系统识别和分析企业竞争优势的来源,实施企业基本战略。但是,价值链分析方法几乎涉及企业内部所有方面,存在对主要方面,如特定技术和生产方面重视不足的局限性。而且价值链虽然看起来简洁明了,但实际上很难操作。在这样的背景下,以资源、能力为基础的核心竞争力理论和战略资源理论便迅速地发展起来。

## 四、20世纪80年代中后期到90年代末,以资源和能力为基础的核心竞争力理论

### (一) 基于资源的战略观

1984年,沃纳菲尔特在《战略管理杂志》发表了《企业资源基础论》一文,认为企业优势来源于企业所拥有资源的数量、质量和使用效率,而不在于外部的环境因素,这篇论文成为战略资源学派奠基之作。该理论认为,成功企业拥有异质的资源组合,企业必须采用不同的战略来适应不同的资源组合,而采用不同的战略又会促使企业产生不同的绩效。

基于资源的战略观主张识别企业内部那些能够产生持续竞争优势的特有资源,而不是从企业外部的环境条件来寻找企业在市场上获得竞争优势的根源,促使管理者把目光集中于企业自身拥有的异质的、难以模仿的、高效率的关键资源上,并建议它们从资源、能力的角度制定企业战略决策。

为了解决核心能力理论过分关注企业内部,致使企业内外部失衡的问题,1995年,柯林斯和蒙哥马利在《哈佛商业评论》上发表了《资源竞争:90年代的战略》一文,该论文对企业资源和能力的认识更深了一层,提出了企业的资源观。他们认为,价值的评估不能局限于企业内部,而且要将企业置身于其所在的产业环境,通过与其竞争对手的资源比较,从而发现企业拥有的有价值资源。为此,他们进一步提出资源价值评估的5项标准:

(1) 进行不可模仿性评估,即资源是否难以为竞争对手所复制;

(2) 进行持久性评估,即判断资源价值贬值的速度;

(3) 进行占有性评估,即分析资源所创造价值为谁占有;

(4) 进行替代性评估,即预测一个企业所拥有的资源能否为另一种更好的资源代替;

(5) 进行竞争优势性评估,即在自身资源和竞争对手所拥有的资源中,谁的资源更具有优越性。

通过上述5个方面的评估,通常能够表明一个企业资源的总体状况,从而为制定和选择竞争战略提供一个坚实可靠的基础。

柯利斯与蒙哥马利提出的基于资源的战略包括四个部分:识别宝贵的资源,对资源进行投资,提升资源的质量与运用资源。战略制定核心就是开发与利用企业的独特资源与能力。资源基础论的战略制定过程为:

(1) 确定企业资源:确定它的相对于竞争对手的优势与劣势。

(2) 确定企业能力(有效利用资源的技能):确定什么能力使企业做得比竞争对手更好。

(3) 确定资源与能力的潜力:确定企业的竞争优势。

(4) 选择有吸引力的行业:利用企业的资源和能力可以开发的商业机会。

(5) 选择能够充分利用资源去开发市场机会的战略。

资源基础论认为即使在一个行业吸引力差、行业利润不高、经营风险大的行业里经营,企业也可以依据拥有的独特资源与能力赢得竞争优势。资源基础论的战略实质是将企业的资源、能力与外部的机会相结合,仍然沿用战略规划学派的理论框架。

战略资源学派思想在应用性研究方面也出现了一些有价值的研究成果。彼得·圣吉运用系统动力学理论研究了团队的学习问题,在《第五项修炼》一书中提出"学习型组织"的概念;1993年,哈默和钱皮在《企业再造——企业革命宣言》一书中提出"流程再造理论";其后不久,美国一些学者根据信息技术迅猛发展和知识经济来临的趋势,又提出了"企业转型"理论,强调在更高层次上确定企业模式,对市场作出迅速反应,并把握机会创造市场。

### (二) 基于能力的战略观

资源观简单地将企业的资源简化为异质的,认为资源的形成是与企业的历史路径相分离的,并且在本质上是能够以市场价格获得的。但由于长期竞争优势的获得,与大多企业资源之间的关系并不明显,一些学者提出了另外的一种观点:认为对企业竞争起决定作用的资源一般是在企业内部积累和形成的,并且通常是无法交易的,这种组织在长期学习过程中获得的独特、难以模仿的能力是竞争优势源泉的来源,由此产生了"能力基础观"理论。

1990年,普拉哈拉德和哈默在《哈佛商业评论》期刊上发表《企业的核心竞争力》一文,文章提出企业核心竞争力概念的同时,也提出了将核心竞争力与战略管理结合起来的新的竞争战略构架——基于能力的竞争范式,从此学术界掀起了对企业核心竞争能力战略管理理论研究的高潮。普拉哈拉德和哈默将企业的核心竞争力定义为:"组织中的积累性学识,特别是关于如何协调不同的生产技能和有机结合多种技术流派的学识。"其主要理论观点包括:企业的核心竞争能力是企业形成动态竞争优势的基础;核心竞争力使企业具有进入多种相关市场参与竞争的潜力;核心竞争力是市场竞争对手难以模仿的,可使企业实现高于竞争对手的价值,是企业获得长期利润的源泉。这里所说的"核心竞争力",是指以企业内部的独特资源包括知识技术等为基础形成的独特能力(集体的学习、经验价值观的传递等),是在企业各种能力中最起作用的部分,通过向外辐射,影响着企业中其他能力发挥效果,在形成市场竞争优势份额过程中起着关键作用。

1994年,两人在合著的《竞争大未来》一书中正式提出了核心竞争力理论,构成了20世纪90年代西方最热门的企业战略管理理论。他们指出一个企业如果可以获得超出市场平均水平的利润,是由于该企业能够比竞争者更好地掌握和利用自身的某些核心竞争力。该理论提出了以下观点:

1. 企业是能力的集合体，并能决定企业的发展规模和经营边界，是企业实施多元化战略和跨国经营战略的广度和深度的重要影响因素

核心竞争力是企业在其长期发展过程中逐步积累而形成的，其他企业难以模仿、复制、购买和超越，并具有持久性，是企业获得长期竞争优势的支撑。而企业中的有形资源和无形资源只是企业实体的基本构成要素，仅仅是表面的、起载体作用的部分，只有蕴藏在这些显性资源背后的独特能力才是企业获得长期利润的源泉。因此，核心竞争力是对企业竞争优势进行分析的基本单元，积累、保持和运用企业核心竞争力对企业获得长期竞争优势具有战略意义。

2. 现代市场竞争已经不再是单单基于产品和服务的竞争，从更深层次上讲是基于企业核心竞争力的竞争

现代意义的企业经营是否成功，已经不再仅仅取决于企业的产品及其所处的产业市场结构，更大程度上是取决于其自身的行为反应能力，也就是对市场发展趋势的预测和对不断变化的顾客需求的快速反应。因此企业要获得长期竞争优势，必须将挖掘、培养、塑造竞争对手难以模仿的核心竞争力作为企业的战略目标。

3. 核心竞争力理论弥补了注重企业外部分析的波特竞争战略理论的缺陷，在核心竞争力理论的指引下，战略联盟、供应链管理等战略管理方法被企业界普遍认同和采用

这些方法是首先运用波特价值链分析来确定企业的竞争优势，然后找到企业核心竞争优势即核心竞争力，在经营管理的过程中充分利用企业自身和产业中其他企业的核心竞争力，实现强强联合，以保证企业长期共同生存和持久发展。但是也存在其固有的缺陷，由于过分关注企业的内部，致使企业内外部分析失衡。

## 五、21世纪以来，战略管理理论的新发展

进入21世纪，企业战略管理进一步巩固了在管理学科中的核心地位，战略管理实践方兴未艾，这都使得战略管理的理论研究更加蓬勃发展，出现了许多新的研究成果，从中我们可以看到战略管理学科的前沿和未来的发展趋势。

### （一）重视战略实践，强调对实践经验的总结和提炼

传统的战略管理研究比较重视理论推理与数学模型、计量分析，但数学模型和计量分析仅仅是战略管理的工具和手段，过于迷信这些工具和手段容易束缚人的思想，窒息创新精神。越来越多的学者从成功企业战略管理的实践经验中认识到，战略管理具有很强的实践性，离开实践，纸上谈兵，绝不会有成功的战略。因此，新的战略管理理论研究更注重从实践中学习并运用于实践，如愿景驱动型管理、战略转折点管理等理论都是在大量实例研究基础之上总结提炼出来的。

### （二）信息技术对战略管理的影响与战略管理的信息化趋势

随着信息技术的迅猛发展，人类社会正经历着深刻的变革，政治、经济、法律、社会、文

化、市场等企业外部环境因素越来越复杂多变,在这样的背景下,信息技术对战略管理的理论和实践必将产生深远与全面的影响。

随着信息技术的不断进步,战略管理越来越呈现出网络化、信息化的发展趋势。在瞬息万变的时代,一个准确、灵活、富有弹性的战略对企业的生存发展起着决定性的作用,而全面、准确、客观地分析和掌握外部环境的变化和企业内部条件的优劣,是有效制定和实施科学可行的企业战略的关键。信息社会中企业的内外部环境更加复杂多变,这对企业认知环境、分析环境、适应环境的能力提出了严峻的挑战。企业只有以完善的信息网络为基础,才能迅速获得企业环境各方面的信息,进而准确分析企业优势、劣势、机遇和威胁,从而选择最佳战略方案,获得竞争优势。谁能以最快的速度掌握最多的信息,谁就能获得竞争的胜利,实现战略目标。

同时,在信息技术环境下,企业战略的实施也与传统战略理论有了很大不同。例如,市场营销战略是企业重要的职能战略,电子商务的蓬勃发展为企业市场营销战略的制定提供了新的思路和空间,而网络传输、电子数据交换等技术和手段又为企业营销战略的实施提供了技术支持,因而企业营销战略的制定与实施已经呈现出明显的电子化发展趋势,而企业其他职能战略乃至业务战略、总体战略的制定与实施,也都呈现出同样的变化和发展趋势。

### (三)从注重竞争转向超越竞争、强调合作

自斯密以来,由西方文化所主导的经济学和工商管理学体系,都是以"竞争"为主线的。反映在战略管理学科上,20世纪90年代以前西方的战略管理理论和实践也大多建立在对抗竞争的基础之上。然而,过度的对抗性竞争有可能破坏产业环境、损害竞争秩序,带来鱼死网破、两败俱伤的严重后果,造成社会资源的巨大浪费。同时,在网络经济的背景下,技术的日益分散化也在客观上使任何企业都不可能长期垄断某一领域,完全依靠自己的能力掌握竞争的主动权。因此,进入21世纪以后,理论界和企业界都逐渐认识到,"竞争"与"合作"本来就是人类经济活动两个同等重要和普遍的方面,没有好坏与主次之分,都是推动人类社会经济和其他方面进步的动力。竞争的目的应该是长期生存和健康发展,企业间不一定也不应该只有竞争关系,必须超越这种完全以竞争为中心的战略逻辑。合资、合营、特许经营、战略联盟、战略外包等以合作为中心思想的企业战略开始受到企业的青睐,通过创新、创造和合作来超越竞争开始成为企业战略管理研究的一个新焦点,出现了顾客价值中心理论、战略联盟理论、商业生态系统理论等一些崭新的理论。

### (四)战略管理理论研究的动态化趋势

进入21世纪,世界经济格局发生了深刻变化,由于信息技术和经济全球化等因素的影响,企业面临的全球竞争环境更加复杂多变和难以预测,面对这样的挑战,传统战略管理理论的静态分析方法已经无法满足企业战略管理的需要。在这样的背景下,战略管理研究开始重视动荡环境中的企业生存发展问题。同时,由战略分析、制定、实施与控制等阶段组成的战略管理过程是一个不断重复、不断更新的动态过程。传统的战略管理理论通常都是对这几个阶段进行分步研究,但在实际应用中,这几个步骤往往是同时发生,或

是按照不同的步骤进行的,而且这一系统还应该有足够的弹性以适应企业所面临的时刻变化着的外部环境。因此,以战略管理理论为依据进行的动态企业战略研究,主要包括环境和内容两个方面的动态化:一是环境方面的动态化,即更注重企业所处的外部环境随着市场竞争、产业结构在形式、内容上所表现出来的复杂多变的状态;二是内容方面的动态化,即更注重企业愿景、战略、组织能力和内部系统与过程等不同内容之间的相互联系和动态适应。另外,如何使已经制定的战略能够根据环境的变化进行动态调整,尽可能取得预期成效,也成为战略管理研究必须解决的新课题。于是,近年来一些管理学者提出了一些新的战略理论,如动态能力论、竞争动力学方法等。

1. 动态能力论

动态能力是指企业整合、建立及重构内部、外部竞争能力以快速适应环境变化的能力。动态能力论强调了在过去的战略理论中未能受到重视的两个方面:

第一,"动态"的概念是指企业重塑竞争力以使其与变化的经营环境保持一致的能力,当市场的时间效应和速度成为企业战略成功的关键,技术变化的速度加快,未来竞争和市场的实质难以确定时,就需要企业有特定的、创新的反应能力。

第二,"能力"这一概念强调的是战略管理必须适当地使用、整合和再造企业内外部的资源和能力以适应环境的变化。在传统战略管理理论所研究的静态竞争条件下,制定竞争战略时很少考虑和预测竞争对手的反应以及随后一系列的竞争博弈。而在动态竞争条件下,制定竞争战略的有效性很大程度上依赖于预测竞争对手的反应,削弱和限制竞争对手还击的能力。在动态竞争条件下,如果一个企业总是以自己的优势打击对手的弱点,在多次打击之后,就会发现对手已经产生抵抗力,通过模仿或者学习克服了自己的弱点,或者想办法改变竞争规则,创造新优势,企业如果过于依赖或固守原有的竞争优势而没有及时建立新的优势,就会在下一回合的竞争中处于不利地位。

因此,动态竞争条件下制定竞争战略的目的是要创造新的竞争优势,其关键是如何把握机会,放弃自己原有的优势,建立新的优势。基于动态能力理论,有学者提出,企业唯一可持续的竞争优势就是比对手更快的学习能力,而形成可持续竞争优势的重要方法就是建立学习型组织。

2. 竞争动力学方法

竞争动力学方法是在竞争力模式理论、核心竞争力理论和战略资源理论的基础上,通过对企业间的相互作用、参与竞争的企业质量、企业的竞争速度和灵活性等影响企业经营绩效的主要内外部因素的分析,来回答在动态竞争条件下,企业应如何制定和实施战略管理,才能获得超过平均水平的收益和可持续的竞争优势。第一,它研究处于竞争状态的企业之间的竞争作用,以及这种竞争作用产生的原因和发生的可能性;第二,它研究和分析影响企业竞争或对竞争进行反应的能力要素;第三,它分析和对比了不同条件下的竞争结果。近年来,竞争动力学的研究和分析方法在国外受到越来越多的关注,有关的研究成果被普遍地应用在战略管理的实践中。

3. 系统复杂性理论

复杂性理论历来是系统科学关注的对象和研究的焦点。在传统战略管理理论研究过程中,由于环境的相对稳定性和可预测性足以保证传统战略实施的成功,复杂性理论一直没有受到足够的重视。在目前这种突变的、不可逆的、非线性的变化环境中,要对环境进行比较准确的中长期预测几乎是不可能的,战略管理就必须考虑到动态的环境,必须增强战略的柔性以实现对组织的快速调整和变革。因此,对战略的研究必须运用复杂性理论分析组织内部不同组成部分之间的内在关系以及交替改变他们之间的相对位置,以减少控制,增强企业适应环境能力的效果,研究组织战略制定和实施的过程,把战略理论的研究放入一个科学系统、动态的相关环境中进行考虑,以增强战略研究的柔性化,实现组织的快速调整和变革,维持组织在渐进变革和快速变革过程中的动态平衡。

综上所述,进入 21 世纪,信息网络技术的日新月异、经济全球化的迅猛发展和企业生存环境的日益复杂动荡,对企业战略管理的理论与实践都提出了严峻的挑战,而战略管理理论也在为迎接挑战而不断地进行着积极的探索和创新。

## 第二节 波特的竞争战略

### 一、背景

#### (一) 理论背景

迈克尔·波特早年毕业于普林斯顿大学,后获得哈佛大学经济学博士学位。从做博士论文开始,波特就着手进行产业经济学领域的研究。1973 年 26 岁的波特博士毕业后在哈佛商学院从事产业组织学和竞争战略方面的教学与研究,开设了商业政策课程,随后又开设了产业和战略分析课,并一直给工商管理硕士以及实业界人士讲授这些课程。他发现尽管经济学家们一直在研究产业结构,但大都是从公共政策的角度出发,与企业的直接关系不是很明显,并未引起企业界的注意。因此他不仅以数量分析为基础,更以传统的方式进行学者式的钻研,而且还以实业界数以百计的案例为基础进行了广泛的研究。这样他才有更多的机会将他的学术理论原则广泛应用于商界的实践,因此成了严肃经济学派中最早投身于商业实践的先驱者之一。他采纳了产业经济学中称为"结构-行为-绩效研究模型"(Structure-Conduct-Performance Paradigm),并把该模型应用于商业战略环境当中,创造性地研究和开发了一套在公司层面、行业层面乃至国家层面的竞争模型。

#### (二) 现实背景

迈克尔·波特竞争战略理论是在美国世界经济霸主地位受到威胁,许多优势产业逐渐丧失优势的情况下产生的。

20 世纪 70 年代末 80 年代初,随着生产国际化和世界经济一体化的纵深发展,市场和竞争日益国际化。二战后美国的世界经济霸主地位正面临日本和西欧国家的威胁,使得美国在钢铁、家电、汽车等若干传统优势产业上接连败北。美国政府高度重视本国企业及产业竞争力下降的现实。1983年初美国总统经济顾问委员会在他们编写的《总统经济报告》第三章之中，专门就美国国际竞争地位问题提出了意见和看法。1983年6月，里根总统任命了一个由30个成员组成的产业竞争力总统委员会，该委员会经过一年半时间的调查研究，在1985年1月提出了一个题为《全球竞争：新的现实》的报告。报告中写道："在1/4世纪以前，俄国人发射了人造地球卫星。它的发射和急速进入太空，对美国世界领导地位和技术领先地位提出了非常明显的挑战。今天，美国遇到了类似的挑战。没有隆隆作响的马达声宣告它的来临。它是静悄悄的，几乎是神不知鬼不觉地来到了我们的身边。我们国家（包括国内和国外）的经济优势地位遇到了强大的来自国际竞争者的挑战。""美国在具有高增长潜力的技术市场上丧失其地位，对未来的竞争力具有巨大的影响。"这份报告引起了巨大的反响，推动了学术界对竞争力问题的研究和讨论。迈克尔·波特就是在这一背景下脱颖而出，积极倡导对竞争的本质问题进行全面的研究分析。

## 二、理论内容

迈克尔·波特的影响力遍及全球，他的竞争战略研究开创了企业经营战略的新领域，对全球企业发展和管理理论研究的进步作出了重要贡献。作为国际商学领域备受推崇的大师之一，他已出版了近20本著作，发表了100多篇论文。其最具代表性的三本书，同时也是其大师地位的奠基之作，分别是《竞争战略》、《竞争优势》和《国家竞争优势》。在这三本著作中，他分别探讨了产业、企业、国家三个不同层次的竞争问题。在《竞争战略》一书中，他提出了"竞争五力模型"理论，在《竞争优势》一书中提出"企业价值链"架构，在《国家竞争优势》一书中则提出"钻石模型"。迈克尔·波特的竞争战略理论是一个相互联系的系统，包括五力模型、三种基本的竞争战略、价值链和钻石模型。

竞争力是企业成败的关键。企业制定竞争战略是要在竞争发生的产业宏观舞台上追求一种理想的竞争地位。竞争战略的选择由两个中心问题组成，第一个问题是由行业长期盈利能力及其影响因素所决定的行业吸引力。企业所处的行业环境是十分重要的，它通常会影响本行业内部的所有企业。行业的盈利能力是决定该行业中某个企业盈利能力的一个必不可少的因素。第二个中心问题是决定企业在产业内相对竞争地位的因素。企业的竞争优势与寻求这些优势的活动组合而形成不同的企业基本战略。定位合适的企业将在该产业中获得理想的收益率。所以，我们重点介绍行业结构分析的工具——五力模型和三种基本的竞争战略。

### （一）行业结构与五力模型

公司环境最关键的部分是与公司发生竞争的某几个产业。产业结构强烈地影响着竞争规则的确立以及公司的战略选择，其特征决定了竞争作用力的强弱，进而决定了产业的利润率。比如在轮胎、造纸和钢铁等类行业中，由于竞争强度很大，没有哪家企业可获得引人注目的收益；而在油田设备和维护、化妆品以及饮料之类行业内，收益高的情况是相当普遍的。企业要想拥有长期的获利能力，就必须先了解所处的产业结构，并塑造对企业有利的产业结构,使公司在产业内部处于最佳定位。

产业环境中存在着五种作用力,共同决定企业竞争的强度以及利润率。这五种竞争力包括:新进入者的威胁、替代产品或服务的威胁、买方的议价能力、供应商的议价能力以及现有竞争者之间的竞争。(如图6-1所示)

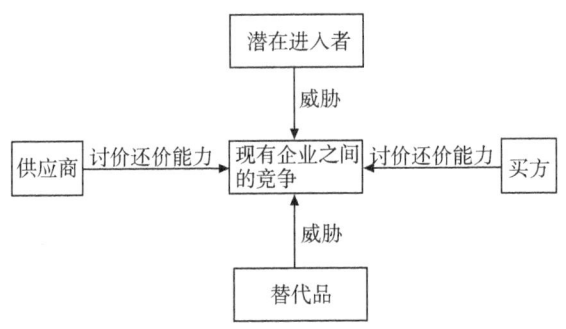

图 6-1 波特五力模型

从战略制定的观点来看,最强大的某个或某些竞争力是起支配作用的,并具有决定性意义。例如,某家公司在新竞争者不具有什么威胁作用的行业内可能拥有非常强有力的市场地位,但如果它面临某个占优势的、成本较低的替代产品,那么它将可能获得较低的收益。如果现有竞争者之间存在激烈的竞争,也会使该企业的收益缩减。竞争强度的极端情况发生在经济学家定义的完全竞争行业,即参加竞争是自由的,行业现有厂商对供应方和客户没有讨价还价的能力,由于众多企业生产的产品相似,行业竞争不受约束,所以抗衡是激烈的。典型的例子是自由市场里菜农之间的竞争。

当然,在形成各个行业内的竞争中,五种作用力中的任何一种由产业结构或产业基本的经济和技术特征所决定,所以不同行业,起重要作用的竞争力也各不相同。在远洋油轮运输业中,主要的竞争力可能是买方(如大型石油公司),而在钢铁行业中,主要的竞争力则是国外的竞争对手和替代材料。

很多重要的行业经济和技术特征对每一种竞争力都会产生重要影响,下面我们将逐个讨论。

1. 新进入者的威胁

某个行业面临的进入威胁取决于进入壁垒以及预期当新进入者到来时,行业内现有企业的反应。如果进入壁垒较高,或者新进入者可能感受到了老企业会对其发起强烈的报复来捍卫自己,例如现有企业有强烈打击报复新进入企业的历史、现有企业有雄厚的实力反击等,进入威胁就会较低。大体上来说,进入壁垒可以通过规模经济、产品差异、资本要求、转换成本、获得分销渠道、与规模无关的成本劣势、政府政策等方面进行分析。

2. 现有竞争者的竞争

现有竞争对手以人们熟悉的方式争夺地位,通常是通过价格、广告、性能、特色、质量、售后服务、品牌形象等全方位的竞争来确保击败对手,确保自己的优势地位。竞争的激烈程度往往取决于以下几个方面:如行业内是否有众多或势均力敌的竞争对手;行业增长速度;固定成本或库存成本占比;差异化程度或转换成本;产能幅度;回报利润;退出壁垒;企业兼并行为;等。

波特认为,确定行业内竞争是激烈、一般还是较弱,该行业是否有吸引力,主要是通过竞争给企业带来的利润情况来确定的。通过五力模型,我们可以对一个产业盈利能力和吸引力的晶态断面进行扫描,说明该产业中的企业平均具有的利润空间,从而确定某行业是否具有吸引力。一般地说,如果竞争厂商的竞争行为导致行业的利润下降,那么,我们认为竞争是激烈的,该行业没有什么吸引力;如果绝大多数厂商的利润都达到可以接受的水平,那么,我们认为竞争是一般的;如果绝大多数厂商获利可以超过平均水平,那么,我们认为竞争是较弱的,行业很有吸引力。如表 6-1 所示。

表 6-1 五种竞争力与行业吸引力比较

| 行业竞争程度 | 行业利润水平 | 行业吸引力 |
| --- | --- | --- |
| 激烈 | 低于平均水平 | 无吸引力 |
| 中等 | 平均水平左右 | 一般 |
| 较弱 | 高于平均水平 | 有吸引力 |

3. 替代品或服务的威胁

行业内的竞争还可能来自另一种威胁——替代品。也就是说,具有威胁的竞争者可能会来自另一个不同的行业。如果另一个行业中竞争厂商能生产很好的替代品,那么,这个行业中竞争厂商们将面临很强的竞争,也就是波特所说的来自替代品的威胁。如:眼镜生产厂商会受到隐形眼镜厂商的竞争,玻璃容器厂商会受到塑料容器厂商的竞争。如果某种产品没有替代品,那么,消费者对产品的价格是不敏感的,或者是需求对价格缺乏弹性。而当某一行业存在着替代品时,消费者就会有更多的选择,而这种选择对于原有生产厂商来说,的确是一种很大的威胁,形成竞争压力。一般来说,来自替代品的竞争压力强度主要取决于替代品种类多少、替代品价格高低、替代品品质优劣、替代品扩张速度、替代品转换成本大小等方面。

4. 供货商的议价能力

供应商可以通过提高价格或降低所购产品或服务质量来威胁行业中的买方厂商,强有力的供应商的压力可能迫使一个行业内的厂商因无法使价格跟上成本的增长,而降低其获利能力。波特认为,供应商对下游厂商是一种弱势竞争力量还是一种强势竞争力量,取决于供应商所在行业的市场条件和所提供产品的重要性。例如供应商提供标准化产品,市场上替代品较多,购买厂商需求量较大,市场本身份额较小等因素都会削弱供货商的议价能力;反之,如果该行业供应商集中程度较高、生产呈多样化、向前一体化的能力较强、替代品转换成本较高、购买者依赖性较高、现有行业或厂商规模扩大,供货商将会处于谈判的强势地位。

5. 客户的议价能力

购买者与供应商不同的是,购买者更拥有谈判优势(除了在垄断行业可能出现例外的情况)。作为购买者,总是希望价格低、产品质量高、服务全面的产品或服务,因此他们总是以此为目标,与行业内的企业讨价还价。而行业内的企业为了赢得顾客的满意,就不得不在这几方面展开竞争。这些竞争都是以牺牲行业利润为代价,但购买者却从中获得了利益。具体来说,购买者的谈判优势取决于其购买数量、转换成本、相对集中程度、掌握信息程度以及向后整合能力。如果购买者能够在价格、质量、服务或其他的谈判条款上有一定优势,那么,购买者就会成为一种强大的竞争力量。

综上所述,一方面来说,如果五种竞争力量竞争出现这样的局面——现有厂商竞争激烈,进入壁垒很低,替代品的竞争激烈,供应商和顾客有相当的谈判权力,那么该行业的竞争就非常激烈;如果五种竞争力量竞争出现这样的局面——供应商和顾客处于谈判劣势,没有很好的替代品,进入壁垒较高,现有厂商的竞争较温和,那么该行业的竞争就比较温和。

另一方面来说,五种竞争力量的影响越强,行业中竞争厂商的联合利润水平就越低,最坏的结果是:五种竞争力量所营造的市场环境异常紧张,以至于所有厂商的利润水平都长期低于平均水平甚至亏损。因此,面对五种竞争力量的影响,波特认为,企业管理者的基本策略是:一要尽可能摆脱五种竞争力量的制约;二要引导竞争压力使其向有利于企业的方向改变;三要建立强大的安全优势。

### (二) 三种基本的竞争战略

一般来说,通用的竞争战略有总成本领先战略、差异化战略、集中化战略。这三大通用战略可以应对五大竞争力,为企业赶超行业内的其他对手做好准备。如表 6-2 所示。有时候企业可以成功运用多项通用战略,设定基本目标,但这种做法比较罕见,一旦企业的主要目标是实现多种通用战略,相关的组织安排和支持就会分散。在某些行业里,行业结构决定了所有企业都能获得高回报率,而有些行业即使获得说得过去的利润,也需要企业全心全意投入,集中精力实现某一战略。

表 6-2 三大基本战略

| 战略目标 | 战略优势 | |
|---|---|---|
| | 被顾客察觉的独特性 | 低成本地位 |
| 全产业范围 | 差异化战略 | 总成本领先战略 |
| 仅特定细分市场 | 集中化战略 | |

**1. 总成本领先战略**

成本领先战略就是以低成本实现低价位,在标准化产品方面实现价格最低。由于整个市场对价格的敏感性,企业利用这种战略,致力于使其生产成本和销售成本降至行业最低水平,有利于企业以低于竞争对手的价格赢得较大的市场份额并获取竞争优势。低成本优势能保护企业轻松应对五大竞争力,主要原因在于低成本优势能够帮助企业建立规模经济,且能够获得高于平均水平的回报率,从而更好地抵御供应商刁难和强势的买方。

不过,这一战略的实施,通常会导致其他企业使用更低的成本和价格与企业进行对抗,甚至极易造成恶性竞争,因此,奉行该战略的企业必须有相应的能力和措施予以应对。

总成本领先战略一般在以下情况时更容易获得成功:市场上的产品或服务基本上是标准化的,而且产品或服务差异化的途径并不多;行业中各公司的价格竞争十分激烈;价格是决定顾客购买的主要因素,价格弹性较大;顾客转换供应商或品牌基本不需要什么成本,而且顾客有很强的价格谈判能力;对单个公司而言,获得低成本的优势并不容易,而且降低成本的方法也难以模仿,这是公司保持持久低成本优势的关键。

绝大多数中国公司已经非常善于以低成本的方式进行竞争。由于中国公司在部分资源、劳动力成本方面的固有优势,国外公司技术的垄断性及中国公司缺乏技术创新等原因,长期以来中国公司在竞争方法不多的情况下已逐步形成了成本竞争的经营理念,而且对国际市场产生了深远影响,已使得在某些行业内"中国制造"的产品价格决定了该产品的全球市场价格。

然而总成本领先战略也容易遭受风险。如技术上的变化使以往的投资或知识无效,行业追随者学习成本较低即通过模仿或投资最先进设备,长期集中于成本而忽视产品或营销的变化或成本的飞涨等。

2. 差异化战略

差异化战略也叫作别具一格战略,就是在顾客较重视的产品及其设计、工艺、品牌、款式和服务等某些方面独树一帜以满足顾客的个性化需要。差异化战略能为企业创造从容应对五大竞争力的防御地位,由于企业的产品独具特色,顾客难以比较其优劣,故而可以有效地抑制顾客对价格的敏感程度。而且,一旦消费者通过消费该产品而对该企业或品牌建立了较高的信任度,还能够为竞争者的进入设置较高的障碍,能够比竞争对手更好地应对替代品威胁。除此之外差异化为企业带来的较高利润率也能够帮助其有能力对抗强大的供应商。

一般来说常见的差异化途径有产品差异化、服务差异化、渠道差异化、采购差异化、制造差异化、形象差异化等途径,最理想的状况是公司在几个方面都具有差异化的特点。但这一战略与提高市场份额的目标不可兼顾,在建立公司的差异化战略的活动中总是伴随着很高的成本代价,有时即使全产业范围内的顾客都了解到公司的独特性,也不是所有顾客都将愿意或有能力支付公司要求的高价格。

因此,要取得差异化策略的成功,应该满足一些基本条件:市场上顾客的偏好呈现出多样性的特征,标准化的产品难以完全满足;市场上的竞争主要集中于差别化的产品或服务的特色,顾客对价格的敏感性不强;公司所实现的产品或服务的差异化特征必须是顾客认为有价值的;公司所实现的产品或服务的差异化特征必须与竞争对手的同类产品或服务有着明显的、顾客容易辨识的区别;公司产品或服务差别化的特征和方式不易于被竞争对手模仿和复制。

然而差异化战略也包含着一系列风险。例如企业可能为了追求单方面的差异化而忽略了其他方面的重要性,或者对于逐渐成熟的行业来说,随着竞争对手的模仿,买方感受到的产品或服务差异化会相对减少,同时买方差异化因素的要求也有可能随之改变或下降。

3. 集中化战略

集中化战略也叫作市场聚焦战略,就是选择行业内某一细分市场量体裁衣,集中力量满足其需求,这是中小企业常用的一种战略。一般的差异化或成本领先战略都是着眼于整个市场和行业,实施集中化战略的公司获得竞争优势的基础在于公司服务于特定细分市场的成本比竞争对手更低,由此可以建立局部市场的低成本优势。如果一家公司能够通过集中其资源能力于某一特定的细分市场而明显降低其成本,那么,基于低成本的集中化战略就能取得成功,公司可以向特定细分市场的顾客提供特殊的产品和服务以满足他们特殊的要求,即建立差异化优势;如果一家公司能够通过集中其资源能力向特定的目标顾客提供他们真正需要的产品和服务,那么,基于差异化的聚焦战略同样能够取得成功。

无论是基于低成本还是基于差异化,公司的集中化战略在下列情况下都会更具吸引力,同时也更容易获得成功:公司所聚焦的目标市场足够大,而且具有较大的增长潜力,能够保证公司的盈利;整个行业中有很多小的细分市场,没有一家公司具备足够的资源和能力进入整个市场中更多的细分市场;公司具备服务特定目标市场所需要的资源和能力;公司可以通过专一化策略建立起的竞争优势,构筑一定的进入该目标市场的壁垒,以防御行业中的挑战者和潜在进入者;公司所聚焦的目标市场不是行业中主要竞争者的重点市场,甚至被它们所忽视,或者它们在这特定的细分市场并没有很强的竞争优势。

集中化战略常有市场份额的限制,一般要在企业的赢利能力和销售量之间进行权衡。与差异化战略类似,集中战略有可能牺牲总成本优势,但这不是绝对的。同样地集中化战略也包含一些风险,例如实施集中战略的企业成本造成的成本差异增加会抵消或者削弱其获得的差异化优势,竞争对手在战略目标领域内部发现了细分市场而实施更有优势的集中战略,或战略目标群体和整个市场期望的产品或服务间差异逐渐缩小等风险。

### 4. 三大基本竞争战略的其他必要条件

波特认为三种战略是每一个公司必须明确的,因为摇摆于其间的公司处于极其糟糕的战略地位。这样的公司缺少市场占有率,缺少资本投资,削弱了其"打低成本牌"的资本。全产业范围差别化的必要条件是放弃对低成本的努力,而采用集中化战略,在更加有限的范围内建立起差别或低成本优势,更可能出现同样的问题。摇摆其间的公司几乎注定是低利润水平的,它必须作出一种根本的战略决策向三种通用战略靠拢。一旦公司处于摇摆不定之中,摆脱这种令人不快的状态往往要花费时间并经过一段持续的努力,而如果相继采用三个战略,也注定会失败,因为它们要求的条件是不一致的。

成功实现这三大通用战略需要不同的资源和技能,这些通用战略还对应着不同的组织安排、控制流程和创新体系。因此,企业要获得成功,必须不遗余力、长期坚持某一种战略。三大通用战略的一般要求如表 6-3 所示。

表 6-3 三种基本竞争战略的要求

| 战略名称 | 需要的一般资源和技能 | 常见的组织条件 |
| --- | --- | --- |
| 总成本领先战略 | 可持续的资本投资和资本利用情况<br>工艺工程技巧<br>严格的劳动力监督手段<br>产品设计易于生产<br>低成本分销系统 | 严格的成本控制<br>定期制作详细的控制报告<br>结构化组织安排和责任<br>基于满足严格数量目标的激励机制 |

续表

| 战略名称 | 需要的一般资源和技能 | 常见的组织条件 |
| --- | --- | --- |
| 差异化战略 | 强大的营销能力<br>产品工程<br>敏锐的创新能力<br>强大的基础研究能力<br>公司在质量或者技术领先等方面的声誉在行业内有较长历史,或者能从其他企业中学到技术,并以独特方式综合增效<br>与渠道商合作密切 | 研发部门、产品开发部门和营销部门之间开展紧密的合作<br>主观评价代替以数量标准为基础的激励政策<br>组织氛围好,能吸引高水准的劳动力和科学家或者创新人才 |
| 集中化战略 | 针对特定的战略目标,综合采用上述多种策略 | 针对特定的战略目标,综合采用上述多种策略 |

## （三）价值链

企业的价值创造是通过一系列活动构成的,这些活动可分为基本活动和辅助活动两类,基本活动包括内部后勤、生产作业、外部后勤、市场和销售、服务等,而辅助活动则包括采购、技术开发、人力资源管理和企业基础设施等,这些互不相同又相互关联的生产经营活动,构成了一个创造价值的动态过程。这个创造价值的动态过程即价值链。如图 6-2 所示。波特的价值链理论揭示了企业与企业的竞争,不只是某个环节的竞争,而是整个价值链的竞争,而整个价值链的综合竞争力决定企业的竞争力。

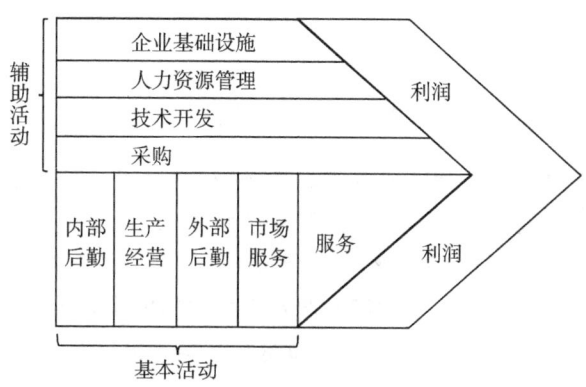

图 6-2 波特的价值链

价值链在经济活动中是无处不在的,上下游关联的企业与企业之间存在行业价值链,企业内部各业务单元的联系构成了企业的价值链,企业内部各业务单元之间也存在着价值链联结,价值链上的每一项价值活动都会对企业最终能够实现多大的价值造成影响。

## （四）钻石模型

钻石模型又称钻石理论、菱形理论及国家竞争优势理论。波特的钻石模型如图 6-3 所示,用于分析一个国家某种产业为什么会在国际上有较强的竞争力。决定一个国家的某种产业竞争力的因素有四个：

(1) 生产要素——包括人力资源、天然资源、知识资源、资本资源、基础设施。
(2) 需求条件——主要是本国市场的需求。
(3) 相关产业和支持产业的表现——这些产业和相关上游产业是否有国际竞争力。
(4) 企业的战略、结构、竞争对手的表现。

这四个要素具有双向作用,形成钻石体系。在四大要素之外还存在两大变数:政府与机会。机会是无法控制的,政府政策的影响是不可漠视的。在激烈的全球竞争时代,这种开拓性的研究已经成为衡量未来所有工作必需的标准。它不仅对当今国际经济和贸易格局进行了理论上的概括和总结,而且对国家未来贸易地位的变化有一定的前瞻性和预见性,为从事国际经济贸易理论研究及其政策的制定提供了全新的思路。

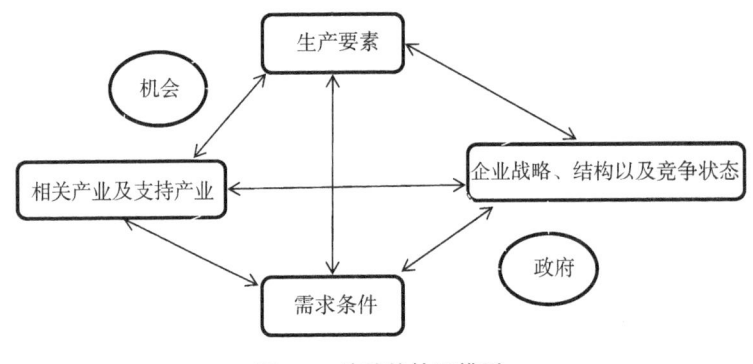

图 6-3 波特的钻石模型

## 三、理论评价

### (一) 迈克尔·波特竞争战略理论的贡献

竞争战略理论开创了企业战略研究的崭新领域,推动了全球企业管理理论研究的进步,并对企业的经营管理具有现实指导意义。《经济学人》杂志曾评论:"波特的使命是带来了一场知识革命:将管理与严密的经济学分析熔为一炉,用真实案例详尽地说明经济学理论,从而创立了一门新的学科,它能同时激发学者和商业实践者。"

1. 竞争战略理论为产业经济学和管理学架起了一座桥梁

竞争战略理论是从产业角度来考察企业战略,强调了企业选择行业的重要性,特别是行业结构的影响,还强调了企业外部竞争环境对战略制定的决定作用。

在 20 世纪,管理学的地位一直比较尴尬。一方面,美国经济发展带来企业的蓬勃发展需要管理学的研究成果和理论指导,这说明了管理学的实用价值;而另一方面,由于管理学在实证、方法等方面与传统学术有所差异,管理学一直不能够为学界接受。而经济学也有它面临的困境,之前的经济学家们一直在研究产业结构,但大都是从公共政策的角度出发,所以他们进行研究并未引起企业经理们的注意,这就造成了"理论研究"与"实际需求"的错位。

波特《竞争战略》的问世,代表着将管理学这种原先零散、不成体系、实证差的学科装进了一个科学而富有逻辑的系统,也将产业经济学这种宏观的研究转入了同样具有实践意义的企业管理决策的微观层面。

2. 竞争战略理论弥补了以往经典企业战略理论的不足

其实迈克尔·波特并不是战略研究的第一人,钱德勒的"环境—战略—组织"理论、安德鲁斯的战略设计理论与安索夫的战略计划理论和环境适应学派已经取得了理论界和企业界一定程度的认可。但他们的理论尚有漏洞,一是环境分析过分强调企业所处的行业环境而不重视经济、社会、文化、政治、法律等宏观环境的分析;二是缺乏对企业竞争对手的考察,很少有竞争因素的分析,只强调企业被动地适应环境。波特的竞争战略则弥补了上述不足之处。

首先,作为经济学家的波特在他的竞争战略理论中无不体现着宏观经济、产业经济的理论根基。他在五力模型中虽没有把政府作为第六力,但在每一个作用力中都考虑了宏观环境。因为波特认为政府对企业利润率的影响是间接的,而且对五力的每一个力产生影响。比如进入威胁的大小取决于进入壁垒,而政府政策就是要考虑的一个重要因素。

其次,竞争战略理论强调了企业发挥主动性而不是一味适应环境。三种基本战略都不是被动地根据环境而制定,而是结合自身实力以及各种内在外在条件制定的。

最后,结合经济社会竞争加剧的现实,从竞争的角度研究战略,拓宽了战略研究的范围和视角,竞争不再局限于同一产业之间,还涉及不同产业之间的纵向竞争。"竞争"是竞争战略理论的精华,五力模型就可以看作是两项纵向竞争、三项横向竞争,即上游的供方和下游的买方是纵向竞争对手,潜在进入者、现有公司间的竞争以及替代品是横向的竞争对手。三种竞争战略则是针对这些竞争作用力采取的通用方法。

3. 对企业的战略管理具有现实指导意义

波特从产业经济学研究入手提出的五力模型和三种通用战略是当今行业分析和战略决策的经典方法,为企业制定竞争战略提供了指导思想。而竞争战略理论为企业制定战略提供的是一种方法论和框架,不是具体的运营与执行步骤。

无论是上百年历史的跨国公司还是知识经济时代的高科技企业,其成功无不体现了波特的战略思想。即使是多元化盛行、并购风兴起的背景下,公司的战略也出现了许多新名词,其实那些大多是改善经营效率的手段,企业都会在活动中持续改善并效仿,而利润率上的差异大部分依赖于明确的战略。企业家的取舍抉择正是战略指导下的具体行为,也就是说企业选择提供某种形态的价值,但牺牲其他方面的利益。竞争战略理论正是为企业指明了制定战略的方向,提供了思路。

4. 竞争战略理论为企业决策带来了结构化的思维

结构化的思维是现代社会越来越需要的思维方式,它能够简化问题的抽象过程,让人直接产生一套思维方式和直观印象,节约时间,提升效率,而且由于结构化内容都是经过合理性论证与不断完善的,它的质量也有保证。

第一,波特的五力模型和三大基本战略构成了整个竞争战略体系的基石。这种以模型为基础的理论体系不同于以假设为基础的理论体系。以假设为基础只能将讨论限定在一定的范围而不具体地圈定讨论的范围,需要我们自行缩小范围,或者告诉我们"什么是在讨论范围之外的"。以具体模型为基础的理论体系可操作性更强,也更具体。它告诉我们:我们在讨论什么,如何讨论。并且这种基础的存在使我们不用重新划分范畴,这在简化认识问题的过程中是很有必要,很方便和有效率的。"五力模型"明确地给出了一种分析框架,经理人在作分析的时候可以直接选用模型,完成"填空题"。

第二,波特将整个战略分析决策划分为了一个个小的单元。企业所处的阶段、五种竞争力与三种基本战略是波特竞争战略的三大基本要素,这三大基本要素的作用还在于划分具体情况,建立分析结构。企业所处的阶段、五种竞争力与三种基本战略被波特用作一个坐标的坐标轴,这个坐标或是二维的,或是三维的,在坐标中,企业的具体情况就被划分为一个个小的单元,企业的具体情况能够得到明显的界定。

总而言之,一个结构化的理论体系和思维模式是非常重要的。波特将战略分析决策结构化,使得管理学更为科学、实用,具有效率。

## (二) 迈克尔·波特竞争战略理论的局限性

波特的竞争战略理论对于管理界作出了巨大的贡献,建立了用于分析产业环境的结构化方法"五种竞争力量"模型,提出企业竞争的三种通用战略,但由于时代特征的变化、支撑理论的局限性以及战略理论的新发展等原因,其理论的缺陷日益显现。

### 1. 基于经济学静态或比较静态研究的假设与思路

竞争战略基于一种静态的外部环境,大幅简化了现实中复杂的局势。竞争战略理论从宏观经济角度考察资源配置,隐含了资源稀缺性假设。从短期来看企业之间对某种资源相互争夺,该种资源几乎是静态不变的。按照波特的理论企业自身力量是既定的,企业战略选择取决于当前企业与外部力量的对比优势。波特的这种观点显然没有考虑到从长期来看产业具有动态的发展,比如需求市场、各类资源都可能发生变化,从而竞争对手之间的关系或采取的行动也会发生变化。

### 2. 竞争战略理论隐含了信息完全性假设

竞争战略理论一再强调了制定战略的事先预测与规划,假设未来可以预测也就意味着信息完全性。波特认为提高企业绩效的一个方法是要对未来进行更好的预测,企业发展的内外环境是非常复杂的,变化是无所不在的,做战略决策本身,就离不开对将来的发展趋势的大致判断——尽管这些判断也是动态的,但最根本的、最主要的那个判断是一定要有的。问题在于如果按照"信息完全"的假设思路进行分析,信息收集的成本就会很高,并且操作时间会很长,结果有可能由于战略思考分析太多,反而使人们没有时间思考如何行使战略。更不必说在不断变化的环境中,一旦庞杂的分析完成,可能现实情况又已经变化。波特的理论框架包罗万象,但实践者在"填满分析框架"的过程中遇到了很大的困难。

### 3. 现代企业战略的核心不再仅局限于业务范围的选择

新经济条件下,产业结构变化迅速,企业通过业态创新、商业模式创新等手段获取竞争优势日益成为企业成功的关键,"一般性"战略受到严峻挑战。波特的核心仍是在选择业务范围,但是,在变化迅速的市场环境,对于许多企业而言,"怎么干"已比"干什么"更加重要,商业模式和业态创新成为现代企业战略的核心。好的商业模式和业态将影响甚至改变行业游戏规则,帮助企业占据价值链高端环节。

了解了波特战略理论的局限性,企业在应用这战略管理理论时应要根据时代发展的需要、企业的实际情况来实践,取其精华,去其糟粕,不要盲目采用,以便更适合企业的发展需求。著名管理学大师彼得·德鲁克说:"当今企业之间的竞争,不是产品之间的竞争,而是商业模式之间的竞争。"进入21世纪,国际、国内的经济形势已经或正在发生剧烈的变化。随着全球经济一体化的发展,我国已经实现了由卖方市场向买方市场的转变。企业间的竞争日趋激烈,而资金和技术、规模等方面都不占优势的中小企业如何在激烈的市场竞争中胜出已成为困扰企业经理的一大难题。中小企业面对激烈的市场竞争,应从波特竞争战略中得到启发,机遇与挑战并存,应该认清自身优势,提高自身的核心竞争力,构造一个超越于具体业务的企业战略。

## 第三节 核心竞争力

### 一、背景

#### (一)理论背景

20世纪80年代初以来,战略管理的理论体系进一步完善,其中波特教授提出的以产业结构分析为基础的竞争战略理论,为战略管理理论的发展和完善作出了突出贡献。在波特理论的影响下,战略理论研究的焦点纷纷转向企业如何获得和保持竞争优势,然而波特理论也存在其局限性。在此基础上的战略资源学派也简单地将企业的资源简化为异质的,认为资源的形成是与企业的历史路径相分离的,并且资源在本质上是能够以市场价格获得的,但由于长期竞争优势的获得,大多企业资源之间的关系并不明显。所以,1990年,哈佛大学的普拉哈拉德和哈默在《哈佛商业评论》上发表论文《企业的核心竞争力》,提出企业核心竞争力概念,将其定义为"组织中的积累性学识,特别是关于如何协调不同的生产技能和有机结合多种技术流派的学识"。两位大师于1994年又通力合著一部备受欢迎的论著——《竞争大未来》,把核心竞争力概念具体应用到战略管理中。从此,世界各国战略专家对核心竞争力的内涵、特征、构成要素等进行了诸多研究,使得战略管理理论进入了基于核心竞争力的企业战略管理理论阶段。

#### (二)现实背景

全球市场环境的变化促使企业不得不重新审视自身的经营行为,而企业界和管理学界也开始探索新的企业发展战略,尤其是竞争战略。

**1. 随着短缺经济的结束,生产过剩使企业竞争加剧**

市场在工业经济较早的发展阶段,由于商品短缺,供不应求,企业只需提供低成本、大批量、标准化的商品就能盈利,顾客只能被动地接受,没有选择余地,造成了"短缺经济"现象。一方面,西方资本主义国家在结束人类历史上最为残酷的第二次世界大战后,将先进的军事科学技术运用于经济建设,使其经济迅速恢复发展,企业规模日益壮大,企业数量与日俱增,加上世界贸易的发展和世界市场一体化,使得商品极大丰富;另一方面,发达国家人口增长停滞,市场需求萎缩,企业争夺有限的消费者,消费者的需求决定了企业的成败。

钱皮(Champy)和哈默(Hammer)曾经这样总结:自20世纪80年代初期开始,发达国家买卖双方间的关系有了180度的转变,卖方或制造商不再处处占上风,相反地,顾客才拥有决定与支配的力量。顾客化被动为主动,他们会告诉制造商自己对商品的需求、交货的时间、交货的条件以及付费的方式。短缺经济就此结束,生产过剩开始,卖方市场转为买方市场,企业被迫进入过度竞争。

在这种市场环境下,产品和市场战略只被看作是企业生命中相对短暂的表面现象,企业的核心竞争力才是企业可持续发展的独特的本质,传统的波特战略定位方法已经时过境迁,企业从外部市场的竞争转为内部能力的竞争,核心竞争力理论应运而生。

2. 信息技术对公司能力的支持作用

第一台电脑出现于1946年,20世纪50年代,电脑仅应用于工资处理。之后,其应用领域不断扩展,相继推出了数据处理系统(EDP)、管理信息系统(MIS)、决策支持系统(DSS)、经理支持系统(ESS)、经理信息系统(EIS)。这些系统采用规范的自动化流程,帮助精简业务处理步骤,缩短了反应时间,大大提高了企业的运作效率和效益。

信息技术剧烈地改变着企业的经营环境。第一,市场的全球化,表现为全球的市场竞争、全球的工作组合、全球的快速递送系统;第二,工业经济转为知识经济,表现为生产率提高、新产品生命周期缩短、时间竞争、知识成为最主要的资源、知识资本取代货币资本;第三,企业组织的变化,表现为扁平化、分散化、柔性化、区域独立、授权、团队工作。在这种经营环境中,企业必须开发、培养赢得长期制胜的强大能力。

总之,信息技术、信息系统的应用已经渗透到企业经营管理的各个方面、各个层次,成为企业经营的有力支撑。信息技术、信息系统极大地改变了传统的经营理念,对组织行为产生了深远的影响,使得公司能力具备坚实的技术基础。

3. 知识经济的崛起

知识经济的一个基本特征是知识作为生产要素地位空前提高。与工业社会相比,信息社会对知识地位认可的最本质变化在于,在这一时代,知识不仅不再是资本的附庸,而且已经替代资本成为最稀缺的资源。此外,随着信息时代的到来,信息的传输、处理、储存或者说信息的技术和效率"瓶颈"也不再是制约经济增长的主要障碍。在这样一种大背景下,被信息低效掩盖下的知识稀缺和知识转化为能力的缓慢,正日益成为宏观经济发展和微观企业战略新的"瓶颈"。如此看来,知识需求正成为人类社会超越其他一切的需求,是更好地满足其他需求的前提和条件;而知识生产是最为重要的生产活动,知识生产能力是决定经济发展的根本因素。经济组织、生活方式、价值观甚至知识观,都应当以知识生产能力或知识创新能力为目标和原则,重新加以规制和定位。这才是知识经济替代以资本为核心的工业经济的关键所在。

事实上,为了迎接知识经济的挑战,欧美不少公司已经开始增设知识管理、组织学习、智力资本等高级职位。核心竞争力理论更关注知识经济对企业能力、战略和组织的影响,受到企业家们的青睐。

## 二、理论内容

本部分主要介绍核心竞争力的定义和特征,相关概念以及如何培育核心竞争力等,以便理解核心竞争力理论的内涵和实质。

### (一) 定义

核心竞争力是一个相对抽象的概念,不同学者从不同的角度提出了不同的观点,本书作了大致的归纳:

1. 基于整合观的核心竞争力

以普拉哈拉德和哈默为代表,认为核心竞争力是属于组织共有的学识,是公司的资源,而不属于某个人或战略业务单元专有;核心竞争力不是企业技能和技术的简单堆砌,而是技术、技能协调和整合的结果,这种整合即需要管理的介入,通过有计划的市场调研、技术研发、生产过程的控制、有效营销体系和方法,确保向市场提供有竞争力的产品;突出了核心竞争力构成要素的技术性。

2. 基于知识观的核心竞争力

以巴顿为代表,认为核心竞争力是指企业特有的、不易交易的并为企业带来竞争优势的专有知识和信息,是企业所拥有的提供竞争优势的知识体系。这一体系包括四个维度:一是企业的专有技能及员工的学习能力;二是企业的技术系统,即成员知识的系统合成;三是企业的管理系统,组织的管理制度;四是企业的价值观系统,即企业成员共有的价值观和行为规范。该流派特别强调管理系统和价值观系统在核心竞争力中的作用。

3. 基于文化观的核心竞争力

以拉法和佐罗为代表,认为企业核心竞争力不仅存在于企业的操作系统,而且还存在于企业的文化系统中,根植于复杂的人与人以及人与环境的关系中,核心竞争力的积累蕴藏在企业文化中。可见,这一观点强调在接受核心竞争力的技术性特征的同时,不应忽视企业文化及人对核心竞争力形成的作用。

4. 基于组合观的核心竞争力

康特认为,核心竞争力是组织中主要创造价值并被多个产品或多种业务共享的技能和能力。该定义除了强调技能和能力外,同时强调了核心竞争力的创造价值特性和多个产品或业务的共享特性。鲍哥那和索马斯则强调了核心竞争力应包括技能、知识和价值观等内容。海利劳德和西蒙在《知识性学习和企业的核心竞争力》一文中认为核心竞争力应包括组织独特的人力资源、物质资源的组织和协调能力。除此之外,根据梅约和厄特巴克的观点,核心竞争力包含创新基础上的产品研发和制造能力,还应包含将产品推向市场的营销能力。

我国学者对企业核心竞争力的概念、起源即内涵也进行了相关研究。徐二明认为核心竞争力应包括核心技术能力和核心组织能力,宁建新则将竞争力分为市场运作能力和系统制度能力,而卢福财等人认为技术能力、组织能力和资源获取能力构成了核心竞争力。

可见,关于核心竞争力概念的研究在向多层面、多角度扩展,并逐渐与企业战略管理实践日益融合。由此也说明了企业核心竞争力的多层面和多元化,它可以是优越于竞争对手的关键技术,也可以是企业优秀的管理人才,还可能是过人的市场预测和营销能力,等等。

## (二)特征

### 1. 整合性

核心竞争力是企业核心技能、技术和管理能力的有机整合,也是内部团队及个人不同核心能力的整合。单一的技能和技术不足以成为核心竞争力,核心竞争力很难完整地存在于个人或小团体之中,不会因某个人离开企业而失去。这些单一的技能和技术必须与企业其他技能、能力相互协调,并在向顾客提供商品或服务的过程中表现出相对于竞争对手的显著优势。

### 2. 异质性

核心竞争力是企业内部不同的部门和人员,不同的资源相互作用的结果,且这种相互作用会受到企业组织结构、部门规模、资源规模和组合、人员素质等多种因素的影响,由此形成的核心竞争力不大可能在其他企业重复出现,不同企业的核心竞争力具有一定差异。

### 3. 难以模仿性

由于核心竞争力是多个技术和生产技能经过复杂的协同作用的结果,因此,不可能靠简单地模仿他人来建立自己的核心能力。成功的经验可以借鉴,但企业自身核心竞争力只能通过自身的学习、创造和摸索去获得。

### 4. 显著增值性

企业是否具有核心竞争力,最终还是由顾客来评判。核心竞争力能够为顾客提供根本的、实质性的利益和效用。为此,核心竞争力应能够给最终产品的顾客感知效用作出显著贡献,帮助企业在创造价值和降低成本方面比他们的竞争对手做得更好,为企业带来超常规的资产收益率的显著竞争优势。沃尔玛成功的秘密在于它基于核心能力的竞争战略,其出发点自始至终以满足顾客需求为中心,目标是为顾客提供物美价廉的商品,随时随地满足顾客对这些商品的需求,创造更多的顾客价值。

### 5. 延展性

核心竞争力可以支持企业向多种产品或服务的领域发展,而不只是局限于某一种产品或服务,核心竞争力的意义远远超出单个最终产品是否获利。甚至,企业可以将自己的核心竞争力逐步移植到相关产业,使之能够进行相关多元化经营,可以最大限度地实现范围经济。因此,核心竞争力决定了企业的规模和边界,也决定了企业多元化战略和跨国经营战略的广度和深度。如夏普公司的液晶显示技术,可以在笔记本电脑、袖珍计算器、大屏幕电视显像技术等领域都比较容易地获得一席之地,而不是将其优势领域限制在一个很小范围。

6. 难以替代性

由于核心竞争力是技术、技能和管理等诸多因素协同的结果,因此,一旦形成,在一定时间内不会被其他竞争力所替代。难以替代性的程度决定了核心竞争力持续的周期。购买核心竞争力不是不可能,但非常困难,因为它取决于一个组织内多种职能之间的合作,而不存在于某项特别技术、某项专利或者某一两个重要人物的头脑中。此外,核心竞争力还难以被另一竞争对手——替代品的生产者替代。

7. 动态性

由于企业所处的外部环境在变化,因此技术、产品都是有生命周期的,核心竞争力也同样具有生命周期,企业通常要经过无竞争力阶段(创办初期)、一般竞争力阶段、初级核心竞争力阶段、成熟核心竞争力阶段、核心竞争力弱化阶段和核心竞争力新生阶段等过程。具有了核心竞争力的企业并非永远不会被竞争对手所替代,企业要想保持核心竞争力的领先优势,就必须对核心竞争力不断创新、发展和培育,不断创造新的周期,维持和扩大与竞争对手的领先距离,否则,随着时间的推移和竞争对手竞争力的加强,核心竞争力的领先优势也会逐渐丧失。

8. 持续性

核心竞争力不同于短期内的竞争优势,唯有持续的竞争优势才是企业的核心竞争力。在企业的经营实践中,经常会面临短期经营目标与培育核心竞争力的长期目标之间发生冲突,却有不少经营者为了短期目标的实现,甚至仅仅为了完成当年的任务,而无暇考虑,甚至放弃企业长期核心竞争力的培育。

9. 局部优势性(或核心性)

企业拥有核心竞争力并不意味着在所有方面和所有环节都优于竞争对手,核心竞争力可能存在于企业向客户销售商品或提供劳务的某些过程和环节,例如海尔的制冷技术、本田的发动机技术等。

10. 路径依赖性

知识的发展一般按一定的路径进行。核心竞争力无法通过一次重大的发明或资源并购实现跃进,也不是通过相应的要素市场买卖获得的,而是企业在长期的生产技术实践中以特定方式沿着特定的技术轨道逐步积累和培育起来的。如果指望通过一蹴而就的项目建立核心竞争力,绝大部分会以失败告终,因为核心竞争力的建立一般要5—10年,甚至更长的时间。有些核心竞争力还是企业特殊历史经历的产物,是企业历史的遗产,是深深扎根于组织的知识,有较强的持久性和进入壁垒,企业很难在不丧失原有核心竞争力的前提下培育新的竞争能力,因而具有路径的依赖性。

## 三、理论评价

### （一）核心竞争力理论的贡献

1. 核心竞争力理论对企业概念的新认识

在传统管理学里，企业往往更多地被理解为产品或服务的生产者和提供者。在核心竞争力理论下，企业更多地被理解成是建立在核心能力基础上的能力集成和系统协同，而不再是生产各种各样产品的多元业务的集合。

2. 核心竞争力理论是产业结构分析理论的超越

产业结构分析理论认为企业的市场进入主要取决于市场的吸引力；而核心竞争力理论则把注意力从关注企业外在的产业机会和市场吸引力，转向了企业内在的自身资源、能力和知识。

3. 核心竞争力理论为企业多元化提供了新解释

核心竞争力为企业多元化的方向、模式、结构和产业市场进入提供了指引，企业的市场进入不再仅仅取决于市场吸引力。企业核心竞争力可使得其各种表面上不相关的业务有机地统一在一起，从而为理解企业多元化的相关性提供了新视角，也为企业进行多元化选择指明了新途径。

4. 核心竞争力理论对传统的企业组织结构提出了挑战

核心竞争力理论强调企业的能力集成和系统协同，主张打破资源的部门分割和管理的业务单元重心，从而对职能制、事业部制、事业单元层次上的目标责任制等传统组织体制和权责体系提出了全新的变革要求。除此之外，该理论还将经济学和管理学有机地结合起来，既从本质上认识和分析企业效率，又植根于企业经营管理的内部事项，一定程度上对传统企业理论发起了新挑战。

### （二）核心竞争力理论的局限性

1. 在复杂动态环境下，传统的核心技术资源由于具有相对黏性往往成为企业进化过程的绊脚石

核心能力的路径依赖性解释了企业过去的成功，但是路径依赖的自我强化作用往往使企业难以发展适应新环境的能力，容易陷入"惯性陷阱"或"核心刚性"。

2. 路径依赖使得企业在引入"体系性创新"时困难重重

企业在引入、构造创新机制时，可能会存在该体制并不适于新的知识范式，因此在动态市场环境中，由于沉没成本效应、替代效应以及创新的路径依赖所造成的刚性使企业无法保持与环境的动态战略适应，核心能力有可能发展成为妨碍业绩的能力陷阱，成为动态环境中组织持续发展的桎梏。

3. 相对于其他企业战略管理新方法，核心竞争力理论显得不成体系，叙述纯文字化，且概念含糊不清

核心竞争力理论经常被批判体系不完整、理论概念模糊等问题，例如《工商管理大百科全书》写道：核心竞争力经常被误解。因此核心竞争力理论必须经过更加深入、完备的研究，才能更好地应用于中国企业。

## 第四节 动态能力

### 一、背景

#### （一）理论背景

核心竞争力理论提出"企业核心竞争力是持续竞争优势之源"，因为它具有无形性、知识性，不能购买，难以模仿，为企业专有，且核心竞争力的产生和利用存在路径依赖，这一点更增强了它的不可模仿性，它能持续地维持企业的竞争优势。

然而，随着研究的深入，核心竞争力的局限性所造成的刚性使企业无法保持与环境的动态战略适应，从而阻碍组织在动态环境中的发展。于是，"动态能力"这一崭新的概念被提了出来，动态能力理论得到了进一步的发展和重视。

#### （二）现实背景

战略管理的最基本问题是企业如何获取和维持竞争优势。在当今世界顾客需求的多样化、经济全球化、技术飞速发展和环境动荡变化的超竞争中，竞争优势的来源正以逐渐加快的速度被创造出来和侵蚀掉。所谓超竞争是美国著名策略大师戴维尼在《超竞争》一书中提出的理念，即随着市场竞争的加剧，公司竞争优势的创造与毁灭正在以极快的速度进行着，任何一个竞争者能够保持其原有竞争优势的时间正在急剧缩短。超竞争时代的到来，改变了原有的竞争环境，主要表现为竞争环境的动荡逐步加剧，同时环境变化的速度也越来越快，一个固守现有竞争优势来源的企业，很快就会被其他更具有创新性的竞争对手所取代。在此环境中成功的做法不是努力维持长期竞争优势，而是通过不断创新追求一系列暂时的优势，使企业比竞争对手总领先一步。在超竞争环境中，要求战略保持动态适应性，基于此思想，蒂斯（Teece）等在1994年提出了动态能力理论，并认为动态能力理论能帮助企业在快速变化的环境中，获取和保持竞争优势，动态能力满足了企业在快速变化环境中竞争的需要。

## 二、理论内容

### (一) 定义

关于动态能力的内涵,学者们并没有形成一致的观点,对动态能力内涵的解释存在一定的差异,归纳起来有以下四种:

1. "能力观"代表学者对动态能力的定义

动态能力是由蒂斯等在1994年的《企业动态能力:概述》一文中首先提出的。之后,蒂斯、皮萨诺和谢恩在1997年的《动态能力与战略管理》一文中,对动态能力理论作了进一步完善,并提出了动态能力的 PPP 分析框架(Processes,Positions,Paths),其含义分别是:

(1) 过程,企业协调与组合资源的方式以及组织学习;

(2) 定位,企业难以交易的知识资产与互补性资产的组合;

(3) 路径,企业所采取或者继承的演化路径。

企业动态能力依赖于企业的资源基础与前期发展路径,具有复杂性与难以复制性,也因此具有动态能力的企业可以在快速变化的市场中获得并保持竞争优势。

在这篇文章中,蒂斯等人认为动态能力是指:企业为适应外界多变的环境,通过整合、重构企业内外部的资源,以达到调整自身、迅速适应环境的目的。"动态"突出了企业的自发性,它能够自发地感知当前已有变化的外界环境,同时也能自发地根据环境需求对已有资源进行适应性调整和更新,这是一个持续不断、循环渐进的过程;而"能力"的高低则是企业当前战略决策是否有效得当,与外界环境要求是否匹配的客观反映,如果企业能够有效利用整合重构过的资源,那么与之相应的战略决策结果便能使企业在新的外部环境下保持竞争优势甚至扩大竞争优势。

2. "过程观"代表学者对动态能力的定义

艾森哈特和马丁作为"过程观"的主要代表,他们认为:动态能力是企业利用资源或者战略管理的一种"过程",它可以通过获取剥离或整合重构自己的现有资源这一"过程"来达到匹配、适应变化环境甚至造成环境改变的目的,或者说企业可以通过附加于这些"过程"中的战略管理,实现资源的优化配置以及组织竞争力的提升。

3. "学习观"代表学者对动态能力的定义

佐洛和温特作为"学习观"的主要代表,他们认为,动态能力是隐性经验积累、知识外在化以及知识编码转换的结果,它是随着知识的变化而变化的,这种结果是"学习"机制的体现,通过这种稳定的"学习"机制,可以使组织(企业)产生新的或者改变其旧的运作模式,以追求更高的运作效能。此外,"学习观"学者还注重学习机制带来的知识获取、知识转化与知识创新,企业只有将获取的知识经转化创新变为已有的异质性资源才能使企业获取和保持竞争优势。

4. "惯例观"代表学者对动态能力的定义

凯瑟琳和佐特作为"惯例观"的主要代表,凯瑟琳认为,动态能力是可以确认的明确的常规惯例(Routines)或者流程(Process)。动态能力包括：整合资源的动态能力(如产品开发常规惯例战略决策形成)、重新配置资源的动态能力(包括复制、转卖常规惯例,被经理们用来复制、转变和重新组合资源)及获取和让渡资源有关的动态能力(如知识创新常规惯例、从外部获取常规惯例)。佐特认为在一段时期内每个企业都通过模仿或试验来改变、选择和保持一个独特的资源配置,动态能力是一系列指导公司资源建构发展的常规程序。动态能力是融入指导企业资源重构、演进和运营常规中的日常组织程序。

## (二) 特征

由于动态能力是从企业的资源和能力演化而来,所以它除了具备和资源、能力重合的价值性、独特性等特征外,还具备以下独有的特征：

1. 外在性

动态能力是一种整合了企业内部与外部的机会和机遇,在新的环境和形势下一种新的表现形式。它注重从外部环境和内部惯例中获得适合企业发展的机会,如可以从扩大企业的横向边界和纵向边界入手,塑造企业的动态能力。

2. 开拓性

动态能力是改变企业能力的能力,将焦点放在创新的开拓性动力上。因为倾向于以具有强烈路径依赖的、以经验性学识为基础的再生性动力并不能改变能力中的惯性,动态能力只有放在创新的开拓性动力上,才能克服能力中的惯性。

3. 层次性

动态能力的层次性可以从产业的角度来理解。一是动态能力的初始层次,是在现有市场中获得竞争力的能力,从而在现有市场中获得竞争优势；二是高层次的动态能力,是发现新机会的能力,以全新的产业视角思考,重新塑造一个产业,造成的结果是使竞争变得不相关,从而获得相对长期的竞争优势。

4. 复杂性

艾森哈特和马丁认为不同的环境下动态能力的特征不同。在一般动态市场中动态能力的特征是复杂的,有效的动态能力依赖于现存的知识,可以促进流程的可预见性；在高速变化的市场中动态能力的特征是简单的,简单的常规惯例使经理们广泛关注重要的问题,而不是将自己锁定在具体行为或只是过去经验之中,有利于迅速地作出适合环境变化的决策。

5. 抽象性

动态能力是非常抽象的概念,在实践中很难直接找出具体的"对应物"。它是更新其他企业能力的能力,所以它超越了一般能力,从概念上看比一般能力更抽象。所以,对动态能力理论的应用首要从动态能力的内涵本质出发,通过对其本质的分析,使动态能力与企业要素和活动联系起来,把抽象概念转化为相对具体的思想和行为,以便更好地指导实践。

# 三、理论评价

## （一）动态能力理论的贡献

1. 动态能力理论突破了企业战略分析的静态视角

为企业所拥有的资源、能力与所处环境进行动态匹配奠定了基础，进一步拓展了资源基础学派的静态研究视角。

2. 动态能力理论以演化视角克服了核心刚性的缺陷

动态能力理论的出现，以组织流程、企业专属资产地位和发展路径三个关键要素来构建分析框架，从演化角度解决了核心竞争力刚性问题。面对不断变化的环境，企业需要具备整合、构建和重构内外部资源的动态能力，突破既有路径依赖和市场位势以获得持续竞争优势。

3. 动态能力理论拓宽了企业研究的理论假设

该理论把研究的主体——企业，放置于动态变化的环境中，且通过企业经营过程探讨竞争力产生的原因，从而使理论的研究与企业生存的现实情况更加吻合，对战略管理、信息系统和组织成长研究领域产生了积极的影响。

4. 动态能力理论使竞争优势研究框架更加完善

该理论从能力角度探讨企业竞争优势的形成原因，使竞争优势研究的逻辑衔接比较合理。例如动态能力关注于企业业务能力的塑造，而企业动态能力产生的原因则涉及组织学习和知识管理，这将知识管理和竞争力之间构造了合理的逻辑关系，使研究框架更加完善。

## （二）动态能力理论的局限性

1. 忽视企业生命力

动态能力理论只强调了企业核心优势产生的核心刚性，而忽视了核心竞争力对企业生命力的贡献

2. 过度强调动态变化

该理论的前提是假设市场的环境瞬息万变，不可预测，过度强调外部环境的变化，而实际上，市场环境在一定的时间内是可以预测的和相对稳定的；动态能力组织之间的合作具有短暂性、不连续性，不利于组织间形成的规模优势积累。

## 【关键词】

战略管理理论、竞争战略、核心竞争力、动态能力理论、企业战略

## 【本章小结】

本章学习重点在于了解企业战略管理理论的演变,理解重要管理理论产生的背景及其重要观点。

## 【思考题】

1. 战略规划学派理论观点的核心思想是什么？请客观评价该理论的局限性。
2. 针对供应商的讨价还价能力,现有企业可以通过哪些措施来改善处境？
3. 针对购买者讨价还价的压力,现有企业可以通过哪些措施来获得购买者欢心？
4. 理解各类战略的内涵。
5. 如何研究竞争对手？
6. "双碳"目标下企业该如何转型升级？

拓展阅读

# 第七章 组织文化理论

**本章要点**

1. 组织文化理论概述
2. 组织文化的形成
3. 组织文化的基本类型
4. 威廉·大内的 Z 理论
5. 沃特曼和彼得斯的追求卓越
6. 我国的组织文化建设

## 第一节 组织文化理论概述

### 一、背景

#### (一) 理论背景

20世纪70年代末80年代初,美国作为世界头号经济强国,在石油危机的冲击下,其企业竞争能力大大削弱,劳动生产率受到严重影响。而东方小国日本作为二战的战败国,经济却得到迅猛腾飞和长足发展,并在许多方面超过了美国,对美国经济利益构成巨大威胁,这引起了美国企业界和学术界的空前关注。不少学者对日本企业与美国企业进行了比较研究,发现了美国企业更多地重视企业系统、战略、技术、结构、制度、规章、组织机构、财务分析等硬性的管理因素在企业管理中的作用,而在日本企业的管理过程中,企业目标、宗旨、信念、风格、技巧和人的价值观等软性的管理因素相对更为突出。随着日本企业的竞争优势逐渐体现出来,人们也逐渐认同了以组织文化为核心的管理思维,这事实上表明企业管理的核心已经演进到以组织文化为管理核心的阶段。美国理论界通过研究发现,传统的管理理论已经无法解释日本经济发展和企业成功的原因,传统的理论仅仅关注组织结构、职业类型、任务设计、动机方案,这样的理论过于简化,需要寻找一个更加复杂的、考虑到意识、符号处理以及体系的复杂属性的模型。所以社会各界纷纷把目光投向了组织文化理论的探索,从不同的视角来研究组织文化,并形成了一些具有代表性的组织文化理论。

## （二）现实背景

诸多新的管理实践问题也呼唤能有突破理性主义管理弊端的新理论诞生。这些新的实践问题主要有：一是人们的追求由物质世界过渡到精神领域，人们高强度、高密度的工作，以及加快的生活节奏不可避免地导致休闲娱乐时间的减少，这就要求工作本身能带给人们更多的精神满足。二是严苛的制度对管理脑力劳动者的效果并不理想。机器大工业的发展将人们从繁重的体力劳动中解放出来，企业的体力劳动者的比例骤减，脑力劳动者迅速增加。传统的基于理性主义的严苛的制度管理并不为知识工作者所接受，如果仍然坚持这种管理模式，只能降低企业的整体效率。三是企业之间的激烈竞争导致员工的流动性增加。员工比以往任何时候都面临更多的就业机会和选择余地，如何留住核心员工是组织需要面临的巨大挑战。四是组织结构的变化要求员工进行自我管理。劳动分工的深化和科技进步不断强化组织的扁平化和网络化趋势，组织结构的变化在减少管理人员数量的同时，也赋予员工更多的自我管理权限。但自我管理并不能自动提高员工的积极性和创造性，它必须依赖明确的目标指引、高尚的价值观感召和优秀道德规范的自我约束。

上述管理实践问题的解决都指向特别强调组织使命、目标、价值观念、行为方式、道德规范等精神因素的组织文化理论。

## 二、理论内容

在多种因素的综合作用下，"组织文化"概念横空出世，并"一石激起千层浪"，在20世纪80年代初期的美国掀起了组织文化研究的热潮。从1981年到1984年，美国管理学界连续推出四部力作：威廉·大内的《Z理论——美国企业如何迎接日本的挑战》、帕斯卡尔和阿索斯合著的《日本企业的经营管理艺术》、特雷斯·迪尔和阿伦·肯尼迪合著的《组织文化》以及托马斯·彼得斯与罗伯特·沃特曼合著的《追求卓越》。

大内率先对组织文化进行了系统的阐述，提出了Z理论和Z型组织，并认为Z型管理是日本企业超越美国企业的主要原因。帕斯卡尔和阿索斯在《日本企业的经营管理艺术》中对组织文化进行了系统的阐述，并且深入探讨了日、美企业的差异问题，提出了著名的"7S"（即战略、结构、制度、人员、风格、技能、最高目标）管理理论，并且通过比较美、日企业发现：美国企业更加重视战略、结构、制度这三个硬性因素，而日本企业则不但重视硬性因素，而且更重视软性因素——人员、风格、技能、最高目标。这些软性因素属于组织文化的范畴，也是日本企业超越美国企业的关键所在。

美国学者特雷斯·迪尔和阿伦·肯尼迪在深入调研80多家美国企业的基础上作出了"杰出而又成功的企业大多拥有强有力的组织文化"的论断，从而大大提高了人们对组织文化的关注和重视程度。

随后，托马斯·彼得斯与罗伯特·沃特曼致力于研究美国杰出而又成功企业的共同管理特征，并在《追求卓越》一书中总结了美国成功企业管理的八个特征（即崇尚行动、贴近顾客、自主创新、以人为本、价值驱动、不离本行、精兵简政、宽严并济)。以上四部力作是吹响组织文化理论研究号角的"四重奏",组织文化理论因它们而异军突起,并且持续影响全球管理数十年。

### (一) 组织文化的概念

对组织文化概念的探讨,一直没有停息,而且不同学者的观点也不尽相同,对组织文化概念的界定呈现出多元的状态。

国外学者对于组织文化的概念(如表 7-1 所示)虽然没有统一的标准,但其中最具有代表性并受到普遍认同的是沙因的观点。

表 7-1 组织文化的相关概念

| 年份 | 定义 |
|---|---|
| 1979 | 安德鲁·佩蒂格鲁在《管理科学季刊》上发表的《组织文化研究》一文中,最早提出了"组织文化"这一概念。他认为,组织文化是组织中信仰、意识形态、语言、仪式和传说的混合物。 |
| 1981 | 威廉·大内提出:组织文化是组织内部实施操作的一种特殊机制,通过组织存在的一系列象征、神话以及仪式等,从而影响组织内部确定各种意见、开展活动和行为模式的价值观与信念。 |
| 1982 | 迪尔和肯尼迪 1982 年提出:组织文化是集价值观、仪式风俗、企业环境、英雄人物、文化纲领在内的五种要素的内在存在,同时通过组织不同层次成员的价值观以及行为表现出组织的外在形象。 |
| 1984 | 沙因为组织文化作出了较为科学的定义:"特定组织在处理适应外部环境和内部整合过程中出现的种种问题时所发明、发现或发展起来的基本假说的规范。" |
| 1992 | 沙因在《组织文化与领导力》一书中对组织文化作出了更加详细的定义:组织文化是一群人在解决适应环境和内部团结的问题时习得的、成体系的一系列基本预设,这些预设在实践中卓有成效,所以被认为是正确的,被当作解决问题时正确的感知、思考和感觉的方式教给新员工。按照沙因的观点,组织文化由三个层次的要素组成:人工制品、信仰与价值和基本隐性假设与价值。 |
| 2006 | 卡梅隆和奎因在其名著《组织文化诊断与变革》中提出:组织文化是组织的共识和总结出来的理解、记忆、价值观和态度;霍夫斯塔德等人则通过描述组织文化所具有的属性来下定义。他们回顾相关文献后认为,尽管学者们对组织文化的定义不同,但大多数学者都会同意组织文化具有以下属性:整体性、受历史因素影响、与人类学概念有关、社会建构、不易量化、稳定性。他们基于文献回顾把组织文化的表现形式由深及浅分为 4 个层次:价值观、仪式、英雄、符号。其中,价值观是组织文化的核心,通常是潜意识的、很少讨论的;仪式是指在技术上不必要但在社会意义上必要的集体活动;英雄是指因具有组织所珍视的特点而成为行动楷模的个人;符号是指语言、手势、图形或在组织中带有特殊意义的事物。仪式、英雄和符号这 3 个层次统称为"实践"层面,因为它们都可以被直接观察到。 |

综合地说,组织文化是组织在生产经营实践中逐步形成的,为全体员工所认同并遵守的,带有本组织特点的使命、愿景、宗旨、精神、价值观和经营理念,以及这些理念在生产经营实践、管理制度、员工行为方式与组织对外形象等方面体现的总和。它是组织成员所共享的价值与意义体系,由信念、价值、规范、态度、期望、仪式、符号、故事和行为等组合而

成,界定了成员的价值观与行为规范,让成员自然而然地表现于日常生活与工作中,形成有别于其他组织的组织特质。

组织文化是组织的灵魂,是推动组织发展的不竭动力。它包含着非常丰富的内容,其核心是组织的精神和价值观。这里的价值观是指组织或组织中的员工在从事商品生产与经营中所持有的价值观念。

### (二) 组织文化的特征

罗宾斯认为组织文化是组织成员的共同价值观体系,它使组织独具特色,与其他组织相区别。他还从7个方面的特征描述了组织文化的本质。

(1) 创新与冒险:组织鼓励员工进行创新和冒险的程度。

(2) 注重细节:组织期望员工做事缜密,善于分析和注意细节的程度。

(3) 结果导向:组织的管理层在多大程度将注意力集中在结果上,而不是强调实现这些结果的手段和过程。

(4) 人际导向:组织的管理层在多大程度上考虑组织内部的决策结果对组织成员的影响。

(5) 团队导向:组织在活动时围绕团队而非个人进行组织的程度。

(6) 进取心:组织成员具备进取心、竞争意识而非贪图安逸的程度。

(7) 稳定性:与成长相比,组织活动更重视维持现状的程度。

徐建平教授在《组织行为学》一书中提出的组织文化特征包括:

(1) 独特性:每个组织基于不同的历史传统、环境因素及成员特质,孕育出不同于其他组织的文化。

(2) 规范性:组织文化所包含的价值观与行为规范,对成员具有规范作用。

(3) 共有性:组织文化是团体成员共同创造、维护与传承的成果,为成员所共同持有,共同信奉,共同遵循。

(4) 动态性:组织文化为适应组织内外环境的变化,会不断改变或调整。

### (三) 组织文化的结构

组织文化分为潜层次的精神层、表层的制度系统、显现层的组织文化载体三个部分。

1. 潜层次的精神层

它是指组织文化中的核心和主体,是广大员工共同而潜在的意识形态,包括管理哲学、敬业精神、人本主义的价值观念、道德观念等。

2. 表层的制度系统

它又称制度层,指体现某个具体组织的文化特色的各种规章制度、道德规范和员工行为准则的总和,也包括组织体内的分工协作关系的组织结构。它是组织文化核心层(内隐部分)与显现层的中间层,是由虚体文化(意识形态)向实体文化转化的中介。

3. 显现层的组织文化载体

它又称物质层,是指凝聚着组织文化抽象内容的物质体的外在显现,它既包括了组织整个物质的和精神的活动过程、组织行为、组织体产出等外在表现形式,也包括了组织实体性的文化设备、设施等,如带有本组织色彩的工作环境、作业方式、图书馆、俱乐部等。

## (四) 组织文化理论研究的发展脉络

对组织文化的研究大致可以分为两个阶段。第一阶段是20世纪80年代,学者们主要致力于研究组织文化的基础理论,包括组织文化的定义、内涵、构成要素、类型划分以及与企业管理的关系等,可以把这个阶段称为"基础理论研究阶段"。第二阶段可被称为"实际应用研究阶段"。从20世纪90年代开始,组织文化研究从基础理论转向实际应用,主要探索组织文化与经营绩效、竞争力、员工满意度等其他管理要素的关系。

### 1. 定性基础理论研究

20世纪80年代,学者们围绕组织文化的概念和内涵、结构要素及类型划分等问题进行了卓有成效的研究。与此同时,很多学者认为,组织气氛研究是组织文化研究的起源,而组织文化研究则是组织气氛研究的必然发展结果。组织气氛研究往往仅满足于对组织成员的组织环境共享感知进行测量,而组织文化研究则延伸到比组织成员感知更加深层的共享价值、信念、意义等问题,并且把组织视为开放的系统,除了考察组织气氛研究所关注的组织内部环境之外,还关心包括组织外部环境在内的其他问题。

20世纪80年代兴起的组织文化基础理论研究基本上都是定性研究,定量研究只占少数。在当时定量研究已经成为管理学研究主流的背景下,组织文化研究却能独树一帜,开辟了一个特别的以定性研究为主的研究领域,从而使组织文化研究带有一定的时尚性、特殊性、创造性甚至革命性的色彩。早期的组织文化研究大多沿用人类学的研究范式,把组织文化视同传统的氏族部落文化,采用民族志研究方法进行长期的实地观察。沙因提出了现场观察、现场访谈、文化评估等方法,赞成采用个人或小组访谈的方式来进行文化评价,并且认为问卷调查的答案只能被视为文化的表现,无法表达任何实际产生影响的深层价值观或者共同假设。

### 2. 组织文化基础理论衍生及应用研究

20世纪90年代以后,西方企业遇到了更为激烈的竞争和更加严峻的挑战,迫使组织文化研究更加注重企业实际,从基础理论研究明显转向了实际应用研究。于是,组织文化研究出现了三个重要的走向:一是组织文化基础理论的衍生研究。主要包括三个方面:组织文化作为部分变量与其他管理要素的关系以及整合模型构建研究,与新的管理思想融合的研究,组织文化自身的深化研究。二是组织文化测量、诊断与评估研究,很多学者开发了组织文化定量分析量表,如OCAI(组织文化量表)、OBQ(组织信仰问卷)等,都想通过构建组织文化测量量表来定量测度、评估和诊断组织文化。三是有关组织文化与企业绩效关系的应用研究。最早关于组织文化与企业绩效相关的观点在"四重奏"中就已经出现,如迪尔和肯尼迪等学者认为文化的强度与企业取得成功有着密切的关系。20世纪90年代,很多学者运用实证方法证明了组织文化与经营绩效之间更为复杂的关系。例如,1992年科特和赫斯科特在《企业文化与绩效》一书中,对1987—1991年间美国22个行业72家公司的组织文化和经营绩效之间的关系进行了深入的研究,结果发现组织文化对企业绩效确有重要的作用,并且预测在未来很长时期内组织文化可能是决定企业兴衰的关键因素。

## 第二节 组织文化的形成

### 一、组织文化形成的影响因素

组织文化是在企业外部环境与内部环境的交互作用下形成的,因此考察组织文化形成的过程,需要从企业内、外部环境两方面把握其影响因素。

#### (一)外部因素

1. 社会文化

文化是一个历史范畴,不同的国家和民族,不同的历史,产生了不同的文化。组织文化作为社会文化的重要组成部分,带有社会历史发展的印记,是民族历史文化在企业生产经营过程中的浓缩和凝结。东西方文化的巨大差异,决定了东西方组织文化的总体差异,美、日两个管理大国的组织文化差异是最具代表性与说服力的实例。

在社会文化与组织文化关系的研究中,有以下两种观点:第一种观点认为,社会文化凌驾于组织文化之上。霍夫斯塔德对一个分布于世界上50多个国家的著名大型跨国公司进行调查,最后得出结论,民族文化能够解释员工在态度和行为方面将近89%的差异。在此基础上,有学者认为,社会、民族文化对员工的影响比组织文化对员工的影响大。在考虑员工行为的影响因素时,更应考虑到民族文化的作用。第二种观点认为,组织文化可以凌驾于社会文化之上。有学者认为社会文化作为基本的因素将对组织文化产生系统性的影响,但对组织文化来说,决定的因素在组织内部,特别是在于组织领导如何去营造,如何去通过组织修炼来实现其组织文化的目标模式。言下之意,通过营造强有力的组织文化,组织将能对员工的行为产生更大的影响。美国管理大师彼得·德鲁克也持类似的观点。这些研究的结论虽然不一致,但是都具有实际意义。

2. 行业文化

组织文化与行业文化是交互作用的。一方面,行业文化的形成,有赖于组织文化的发展,例如:许多行业的物耗标准、定额标准、指标体系等,是以行业中的中等、中级企业为准,或是取平均数为准,有时也以大企业为准;另一方面,行业文化一旦形成,组织文化就会对其积极地吸收,转化,例如麦当劳抓住消费者对饮食行业的消费心理特点,他们规定每一家麦当劳必须自始至终坚持QSCV(质量、服务、卫生、价值)的经营哲学,很明显地受到行业文化的影响。从一定意义上可以说,组织文化就是企业对行业规范的重筑和再造。

## (二) 内部因素

**1. 领导者**

许多研究表明,组织文化往往同那些企业创始人的创业意识、经营思想、工作作风、管理风格,与其意志、胆量、魄力、品格等有着直接的关系。

组织行为学大师罗宾斯在论述"组织文化如何开始"时说:"组织现行的惯例、传统、做事情的一般方式,在很大程度都是由于它以前的努力,还有这些努力所带来的成功。这就促使我们来追寻组织文化的最初源头:组织的创始人。"在科特与赫斯克特提出的"组织文化产生的一般模式"中也突出了企业高级管理人员在组织文化形成过程中的原创性作用。沙因认为组织文化是由领导者创造的,领导者所要做的唯一重要的事情就是创造和改变文化。组织文化的基本塑造方法就是:领导者重视、调节和控制;领导者对重大事件和企业危机的反应;领导者进行详细的角色示范、教育和培训;分配报酬和提升的标准;职工招雇、选择、提升、退休和解雇的标准;等。

**2. 员工及亚文化**

一个文化共同体,只要存在拥有丰富文化创造力的文化个体,那它就一定会形成主文化与亚文化共生与并存的割据,组织文化也不例外。每一个企业都有亚文化,这些亚文化常常在各个职能部门或地区分支中形成。在进入组织之前,每个人往往带有自己的一套价值观、态度和期望。其中包括对将要从事的工作和服务的组织的态度和期望;新员工进入组织之后,就开始了碰撞阶段,或许招聘过程能够很好保证一部分新员工与组织文化相适应,但或许还会出现另外一种情况,组织文化的强大压力并没有使员工服从,员工仍在小范围内保留着自己独特的文化。这种组织内的亚文化既可能破坏组织的凝聚力和稳定性,造成组织成员无所适从,也可能成功地瓦解组织的主流文化而建立一种新文化。

**3. 企业制度**

企业制度发挥了与正式结构非常相似的作用,使企业活动具有可预见性的特征,从而能降低模糊性和减少焦虑。一家企业能做出的最有影响力的陈述也恰恰是该企业看重什么、评价什么和奖赏什么,制定清晰的奖惩标准,使管理者能发出一个强烈的信号,表现出他们对组织文化变革的兴趣和承诺,招募、选拔、提升员工的标准也是组织文化交流的一种方式。

**4. 组织结构**

如果没有合适的组织结构的支持,领导者发展有效组织文化的想法必然会落空,如何组织企业显然与企业内部关系的重要假设以及怎样完成工作的理论息息相关。

**5. 物体的空间、外表和建筑物的实际**

企业的厂房结构、布局,办公室和接待室的装潢等同样对组织文化的形成产生影响。从物质环境可能推知的信息就如组织结构和程序一样,潜在地增强领导者传递的信息,但是,只有抱有这样的意图来控制这些要素时才能获得效果。

*6. 有关重大事件和重要人物的故事*

重大事件或重要人物是以寓言、传说或神话的形式表现出来,增强了企业的假设,并向新成员传授这些假设。当然,用这种方式宣扬可能会产生适得其反的结果,当旁观者知道真相后,会对领导者更加不信任甚至嗤之以鼻。此外,企业面临危机的处理方式也会在一定程度上影响企业文化的形成。

沙因把上述第 3—6 的影响因素统称为增强文化的辅助方法,辅助方法只有在与前面介绍过的基本方法相一致时才能产生作用。如果它们相互之间不一致,那么不是被企业所忽视,就是成为内部冲突的根源。

## 二、组织文化的形成过程

### (一) 组织文化产生的一般模式

科特与赫斯克特提出了"组织文化产生的一般模式",认为通过"行为"获得"结果"而上升为"文化"。组织文化的最早源头是高级管理人员的思想、创意与策略,再经由实施各项经营实务工作,然后产生经营成果,并且其成功可以持续相当长的时间,最后形成企业,出现组织文化。组织文化包含了企业创业思想和经营策略,同时也反映了人们实施这些策略的经验体会。因此,企业高管人员的更迭是削弱组织文化力量甚至改变组织文化的一个主要因素。

### (二) 组织文化形成的 HOME 途径

组织行为学家格罗斯和雪奇曼认为,一种适应的组织文化可以使企业成为一个功能健全的家庭,因此提出了形成组织文化的"回家"(HOME)途径,其中 H 代表历史,O 代表整体,M 代表成员资格,E 代表互换。HOME 是形成组织文化的四个干涉条件,可以通过一些方法进行影响。例如通过领导和角色造型影响 H 和 O;通过奖励系统、职业管理与工作安全感、招聘与任命、新员工的社会化、培训与开发等影响 M,培养组织成员的归属感;员工交往、参加决策、群体内协作、成员互换等则可以影响 E,增加成员之间的互换。

### (三) 沙因组织文化形成理论

沙因综合运用团体动力学理论、领导理论和学习理论解释组织文化的起源和变化。沙因认为,文化是团体学习的结果。当很多员工同时面临存在问题的情境并必须共同制定解决问题的方法时,就有了文化形成的基本条件。这个过程包括对问题的共同理解和共同认识,由此创造的方法实际地发挥作用并持续地产生影响。最初,实现共同拥有的能力确实包含了以前的文化知识和理解,但是共同拥有的新经历开始了新文化的形成过程,然后,它成为某个团体的特征。

### (四) 罗宾斯的组织文化模型

他认为组织文化最初源于组织创始人的经营理念。组织创始人的形象、个性特点、价值观念奠定了组织的早期文化,这种早期组织文化又决定了该组织的甄选过程,确定了招聘、选拔、录用成员的甄选标准。通过甄选过程首先产生高级管理人员;其次,高级管理人员根据甄选标准对成员进行选拔组合。

从社会心理学角度来看,社会化是人在社会互动中,履行社会行为规范和社会角色、形成个性,从而不断适应和参与社会生活的过程。其实,组织文化的社会化与个人在成长过程中的社会化异曲同工,是指经过筛选而录用的人员,为适应新的环境,学习组织的行为准则,满足组织内各级人员的角色期望,扮演组织要求的角色过程。此过程的初始状态最为重要,正如弗洛伊德认为的那样,人生最初阶段是人格发展关键期,它会影响一生人格特征的发展。成员在组织中早期社会化发展阶段也是他一生工作生涯的关键期,每个成员经社会化初始阶段所形成的角色、地位及与组织的相容度是工作的驱动力和对组织忠诚的前提条件。组织对其成员的社会化是分阶段有步骤完成的。

(1) 原有状态阶段。每个人虽已受聘某组织,但还带有自己的价值观体系、态度和期望,这是由他的就业前培训和教育等前期社会化带来的,前期社会化的差异导致态度期望差异,它们会对成员的归属和相互容纳形成阻力。因此在组织社会化的初始阶段,管理者应尽可能消除差异的存在,弄清成员原有的价值体系,密切注意新成员的工作动机、工作态度,使每个成员的价值体系与组织价值体系差别缩小。总之,此阶段的目的是使前期社会化的影响减少至最小。

(2) 碰撞阶段。由于新聘用的成员存在原有价值观体系,所以会产生来自于工作、同事、上司以及组织整体的期望与个人期望相碰撞的情况。这时,新成员必须使自己从以前的假设中摆脱出来,代之以另一套期望。经过碰撞,在甄选过程中所聘用的与组织差别不大的成员,可能改变原有的价值观体系,积极地将组织行为内化,很快地适应工作现状。

(3) 调整阶段。这一阶段,组织管理人员起核心作用,并对新成员的价值观、态度和期望来进行调整,例如注重训练新成员的集体感,重视新成员的正规化训练,设定组织内的标准化转变时期,等。组织经过这样的调整,使每个成员原有差异已基本消除,增加了成员行为的标准化程度。每个成员能感到自己已被同事接受,理解了整个组织系统的规章制度、工作程序、非正式的做法,了解到组织的评估体系、组织的期望是什么,认同了组织规范,这样,他离开组织的概率几乎为零。

社会化过程经过这三个阶段以后,使组织完成了对成员的导向活动,增强了成员对组织的认同、依附,因此,社会化过程在组织文化形成过程中起决定作用。如果经过社会化以后,仍没有消除一个成员与组织的显著差异,则导致该成员与组织规范产生冲突的可能性将越来越大,组织就必须主动放弃对他的约束,任其离职。

总而言之,组织文化是适应外部环境和组织内部一体化而形成的。在组织文化的形成过程中,组织高层管理者的角色非常重要,尤其是组织的创始人对组织的早期文化的形成影响巨大,往往因为其个人的经营哲学而建立一些特定的组织文化。组织高层管理者所制定的组织的奖赏制度和晋升制度是建立一支认同组织文化的员工队伍最有效的方法,而经理人员的个人操守、品德和信念更有引导和熏陶的作用,借着例行的企业的礼仪、典章和流传的逸事,加强了组织文化在员工心中的印象。对于新加入的员工来说,招聘时的甄选过程和进入组织后的社会化迎新活动都是强化组织文化的有效方法。

由此可见,组织文化的形成是由各种因素互相配合而产生的,其核心是管理层所希望达到的经营目标和使命,以及他们理想中的组织生活。

## 第三节 组织文化的基本类型

每一个企业的成立背景皆不同,因此每一个企业形成的文化也就不同,对于企业文化的类型,各学者的看法亦不同。组织文化的类型,或者叫特质,是指组织文化所具备的一些特定的价值观、信仰和共同的行为模式。由于组织文化的内涵较为抽象和复杂,为便于理解和操作,人们经常采用分类学的方法来对不同的组织文化进行界定。

### 一、早期的组织文化分类

早期的组织文化分类比较粗略,多以实用性为原则来分类。

#### (一) 威廉·大内的 Z 理论

威廉·大内提出的"Z 理论"认为,组织文化有三种类型:A 型文化、J 型文化和 Z 型文化。威廉·大内认为,在管理模式上存在着美国式的 A 型文化模式(American Model)和日本式的 J 型文化模式(Japanese Model)。美国式的 A 型文化模式表现为一种人际关系淡漠的模式,而日本式的 J 型文化模式则表现为一种人际关系融洽的、接近理想的模式。他在对这两种模式进行了比较研究之后,发现并提出:①这两种模式各自根植于两国固有的特定条件,很难移植和彻底改造;②虽然难以移植,但可以通过学习和借鉴,进行一些改造,为另一方所吸收和消化;③根据美国当前的社会人文环境的特点,吸收糅合日本的成功经验,可以提炼出一种兼具两家之长的新型管理模式——Z 型模式。威廉·大内认为这种 Z 型模式既能够满足企业内部紧密团结及更具竞争力的需要,又能够满足员工的自我利益的需要,是一种迈向未来的企业模式。

#### (二) 迪尔和肯尼迪的研究

1982 年迪尔和肯尼迪在《组织文化》一书中,从企业经营活动所具有的风险程度和公司及其员工在决策成功之后获得反馈的速度这两个因素来划分组织文化,从而提出四类文化,并认为管理者在不同类型的组织文化中发挥着不同的作用。

1. 硬汉文化

风险很高,决策结果反馈最快的企业往往属于这种文化。如电影公司、广告公司、风险创业公司等。这类公司决策时赌注高,决心大,冒大风险,企业内充满竞争气氛。但是,公司人员合作精神差,不重视长期投资,人员流动率高,很难建立坚强而又一贯的企业文化。

2. 尽心工作,尽心游戏文化

这是一种"行动文化",要求精力充沛,拼劲十足,但工作之后尽情玩乐,工作与玩乐并重。大多数商业性公司、推销公司属于此类文化,如房地产、批发、餐饮等。这种公司非常适合年轻人的特点,公司一般风险不大,但工作紧张。这种公司缺乏长远打算。

3. 赌博文化

这是一种风险很大、反馈缓慢的文化,其价值观集中在对未来投资,需要人们具有坚强的自信和长期经受考验的能力。基础工业企业,如冶金、石油、矿山等属于这类文化。这类文化尊重权威和专家,不能容忍心理不成熟的人和工作不认真的现象,这样有助于产生高质量的发明创造和重大技术突破。但是这类企业发展缓慢。

4. 过程文化

低风险、慢反馈的领域,注重过程和细节,谨慎周到,稳定保守,如银行、保险公司、水电公司、制药行业等企业往往属于这种文化。由于反馈过慢,员工对自己工作效果好坏全无观念,因此会促使他们把注意力放在"如何做"上面,而忽视"做什么"。在这种文化环境中工作的员工,工作井然有序,完全照章行事,因而也容易抑制人的创造性,产生僵化体制和官僚主义。

### (三) 杰弗里·桑南菲尔德的研究

艾莫瑞大学的杰弗里·桑南菲尔德按照组织文化的内在特征,将组织文化划分为四种类型。它有助于我们认识组织文化之间的差异,认识到个体与文化的合理匹配的重要性。

1. 学院型组织文化

学院型组织是为那些想全面掌握每一种新工作的人而准备的地方。在这里他们能不断地成长,进步。这种组织喜欢雇用年轻的大学毕业生,并为他们提供大量的专门培训,然后指导他们在特定的职能领域内从事各种专业化工作。桑南菲尔德认为,学院型组织的例子有:IBM公司、可口可乐公司、宝洁公司等。

2. 俱乐部型组织文化

俱乐部型组织非常重视适应、忠诚感和承诺。在俱乐部型组织中,资历是关键因素,年龄和经验都至关重要。与学院型组织相反,它们把管理人员培养成通才。俱乐部型组织的例子有政府机构和军队等。

3. 棒球队型组织文化

棒球队型这种组织鼓励冒险和革新。招聘时,从各种年龄和经验层次的人中寻求有才能的人,薪酬制度以员工绩效水平为标准。由于这种组织对工作出色的员工给予巨额奖酬和较大的自由度,员工一般都拼命工作。在会计、法律、投资银行、咨询公司、广告机构、软件开发、生物研究领域,这种组织比较普遍。

### 4. 堡垒型组织文化

棒球队型公司重视创造发明,而堡垒型公司则着眼于公司的生存。这类公司以前多数是学院型、俱乐部型或棒球队型的,但在困难时期衰落了,现在尽力来保证企业的生存。这类公司工作安全保障不足,但对于喜欢流动性、挑战的人来说,具有一定的吸引力。堡垒型组织包括大型零售店、林业产品公司、天然气探测公司等。

## (四)哈里森的研究

哈里森以规则或灵活、个人或团队为依据将组织文化分为四种类型。

### 1. 权力文化

这种文化结构像一张蜘蛛网,中心有权力源泉,从中心放射出权力射线和影响,并由职能的或专家的"绳子"相联结。适应这种文化的组织,依赖于信任和感情来取得效率,依靠"心灵感应"和个人交谈而相互沟通。这种组织只有很少的规则和工作程序,不太讲究规范化形式。基于这种文化的组织对威胁和危险能很好地作出反应,但它是否前进,前进的方向是否正确,都取决于处于中心地位的人物,这些人物的素质在组织中极端重要。组织规模的大小对于权力文化是一个问题。

### 2. 角色文化

与此相适应的组织结构可用希腊的庙宇来描绘,这种文化是按逻辑和理性来运行的。角色组织把它的力量寄托在支柱——它的职能或事业上。支配支柱运行及其相互作用的因素是:①为角色制订的程序,如职务描述、职权定义;②为交往而制订的程序;③为解决争端而制订的规则。在这种角色文化中,角色或职务表述通常要比担任职务的人更为重要,主要权力来源是职位原因,规章制度是主要发挥作用的手段,角色的效率取决于工作和责任分配的合理性,而不是依赖于个性。角色文化感觉到改变的需要是缓慢的,角色文化给个人提供了安全和可预期性,其安全过分依赖于组织而很少依赖于个人能力。

### 3. 任务文化

任务文化是职务或项目取向的,其结构可用网络来代表,许多权力和影响位于网络的缝隙和节点上,"矩阵组织"就是任务文化的一种结构形式。任务文化把适当的资源积聚在一起,把适当的人安置在适当的位置上,并让他们放手工作,这是一种团队文化,它利用团队的统一力量去提高效率。这种文化适应性极强,它适合于需要灵活性和敏感性的市场和环境。在任务文化的组织中,实行控制较为困难,本质上属于不稳定的文化,是一种强调专家权力、奖励工作结果、把个人与群体目标结合进来的文化。

### 4. 人的文化

这是一种既以人为导向,又强调平等的文化。这种文化富于创造性,孕育着新的观点,允许每个人按照自己的兴趣工作,同时保持相互有利的关系。在这样的组织里,组织实际上服从个人的意愿,但是很容易被个人左右。

## (五)科特和赫斯科特的研究

哈佛商学院的两位著名教授约翰·科特和詹姆斯·赫斯科特于1987年8月至1991

年1月,先后进行了四个项目的研究,依据组织文化与组织长期经营之间的关系,将组织文化分为三类:

1. 强力型组织文化

在具有强力型组织文化的公司中,员工们方向明确,步调一致,组织成员有共同的价值观念和行为方式,所以他们愿意为企业自愿工作或献身,而这种心态又使得员工们更加努力。强力型组织文化提供了必要的企业组织机构和管理机制,从而避免了组织对那些常见的、窒息组织活力和改革思想的官僚们的依赖,因此,它促进了组织业绩的提升。

2. 策略合理型组织文化

具有这种组织文化的企业,不存在抽象的、好的组织文化内涵,也不存在任何放之四海而皆准、适合所有企业的"克敌制胜"的组织文化。只有当组织文化"适应"企业环境时,这种文化才是好的、有效的文化。不同的组织,需要不同的组织文化,只有文化适应于组织,才能发挥其最大的功能,改善企业经营状况。

3. 灵活适应型组织文化

市场适应度高的组织文化必须具有在员工个人生活中和公司企业生活中都提倡信心和信赖感、不畏风险、注重行为方式等特点,员工之间相互支持,勇于发现问题、解决问题。员工有高度的工作热情,愿意为组织牺牲一切。

研究发现,许多组织文化不能纯粹明晰地归类于以上三种或四种文化类型中的某一种,因为它们是混合型的组织文化,或者因为它们正处于转型之中。

早期的组织文化分类虽然简单明了,但缺乏严谨的理论依据,而且流于主观,无法客观地量度和判断特定的文化。为了解决这些问题,组织文化的研究者们尝试利用不同的方法来发展组织文化的分类,其中以丹尼逊和梅士拉的分类、奎因等人的研究最为突出。

## 二、丹尼逊和梅士拉的文化分类

丹尼逊和梅士拉非常注重组织管理中的战略和外部环境这两大要素。他们从一些企业的个案开始,找出了四种不同特性的组织文化。丹尼逊和梅士拉认为,战略和外部环境对公司文化有着重要影响,公司文化应包含组织在其环境中有效率所必需的因素。例如,如果外部环境要求灵活性和反应能力,组织文化就应当鼓励适应性。文化价值观和信念、组织战略和商业环境之间的恰当关系会提高组织的绩效。

丹尼逊和梅士拉利用管理方格理论,从两个不同的方向来划分出四种不同特性的文化(如表7-2所示)。这些类别基于两个因素:①竞争性环境所需要的转变与弹性(灵活性)或稳定与指导(稳定性程度),即转变与稳定的对比;②战略的重心和强度侧重于内部一体化(内部的程度)或是外部导向(外部的程度),即外部适应与内部一体化的对比。存在这些区别的四种文化分别是适应性文化、使命性文化、投入性文化和持续性文化(或称为均匀性文化)。

表 7-2　四种不同特性的文化

| 战略重心和强度 | | 竞争性环境 | |
| --- | --- | --- | --- |
| | | 转变与弹性 | 稳定与指导 |
| | 外部导向 | 适应性文化 | 使命性文化 |
| | 内部一体化 | 投入性文化 | 持续性文化（均匀性文化）|

1. 适应性文化

强调转变与外部导向的文化特性称为适应性。适应性文化以实施灵活性和适应顾客需要的变化、把战略重点集中于外部环境适应上为特点。这种文化鼓励那些支持组织去探寻、解释和把环境中信息转化成新的反应行为能力的准则和信念。

适应性文化的公司并不只是快速地对环境变化作出反应，而是积极地创造变化。革新、创造性和风险行为被高度评价并得到奖励，公司的价值观重视个人的首创精神和企业家精神，所有的员工都必须迅速地行动以满足顾客的需要。

2. 使命性文化

对于服务外部环境中的特定顾客，而不需迅速改变的组织适于采用使命性文化。使命性文化的特征是强调稳定性，但有外部适应导向的特性，着重于对组织目标的一种清晰认知和目标的完成，诸如销售额增长、利润率或市场份额提高，以帮助组织达至目标。个人员工一般对特定水平的绩效负责，组织相应给予承诺以及特定的回报。管理者通过建立长期愿景和传达一种组织的期望未来状态来塑造员工行为。使命性文化的公司往往把自己设定为力图成为世界上最优秀的同类公司，能达到高绩效标准的管理者将得到慷慨的嘉奖——股票期权、奖金和快速的升迁。

3. 投入性文化

投入性文化强调转变但着重内部一体化，注重组织成员的投入感、参与感，共享和外部环境所传达的快速变化的期望。这种文化相比其他种类文化而言，更强调员工需要以获得优异绩效。参与、共享会产生一种责任感和所有权，然后，员工会对组织产生更强的认同。

投入性文化中最重要的价值观是关心员工，只有这样做组织才可以适应竞争和不断改变的市场。时装业和零售业的公司也可以运用这种文化类型，因为这种文化可以发挥员工的创造力，对迅速变化的市场作出反应。

4. 持续性文化

持续性文化注重稳定和内部一体化，即有常规的模式规范，包括清晰界定的行为、制度和意义等。这种组织有一种支持商业运作的程式化方法。在这种文化中，个人参与在某种程度上有所降低，但这被员工间高水平的一致性、简洁性、合作性所弥补。这种组织依赖高度整合性和高效率而获得成功。

这四种不同文化的特性提供了一个基本架构来分析一家企业的组织文化。值得注意的是，这四种不同文化的特性是没有排斥性的，在一个企业组织内，可能存在着两种、三种文化的特性，甚至四种文化特性同时存在。但在很少情况下，这四种不同文化的特性都有相同的强度,往往一个企业组织只会有一种较强特性的文化,成为其主流文化。

## 三、奎因等人的竞争价值结构

1999年卡梅隆和奎因在竞争价值观框架(Competing Values Framework,CVF)的基础上,构建了组织文化评价量表(OCAI)。CVF是由对有效组织的研究而发展起来的,它所回答的主要问题是:什么是决定一个组织有效与否的主要判据?影响组织有效性的主要因素是什么?坎贝尔等曾构建了一套由39个指标构成的组织有效性度量量表。卡梅隆和奎因考察了这些指标的聚类模式,发现了两个主要的维度(灵活性/稳定性,关注内部/关注外部),并且可以依照这两个维度把组织文化分为四个象限,分别代表着不同特征的组织文化。这四个象限分别被命名为宗族型、活力型、层级型和市场型。

1. 宗族型文化

组织的工作环境充满友好。人们之间相互沟通,像一个大家庭。领导以导师甚至父亲的形象出现。组织靠忠诚或传统凝聚员工,强调凝聚力、士气,重视关注客户和员工,鼓励团队合作、参与和协商。组织的成功意味着人力资源得到发展。

2. 活力型文化

组织具有充满活力、创造性的工作环境。人们勇于争先、冒险。领导以革新者和敢于冒险的形象出现。组织靠不断实验和革新来凝聚员工,强调位于领先位置。组织的成功意味着获取独特的产品或服务,鼓励个体的主动性和自主权。

3. 层级型文化

组织具有非常正式、有层次的工作环境,人们做事有章可循。领导以协调者和组织者的形象出现。组织依靠正式的规则和政策凝聚员工,关注的长期目标是组织运行的稳定性和有效性。组织的成功意味着可靠的服务、良好的运行和低成本。

4. 市场型文化

此类文化的组织属于结果导向型组织。组织员工之间富于竞争力,以目标为导向。领导以推动者和竞争者的形象出现。组织通过强调胜出来凝聚员工,关心声誉和成功,关注的长期目标是富于竞争性的活动和对可度量目标的实现。组织的成功意味着高市场份额和市场领导地位。

组织文化类型的研究经历了一个从感性评价到理性科学的发展过程。早期的组织文化类型分类标准更加主观,对组织文化的实质性问题的揭示并不深入,但它们在组织文化分类方面发挥先导性的作用,而在后续的组织文化类型研究中分类标准则体现出以显著特征为主要参考条件的特点。丹尼逊和梅士拉、卡梅隆和奎因利用了埃得加·沙因研究成果的思路,选择了若干对极点来进行分类,各个极点之间实质上是可以撞击的,撞击的结果是形成了丰富多彩的各类组织文化。有的组织的主流文化偏重于外部适应,有的组织的主流文化则偏重于内部一体化,有的组织的主流文化注重转变和弹性,有的组织的主流文化则注重平稳和控制,但并不排斥其他文化的并存。不过,丹尼逊和梅士拉偏重于文化的特性,卡梅隆和奎因却偏重于组织内的价值观。

虽然两者的着重点有所不同,但分类却颇为相似。这些分类有助于我们了解组织文化的效能。需要指出的是,卡梅隆和奎因提出的组织文化评价量表(OCAI),能够具体地调查和检测组织的文化类型,具有极强的操作性和应用性,其可信度和有效度也被管理学界和企业组织广泛地接受。

## 第四节　威廉·大内的Z理论

### 一、背景

#### (一) 理论背景

Z理论产生于管理理论丛林发展的时期。在Z理论产生之前,早期的古典管理理论学家泰勒、法约尔、马克斯·韦伯等人都把人看作"经济人",因此采取严格的科学办法来进行管理,强调组织和管理的科学性、精密性而忽视了人的因素,把工人只是看成组织中的一个零件。从行为科学引入管理学研究开始,管理对象的重心发生了转变,从传统的"以物为中心的管理"发展到"以人、行为为中心的管理"。随着对人性的认识和管理对象的变化,管理的方法也发生了重大的变化,由原来的监督管理,转变到更加人性化的管理。1957年,道格拉斯·麦格雷戈在《企业中的人性方面》一文中提出了"X理论"和"Y理论"。基于这两种理论,威廉·大内通过对美、日两国典型的企业进行研究,认为日企的经营管理效率比美企高的主要原因是:日企管理中已形成"日式"所独有的团队精神,由此总结出日式管理的基本手段,即终身雇佣制、缓慢的评价与升职制度以及非专业的多岗位的职业培养。因此,他提出美企应根据自身特点借鉴日企的优势,以形成适合自己的管理方式,他把这样的管理称为"Z型"管理方式,由此形成"Z理论"。

#### (二) 现实背景

日本在经历了二战之后全国一片废墟,百废待兴。然而在短短的30年时间内,便取得了令人瞠目结舌的经济发展成绩。从1945年二战结束到1955年的10年时间,日本经济恢复到二战前的水平。在这10年中,经济上从统治经济体制过渡为政府主导的市场经济体制。随后进入了经济高速增长期,从20世纪50年代中期至70年代初,国民生产总值每年的平均增长率达到了10%,每年的工业增长率则达到了平均13.6%。从1965年到1973年的8年中,对外贸易从开始出现顺差直至增长了3.5倍,而工业生产则增长8.6倍。

二战后,日本经济高速发展,其生产力的增速是美国的400%,而美国生产力的增幅甚至落后于欧洲国家。日本企业实力日益增加,并呈现逐渐侵占美国市场的趋势,使得许多美国管理专家与学者感到震惊和不可思议。鉴于二战后日本国内的现状及战胜国对它的制裁,日本根本不可能实现如此飞快的发展,但是事实却恰恰相反。于是,全世界展开了一股研究、探讨日本企业经营管理模式的浪潮,其中美国管理学界的表现最为突出。当美国人普遍提出"日本威胁论"的时候,威廉·大内从1973年开始转向研究日本企业管理,并从与美、日企业界人士广泛的交往中得到有益的启发,在深入调查两国企业管理现状的基础上,参照传统的X理论和Y理论,以日本企业文化为参照系,于1981年出版了《Z理论——美国企业界怎样迎接日本的挑战》一书,将日本的企业文化管理加以归纳,希望从与美国拥有不同文化背景的日本企业管理模式中找到美国企业可以借鉴的经验,化日本企业的威胁为美国企业发展的动力。

## 二、理论内容

### (一) 含义

道格拉斯·麦格雷戈是美国著名的行为科学家,他曾提出"X理论"以及"Y理论"。X理论的管理者假设人们基本上是懒惰而不负责任的,需要经常受到监视;Y理论的管理者则假设人们基本上是努力工作的、负责任的,并且只需要支持和鼓励——这些体现了西方的管理原则。

威廉·大内在此基础上提出了"Z理论"。Z理论的管理者假设人们生来是互相服务、互相团结的,人们在工作中会同甘共苦,以自我监督为主,以互相监督为辅,人们对集体的目标负责,具有职业自豪感,可以与他人合作并发挥智力、潜力。相比可见,X理论是负面的、静态的和僵硬的;Y理论是积极的、动态的和灵活的;而Z理论强调组织管理的文化因素,并认为组织或企业在生产力上不仅需要考虑技术和利润等硬性指标,还应考虑软性因素,如人性化因素,即信任、人与人之间的密切程度和微妙的关系等。X理论和Y理论体现了西方的管理原则,Z理论则强调在组织的管理中加入东方的人性化因素,是东西方文化和管理哲学的碰撞与融合。在一定程度上,我们可以将Z理论看作是威廉·大内对X理论和Y理论的补充和完善,企业管理者对雇员进行管理时,应该根据实际情况,权衡制度与人性、控制与主动之间的关系,采用最符合组织效率与雇员利益的管理模式。

### (二) 理论框架和原则

1. 理论框架

Z理论的框架体系大致可以分为六部分:

(1) 管理体制的畅通。即企业从上到下保持信息共享,管理层要随时了解基层情况,及时反馈重要信息,管理决策时积极鼓励职工提出意见,调动职工的积极性;管理层发出的任何信息也要真实地传达给每个职工,让职工及时掌握和了解企业发展动态。

(2) 基层管理者的权力。强调对基层管理者的充分授权,让他们有权力迅速处理管理工作中的具体事务和突发事件,及时协调职工的思想与意见,调动职工的参与积极性,让其参与制定、实施具体方案。

(3) 中层管理者的职责。企业中层管理者要及时向下传达高层的决策,随时向上反馈基层职工的工作动态与意见,起到承上启下的作用,并适时地提出自己的管理思想与决策。

(4) 基层职工的意见。企业管理者要长期雇佣员工,高度重视基层职工的意见与建议,并及时进行整理与分析,改进管理中的失误,这样可以增强职工的责任心和归属感,与企业共同进退。

(5) 职工培训与考核。职工培训主要包括提高工作技能、问题解决能力、人际交往能力和服务能力等;职工考核则要重点把握全面性特点,考核职工的方方面面,及时向职工反馈考核结果,表扬优点并提出改进意见,考核结果也是能否晋升的重要指标。

(6) 职工福利与工作环境。企业管理者要随时关心职工的工作环境与福利,营造和谐美好的氛围,及时解决职工遇到的难题,让他们能在心情舒畅的状态下一心一意地工作,这将极大地提高职工的工作效率。

2. 原则

威廉·大内强调企业管理过程中企业组织和企业文化的重要性,认为日本企业成功的关键是重视人的因素。基于此,威廉·大内归纳出 Z 理论的基本原则。

Z 理论的第一个原则是信任,即在上下级之间、部门之间、雇主与雇员之间,建立一种互相信任的管理制度。威廉·大内认为,生产力和信任是紧密相关的。信任可以被看作是一种合作与沟通的方式,在一个企业或者企业的一个部门中,一个人如果信任他的同事,那么他就会相信他的同事将会对他同样的坦白和诚实,这就是生产力。

Z 理论的第二个原则是微妙性,即废除上司发号施令和监督控制等激烈的管理办法,而采用一种微妙(或叫微调)的办法来激励工人提高生产率。威廉·大内认为,人与人之间的关系始终是复杂的并处于变化之中,如果一个班组长能够深知雇员的个人特点,并有效地使之在工作中充分发挥,那么就可以获得更高的生产力。但是这种微妙性是无法捕捉的,一旦这种微妙性遭到官僚主义管理方式的破坏,生产力就会日趋下降。

Z 理论的第三个原则是密切关系,即在人与人之间建立一种平等的关系,形成一种家庭似的亲密气氛。威廉·大内赞同社会学家长期以来的观点:密切关系是一个健全社会必不可少的组成部分。在某个环境下,不具备社会责任感的人,会丧失集体观念。威廉·大内认为,一个成功的工业化社会,在工作场所也应存在密切的关系。

综上可见,威廉·大内认为组织和文化特性主要由信任、微妙性和密切关系组成。企业管理者应该充分信任自己的雇员,并且通过信任激励员工以诚实诚恳的态度对待企业和同事,忠心地为企业工作和创造价值。威廉·大内认为,人与人之间的关系是复杂而又微妙,微妙性可以使企业根据雇员的个性和特长组成最佳搭档或团队,增强生产力。微妙性可以使企业减少成本,提高经济效益和生产力。密切的关系通过人们的感情使信任和微妙性得到发展,在人们之间建立起一种紧密友好的关系,共同为实现企业目标而努力。二战后,日本式管理取得的成功,充分证明了信任、微妙性以及密切关系的重要性。

### (三) A、J、Z 型组织的对比

对比"X""Y"以及"Z"三种理论后,大内总结出了日本与西方的组织基本形式,即"J型""A型"与"Z型"组织。日本企业被大内看作是"J型"组织;美国企业看作是"A型"组

织,而"Z型"组织则是通过"J型"与"A型"两种组织形式相比较提出的一种更适合美企的组织形式。J型组织、A型组织与Z型组织比较如表7-3所示。

表7-3 J型组织、A型组织与Z型组织比较

| J型组织(日本型) | A型组织(美国型) | Z型组织 |
| --- | --- | --- |
| 终身雇佣制 | 短期雇佣制 | 长期或终身雇佣制 |
| 缓慢的评估和升职过程 | 快速的评估和升职过程 | 经常性的评估和相对缓慢的升职 |
| 非专业化发展模式 | 专业化发展模式 | 非专业化发展模式 |
| 含蓄的控制机制 | 透明的控制机制 | 透明化和含蓄化均势的控制机制 |
| 集体决策 | 个人决策 | 集体研究、个人决策 |
| 集体负责制 | 个人负责制 | 个人负责制 |
| 关注整体 | 关注局部 | 关注整体 |

### 1. "A型"和"J型"组织

"A型"组织是大多数美国企业的组织形式,它代表着西方管理方法的普遍特征,即领导者决策,雇员处于被动的、服从的地位。"A型"组织是依据异质化的人群、流动的社会关系和个人主义等条件天然调整的结果,在此类组织中,人际关系是脆弱的,且较少发展成密切的关系。而"J型"组织是大多数日本企业运用的组织形式。其意味着同质化的人群、稳定的社会关系和集体主义等。

### 2. "Z型"组织

"Z型"组织的主要特点有:

(1) 长期或者终身雇佣制。"Z型"组织与日本同类型公司一样往往都实行长期雇佣制,通常它要求大量的在职培训。因此,这些公司希望留住雇员,花钱让他们参加培训,以便在这样一个独特的环境中创造出优异的成绩。由于雇员的许多技能只能在这样一个公司中发挥作用,他们不能轻而易举地在其他地方找到报酬相同或带来相同挑战的工作,因此他们往往与公司共进退。

(2) 长期考核,逐步提升。工作上的特点带来了长期雇佣关系,同时也使得评估与升职成为一个相对缓慢的过程。"Z型"组织与日式组织的不同之处在于,"Z型"组织并不能等到10年后才启动评估与升职程序,任何这么做的公司是留不住精明能干的雇员。但相比于"A型"组织,"Z型"组织的升职机会又比它来得慢许多。

(3) 非专门化的职业发展模式。在"Z型"组织中,职业发展的模式表现在不同职能部门、职位间"徘徊"的特点,而这个特点正是日本企业的典型特征。但是"经历这样的'非专业化'发展的雇员是要承担风险的(即最后形成的技能在很大程度上对其他公司没有吸引力)"。

(4) 含蓄与透明并行的控制机制。"A型"组织形式的控制机制是透明的;"J型"组织形式的控制机制是较为含蓄的;在"Z型"组织中,透明化和含蓄化的控制机制是"势均力敌"的,即基本上暗示性控制兼有若干明文规定。

(5) 集体研究,个人决策。在"Z型"组织中,典型的决策过程是一个展现出集体意志和重视员工参与决策的过程。在"Z型"组织中,决策可能是集体行为,但最终负责决策的仍旧是个人。

(6) 个人负责制。集体决策制与个人负责制的结合需要一种信任的氛围。只有人们坚定地认为所有人都具有基本相容的目标,而且任何人都不参与自私自利的活动,个人才会承担起集体决策的个人责任,并会满怀热情地完成本职工作。

(7) 关注整体。除了某些重大差异外,Z 型公司的整体化倾向在许多方面类似于日本组织的整体化特征。整体化的关系,具有势均力敌的力量,鼓励人们在态度上具有更多的平等主义色彩。

### (四) A 型向 Z 型组织的转化步骤

大内认为 Z 型组织更切合美国文化。所以,美企要借鉴日企管理经验应从 A 型组织转向 Z 型组织。对于如何转向,他认为有 13 个步骤,这些步骤可能是交织在一起的,但是,按顺序排列并实施的逻辑是基础。

1. 了解 Z 型组织和你扮演的角色

首先,所有参与变革的经理都应熟悉 Z 理论;其次,开诚布公地讨论疑惑,以形成信任(包含默契);而开诚布公的方法是建立正直的品格,并使每个人积极主动的作用得到施展;第三,坦诚和平等待人是发展基础性和普遍性的信任关系的关键;第四,完成 A 型到 Z 型组织转变的人都有一个明显的整体化特点,即从整体的角度去解决问题,解决客户和雇员的需要,满足上下级的要求,处理财务以及生产环节的问题。

2. 审查公司的哲学观

企业目标(即哲学观)手册让雇员们都了解工作和生活的价值观,它提出雇员在组织中的行为举止方式,以满足职员、客户以及组织服务社区的需求。哲学观并非凭空出现,而是需要深入分析公司以往的管理指导思想以及经营方针,搞清公司在作出决策时奉行哪些原则。通过审查,有些不一致的问题就会暴露出来,公开讨论组织在以往是以何为依据作出决策去解决问题,这能促进信任、微妙性的形成。

3. 确定适合的管理哲学并让领导参与

只有对现行惯例有清晰的认识,才会发现,在组织现有观念中有哪些是不相称的,与其他惯例相冲的,在哪些方面有疏忽的。在此步骤,领导者应负起更大的责任。在组织中,通过讨论 Z 理论达成共识,若是高层管理人员对管理哲学中的某些较为敏感且重要的元素持不同意见,会造成分歧。大内认为,组织变革的成功离不开组织中领导者的直接参与和亲自支持。在组织变革的过程中,组织的领导者应协同各级人员研讨并制定组织的管理战略。组织领导者的积极参与和直接支持,是组织变革成功与否的关键。

4. 哲学观的实现靠的是搭建结构和提供动力

组织需要组织结构来指导实现合作和发展微妙的人际关系,并提出不同的要求时把眼光放地更长远些。因此,贯彻组织宗旨的保证是必须要建立较为高效的合作以及协调的组织结构和激励措施。

5. 培养人际交往关系的能力

在 Z 型组织中,直接试探性询问同僚是不值得提倡的。人际交往应学习的第一种能力是能分辨人们在负责决策和处理问题时,在组织内部中的相互影响方式。培养雇员学会发现组织在何时为避免探讨真正的问题时,因仓促所提出的解决办法;学会观察组织成员是怎样以微妙的方式参与公开谈论;学会发现组织在何时开始偏离轨道。第二种技能是学会怎样在组织中发挥领导力。这样组织就可快速的发现问题,找到问题的来源并能制定出解决问题的策略。

6. 自我检验与系统检验

由上到下践行契合 Z 理论的管理方式前,上级或下级都应先查验自身,确认这样的哲学观能否成立。另一个查验方法是邀约此前没有参与组织革新的人到组织考察,请他们对管理人员及雇员们进行采访,并把他们对组织及成员的印象整理成册。

7. 让工会参与

新的 Z 型组织应邀工会参与变革,若刚好进行到第八或第九个步骤,那将会取得更好的效果。在此工作中,组织不应排斥工会所具有的作用,而应得到工会的参与支持。大内认为,Z 型组织的成功在很大程度上有赖于权利的平等分配,成立工会是做到平等分配的一种方法。他认为从专制化管理转化为民主化管理的组织,会赢得雇员的信任。Z 型组织的管理层会发现工会向组织提供一个现成的"管道",通过这个"管道",组织可以与雇员沟通,将雇员的教育、娱乐、社交结合在一起。

8. 稳定雇佣关系

为避免员工主动提出结束雇佣关系,这些员工的工作应该展现出公正性及挑战性,并且他们还需要在组织里参与关于本职工作的决策。强制结束雇佣关系,很大程度是与企业的政策有关。在销售额降低和经济疲软的时候,有些企业会辞退一些员工。但如能同甘共苦,在窘迫的情况下避免辞退员工,那么,这批员工们必会更效忠组织。

9. 确定缓慢的评估和升职制度

缓慢的评估和升职制度对缺乏耐性的人来说,可能会直接放弃 Z 型组织提供更有前途的工作,而进入 A 型组织。此时,Z 型组织应让员工们了解长期绩效的重要性,放缓评估和升职的过程是非常重要的。在 Z 型组织中,年轻员工和经理从一个职位调到别的岗位,他们都能快速地结识更有经验的人,所以,他们能更快地学到新东西,能更快地成为"通才"。

10. 拓宽职业发展模式的发展方向

研究表明:在企业内不停调换职位(就算是平级调岗而非升职)的雇员与经常换工作并能升职的人差不多,他们一样具备较高的效率、积极性和满足感。相比之下,职位毫无变动的雇员对工作会快速地失去兴致,丧失积极性和责任心。

11. 做好在基层实施变革的准备

这些准备包括:变革始于组织最上层,自上而下,组织必须已经具备一定程度的合作氛围;建立雇员对公司的信任;建立参与机制,重视雇员参与;保持组织实施变革的连贯性;及时的认可(强化)。这一步应重视动员基层员工,只有这样才能使革新在基层中顺利推行。基层员工的合作程度与意愿如能提升,员工的办事、工作效率才能提升,生产力也才能提高。

12. 选择在哪些方面实施参与式管理

大内认为,如果一个组织在报酬上实现公平合理,工作上具有稳定性,各个部门之间能够相互协作,那么雇员的责任心和生产力通常已经开始提高和增强,此时,组织中的雇员可以承担更多责任,并且有可能创造出更高的生产力。在第12步应让基层员工加入任务,并鼓励雇员参与管理。

13. 提供发展整体化关系的机会

尽全力创设雇员的个人利益与组织利益的全面整体关系。整体化关系是使一个组织变为一个整体的结果,而非原因。组织中整体化关系的建立,是组织向心力与凝聚力的体现。在某种程度上,它能使上下级聚合在一起,具备短暂平等的关系,这样便能助于维系组织的平等,并由此表明上下属之间的距离并非不可僭越。

这13个步骤只是供人探讨的焦点或指南,而非提升管理水准的"使用手册"。大内认为,从A到Z的转变极有可能需要花10到15年时间,才能向下波及每位职员。并且,大规模的实施且发展顺利的变革并不多见,但是,组织变革一旦成功,组织将会获得更大的收益。

## 三、理论评价

### (一)威廉·大内Z理论的贡献

1. 为后来管理理论的发展提供了新的视角

大内对怎样调动人的积极性来促进生产率发展的研究视角触及了企业文化的宗旨,强调文化对一个组织的支撑作用。

2. 有利于拓展管理科学研究的思路

大内采取实证的比较研究方法,对日本、美国的企业管理方式进行大量的比较,通过比较,大内主张取日本之长来补美国之短,创造性地吸取日本企业的成功之道。

3. 促进美国企业的发展

《Z理论》一书促使美国企业更加关注企业中人的因素。

### (二)威廉·大内的Z理论的局限性

1. 未形成理论化的研究模式

《Z理论》一书中所进行的美日公司比较以及Z型组织的建立没有形成相对固定的分析模式,且应用范围比较狭窄。对于理论中提到关键"微妙性、互相信任的、开放式"的文化模式实施尺度难以把控,这也进一步造成从"A型组织"到"Z型组织"的转变步骤的难以操作性。

2. 对形成的Z型组织特征的适用性并未进行深入研究

具有非内部竞争性,倾向于长期雇佣等特征的Z型组织是否能够在美国或者是其他国家适用并取得成功,未进行讨论,缺乏实证研究资料,也就没有了说服力。

3. 固化的制度管理思维

无论企业怎样管理都想用制度设计把人的行为约束起来进行考核、评优,制度管理思想对制造业员工管理较为有效,而对知识员工和现代服务业无效。

## 第五节　托马斯·彼得斯的追求卓越

### 一、背景

#### (一) 理论背景

20世纪70年代末80年代初,日本经济实力的强大对美国乃至西欧经济形成了挑战,托马斯·彼得斯的《追求卓越》一书出版于日本企业在世界上步步紧逼,美国企业却是节节败退的大背景下。当时的美国企业热衷于在管理思想界占统治地位的"理性模型"和"企业战略范例",职业经理人习惯于计划模型和精确财务分析,高高在上,发号施令,却普遍忽视管理学最基本的原则和品质,失去了对管理本质的把握,从而在一定程度上导致美国企业的惨败和自信心丧失。

为了迎接日本企业的挑战,美国企业界和学术界开始积极研究日本的经营管理经验,对本国企业管理的理论和实践进行反思、评价和探索,开始逐步意识到在注重科学管理的同时,也不应忽视"组织文化"的存在及其重要性。1982年托马斯·彼得斯《追求卓越》的出版成为美国商业的拯救者和美国商业史上的转折点。

#### (二) 现实背景

20世纪80年代以后,整个世界处于一种极度动荡的状态,国际政治动荡起伏,世界经济变幻莫测,而当时的科学技术又日新月异,国与国之间的竞争开始由以军事实力为基础向以经济实力为基础转移。当时的美国失去了在国际市场上的绝对优势,尤其是20世纪70年代末的能源危机,使美国的企业面临严峻的挑战。

在彼得斯看来,物质资源、组织形式以及管理技巧已经不是最关键的因素,软实力特别是价值观才是企业竞争力的体现。知识经济的浪潮让"经济人"逐渐走向"社会人""自我实现人";企业竞争由生产力的竞争转变为服务竞争;经济全球化、跨国跨地区经营成为趋势……如何保障所有决策契合企业根本利益?这就要求企业具备统一的思维方式、哲学思想、经营理念。共同的价值观和目标愿景,共享的企业文化,才能最终把员工和企业紧紧联系在一起。获利对企业固然重要,但卓越的企业不光会赚钱,还会创造意义。

## 三、理论内容

托马斯·彼得斯是享誉世界的经营管理大师,1942年出生于美国巴尔的摩市,曾获康奈尔大学土木工程学士学位及硕士学位,获斯坦福大学的企管硕士和商学博士学位,担任麦肯锡咨询公司的顾问,任教于斯坦福大学,并经常为《华尔街日报》撰稿。他的主要著作有:《追求卓越》(与罗伯特·沃特曼合著)、《乱中取胜》、《卓越的热潮》、《管理的解放》等。罗伯特·沃特曼出生于美国的丹佛市,曾获科罗拉多州矿业大学工程学士学位,获斯坦福大学的企管硕士学位,在麦肯锡公司任职20余年。他的主要著作除《追求卓越》外还有《卓越的边界》等。

彼得斯进入麦肯锡公司时,波士顿咨询公司发明的波士顿矩阵,在当时深受企业高管的欢迎,很多经理把这个矩阵当作有助于明确而迅速地作出战略投资决策的指南,视为公司有效管理的圭臬,为了应对波士顿咨询公司的挑战和威胁,麦肯锡公司设想了一个针锋相对的方案——"杰出公司"计划。彼得斯正是在这个计划中崭露头角。

1977年,彼得斯、沃特曼开始了"杰出公司"的研究,不久,理查德·帕斯卡尔与安东尼·阿索斯也加入了这个团队。通过6项长期财务绩效衡量标准和创新程度筛选样本(企业的范围以《财富》杂志所列的500强为准),最后选择出制造、信息、服务、销售、交通和食品等行业的43家企业进行调研,以麦肯锡"7S"框架作为访谈结构,经过将近四年的调查研究,彼得斯他们总结出卓越企业的八大特质,即:崇尚行动、贴近顾客、自主创新、以人为本、价值驱动、不离本行、精兵简政、宽严并济。1982年10月,彼得斯和沃特曼合著的《追求卓越》一书出版,该书贯穿始终的基本思想是以企业文化管理思想为武器,批判了美国企业界思潮主流的纯理性主义。

### (一) 理论基础

1. 麦肯锡"7S"框架

理查德·帕斯卡尔与安东尼·阿索斯合著《日本企业管理艺术》一书于1981年2月出版,提出了著名的"7S"管理模式,集中体现了他们对组织文化管理的贡献。

帕斯卡尔和阿索斯分别以松下电器公司及其创立者松下幸之助作为日本企业的典型代表,以国际电话电报公司及担任该公司总裁长达20年的哈罗德·吉宁作为美国企业的典型代表,通过对二者的对比分析,结合麦肯锡咨询公司的研究,提出了著名的"7S"管理模式。即分别用战略(Strategy)、结构(Structure)、制度(System)、人员(Staff)、作风(Style)、技能(Skill)、最高目标(共同的价值观)(Shared-values)七个名词的首字母,表示决定企业成败的7个关键因素,战略、结构和制度是"硬"要素,组成一个"硬三角",另外四个要素则属于"软要素",它们包括:最高目标(共同价值观)、人员、作风、技能(如图7-1所示)。这7个因素构成一个整体网络,忽视任何一项因素都会影响整个网络的协调和管理。其中共同的价值观可以把其他六项要素黏合在一起,共同发挥系统作用,增强企业内部的凝聚力,提高企业竞争力。

战略(Strategy):对达成企业目标的途径和手段的总体谋划;

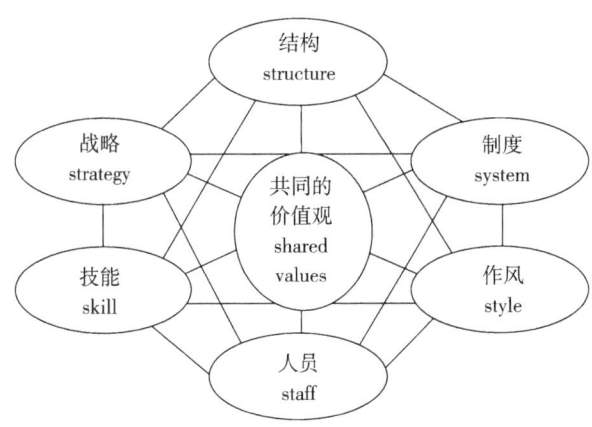

图 7-1 麦肯锡 7S 模式

结构(Structure):组织的构成形式,为实现战略目标而设立的权力分配和协调分工;
制度(System):确保战略目标实现的规定和要求;
人员(Staff):人力准备,是战略实施的关键;
作风(Style):个性特征,企业风格和领导人风格与企业文化密切相关;
技能(Skill):员工必须具备的各种技巧;
共同的价值观(Shared-Values):灌输给员工的企业精神和价值观念。

帕斯卡尔和阿索斯经过对美日企业的研究发现,两国企业在整体战略、矩阵式组织结构以及会计报表等制度方面非常相似,真正的区别在于管理风格、人事政策和价值观念上。美国企业的管理人员往往过于突出前三个"硬"S,而忽略了后四个"软"S,而日本企业更重视人员、作风、技能和共同价值观这四个"软"S因素。因此,帕斯卡尔和阿索斯通过对美日企业差别的分析深化了对管理的认识,并引述著名管理大师彼得·德鲁克的观点:"管理不只是一门学问,管理还是一种文化,它有自己的价值、信仰、工具和语言。"

2. 批判理性模式

彼得斯和沃特曼回顾了美国企业管理理论的发展历程,包括四个时期:第一时期是"封闭体系-理性角色"时期(1900—1930年左右),以泰勒和韦伯为主要倡导者,他们主张人们掌握一定的常规和技术,以解决对大群体中的人进行管理的根本问题。第二时期是"封闭体系-社会角色"时期(1930—1960年),以梅奥、麦格雷戈、巴纳德为代表。第三时期是"开放系统-理性行动者"时期(1960—1970年),这个时期的理论涉及关于人的机械假定,但也开始注重外部力量对企业竞争的制约。第四时期是"开放系统-社会角色"时期(1970年到现在),突出文化和创新的重要性。

《追求卓越》把企业文化定义为企业的文化传统和经营价值观,强调了管理者塑造文化传统的主要职责。而美国管理界长期以来被理性模型和数量分析所席卷,注重管理的理性层面,盛行大规模、低成本、严格控制等,却贬低了价值观的作用,忽略了人的基本要求。"管理职业化很大程度上等同于理性化,数学的理性主义管理方法统治了商学院。它告诉我们,经过良好培训的职业管理者可以管理任何事情,它为所有决策寻求独立的分析证明"。《追求卓越》对这种思想作了不遗余力的抨击。作者强调对最基本原则的回归,那就是面向顾客。美国要想重整旗鼓夺回它的世界竞争优势,就必须塑造积极向上的文化传统,文化主导贯彻始终是出色公司的根本特征。

3. 人性是矛盾的综合体

理性主义的管理方式之所以会出问题,在于人并不十分理性。人类本身其实是冲突和矛盾的综合体。对于如何应对人性的矛盾,彼得斯提出卓越企业基于"人们喜欢自视为赢家"这个观点,设计出能够不断强化这点的体系,让大多数员工觉得自己出类拔萃。卓越企业员工的才智大致上属于常态,跟其他大型企业没有什么两样,可是他们强调的是制胜,而不是失败。他们的员工大多可以自定目标和配额,因为公司希望他们能够实现这些目标。同时还应对员工正面激励,对工作良好表现的奖励会让人改变行为,通常是朝着理想的方向发展。虽然负面激励也会令人改变行为,但往往是以奇怪的、难以预测的、不理想的方式进行。除此之外还应弘扬以人为本的文化等方法。

## 二、理论评价

### (一) 托马斯·彼得斯追求卓越的贡献

1. 挑战西方传统理性管理思想,开创新的管理时代

传统的管理思想是一种纯理性的管理模式,是用一种严密的理性逻辑来进行分析和管理企业,无论是泰勒的科学管理,还是梅奥的行为研究都建立在这种理性的思维基础上。而彼得斯则更强调的是一种非理性的管理,他把"人本"当成他整个管理理论的基石。

2. 一反教条的理性思维和计划至上的传统

彼得斯深信实实在在发生在企业当中的管理实践,其价值百倍于经过复杂推理和计划而产生的"管理理论"。他偕同合作伙伴严格筛选了43家典型的样本公司,对它们进行深入的实证研究,从中总结出具有共同规律性的最佳管理实践。

3. 对企业实践产生了巨大的冲击和深远的影响

彼得斯凭借自己敏锐的观察力,富有批判性的言说,辅之以不断变革的激情,一次次地震撼着管理界,打破以往管理学的沉闷。他反对泰罗的科学管理,反对德鲁克的组织结构,反对麦克纳马拉的数字化。

### (二) 托马斯·彼得斯追求卓越的局限性

1. 卓越企业的路径并不固定

《追求卓越》出版之后不到几年,被彼得斯视为经典的样板企业就有一些破产倒闭,或者被并购消失。人们质疑彼得斯从这些企业推导出来的"卓越"之路是否真正可行。彼得斯本人对此倒不觉得尴尬,他强调,没有一成不变的理论,更没有绝对正确的观点,关键是能不能从中得到教益。不过,他在《追求卓越》之后出版的新著,毫不犹豫地抛弃了自己原来的一些东西,甚至不惜宣布"没有卓越的公司"。彼得斯认为:"如果读者阅读一本商业

书籍,同时一字不落地照搬着书中所说的去做,那是白痴的做法。"

2. 彼得斯的理论积淀并不深厚

他也坦然承认自己不是深刻的思想家。他说:"我没有自己的理论,对此我一点也不觉得尴尬和惭愧;相反,我感到自豪的正是我写的三部畅销书中没有任何一条主张是我自己发明的理论。我只是一个观察家,我只会观察人们实际上是怎样管理企业的。我死后,希望在我的墓碑上刻有这样的字句:'这里躺着的人没有任何自己的理论,他只是一个优秀的观察者'。"

# 第六节 我国的组织文化建设

## 一、我国组织文化的发展历程

(一)改革开放前的组织文化探索阶段

1. 发展时期

新中国成立后到改革开放前,中国企业在组织文化建设方面作出了积极的探索,可以分为以下三个时期:

(1)学习苏联时期(1949—1956年)。1949年,新中国成立之时,百废待兴。这一时期,学习苏联成为中国经济发展的主旋律之一。新中国第一个五年计划将苏联援建的156个项目作为主要建设内容。在苏联的帮助下,长春第一汽车制造厂、第一重型机器厂、武汉钢铁厂等一大批工业企业相继出现,极大地提高了中国的工业生产力。作为从苏联引进的一种企业管理模式——"马钢宪法",即苏联马格尼托格尔斯克钢铁工厂在管理实践中总结出的一套以意识形态和马克思管理两重性原理为指导,以泰勒制和福特制为管理方式的管理实践经验,是新中国成立初期大部分企业所遵循的企业管理信条,在企业的经营逻辑上留下深刻的烙印。主要内容包括:实行一长制、专家治厂、科层管理、劳动竞赛、经济核算等。其构建强调执行的组织文化环境,并以科学的组织文化主张指导企业实践,造就了一批如鞍山钢铁厂的孟泰、青岛国棉六厂的郝建秀、齐齐哈尔第二机床厂的马恒昌等基层企业英雄人物,提高了企业的生产力和凝聚力。

(2)自我探索时期(1957—1965年)。1958年,中共八大二次会议正式通过"鼓足干劲、力争上游、多快好省地建设社会主义"的总路线,在全国范围掀起"大跃进"的热潮。同年,在鲜有参考资料的情况下,中国人民大学工业经济系编写了全国工业经济的第一本教材——《工业企业管理》,虽然属于实践类教材,但教材中所传达的科学管理思想仍为组织文化探索指引了方向。1960年,苏联突然宣布召回全部驻华专家,援助中国的156个项目也就此中断。至此,在中国受推崇多年的"马钢宪法"开始动摇,苏联式的企业经营模式也遭受冲击。同年,毛泽东主席提出:"对企业的管理,采取集中领导和群众运动相结合,干部参加劳动,工人参加管理,不断改革不合理的规章制度,工人群众、领导干部和技术人员三结合,"初步形成"两参一改三结合"的企业管理思想。

同一时间,中共鞍山市委经辽宁省委向党中央递交《鞍山市委关于工业战线上的技术革新和技术革命运动开展情况的报告》,与毛主席的想法一拍即合,"鞍钢宪法"应运而生。具体内容包含三大方面:在指导思想方面,坚持政治挂帅,提倡群众性技术革命;在企业责任制方面,取消一长制,采取党委领导下的厂长责任制;在企业经营组织形式方面,实行"两参一改三结合"。自此,中国组织文化实践逐渐从一味照搬模仿苏联模式向探索适用于自身发展模式的方向转变,科学管理、民主管理的种子逐渐生根发芽,组织文化探索朝民主化、科学化、本土化方向不断发展完善。企业开始将文化建设工作与思想政治工作挂钩,并赋予企业员工管理权,推动民主组织文化的探索和发展。一大批本土化的管理方式和组织文化涌现,如鞍钢模式和大庆模式等,都是这一时期的典型代表。

(3) 破坏和停滞时期(1966—1978年)。在这一特殊的历史时期,我国的企业管理和组织文化实践不可避免地受到一定的冲击,《工业七十条》被视为"复辟资本主义的黑纲领",新中国成立以来行之有效的管理经验和主张受到质疑。很多企业的规章制度和组织架构被打乱,管理人员被下放,设施物资也遭到不同程度的破坏,企业管理和文化实践因此处于破坏阶段。"文化大革命"结束之后,这种破坏局面得到有效遏制,但在改革开放前,相较于以前各时期,组织文化建设没有取得大的发展。

2. 主要特点

从单纯学习苏联到自我探索创新。新中国成立初期,受"马钢宪法"和苏联156个援建项目影响,组织文化实践更多效仿苏联模式开展。不可否认,"马钢宪法"在组织文化层面具有一定科学性,但随着中苏矛盾激化,以"马钢宪法"为核心的组织文化受到冲击,过分关注科学的文化无法为企业提供生产力发展环境和管理改进土壤。而"鞍钢宪法"从科学和民主两方面入手,双管齐下,构建"既重参与、又讲创新"的组织文化氛围。传统的"马钢模式"以严格的科层制将员工的工作属性与决策属性割离,造成层级间自上而下的单向信息传递,产生"文化断层"。一方面,企业管理者无法了解实践中出现的具体问题,作出迅速而准确的判断;另一方面,基层员工的需求难以被满足,工作积极性受到影响,导致企业无法形成具有向心力、凝聚力的民主文化氛围。干部参加劳动、工人参加管理的两参原则解决了上述问题,形成民主、和谐的组织文化氛围。

聚焦企业内部且关注执行型文化。改革开放前,计划经济占据主导,企业的经营自主性和开放度较低,组织架构相对封闭,企业更多关注如何自上而下地完成计划生产指标,对外部利益相关者关注不够。这塑造了关注企业内部、执行性较强的组织文化特征,大庆精神便是最具代表性的组织文化之一。以铁人精神为基础,大庆油田对生产经验进行总结概括,强调"三老四严""四个一样"和"学两论"。"三老四严"是指对待革命事业,要当老实人,说老实话,办老实事;对待工作,要有严格的要求,严密的组织,严肃的态度,严明的纪律;"四个一样"是指对待革命工作要做到:黑天和白天一个样,坏天气和好天气一个样,领导不在场和领导在场一个样,没有人检查和有人检查一个样;"学两论"是指学习毛主席的《实践论》和《矛盾论》。无论是"三老四严""四个一样",还是"学两论",都对工人在岗时应遵守的行为准则作出明确规定,提升工人的在岗责任意识、工作积极意识和忠诚意识。

该阶段,执行活动优先于其他活动,企业通过构建"重执行""重管理"的组织文化,不断强化执行绩效。

重视基层劳模的示范作用。改革开放前,涌现出一大批具有时代特点、典型示范效应的劳模。他们大都出身基层,或是经过艰苦奋斗、苦心钻研,最终攻克技术难关,帮助企业实现生产力的提升;或是默默无闻、无私奉献,踏踏实实地投身于本职工作,在平凡的工作岗位上做出了不平凡的业绩。这些来自基层的劳模之所以能够成为企业的英雄人物和精神支柱,是因为他们具有感召力和催人奋进的精神力量,能够有效地激发同样身处平凡岗位的广大基层员工,成为企业提升员工凝聚力、向心力的关键突破口。比如大庆油田王进喜、鞍钢炼铁厂的孟泰等。

组织文化与思想政治工作结合紧密。1956年完成三大改造后,在计划经济体制下,组织文化工作很大程度受到政治属性的影响,无论企业规模、效益如何,"听党话、跟党走"是贯穿组织文化的根本价值判断和追求。因此,该时期组织文化工作重点在于坚持党的领导和思想政治方针。齐齐哈尔第二机床厂的马恒昌小组就一直坚持进行政治思想工作建设,根据"政治是统帅,思想是灵魂"原则,狠抓组织文化实践,将政治思想工作摆在组织文化工作的核心位置。

## (二)改革开放后的组织文化建设阶段

### 1. 发展时期

改革开放后,中国企业界开启了学习组织文化、建设组织文化的热潮,组织文化步入了大踏步发展、大规模建设的快车道,经历了以下三个发展时期,分别如表7-4、7-5、7-6所示。

(1) 全面引进与系统建立时期(1979—1991年)

**表7-4 全面引进与系统建立时期组织文化相关发展**

| | |
|---|---|
| 1978 | 党的十一届三中全会召开,标志着中国正式迈进改革开放和社会主义现代化建设的全新时期。 |
| 1983 | 国务院决定推行两步"利改税"政策,提高了国有企业的生产积极性,并给予国有企业一定经营自主权。大批国有企业开始探索自主经营之路,组织文化建设也逐渐成为关注焦点。 |
| 1985 | 国家经济委员会颁布《企业管理现代化纲要》,在管理思想、职工思想政治工作、领导与措施等内容中多次提到加强企业、员工、领导的精神文明建设,将国家倡导的价值观与组织文化建设融合,对组织文化建设具有指导意义。同一时间,政府充分意识到,计划经济体制下的传统管理方法已不能有效支持企业的经营管理实践,特别是在改革开放的背景下,组织文化建设需要更为与时俱进的文化理论加以引导。因此,开始引入西方先进组织文化著作。其中,最具代表性的当属20世纪80年代出版的组织文化理论"四重奏",即《Z理论——美国企业如何迎接日本的挑战》、《组织文化——企业生存的习俗与礼仪》、《日本企业的经营管理艺术》和《追求卓越》。组织文化理论"四重奏"关注中国的近邻——日本的组织文化特点,分析和总结日本组织文化,对于中国企业,特别是具有类似集体主义文化倾向的企业而言,可谓启蒙之作。在政府的倡导下,学界也开启对组织文化建设的讨论。 |

| 1989 | 《经济管理》杂志相继刊登《关于我国企业文化的思考》和《企业文化开创了管理思想的新时代》两篇论文,展开中国核心学术期刊对组织文化建设的讨论。在组织文化理论不断发展的基础上,国有企业和私营企业迎来发展契机。 |
|---|---|
| 1988 | 在国家相继开放深圳、珠海、汕头、厦门经济特区,设立14个沿海开放城市后,1988年颁布的《中华人民共和国宪法修正案》使私营经济,特别是沿海地区的私营企业开始起步发展。对私营经济管控的放宽和经济特区的开放激发了基层经济实体的活力和积极性,也推动组织文化的形成和发展。 |

（2）大规模推广时期（1992—2001年）。

表7-5　大规模推广时期组织文化相关发展

| 1992 | 党的十四大确立建设中国特色社会主义市场经济体制的改革目标。十四大报告中首次出现组织文化的字眼,这标志组织文化建设已经上升到国家战略高度,在全国范围内被大举推行。这一时期,出现一批以组织文化为核心讨论内容的期刊,如《东方组织文化》《中外组织文化》《现代组织文化》等,这些期刊的发展壮大为中国组织文化建设实践提供坚实的理论基础。 |
|---|---|
| 1999 | 国家下发《中共中央关于国有企业改革和发展若干重大问题的决定》,标志着国有企业开始摆脱国家政治行政附属属性,成为追求市场效益和经济效益的独立体,为企业解放思想,更好地营造组织文化提供良好条件。 |
| 2001 | 在中国共产党成立八十周年大会上,江泽民总书记明确提出:"私营企业主是我国改革开放以来出现的新的社会阶层之一。"将私营经济纳入中国特色社会主义经济体制内,使私营经济获得了相应的地位和权利,推动了私营企业现代化建设,也为私营企业构建组织文化创造良好环境。在市场经济体制的背景下,无论是国有企业还是私营企业,都开始大刀阔斧地进行市场化改革,相应的组织文化也随之而生。在国有企业方面,邯郸钢铁厂的成功为国有企业的市场化改革和组织文化建设树立了标杆。在私营企业方面,海尔、华为等企业对文化建设的重视也使它们迎来了腾飞时刻。海尔的"激活休克鱼"和文化灌输模式使其兼并其他企业后形成协同效应;华为推出《华为基本法》,以企业宪法的形式确立管理规章制度和狼性组织文化。 |

（3）蓬勃发展时期（2002年至今）。

表7-6　蓬勃发展时期组织文化相关发展

| 2001 | 中国正式加入世贸组织,中国经济发展迎来"全球化"时刻。全球化所伴随的机遇和挑战要求我国必须进一步深化市场经济改革,完善市场经济体制,在国际竞争中取得优势地位。 |
|---|---|
| 2003 | 中共中央下发《关于完善社会主义市场经济体制若干问题的决定》,强调推动国有企业和民营企业向市场化和国际化方向迈进,组织文化也更加具有市场化和国际化特征,如华侨城的"功绩主义文化"和联想的"鸡尾酒文化"都是市场化和国际化组织文化的体现。同时,中国组织文化研究成果也走出国门,有关中国文化与中国管理情景下的组织文化研究在众多国际顶级期刊上发表,对中国乃至世界的组织文化建设实践产生持续、深远的影响。 |

续表

| | |
|---|---|
| 2005 | 国务院国有资产监督管理委员会下发《关于加强中央企业组织文化建设的指导意见》,强调通过组织文化的创新和建设,实现组织文化与企业发展战略的和谐统一,企业发展与员工发展的和谐统一,组织文化优势与竞争优势的和谐统一。学界也对组织文化实践发展进行梳理,刘光明主编的《中外企业文化案例》,刘刚编著的《攻心为上——商业文化透视》,华锐主编的《21世纪中国企业文化实践与探索丛书》,祝慧烨主编的《把握企业文化新脉动》等系列著作,总结概括了过去组织文化建设的经验教训,并对未来组织文化建设前进方向作出展望。 |
| 2012 | 习近平总书记提出"中国梦"的概念,随即成为企业界的热议话题。许多国有企业将"可持续发展"和"为社会做出贡献"等理念注入组织文化价值观。如在华润的文化中,"感恩回报"就是重要的组成部分之一,它将履行企业社会责任视作"超越利润之上的追求",通过实际行动回报社会,实现"中国梦"。 |
| 2013 | 习近平总书记提出"一带一路"国际合作倡议,更多的中国企业走出国门进行国际化经营,也将面临更多组织文化融合挑战。 |
| 2015 | 第十二届全国人大将"互联网+"上升至国家战略高度,移动互联网、云计算、大数据、物联网等关键技术迎来上升发展的黄金时期,为企业提供多渠道全方位加强文化建设、扩展文化传播渠道的机会,组织文化建设进入全媒体、融媒体时代。百度、腾讯、阿里巴巴、小米等企业都开设线上员工论坛和企业论坛,通过"互联网+"模式使组织文化快速传播。 |
| 2016—2019 | "工匠精神"一词连续四年出现在政府工作报告中,体现国家对"大国工匠"的重视,也指出组织文化建设的方向,即朝着精益化、专业化的方向发展。东风汽车就将"精益文化"引入企业管理的方方面面,成为国内汽车制造行业的佼佼者。 |

2. 主要特点

相比改革开放前,这一时期的组织文化建设呈现出以下发展特点:

(1)组织文化建设在企业经营管理中的地位不断上升。随着中国市场化、国际化进程的不断推进,企业在获得经营自主权的同时也面临来自本土和国际市场的诸多挑战。与众多优秀企业的竞争使中国企业充分意识到,仅仅凭借生产优势、技术优势或资源优势难以获得稳定的超额回报,形成持续竞争优势。在与"高手"的较量中,组织文化的作用往往能够左右竞争局势。正因组织文化在企业中具有关键性作用,越来越多的企业开始重视组织文化建设,并将组织文化内容以"宪法"的形式记录成文,为文化建设和发展提供指导。例如1998年诞生的《华为基本法》作为中国改革开放后第一部成文的"企业宪法",将华为过去的成功经验加以总结、概括、提炼,继承原有的文化,同时将统一的企业价值观和文化DNA注入每个员工,通过企业立法的形式,将文化管理与制度管理有机结合起来。

(2)组织文化建设日益成为一项系统工程。改革开放初期,许多企业对文化一无所知,面对组织文化建设的难题更是无从下手,对组织文化的认知和理解仅仅局限于从西方引进的组织文化"四重奏"和其他介绍西方组织文化建设的书籍材料。随着改革开放的不断深入,关于如何理解组织文化、进行组织文化建设的相关研究、书籍数量与日俱增,企业界对组织文化概念的理解也逐步深入。在原有碎片化的组织文化建设基础上,企业逐步整合各个关键要素,组织文化系统化程度大幅提高。例如联想的柳传志建设了一套系统的"家文化"体系,通过加强企业环境建设(人才筛选机制),将符合组织文化价值观的员工留下。又提出"鸡尾酒文化",即在线上推出"文化鸡尾酒"论坛,在线下推出"鸡尾酒"沙龙,加速兼并后联想的文化融合。

(3) 既强调经营型文化,又关注执行型文化。改革开放前,受计划经济体制影响,组织文化更多强调执行层面。改革开放后,在市场逻辑主导下,企业逐渐开始从国家政策的"执行者"变为自负盈亏的"经营者",组织文化的关注点也随即发生转变。国家不再是企业唯一的关键利益相关者,消费者、行业机构、社会团体等利益相关者地位的提升,使企业必须充分考虑内外部各方面因素,兼顾不同群体的利益诉求和期望。组织文化不能简单局限于促进决策落实,更要内聚人心、外塑品牌,在生产经营的方方面面发挥积极作用。

(4) 企业家与企业家精神逐渐成为关注的焦点。随着企业自主性经营权越来越大,企业家与企业家精神在组织文化中的影响力也越来越大。改革开放后,英雄人物的来源发生了根本性转变,企业家代替基层劳模成为英雄人物最重要的来源。虽然同基层劳模一样,许多企业家出身草根,但其价值的发挥并不源于他们曾经在基层工作中的所作所为,而是源于他们在经营决策层面所表现出来的企业家精神。改革开放后,企业家与企业家精神对组织文化的建设与升华至关重要,甚至在很大程度上,企业家精神本身就代表着组织文化。改革开放后企业家及企业家精神的重要代表有马云、马化腾、柳传志等。

(5) 企业大学成为传播组织文化的重要阵地。知识经济的大背景下,为加强组织文化建设,培养具有高水平、高素质的企业人才,增强企业核心竞争力,越来越多的企业将文化建设的目光聚焦于后备人才培养,企业大学应运而生。企业大学是指由企业自主建立的,以企业高层管理人员、大学教授和专业培训师为师资,通过教学、模拟、互动等教育手段,培养企业内部中、高层次管理人才和企业合作伙伴,满足企业内外部教育需求的新型教育方式。企业大学的出现填补了高校无法满足的知识技能需求空缺,以自办、合办等形式为企业持续不断地输送最符合企业价值观和经营要求的人才。

(6) 组织文化教学和研究蓬勃发展。改革开放后,越来越多的高校开始开设与组织文化相关的课程,如组织文化管理、传统文化与企业管理、中国社会与商业文化等。此外,组织文化相关研究也持续增长,据中国学术期刊(网络版)数据库显示,自1986年第一篇以组织文化为题的学术论文发表以来,截至2018年底,共有39667篇组织文化相关论文发表,年均增长率为19%,特别是围绕组织文化的特征、测量、应用、创新及其与领导风格、企业绩效、企业竞争力的关系展开了深入研究,发表了一系列有影响力的论文。除此之外,据美国社会科学引文索引数据库显示,截止到同年底,已有28篇相关组织文化论文在外国顶级期刊发表。一些学者总结中国组织文化建设的成功经验,挖掘中国传统文化对现代组织文化建设的价值,开展具有中国本土特色的组织文化相关研究。中国组织文化研究开始出现从"引进来"到"走出去"的转变。关注中国情景、中国组织文化、中西组织文化交融和冲突等方面的研究越来越多地出现,在国际期刊中。对西方学者而言,中国独特的制度环境、快速的企业发展模式和独具一格的文化特征,无不对西方传统组织文化思想和理论造成冲击。

## 二、我国组织文化未来发展趋势

回顾历史与现状,可以看到,新中国成立以来,中国组织文化经历了一个从自发探索到积极引进再到自觉建设的发展过程,组织文化愈来愈得到企业界与理论界的普遍关注和高度重视。展望未来,中国组织文化将持续推进,不断深化,呈现出新的发展趋势。

### (一)组织文化日益成为企业的核心竞争力所在

在企业竞争日趋白热化的今天,组织文化建设的价值更为显著。激烈的竞争使企业发现,在产品、服务、价值链、流程等方面所形成的竞争优势往往缺乏有效的模仿障碍,在某些方面取得的竞争优势虽能在短时间内让企业获得更大的利润空间,但容易被竞争对手快速学习、拷贝。而组织文化,作为一种"看不见、摸不着"的精神力量,通过构建竞争对手难以理解、把握和复制的隐性知识体系,成为保护企业的法宝,文化形成的因果模糊性和历史复杂性使企业的竞争优势得以隐藏和保护,让竞争对手"知其然而不知其所以然"。组织文化将企业经营管理的各个关键环节、要素串联,确保企业技术创新、国际化经营、人才培养、社会责任履行等关键性活动的开展,形成协同效应和向心力,为企业提供源源不断的生命活力。

### (二)组织文化建设应反映时代发展要求

在中国从制造大国向制造强国转型的过程中,企业应积极响应国家深化供给侧结构性改革的号召,利用先进制造技术,开发先进制造工艺,提高产品和服务的供给质量。在组织文化建设过程中,应以精益文化的建立为导向,强化质量与品牌意识,培养工匠精神。随着互联网的蓬勃发展和广泛应用,以及企业员工构成中80后、90后员工比重的不断提升,组织文化建设应积极发挥包括企业网站、企业论坛、微信公众号、微博、短视频等新兴互联网工具的作用。在企业扩张过程中,并购重组越来越普遍,全球化趋势也愈演愈烈,为此,组织文化建设应始终保持开放的姿态,打造"兼收并蓄、博采众长"的"合金文化"。在新的知识不断涌现、创新成为企业发展动力源泉的大背景下,企业应倡导学习型文化,打造学习型组织,不断提升对迅速多变的外部环境的适应能力。

### (三)组织文化建设越来越朝着特色化方向发展

改革开放初期,组织文化"四重奏"的引进让中国企业第一次接触组织文化这一概念,众多企业将它们视作组织文化的"圣经",按图索骥地开展组织文化建设,使得组织文化很大程度呈现出趋同的态势。然而,企业不能仅仅学习、模仿优秀企业的做法,更要积极探索出一套行之有效的组织文化实践经验。如果认为依靠复制其他企业的成功做法就万事大吉,却忽略企业"硬件"与文化"软件"的兼容、匹配问题,最终也是徒劳。经过多年的发展、实践,不少企业逐渐总结归纳出一套具有中国特色的组织文化建设经验,逐步形成百家争鸣、百花齐放的组织文化发展趋势。未来,这一趋势将得以强化,特色化必然成为组织文化建设的主旋律。由于所在地域、行业背景、发展历史、领导者风格大相径庭,不同企业的文化建设必然千差万别,体现在企业环境、价值观、英雄人物、仪式礼仪和文化网络等组织文化的关键构成要素上也各不相同。总结、提炼这些独具特色的组织文化建设经验,并在企业经营管理中使其得以发扬光大,有助于增强组织文化对经营管理活动的助推力,是未来组织文化建设的努力方向。

### (四) 如何让组织文化落地成为关注的焦点

当前,许多企业已经积极投身于组织文化建设的热潮,但一些企业的做法依然停留在文本和理念上,无法真正落地。事实上,总结出一整套有关组织文化的文本固然重要,但更为重要的是,这些总结出来的文本必须是企业领导层高度认可、率先垂范并愿意不遗余力在企业中积极推进的。值得一提的是,组织文化绝不是即插即用的"微波炉",可以随心所欲、无缝衔接经营管理的各个环节,立竿见影,而应是循序渐进的"灶台",需要持续不断地匹配、调整和迭代,最终才能"持续升温、越烧越旺"。因此,在组织文化建设中,企业一定要有耐心、有毅力,只有持续投入,不断试错,小步快走,动态调整,及时总结,才能找到适合自身的组织文化体系,摸索出行之有效的文化落地方法。

中国式管理在组织文化研究和实践中的地位将与日俱增。近年来,组织文化理论研究在中国持续发展,呈现出不断回归中国文化传统的趋势。企业在多年实践中也逐渐认识到,组织文化建设不能仅仅依靠西方的理论框架和实践经验,如果一味"西体中用",则不利于中国组织文化的本土化创新。用中国文化来理解当代中国的管理实践是构建本土理论的有力方法。一方面,中国企业要扎根中国式管理理论,积极总结和提炼本土组织文化建设的独特经验,在促进自身发展的同时为中国组织文化研究提供肥沃的实践土壤;另一方面,中国式管理研究要从深厚的历史文化底蕴和丰富的本土化管理实践中汲取充足的养分,凝练出具有中国特色的原创理论,为中国组织文化建设指引方向,提升中国企业的文化自信,并不断推动中国式管理"走出去",为全球组织文化建设贡献中国智慧、中国方案,展现中国力量。

### 【关键词】

组织文化理论、组织文化的形成过程、组织文化的基本类型、Z理论、Z型组织、追求卓越、我国的组织文化建设

### 【本章小结】

通过本章的学习,应对组织文化的基本概念有一个准确而比较全面深刻的理解。本章学习重点在于了解组织文化理论的概念及发展历程,熟悉组织文化的形成及基本类型,理解该领域中经典理论内容,并在此基础上了解我国组织文化建设的发展。

### 【思考题】

1. 简述组织文化理论兴起的背景。
2. 如何理解组织文化的概念、特征、结构?
3. 组织文化的形成过程是什么?

4. 组织文化的基本类型有哪些?
5. Z理论的理论框架是什么?
6. 威廉·大内认为A型向Z型组织转化的步骤有哪些?
7. 托马斯·彼得斯认为卓越企业的八大特质是什么?
8. 我国组织文化建设的发展历程和未来的发展趋势如何?

拓展阅读

# 第八章 营销管理理论

**本章要点**

1. 市场营销的产生与发展
2. 4P营销理论
3. 4C与4R营销理论
4. 新媒体营销理论
5. 价值共创理论

## 第一节 市场营销的产生与发展

### 一、市场营销的产生

#### (一) 市场

1. 市场的含义

对于市场的概念,从不同的角度出发会有不同的理解。在日常生活中,市场一般被人们认为是买卖双方进行交换的场所,如农贸市场、批发市场等。在经济学领域里,经济学家们认为市场是一个抽象的概念,是建立在社会分工和商品生产基础上的产物,是通过商品交换反映出来的人与人之间关系的总和。管理学家则认为,市场是供需双方在共同认可的条件下所进行的商品或劳务的交换活动,它反映的是具体的交换活动及其运行规律。

而市场营销学主要研究作为销售者的企业的市场营销活动,即研究企业如何通过整体市场营销活动,适应并满足买方的需求,以实现经营目标。因此,在市场营销学专家眼里,市场既非经济学家所说的抽象概念,也非管理学家所说的交换活动。营销学之父菲利普·科特勒指出,"市场由一切具有特定欲望和需求并且愿意和能够以交换来满足这些需求的潜在顾客所组成","市场规模的大小,由具有需求、拥有他人所需要的资源并且愿意以这些资源交换其所需之物的人数而定"。

所以,市场营销学所研究的市场是商品生产者、经营者和消费者之间通过买卖方式,相互让渡商品的交换关系和利益关系的体现。换言之,市场就是商品经济条件下,需要实现其产品或服务价值的生产者和想要满足其需求的消费者之间的交换关系、交换条件和交换过程,是某种产品的现实购买者与潜在购买者需求的总和。

2. 市场的构成

由市场的概念可以发现,哪里有产品或服务的需求,哪里就有企业的市场,因此,构成市场的基本要素有人口、购买力和购买欲望,即

市场＝人口＋购买力＋购买欲望

其中的人口指的是对产品有现实或潜在需要的人,购买力是满足这种需要的支付能力,购买欲望则是对该产品强烈的购买意愿。

市场的这三个构成要素是相互制约、缺一不可的,只有三者结合起来才能构成现实的市场,并决定市场的规模和容量。例如,一个国家或地区比较富裕,购买力很大,但人口很少,这就很难构成一个有一定规模的市场;而如果其人口众多,可收入很低,购买力有限,也不可能构成容量很大的市场。也就是说,只有人口众多,购买力又高,才能成为一个有潜力的大市场。不过,如果企业的产品不适合人们的需要,不能引起他们的购买欲望,对销售者来说,仍然不能成为现实的市场。所以,市场是上述三个因素的统一,其大小取决于那些有某种需要,又拥有足够的支付能力,同时还愿意通过购买以满足其需要的人的集合。

## (二) 市场营销

1. 市场营销的含义

市场营销不同于销售或促销,它是企业将市场需要变成满足其需要的产品或服务,并把它推向市场流通的过程。

市场营销在产生之初,由于其明显的通过销售而盈利的行为,曾经被人们定义为"是一个企业为将其产品以营利的方式出售给它的顾客所采取的所有方法"。后来,随着营销技术的推广及在多行业中的普及,市场营销又被人们定义为"一个组织为了在与其相关的公众中推动有利于实现它自身目标的行为而运用的所有手段和方法"。这两个定义从某种意义上来说,都将营销活动局限在销售或促销的范围之内,而没能真正指出市场营销的实质。

菲利普·科特勒在其《营销管理》一书中,对市场营销的概念是这样阐述的,市场营销就是"个人或集体通过创造,提供出售,并同别人自由交换产品和价值以获得自己所需所欲之物的社会过程",其任务是"辨别和满足人类与社会的需要"。而美国营销协会(AMA)所下的定义则是:"市场营销是一项有组织的活动,它包括创造'价值',将'价值'沟通输送给顾客,以及维系企业与顾客间关系,从而使得公司及其相关者受益的一系列过程。"随着时代的发展与社会需求的变化,市场营销的概念也在不断地进行更新。AMA在不同时期给市场营销下的定义如表8-1所示。

表 8-1　AMA 在不同时期给市场营销下的定义

| 年份 | 定义内容 | 定义的侧重点 |
| --- | --- | --- |
| 1935 | 市场营销是一种引导产品和服务从制造商流向消费者的商业行为 | 生产与消费之间的衔接 |
| 1960 | 市场营销是引导货物和劳务从生产者流向消费者或用户所进行的一切企业活动 | 流通过程属性 |
| 1985 | 市场营销是计划和执行关于商品、服务和创意的观念、定价、促销和分销,以及创造符合个人和组织目标交换的一种过程 | 4Ps 过程 |
| 2004 | 市场营销是一项组织功能,是一系列创造、交流和传递价值给顾客并通过满足组织和其他利益相关者的利益来建立良好的客户关系的过程 | 价值传递过程 |
| 2007 | 市场营销是一种全组织范围内的活动,是一组制度的集合,同时也是为了顾客、客户、合作伙伴以及社会的整体利益而创造、传播、传递、交换价值的一系列过程 | 全组织范围内价值传递 |

由以上概念可以看出,市场营销的含义并不是固定不变的,它随着企业营销实践的发展而发展。然而,不论如何定义,其要点都包括:

(1) 市场营销的最终目标是满足顾客的需求和欲望;

(2) 市场营销是一个积极主动寻找机会,以满足自身和顾客需要的社会过程和管理过程,在这个过程中,交换是其核心内容;

(3) 营销活动能否顺利进行,取决于营销者的产品或服务价值满足顾客需求的程度和对交换过程的管理水平。

2. 市场营销的范围

(1) 市场营销的实践活动范围。企业的市场营销活动一般由"市场探测""营销战略"和"营销组合策略"三大板块内容组成。市场探测就是调查、分析和研究影响企业营销活动的所有环境因素,以便为企业营销战略和策略的制定提供依据;营销战略指的是企业为提高营销活动的有效性而进行的市场细分、目标市场的选择、市场定位,以及处于不同市场竞争地位时所采取的不同战略与策略;营销组合策略则是指企业为保证战略目标的实现所制定的产品、定价、渠道和促销策略。

(2) 市场营销的对象范围。在现代市场经济条件下,市场营销活动的对象可以说是无所不包。商品、服务、经历、事件、地点、文化、财产权、信息、组织、观念,以至于个人等,无一不可以成为营销活动的对象和内容。也正因如此,才有诸如事件营销、地点营销、体验营销、文化营销等新的营销概念的不断出现。

所有企业的创建和发展,其最终目的都是盈利,而顾客是其利润的唯一来源,所以,在企业的所有管理活动中,市场营销的地位已经越来越成为企业最重要的管理职能。正如管理学大师彼得·德鲁克所说,企业的目的是创造顾客,顾客是企业得以生存的基础,任何组织若没有营销或营销只是其业务的一部分,则不能称之为企业。

## (三) 市场营销的核心概念

市场营销的核心概念包括需要、欲望和需求;市场供应物;交换和交易;价值和满意;

市场。市场的概念已经在上文提及过,下面介绍另外几组概念。

1. 需要、欲望和需求

需要(Needs)是指人们生理及心理的一种基本需求,如人们为了生存而需要食物、衣服、房屋等,为了自身的发展而需要安全、归属感、尊重和自我实现等。它是人类本身所固有的一种感觉上的缺乏。市场营销者不能创造这种需要,而只能适应它。

欲望(Wants)指的是人们对需要所采取的形式,是人们对于具体物品的需要,实质上就是一种深层次的需要。它受各种社会因素及机构因素的影响,诸如职业、团体、家庭、教会等都会影响人们的欲望,因而,欲望会随着社会条件的变化而变化。营销人员也可以通过一定的行为影响消费者的欲望。

需求(Demands)是指有购买力的一种购买意愿,也就是人们因其物质上的满足所产生的一种购买欲望。这种需求通常会表现为对某种特定产品或服务的市场购买行为。

消费者的需要和欲望是市场营销活动的出发点。他们为了生存和发展,需要食品、衣服、住所、安全、归属、受人尊重等,这些需要可以用不同的方式来满足。当具有一定的购买能力时,需要和欲望便转化成需求。所以,市场营销人员要不断影响并了解消费者的购买欲望,然后根据需求预测的结果来决定应该进入哪些市场。

2. 市场供应物

人们用市场供应物来满足他们的需要和欲望。市场供应物(Market Offerings)是指提供给市场以满足人们的需要和欲望的产品、服务、信息和体验的一些组合。市场供应物的概念并不限于实物,还包括服务,即供销售用的活动或利益,它们本质上是无形的而且不能带来所有权,例如,银行、航空、酒店、零售和家庭维修服务。更广义地讲,市场供应物还包括其他实体,比如人员、地点、组织、信息或者观念。

3. 交换和交易

交换(Exchange)就是通过提供某种东西作为回报,从别人那里取得自己所需之物的一种行为过程。交换是市场营销的核心概念,当人们决定以交换方式来满足需要或欲望时,就存在市场营销了。一般而言,人们获得自己所需要产品的方式有四种:第一种是自行生产。中国传统的农民依靠自给自足的方式来满足自己的需要,为此他不必与其他任何人发生联系,这时就既没有市场,也无所谓市场营销。第二种是强制取得。一个人依靠从别人那里偷盗所得以满足自己的需要,对另一个人而言,就是完全的有害无益。第三种是乞讨。就是通过博取同情和怜悯以满足自己的需要,这种方式对他人而言,一样是没有什么公平和利益。第四种是交换。就是用自己所拥有的钱、其他物品或服务与其他人进行交换以满足自己的需要。由此可见,只有交换才能让双方同时获得满足,才能导致市场营销活动的产生。交换是一个过程,而不是一种事件,要使其实现必须具备以下条件:至少有两方;每一方都有被对方认为有价值的东西;每一方都能沟通信息和传送物品;每一方都可以自由接受或拒绝对方的产品;每一方都认为这种交换是适当的或称心如意的。只有这些条件同时具备,才有交换的发生。

交易(Transaction)是交换活动的基本单元,是交换的基本组成部分,它是一种行为,是交换双方之间的价值交换。交易有以货币为媒介的交易和非货币交易两种方式,通常涉及几个方面,即两件有价值的物品,双方同意的条件、时间和地点,以及用来维护和迫使交易双方执行承诺的法律制度。

4. 价值和满意

价值(Value)是一个重要的营销概念。营销可以被视为对顾客价值的识别、创造、传播、传递和监督。供应物如果能够给目标购买者带来价值和满意,它就会成功。顾客会在不同的产品中选择他们认为可以带来最大价值的产品。价值反映了顾客对有形和无形利益以及成本的认知。价值可以被看作由质量、服务和价格构成,三者也称为顾客价值三元素。价值随着质量和服务水平的提高而上升,随着价格的上升而下降,当然其他要素也可能发挥重要作用。满意(Satisfaction)反映了一个人根据对产品的认知性能或效果与其预期的对比之后得出的判断。

### (四) 市场营销学

市场营销学是在经济学、心理学、管理学等学科的基础上发展起来的,研究以消费者需求为中心的企业营销战略策略的制定及其计划、组织、执行和控制的综合应用性科学。

市场营销学是一门实践性、应用性较强的学科,它是适应企业和社会的需要,借助经济理论、心理学和社会学研究成果,在总结企业营销运作经验的基础上产生和发展起来的。其研究对象是以满足顾客需求为中心的企业市场营销活动的过程及其规律性,也就是研究作为卖主的企业如何在动态的市场上有效地管理其与买主的交换关系和交换过程以及相关的市场营销活动。所以,它一产生就对企业如何应对市场竞争以促进自身成长起着指导作用,同时也对企业迎接新世纪的挑战、促进社会经济成长具有积极重大的意义。

市场营销学的研究内容主要包括企业营销观念的演变过程及顾客满意观念、影响企业营销活动的环境分析和消费者及组织购买行为分析、企业的目标市场选择和市场定位战略、企业的营销组合策略,以及企业市场营销战略的计划、组织、执行和控制等相关理论和方法。在市场营销学的整个研究脉络中,一直贯穿着顾客满意和市场竞争的理念。市场营销学也就是在此基础上研究企业如何发挥自身优势,与企业有关的各方面个人和组织建立、巩固和发展良好的关系,以比竞争者更好地满足市场需求,取得最有利的市场竞争地位。因此,在大范围的国际化营销取代本土营销、企业竞争日益激烈、企业的营利性变得越来越不确定时,对市场营销学的研究和发展也就显得尤其重要。

## 二、市场营销学的发展

市场营销活动在企业的管理实践中由来已久,但作为一门学科却是在 20 世纪初才创立于美国。其产生发展过程大致经历了以下几个阶段:

### (一) 萌芽阶段(1900—1920 年)

市场营销虽然早在 19 世纪就已经在很多企业得到应用,但由于企业生产规模和生产效率的局限性,使得该活动并没能引起企业管理者的足够重视。直到 20 世纪初,随着资本主义国家工业革命的完成，企业的生产规模迅速扩大，生产效率也快速提高，市场供给逐步由供不应求转向供过于求，加上美国国内市场由于西部的开发而扩大，市场竞争也日趋激烈，这一切都促使企业必须寻找到新的更有效的方法来解决市场上出现的各种阻碍企业发展的问题。

针对企业的要求，理论界的一批学者开始研究有关企业营销方面的问题，纷纷著书立说，并在一些高校开设相应课程。1904年，W.E.科鲁西在宾夕法尼亚大学讲授了一门名为"产品市场营销"的课程，这是"市场营销"一词首次作为课程的名称出现。1910年，威斯康星大学的拉尔夫·斯达·巴特勒教授正式出版《市场营销方法》一书，并将其作为一门课程在该校开设。1918年，弗雷德·克拉克教授根据自己的教学内容，编写了《市场营销原理》讲义，被多所大学作为教材使用并于1922年出版，市场营销学作为一门学科已经初见端倪。只是这一时期市场营销学的研究内容还基本局限于流通领域，重视对分销、广告和促销等营销方法的研究。

### （二）初步发展阶段（1920－1950年）

在第一次世界大战之后，随着经济的发展和国际地位的提高，美国一跃成为世界经济强国，消费需求迅速上升。但随着1929年世界性的经济危机所带来的萧条和第二次世界大战的影响，使得整个市场处于不断动荡之中。这种动荡的市场环境给企业带来机遇的同时，也蕴含着巨大的市场风险，促使企业界迅速将对生产效率的关心转到对产品销售的关心上。为了抢夺市场，他们开始重视市场调查，并提出了"创造顾客需求"的概念，在营销实践方面积累了丰富的资料和经验。

面对这种市场情况，营销理论界也开始进一步明晰市场营销的学术范围，开始对各专门学科和各种研究方法的成果加以整合，注重对市场营销功能的探讨和研究，形成了较为系统的市场营销理论，并在企业的经营实践中广泛应用。1937年，美国全国市场营销学和广告学教师协会与美国市场营销学会合并成立了美国市场营销协会，该协会在美国从事市场营销研究和营销人才的培训工作，出版市场营销专刊和市场营销调研专刊，对市场营销学的发展起到了重要作用。不过，这一时期市场营销的研究内容仍然重在营销实践，即对流通领域的研究，而忽视对管理方面问题的解决。

### （三）观念革新阶段（1950－1980年）

这一阶段主要是战后恢复和各国经济大幅度发展阶段，因此，也是市场营销学的快速发展时期。

第二次世界大战以后，世界和平的环境和现代科技的进步，促进了生产力的高速发展，社会商品日益丰富，花色品种日新月异，竞争也日趋激烈，这一切在一定程度上也刺激了消费者需求和欲望的多样化和复杂化。这时，传统的营销理论已经不能适应市场的需求了，一些市场营销专家通过潜心研究，提出了一系列新的观念。

这一时期，营销思想得到了前所未有的解放，行为科学和数学几乎同时出现在市场营销学的主流之中。整个学科理论致力于从管理角度来思考营销问题，强调营销活动必须适应消费者需求的变化，强调目标市场和市场营销信息系统的作用，从根本上解决了企业必须根据市场需求组织生产及其他企业活动,确立了以消费者为中心而不是以生产者为中心的观念问题。市场营销学的研究内容,也从对营销实施过程的研究,发展到对市场营销问题的分析、计划、实施、控制等营销管理过程的研究,也就是说,凡是为了保证通过交换实现消费者需求而进行的一切活动,都纳入到了市场营销学的研究范畴。

### (四) 营销扩展阶段(1980年—1990年)

20世纪80年代开始,和平与发展成为世界主题,信息高速公路得以建立,市场营销理论也日趋成熟,并在企业中发挥着重要作用,受到广泛重视。其理论的应用和研究,也逐步由消费品领域扩展到生产资料、服务产品及资本和价值等领域的研究,还出现了非营利性组织营销和国家营销等社会性营销理论。

同时,随着经济全球化趋势的日益明显和知识经济的迅速发展,市场营销学的另一个分支学科——国际市场营销学也产生并趋于理论化、系统化,使市场营销理论在国际范围内迅速扩散,广为采纳,促进了市场营销学的分化与重组。

### (五) 营销创新阶段(1990年以后)

进入20世纪90年代,科学和文明的发展给营销领域带来了更为复杂的概念和方法,企业的营销活动也日益重视消费者的个性化需求。欧洲关系营销学的兴起,打破了美国营销管理学派一统天下的局面。市场营销学界开始对传统的营销管理理论提出质疑,并日益重视高技术、文化等方面对市场营销的影响和渗透。

专门化研究的发展,使得市场营销研究的新视角、新理论、新体系不断出现,并不断涌现出数据库营销、网络营销、关系营销、绿色营销和体验营销等新的营销理论,极大地丰富了市场营销的理论内容。在新经济、新技术革命条件下,几乎每年都有一批有创见的新概念出现。

## 第二节 4P营销理论

### 一、4P营销理论的产生与发展

4P营销理论产生于20世纪60年代的美国,随着营销组合理论的提出而出现。

"市场营销组合"(Marketing mix)最早产生于20世纪50年代,由尼尔·鲍顿提出,用来表明市场需求或多或少都会受到诸多"营销变量"或"营销要素"的影响。企业为了满足市场需求,获得最大利润,就必须重新科学高效地组合这些营销要素,借此增强市场的需求反应。

杰罗姆·麦卡锡将诸多营销要素进行了整合和概括,在其于1960年出版的著作《市场营销基础》中提出了4P营销理论。该理论由四个要素构成:"第一,Product,即产品;第二,Price,即价格;第三,Place,即渠道;第四,Promotion,即促销。"自从4P营销理论被提出来并被广泛运用于市场之后,不少学者深受启发,4P营销理论的研究也成量级裂变,从4P营销理论发展到6P,到10P及12P等营销理论;也有的由4P营销理论发展到4C及4R。此时的营销理论日新月异、百花齐放且更富有内涵,但是其归根到底,其核心仍然是4P营销理论。所以说,4P营销理论是现代市场营销的基石,也是企业产品开发策略依据。

## 二、4P营销理论内容

1. 产品(Product)

产品包括有形产品、人员、服务、买卖权、性能、设计、售后服务等或它们的组合,产品是企业能够提供给市场,能被人们使用和消费,同时满足人们的某种需要,代表能够在市场上进行销售活动并且可以流通的物品,且消费者在发生购买行为时可获得与其需求相符的物品。在整个消费过程中,产品不仅包括企业与客户可进行实体交易的实物,同时也包括技术、服务、咨询等诸多不以实体呈现的延伸产品。

按照耐用性及有型性,产品可以分为耐用品(Durable Goods),易耗品(Nondurable Goods),服务(Services)。

按照顾客价值的层级来分,产品可以分为5个层次,基本的是产品的核心利益,是顾客购买的服务或利益;第二层级是基本产品;第三层级是期望产品;第四层级是附加产品;第五层级是潜在产品。

产品的策略需要考虑产品定位以及品牌化。制定产品定位时,至少需要考虑产品的功能诉求,同时如果能兼顾情感诉求会给产品提升吸引力,差异化或者独特的产品定位对企业是非常重要的,它能使产品更加品牌化。而品牌的策略则需要全方位考虑产品和企业的特性,结合产品定位,企业可以运用品牌来传达其产品独特定位,建立独特品牌形象,并且在众多竞争者的宣传中,给消费者留下独特的印象,占据心理的特定位置。

产品策略还需要考虑产品线设计,规划合理的产品组合,适度的产品组合的宽度和深度可以使得产品的数量和规模更加合理化。随着企业发展,产品线的拓展需要更加效率化,利益最大化。

2. 价格(Price)

从狭义的角度,价格是指顾客购买产品时所支付的价格,有时候包括折扣,也可能有支付期限的变化等。从广义的角度,价格可以是一个产品本身价值加上附加价值的总和,附加的可以是服务,也可以是情感诉求。当一个产品能满足消费者除了制作成本以外越多的功能和情感诉求,消费者能接受的价格往往越高。

对于价格,营销理论界有很多关于数学计算、消费心理学相关的研究与理论。研究者认为,消费者面对价格时容易与成本直接联想,厂商也容易基于成本出发,去设定价格,但价格本身并不单纯来自于成本,而是来自于目标市场中和目标消费者心中认可的价值。市场不接受的价格,即使低于成本贱卖,也没有销售市场;反之如果市场认可高价格,即使毛利较高,在成本不透明的环境里,依然会有销售市场。

对于消费者来说,在判断价格是否理想时,会想到参考价格,继而据此来判断标价是否低于自己想到的参考价格,如果低于心理预期,就很容易促成购买,因此营销人员会用多种暗示消费者价格低于竞争对手,或者低于产品原价以期刺激消费者来购买。价格的营销决策对于企业至关重要,是一个敏感且难以控制的元素。首先直接影响企业的毛利水平,其次关系到利润,也影响产品销售和促销的决策。而产品的定价也被成本、需求、竞争制约。虽然价格并不仅仅取决于企业自身,但企业在实际经营时,设定价格的程序往往是:首先考虑市场需求,测试市场能接受的最高价格;其次考虑成本,测算出最低成本价格;然后再与竞争对手对比,在市场能接受的最高价格和成本的最低价格之间,制定既考虑利润最大化又兼顾市场竞争力的价格。

通常价格策略包括许多方面,主要是采取包括打折、返利在内的各种商品价格的优惠行为。当消费者在进行商品购买的时候,企业是否能以符合消费者内心需求的价格实现销售,企业所预计的生产成本的补偿及获得的利润能实现多少,采用合理有效的价格销售策略就显得尤为重要。企业采用价格策略中,价格高低与市场需求情况有较大联系,而产品的最低价格主要是受产品生产成本的影响,企业以不亏损为最低要求。产品的最高要求则是主要根据供需关系确定,但市场供需关系波动较大,企业需要根据实际市场情况进行调整。

3. 渠道(Place)

企业在把它的产品或者服务送往市场(顾客)时,会需要一个流通通道,包括中间商、仓储、运输、物流、渠道服务等,这个全过程所经历的所有环节的步骤和活动总称为销售渠道,在每一个步骤中,商品所有权都有可能发生转移,消费品的营销渠道根据传递渠道环节的层级数可以分为不同级的渠道。

从整合意义上来看,渠道还可以分为传统渠道和整合渠道。传统渠道包含生产商、批发商和零售商。整合渠道包含多渠道系统、垂直和水平渠道系统。渠道策略最关键的是了解目标市场的特性,制定对企业最有利的到达目标消费者的通路,节约人力、财力、物力的同时,有效地触及潜在购买者,并成功促成销售。

企业生产的商品信息若想直接传递到消费者手中,渠道的运用就可以实现企业与消费者之间的链接。企业所生产出的大多数产品没有直接进行对外销售,很大一部分都是通过代理商进行销售,这些中间商、电商平台、营销组织与客户接触密切,具有较强的专业性,从而起到了良好的销售效果。

4. 促销(Promotion)

促销是指企业向目标消费群体沟通和推广的整合手段,包括广告、推销、销售推广和公共关系维护。它不仅直接传达企业的产品和品牌在市场上的形象,也传达企业的产品及品牌对消费者有吸引力的特色、购买条件、给消费者的利益点,吸引消费者去触及终端销售渠道,最终达到促进销售提升的目的。

为了提升产品对消费者的吸引力,企业将会开展多种不同的促销活动,使得产品在消费者中有着更好的曝光度,最终提升产品销售量、市场占有率。传统的促销模式是从生产企业逐步推向消费者,生产企业先推给批发商,批发商推给零售商,零售商推给店头,店头推给消费者;而现代的促销模式更复杂,多为整合促销传播的模式,会有丰富的传播工具和途径,而且在传播过程中,也会直接传达给消费者产品的特性,促进消费者的了解,并勾起消费者购买的冲动,让消费者主动向零售商购买商品。

## 三、4P 理论的优点

4P 理论有其独特性及优越性,它从企业出发,中心思想在于"消费者请注意",直至今日,运用它来研究一个企业营销是比较适合的。它可以从企业自身的优劣势出发,有利于梳理企业自身的营销策略。从通常意义来说,这个理论有其明显的优点:

### (一) 简单性

4P 理论的出现,简化了市场营销的复杂因素,促进了理论的普及和传播,也真正促进了市场营销理论界的发展,在它诞生以后,以它为研究基础逐渐发展了许多其他理论,如 4C 理论、4R 理论等,促进了市场营销理论的发展。虽然理论很多,但 4P 理论的某些特点让它依然保持了经典性和独特地位。

### (二) 完整性

4P 理论有一个非常有体系感的理论基础,运用它来分析一家企业的综合市场营销策略,会形成体系感和整体感,同时能够简明扼要地总结市场营销策略的大方向,促进思考和分析总结。

### (三) 经典性

4P 理论是市场营销理论的经典理论,几乎每一本教科书、每一个市场营销的从业人员都会不自觉地从 4P 出发,去思考问题并提出解决问题的方案。因此在分析任何一家企业时,4P 理论都是行业分析人员最先想到的基础理论。

4P 基本策略的产品、价格、渠道、促销,一个策略既不是另一策略的充分条件也不是必要条件,4 个基本策略是密切联系、相互影响的并列条件,不存在一个策略决定另一策略的逻辑关系。面对错综复杂的市场态势,企业不仅能够单独运用每一策略,而且能够组合运用 4 个策略。融会贯通的 4 个策略,通过不同策略在不同时间节点,不同权重,不同区域,以及不同的经济、文化、法律、政治背景下进行组合运用,能够发挥巨大作用。

## 第三节 4C 与 4R 营销理论

### 一、4C 理论

经典的 4C 营销理论就是以客户为中心,以满足客户的成本和便利为重点的需要之余,加强与客户的沟通,4C 理论是以取代 4P 理论为基础发展起来的。4C 理论认为企业应当把顾客的满意程度放在首位;其次是降低客户的购买成本,同时应当对客户购买的便利性予以足够重视,而不是从企业的角度出发,以企业为中心进行营销活动的策划;最后,还应当以消费者为中心进行充分的沟通,沟通的高效与高价值都是企业不可多得的营销资本。

4C 营销理论是从消费者角度出发所产生,即顾客的欲求与需要、顾客获取满足的成本、顾客购买的方便性、沟通。4C 分别代指顾客(Customer)、成本(Cost)、便利(Convenience)和沟通(Communication)。

1. 顾客(Customer)

它主要指顾客的需求。企业必须首先了解和研究顾客,根据顾客的需求来提供产品。同时,企业提供的不仅仅是产品和服务,更重要的是由此产生的客户价值(Customer Value)。在 4P 营销组合中,产品策略是企业根据目标市场定位和顾客需求所作出的与产品开发有关的计划和决策。其主要内容包括满足用户需要所设计的产品的功能、产品的品质标准、产品特性、包装设计、产品品牌与商标、销售服务、质量保证,还包括产品生命周期中各阶段的策略等。在 4C 营销组合中,顾客策略更强调企业从顾客需求和利益出发,生产满足消费者需要的产品的价值。因此,从 4P 的"产品"转变到 4C 的"顾客",实际上就是指在产品开发的基础上企业应当更注重消费者的需要,在满足消费需求中获取利润,实现企业和顾客之间的双赢。这是市场营销观念的转变,被公认为现代市场营销学的"第一次革命"。过去,市场是生产过程的终点;而现在,市场则成为生产过程的起点。

2. 成本(Cost)

4C 理论中的成本不单是企业的生产成本,或者说 4P 中的 Price(价格),它还包括顾客的购买成本,同时也意味着产品定价的理想情况,应该是既低于顾客的心理价格,亦能够让企业有所盈利。此外,这中间的顾客购买成本不仅包括其货币支出,还包括其为此耗费的时间、体力和精力消耗,以及购买风险。在 4P 营销组合中,价格策略是企业实现产品价值的策略,定价是企业整体营销活动之一。选择定价策略主要的依据是企业定价目标和定价导向。企业定价目标主要是获取利润目标和占有市场目标。为了保持和扩大市场占有率,企业应考察市场环境并结合自身实力,兼顾企业的近期与远期利益,在不同时期制定不同的占领市场的定价目标。在 4C 营销组合中,成本策略是企业考虑顾客在满足需求时需要承担的成本,而不是从企业的角度考虑要达到的利润目标。从 4P 的"价格"到 4C 的"成本"的转变,实际上就是企业从考虑盈利目标转变到考虑满足顾客需要的成本。对于企业来说,成本策略就是强调"忘掉价格,考虑消费者为满足需求而愿意支付多少"。

3. 便利(Convenience)

即所谓为顾客提供最大的购物和使用便利。4C 理论强调企业在制定分销策略时,要更多地考虑顾客的方便,而不是企业自己方便。要通过好的售前、售中和售后服务来让顾客在购物的同时,也享受到了便利。便利是客户价值不可或缺的一部分。在 4P 营销组合中,在分销渠道策略上,企业应当考虑选择何种有效的途径,将产品从生产者转移到消费者手中。在分销渠道中,有一系列的机构或个人参与商品的交换活动,他们共同构成商品流通的有序环节。这种有序环节是连接生产与消费的桥梁与纽带。在 4C 营销组合中,方便策略是企业在分销渠道上考虑顾客购买商品的方便程度。从 4P 的"分销渠道"到 4C 的"方便"的转变,实际上是企业从依据自身需要转变到依据顾客的方便程度来构建分销渠道。方便策略是企业根据顾客的利益和需要构建分销渠道,以减少流通环节,降低流通成本,从而将流通成本让利给顾客。随着生产力的提高和竞争的加剧,商家越来越注重减少中间环节,减低成本,直接把产品提供给消费者。

4. 沟通(Communication)

4C 认为,企业应通过同顾客进行积极有效的双向沟通,建立基于共同利益的新型企业/顾客关系。这不再是传统营销理论中强调的企业单向促销和劝导顾客,而是在双方的沟通中找到能同时实现各自目标的通途。在 4P 营销组合中,促销是企业向顾客进行单向的营销信息传递,而顾客对企业促销信息的反应无法反馈到企业,难以做到企业与顾客之间的双向沟通与交流。在 4C 营销组合中,沟通策略是企业与顾客之间进行双向的营销信息沟通,使顾客参与到企业的产品开发和生产之中。麻省理工学院专门研究技术创新过程的学者埃里·冯希佩尔通过研究科学仪器创新的源泉,得出以下结论:归类为第一产品的 11 种主要的新发明,全部来自使用者的构想;在 66 种主要产品改良中,85% 的改良归功为使用者的构想。由此可看出,企业促销的任务不仅是传递信息,而更应注重沟通。促销的目标是引起消费者对企业或商品的注意和兴趣,激发消费者的购买欲望,加速消费者的购买行动。从 4P 的"促销"转变到 4C 的"沟通",实质上是企业从单向营销信息灌输转变到与顾客之间双向的、互动的信息交流。沟通策略就是强调"忘掉促销,考虑双向沟通"。从心理学角度来说,沟通就是"请注意消费者",在市场日益成熟的今天,肯定是"请注意消费者"比"消费者请注意"更有利于企业的长期发展。

## 二、4R 理论

4R 营销理论中的 4R 主要是指关联(Relevancy)、关系(Relationship)、报酬(Reward)以及反应(Reaction),其主要面向于竞争压力较大的市场。市场在更新换代的过程中逐步提升了对企业的要求,主张通过高效便捷的途径,建立起与客户融洽的合作模式。

该理论也全面考虑了企业与客户双方的利益关系,在满足双方需求的基础上,来进行营销,具有较强的实际意义。从欲望的角度出发,它着眼于企业与客户的双赢,促使企业与客户达成良好的合作关系,最大限度地满足客户多元化需求,并从中获得满足感。4R营销理论是在4P营销理论和4C营销理论的基础上发展而来,并具有一定的独特性。

艾登伯格在《4R营销》一书提出,在后经济时代,消费者将从"需求"层次走向"欲望"层次。在此背景下,市场营销成败关键是弄清楚"消费者为何购买"或"如何愉悦消费者",而不是"如何实现产品与服务的价值"。这种营销理论思想认为:企业需要少而精的顾客,即区隔出对企业而言最具价值的顾客;再以提升品牌价值的方式巩固顾客关系,形成顾客对公司品牌忠诚。

4R营销理论是在4C基础上提出的与时俱进的新的营销理论,即基于不断成熟的市场环境和日益激烈的竞争形势,从企业和客户间互动交流与实现双赢出发,提出企业不但要积极满足客户需求,同时应主动创造需求,通过系统的思想,整合并优化营销策略,通过4R与客户建立独特的关系,将企业与客户紧密联系在一起,形成竞争优势。

4R营销理论以关联、反应、关系与报酬4个维度为起点,重点关注企业核心客户关系的维护和保持,从而提升客户信任感,通过长期性的合作关系,使企业获得源源不断利润的同时,客户需求能够最大限度地得到满足,达成共赢。

1. 关联(Relevancy)

由于市场中竞争越来越激烈,客户的选择是不确定的,是多样的。客户忠诚度是随时变化,根据自身的利益相关,同样也可以忠诚于其他企业。因此在存量市场中,提高客户的忠诚度、保持现有的市场份额,主要的营销策略是在客户需求、业务、人际关系等方面建立与客户有效的关联,并形成一种"守望相助"的关系,把企业与客户紧密联系在一起,尽量规避客户忠诚度降低、转移的风险。企业必须将客户作为关注重点,并与其建立长期的合作关系,提升客户对企业的信任感和接受度,从而对客户消费行为进行引导,产生对企业产品和服务的认同。

2. 反应(Reaction)

即企业产品及服务被消费者认可后,消费者会及时反馈消费过程中的使用感受,并提出潜在的不足,企业必须认真倾听消费者意见,并及时采取措施予以更正。

在瞬息万变的市场环境中,企业获得更高程度的发展必须从客户需求出发,通过动态把握消费者需求和服务期望,并采取措施予以答复和反应,才能获得消费者的青睐。企业最主要是利用互联网技术建立与客户之间的密切联系,畅通沟通、销售渠道,降低消费的购买服务及产品的时间成本,满足消费者的购买需求。

3. 关系(Relation)

市场由增量市场向存量市场转变的环境中,企业与客户的关系发生了本质性变化,扩大市场份额的关键已转变为如何与客户建立长期而稳固的关系,从一次性交易变成长期合作,从客户变成伙伴,从单纯的管理营销组合变成管理与客户的长期互动关系。企业获得长足发展的关键在于与消费者达成某种消费合意,使客户产生产品或者服务需求时,首选方案就是该公司的产品或服务,客户的多元化需求能够在不断满足的过程中提升客户的信赖度,通过在营销过程中建立与客户的良性互动,达成长期合作意向。关系营销同时还包括了内部关系营销、竞争对手关系营销以及同政府的关系营销等方面,这就要求企业注重在营销往来中方方面面的关系营销。

4. 报酬(Reward)

对于企业,市场营销活动的目的在于为企业现在或未来带来收入和利润。一方面,追求报酬是营销发展的动力;另一方面,报酬是维持市场关系的必要条件。企业要满足客户需求,为客户提供价值,以此来换取回报。因此,市场营销活动的目的是注重企业在营销活动中取得的报酬。企业与客户建立合作关系的本质实际上是利益的联结,客户基于企业产品及服务信任的前提下,也能够获得预期的报酬,而企业在技术升级以及管理能力提升的基础上,产品及服务成本会大大降低,从而使客户需求得到成本最小化的满足,提升企业的经济效益。

## 三、4P、4C 和 4R 理论的比较

4P、4C 和 4R 三种营销理论,都极大地促进了营销理论和营销实践的发展。作为最先提出来的 4P 理论,它将早期的市场活动进行了简单、系统的归纳和总结,形成了市场营销学的基本理论框架,为市场营销理论的发展与演化作出了很大的贡献。因为 4P 理论对于企业而言可操控性相对较好,因此在企业的市场营销行为中得到广泛的应用,同时也成了市场营销专业教材的经典理论并得到普及。但是,随着市场经济的不断发展,营销环境相对于早期发生了巨大变化,4P 理论的弊端例如外部环境的分析较少、4 种营销手段日趋相似也就不断显现,4P 的营销工具在实际竞争中的作用在日趋弱化,不能达到原有的营销目标。

为了适应外部环境的变化,作为 4P 理论的演化,4C 理论注重对外部诸如顾客等不确定因素的考虑,强调企业与顾客形成双向沟通,使企业更好地应对外部环境的变化,为市场营销的发展起到一定的推动作用。但是,随着社会发展节奏不断加快,4C 理论的不足也初见端倪。例如,4C 理论过多强调以顾客为导向,而忽略了企业当前的资源,无法结合自身的实际情况而盲目地满足顾客需求,可能会导致一些极端行为的出现,不利于市场秩序稳定。

和以上两种理论不同的是,4R 理论是建立在一种全新市场环境、完善信息平台下的新理论。4R 理论坚持以市场竞争为导向,除了考虑影响企业营销的内外部因素,还注重两者之间的联系。其主要特点有以下几方面:首先,它实现了对企业内外部资源的整合,能够实现对顾客需求的快速响应,实现企业与顾客之间的互惠共赢;其次,它非常注重关系营销在企业营销活动中的地位和作用,提出企业应该主动去寻求机会,与顾客建立长期有效的合作机制,促进双方共赢;再次,报酬这一部分内容包含了成本控制、价格制定、双方共赢等方面的内容,更符合现代营销的需求。因此,4R 理论将能够更好地适应市场环境的变化,积极有效地推进市场营销活动的发展。当然,要实现 4R 营销,对于企业而言一方面前期的投入相对巨大,另一方面对企业的自身要求较为苛刻,短期内难以见到明显的经济效益。

4P理论从企业自身的角度出发,以产品为导向,将之前错综复杂的营销现象和营销理论进行整合和简单化,并使市场营销理论的体系感得到全面提升,从而大幅促进市场营销理论的普及和应用。4C理论从消费者的角度出发,以消费者为导向,从沟通、成本、方便、消费者四个方面直接对企业的生产和营销产生影响。4R理论较4C理论更深入一步,虽然也是从消费者的角度出发,但更关注于消费者与企业的关系,以关系营销为基础。

虽然营销理论经历了从4P到4C再到4R的演化,但是他们之间不是取代关系,而是在总结前一理论优劣势的基础上不断完善和健全的关系。4P理论简单易懂,利于实际操作,对指导制造业的快速发展有很好的促进作用,但在其他行业或领域,如金融业、公共事业、零售业等就表现出不适应性。4C理论重视消费者需求,将消费者需求摆在首要地位,但是如果片面地追求这个环节,必将影响企业的正常发展。4R理论追求市场反应速度,重视不断变化的顾客需求,以适应市场的变化。在实际营销中,企业为客户制定一系列的服务方案,使顾客拥有更多的选择空间,进而满足顾客的不同需求,达到提升顾客满意度和增加顾客忠诚度的目的,最后实现获取企业回报的目标。4R理论的实现是一个长期过程,短时间内见效甚微。

在实际营销过程中,由于企业所处的行业、发展阶段、产品属性等各有不同,所以根据的营销理论也就各不相同,企业应该根据自身特点和行业现状来理性选择营销理论及其组合,才能够在市场竞争中处于不败地位。

## 第四节 新媒体营销

### 一、新媒体营销的含义

随着互联网的飞速发展,信息传递的方式也发生了翻天覆地的变化,消费者变得不再被动,他们既是信息的使用者,也是信息的生产者。

新媒体营销(New Media Marketing)是基于特定产品的概念诉求与问题分析,对消费者进行针对性心理引导的一种营销模式。从本质上来说,它是企业软性渗透的商业策略在新媒体形式上的实现,通常借助媒体表达与舆论传播使消费者认同某种概念、观点和分析思路,从而达到企业品牌宣传、产品销售的目的。

相较于传统媒体,新媒体在互联网的飞速发展下日益兴盛起来,在其发展基础上所开展的营销活动被称为新媒体营销。不同于传统媒体只关注用户的接受程度,新媒体能够精准了解用户访问的各种细节,如访问的时间、地点及访问习惯等,这些特点使得新媒体营销具备更高的传播速度与更低的运行成本。显而易见,新媒体营销能够为企业带来更多机会,并可以通过个性化数据分析为目标客户量身定做营销方案。

社会化媒体营销(Social Media Marketing)利用社会化网络、在线社区、博客、百科或者其他互联网协作平台媒体来进行营销,是公共关系和客户服务维护开拓的一种方式。

在网络营销中,社会化媒体主要是指一个具有网络性质的综合站点,其内容是由用户自愿提供的,而非直接的雇佣关系。一般社会化媒体营销工具包括论坛、微博、博客、SNS社区、图片和视频,并通过自媒体平台或者组织媒体平台进行发布和传播。

## 二、新媒体营销的特点

新媒体营销是互联网时代企业和消费者关注的焦点,其营销覆盖面更广,影响力也更大,因此企业开展新媒体营销是十分必要的。

一般来说,新媒体营销的特点主要表现在以下几个方面:

### (一)受众主导性

在电视、广播、报纸、杂志盛行的传统媒体时代,只有通过宣传机构或平台才能发布讯息,选择较为局限且费用较高,具有较高的壁垒。新媒体的诞生打破了这一壁垒,每位用户都可以借助网络成为信息的发布者,同时也可有选择地接受、检索、放大信息,区别于传统媒体的"主导受众型",新媒体是"受众主导型",受众拥有了更大的选择。

### (二)交互性

传统媒体信息传播方式是单向的、线性的、不可选择的,一般为在特定的时间内由信息发布者向受众发布信息,受众被动接受信息,缺少信息的反馈。而新媒体营销将传统的信息传递从单向传播转变为双向交流,传播的交互性使用户从单一的信息接收者身份转化为信息接收和制作者的双重身份。企业也可以通过新媒体与用户保持紧密联系,通过增强互动性提高了信息传播的效率。

### (三)实时性

随着无线网络和移动设备的普及,用户可以随时随地发布信息,打破了空间和时间限制,新媒体营销借此能够实现信息的实时传播,这在很大程度上提高了企业的营销效率。除此之外,企业也可以得到营销效果的及时反馈,根据消费者的真实需求而作出及时调整。

### (四)个性化

相较于传统媒体,新媒体借助信息技术的发展可以做到面向更细分的受众,同时由于每位用户都可以自行选择接收信息的渠道及内容,而用户选择的信息接收途径及内容决定着信息传递者的目的能否达成。因此新媒体营销需要针对不同用户的偏好进行个性化精准营销,为用户传播个性化的信息内容组合,推荐个性化商品并提供个性化服务。在Web3.0时代,用户可以协同企业开发适合自身的个性化产品,并能将使用体验及时反馈给企业,将生产和消费无缝结合起来。

## 三、新媒体营销策略组合

### (一) 社会化媒体营销 5P 组合

塔腾和所罗门(Tuten, Solomon, 2013)根据互联网的社会化媒体特点,在传统营销4P基础上,提出了第五个P,即用户参与(Participation)。他们认为,互联网营销,实质是社会化媒体营销(Social Media Marketing),是通过社会化媒体技术、渠道和软件来创造、沟通、传递和交换为组织的利益相关者带来价值的产品和服务的活动。这种社会化媒体营销,与传统营销组合、传统数字营销组合(即 Web1.0 时代的营销组合)存在的主要差异就是企业与顾客的相对地位与沟通方式。

(1) 在传统营销和传统数字营销中,企业处于强势地位,营销是从企业立场出发来决策实施。即使是 Web1.0 阶段的网络营销,也是利用屏幕弹出广告、电子邮件广告等干扰顾客注意力的"中断—打扰型"营销,本质上属于传统 4P 营销。这种营销模式中,企业对顾客的信息传递基本是单向的,顾客处于被动接收状态,所以对于营销活动的参与程度并不高。

(2) 社会化媒体环境下,由于网络社区的信息开放性,导致用户专业知识增加,用户之间的在线讨论、合作、分享更加便利,用户与品牌进行互动和沟通的能力也大大增强,顾客对于企业的产品和服务拥有了更大的建议权和提前介入能力,同时顾客作为意见领袖或中心人对周围人的影响也在扩大。如果说传统营销组合下,"商业的目的就是创造顾客",那么社会化媒体营销组合下,"商业的目的就是创造能够创造其他顾客的顾客"。

由上看出,塔腾和所罗门提出的互联网营销 5P 模型,大约处于互联网营销 2.0 到 3.0 的阶段,考虑到了互联网作为社会化媒体分享、参与的本质特征,突出了用户在新媒体环境下的更高地位,但尚未从互联网发展的新阶段来系统思考新的营销组合。

### (二) 移动互联营销 4D 组合

赵占波(2015)根据移动互联时代消费者主权回归趋势,提出了 4D 理论。

1. 需求(Demand)

从产品本位策略(Product)向消费者本位策略(Consumer problem),再到聚焦用户需求策略(Demand)转变。以"我了解消费者"为核心竞争力,要求企业关注营销各环节需求,优化营销价值链;利用互联网工具掌握和预测用户需求;利用社交媒体平台获取和创造用户需求。

2. 动态(Dynamic)

从企业单向传播推动(Promotion),向以消费者为中心的沟通(Communication),再到基于互联网的动态多点沟通(Dynamic)转变。具体表现为线上线下闭环、多渠道整合传播、病毒式口碑传播等。

3. 传递(Deliver)

从建立多级渠道"推"给顾客的分销(Place),向考虑顾客方便的便利(Convenience),

再向客户积极传达产品信息的价值传递(Deliver)转变。例如,O2O的线上营销与线下消费结合,实现客流、商品流、信息流、资金流、物流的便利对接。企业要在营销活动中,优先考虑将产品的各项价值更加便利地传递给客户,而非只考虑自身生产、销售的方便。

4．数据(Data)

从关注产品价格(Price),向考虑顾客成本(Cost),再向顾客交易信息大数据(Data)聚焦转变。企业可以通过互联网技术搜集顾客大数据,追踪为其画像,分析消费痕迹,为营销提供科学决策支持。

由上看出,4D组合充分考虑到了互联网的互动性和大数据特征,以及消费者中心主义的发展趋势,对于指导传统企业的互联网营销转型具有一定指导意义。未来还可以从互联网生态特征出发来进一步完善模型。

### (三) 移动互联营销新4C组合

唐兴通(2015)提出了互联网社群时代的新4C组合。

1．场景(Context)

捕捉或创造合适的场景,此类场景能够高度吸引公众的注意力。

2．社群(Community)

社群是针对互联网社区特定的群体,此类群体是企业潜在或实际的顾客群。

3．内容(Content)

制造有传播力的内容或话题,例如,从分享、协同、给予客户答案的角度来向消费者传递信息,力争将浏览者转变成购买者,让购买者成为回头客或狂热的追随者及倡导者。

4．连接(Connection)

结合社群的网络结构进行人与人的连接(Connection)以快速实现信息的扩散与传播,最终获得有效的商业传播及价值。从新4C出发,移动互联营销需要创造或选择充满魅力的场景,从个体思维转向社群思维,设计有传播力的内容,实现人与人之间的连接。人与人连接在实际的应用中,要注意找到目标客户群的中心节点,利用圈子和圈子之间的连接,抓住连接者,引爆流行,做好微观层面的连接、口碑传播的机制和动力设计。

由上看出,新4C侧重于从互联网社群的发现、识别和场景利用来进行内容设计与传播,更多利用了互联网作为新媒体社区的特征和优势。未来还可以进一步拓展到战略层面。

### (四) 网络整合营销4I原则

张志杰等(2016)提出网络整合营销的4I原则。

1．趣味(Interesting)原则

互联网媒体具有部分娱乐属性,通过它们进行传播,营销也必须是娱乐化、趣味性的。制造一些趣味、娱乐的信息,将营销传播巧妙包裹在趣味的情节当中,是吸引用户的有效方式。

2. 利益(Interests)原则

为目标客户提供有效信息,让其获益,同时企业自身也就能获取利益。

3. 互动(Interaction)原则

告别传统的单向灌输式营销,充分挖掘网络的交互性,充分地利用网络的特性与消费者交流,让网络营销的功能发挥到极致。

4. 个性(Individuality)原则

个性有两种,一是企业要想能够脱颖而出,就要有足够特色;二是做到个性化营销,让消费者心里产生"焦点关注"的满足感。

由上看出,4I原则主要从互联网传播及效果角度展开思考,抓住了娱乐、互动、个性的属性特征以及利益的营销初衷。未来还可以考虑跟销售有更紧密的结合。

## 第五节 价值共创理论

### 一、价值

"价值"一词被广泛地使用,是许多社会科学领域的核心和基本概念,也是一个复杂的概念,不同的领域对价值具有不同的理解和界定。在研究价值共创相关问题时,必须首先界定价值的内涵,在正确理解价值的基础上,探讨其创造的过程。

1. 唯物主义哲学对价值的解释

唯物主义哲学的价值观点是:价值就是事物对人的需要的某种有用性。有用的"用"是对人这一主体而言,而且是具体的人。由于不同个体的人对同一事物的认识水平存在差异,同样事物的"用"也就不同。唯物主义哲学对价值的解释吻合了服务主导逻辑对价值的理解,例如Vargo和Lusch(2004)提出的服务主导逻辑的十大假设之一为:价值总是由受益人独特地用现象学方法来实现。这一假设中的价值是指顾客消费中的使用价值,并且价值量的大小与使用主体有很大的关系。哲学对价值的认识为经济学的价值界定奠定了哲学基础。

2. 经济学对价值的界定

经济学领域主要有两大价值体系:劳动价值论和效用价值论。

早期劳动价值学者认为,商品是使用价值和价值的统一体。使用价值是商品能满足人们某种需要的能力属性,是商品的自然属性,它以商品为载体。劳动价值论中的"使用价值"凝结在商品之中,重在强调商品的自然属性,在商品存在时这种属性就存在,在商品使用的过程中,这种属性就会逐渐减弱甚至消失。因此,劳动价值论中的"使用价值"不同于服务主导逻辑下和人们日常生活中所谈的"使用价值"的含义。劳动价值论中的价值是指凝结在商品中的无差别的人类劳动,是交换价值的基础。交换价值则以价格为表现形式,并受到供求关系的影响而围绕价值上下波动。

由萨伊、戈森首先提出,经门戈尔、杰文斯、威塞尔、庞巴维克等人发展起来的效用理论的观点是:价值具有主观性且主观价值决定客观交换价值。稀缺性和有用性是价值形成的两个重要条件,但有效用未必有价值,这往往还取决于物品的稀缺性。效用价值论包括基数效用论和序数效用论两套原理和方法。效用价值论中的效用,特别是基数效用,更加贴近服务主导逻辑下和人们日常生活中所谈的"使用价值"的内涵。虽然效用由于其个别性和相对性无法定量地衡量,但对顾客而言却至关重要,也是其选择购买对象和愿意付出成本多少的重要依据。

3. 营销领域的价值内涵

市场营销学起源于经济学中的商品交换研究,因此,在商品主导的逻辑下,交换价值一直是市场营销活动的导向。不同于劳动价值论中的使用价值,在服务主导的逻辑下,使用价值是企业生产、营销活动的导向,即人们在日常生活中使用产品所产生的效用。

价值共创是一种新的营销观念,该观念强调:价值总是由受益人独特地用现象学的方法来决定。对顾客而言,产品价值主要包括功能性价值、象征性价值和体验性价值,其中,顾客的体验价值是价值共创领域学术研究的重点,同时随着社会的发展,体验价值的重要性也将日趋增强。体验价值是顾客体验过程的主观感受,一旦离开顾客自身的积极参与和主动配合,体验价值也就无从谈起。研究者借鉴体验营销的成果来界定顾客体验价值,即顾客整合各方资源(企业提供的价值支持系统、自身拥有的知识和技能、所处的场景环境平台等)、借助各种体验活动(产品设计、使用、资助演出、做饭等)为自己创造的价值,既包括功能性价值也包括非功能性价值。

不同研究领域中对于价值研究的含义是不同的。唯物主义哲学、效用价值论和服务主导逻辑所指的价值,更多地强调商品使用过程中创造的效用,即实用价值,具有主观性和差异性。劳动价值论的价值、使用价值和交换价值则强调生产过程中创造的凝结在商品之中的属性,具有客观性和统一性。体验营销强调的体验价值则凸出情感价值等非功能性价值,具有强主观性、情感性、差异性和时间性等特点。

## 二、价值共创研究视角的演进

传统的价值创造观点认为价值植根于产业经济的假设和模型,企业是价值创造者,顾客是价值破坏者,是基于商品主导逻辑(Goods-Dominant Logic)的研究。随着价值共创思想的萌芽,越来越多的顾客参与到决定和创造价值的过程中,企业和顾客在价值创造中的角色发生了变化,而后价值创造的主体内涵不断拓展。

价值共创的早期思想萌芽于共同生产,正式开始于顾客体验视角,发展于服务主导逻辑。在早期服务主导逻辑的基础上拓展了多个理论视角,包括服务逻辑、服务科学和服务生态系统视角。各视角之间相互联系和影响,为学者们研究当前复杂环境下的价值共创问题提供了理论指导。整体来看,顾客体验、服务主导逻辑(早期)、服务逻辑视角主要关注企业和顾客之间的二元关系,而服务科学和服务生态系统视角则关注多个参与者之间的网络关系。

## (一) 价值共创早期思想的萌芽——共同生产

尽管传统的观点认为企业才是价值的创造者,但顾客通过积极参与企业生产服务活动,作为潜在资源和共同生产者,可被看作生产力的来源。顾客作为资源和共同生产者参与企业生产服务,通过企业和顾客深入互动,进而为企业和顾客带来更多价值。共同生产下,价值创造被认为是同步和互动的,而不是线性和传递的,顾客是价值创造者而不是价值破坏者,顾客作为共同生产者,通过在价值创造过程中的每一个阶段与企业互动而创造价值。共同生产强调企业和顾客创造价值,企业和顾客互动是价值共创实现的核心,这意味着顾客是价值的共同创造者,已经具有了价值共创的特征,因此,可以将顾客共同生产看作价值共创早期思想的萌芽。然而共同生产和价值共创之间是存在差异的,共同生产的概念介于传统的观点和价值共创之间,开始关注顾客在价值创造中的角色,将顾客作为一种生产要素资源投入价值创造转换活动中,是在企业限定的范围内参与生产,本质上强调价值创造仍是以企业为主导。因此,共同生产更大程度受到商品主导逻辑的影响。

## (二) 价值共创研究视角的演进

以企业为主导的观点转变到共同创造,不是传统体系的微小变化而是对价值创造的认识有了更本质性的变化。价值共创研究认为价值始终由客户决定,顾客体验和感受对价值创造至关重要,顾客在价值创造中的主体地位开始凸显。因此,价值共创正式开始于以顾客为导向的顾客体验视角。

1. 基于顾客体验的价值共创

顾客体验的价值共创认为顾客消费和使用阶段是价值创造的最后和关键活动,顾客参与价值的定义和创造,而共创体验成为价值的基础。

威克斯特罗姆(1996)指出企业和顾客互动意味着顾客参与企业主导的生产过程,企业参与顾客主导的活动和产品消费过程,顾客消费体验可看作是一个生产过程,顾客自己完成价值创造过程中最后和关键的活动。廉格尼克-霍尔(1996)从顾客导向出发强调顾客对竞争质量的贡献,顾客参与"投入-转换-产出"系统过程中呈现五个角色:资源、共同生产者、购买者、使用者和产品。顾客作为一种资源和共同生产者的角色,处于组织活动的上游投入方,而顾客作为购买者、使用者和产品的角色处于组织活动的下游产出方,上游投入通过价值创造转换活动而实现下游产出。价值转换系统的最终结果将根据顾客的行为和具体条件而改变,直到顾客使用产品或服务并且形成最终结果后,企业产品的工作才结束。

顾客作为竞争力的来源,通过积极与企业对话,其角色从被动受众变为主动行动者和企业共同创造个性化体验。企业不能在缺少与顾客互动的情况下自主设计产品、生产、发布营销信息和控制销售渠道,顾客将对商业系统的每个环节产生影响,企业未来的竞争将依赖于以个体为中心的价值共创。

总的来说,顾客体验是价值的基础,顾客和企业互动是价值共创的核心。首先,价值共创的本质是企业和顾客共同创造顾客体验,共同创造贯穿于顾客体验的连续过程中,顾客甚至可以在产品和服务中重新创造自身体验。因此，共创体验是顾客与企业共同创造价值的基础，企业应当为顾客提供实现个性化体验的新环境。共创体验高度依赖个体，个体的特性将会影响共同创造的过程和共创体验，没有个体的参与，企业将不能创造任何价值。企业与顾客互动是共同创造价值的基本方式，价值共创通过顾客和企业之间的异质互动而形成。因此，价值共创是超越传统供需关系、基于顾客体验的顾客和企业的互动与合作。

2. 基于早期服务主导逻辑的价值共创

服务主导逻辑替代传统商品主导逻辑，从新视角理解经济交换和价值创造，将顾客体验的价值共创进一步深化和丰富。

瓦戈和勒斯克（2004）将商品主导逻辑下分开的产品和服务统一，认为一切经济都是服务经济，顾客积极参与关系交换和共同生产，价值由顾客决定和共同创造。由此，服务主导逻辑成为价值共创的主要研究视角，并被众多学者发展和完善。瓦戈和勒斯克（2004，2006，2008）对服务主导逻辑的基本命题从术语和内容上持续修订，突出顾客在价值共创中的重要角色，都强调顾客导向的关系性。此外，佩恩等（2008）指出在服务主导逻辑下，服务是交换的普遍内容，并且顾客参与顾客价值创造、企业价值创造和冲突三个过程，展示了顾客学习和组织学习共同创造价值的内容。佩恩等（2009）基于服务主导逻辑研究了价值共创情境下的品牌体验，都是以早期服务主导逻辑为基础。

早期服务主导逻辑视角的价值共创研究强调服务是一切交换的基础，价值创造发生在产品或服务使用过程，顾客和企业通过互动和资源整合共同创造价值，关注顾客和企业之间的二元关系。瓦戈和勒斯克（2008）的研究是对早期服务主导逻辑理论的发展和完善，认为一切社会和经济参与者都是资源整合者，指明了服务主导逻辑的发展方向，为服务主导逻辑拓展服务科学和服务生态系统视角奠定了基础。

3. 服务主导逻辑的拓展——基于服务逻辑的价值共创

服务逻辑是从早期服务主导逻辑发展的新逻辑，强调服务是顾客日常实践中促进价值创造的互动过程，供应商进入顾客实践实现互动。

格鲁诺斯（2008）将服务逻辑区分为顾客服务逻辑和供应商服务逻辑，且供应商服务逻辑以顾客服务逻辑为主导。根据供应商在价值创造中的不同角色，存在价值促进和价值实现两种模型。价值促进模型下，顾客是价值创造者，供应商是价值协助者；价值实现模型下，顾客是价值创造者，供应商有价值促进者和价值合作者两种角色，供应商积极参与顾客价值创造过程，通过直接互动可成为价值创造者。

格鲁诺斯（2011）进一步指出，供应商价值创造的是潜在价值，顾客价值创造的使用价值才是真实价值，通过企业和顾客的直接互动将有助于企业成为真实价值的共同创造者。格鲁诺斯和拉瓦尔德（2011）提出服务逻辑的五个价值创造命题："命题1：营销的目标是支持顾客价值创造；命题2：商业的根本是创造相互价值；命题3：顾客是价值创造者；命题4：企业的基本角色是价值促进者，但企业与顾客的互动过程中，可以成为价值共同创造者；命题5：服务提供者不仅提供价值主张，在与顾客显著的互动中，也有助于价值实现。"格鲁诺斯和沃伊马（2013）提出价值创造存在供应商、联合和企业三个区域，在供应商区域内,供应商和顾客间接互动创造潜在价值,在顾客区域内,顾客和供应商间接互动创造使用价值,在联合区域内,供应商和顾客可以实现直接互动创造使用价值。由此可见,服务逻辑强调直接互动对价值共创的作用。随后,格鲁诺斯和古梅鲁斯(2014)基于服务逻辑的理论基础,系统地比较了服务逻辑和服务主导逻辑之间的异同,深刻分析了两种价值创造理论的本质。

服务逻辑是基于服务主导逻辑强调的使用价值而提出,但服务主导逻辑关注价值创造全过程。而服务逻辑只微观分析顾客使用价值的共创过程,认为顾客创造的使用价值才是真实价值,供应商创造的只是潜在价值。它强调顾客是价值创造者,供应商是价值促进者,供应商和顾客只有在联合区域通过直接互动才能共同创造价值。

4. 服务主导逻辑的拓展——基于服务科学的价值共创

服务科学关注服务系统之间的演进、互动和相互的价值共创,在服务系统中,互动和交换的目的和动机是共同创造价值。

斯波勒等(2007)提出服务科学研究的服务系统是由人、组织和技术构成的动态的价值共创结构,奠定了服务科学的理论视角。马格里奥和斯波勒(2008)将服务系统的概念修订为由人、技术、价值主张连接内外部服务系统和分享信息实现价值共创,指出服务科学结合商业和技术逻辑对存在的多个不同类型的服务系统、服务系统互动和价值共创的演化进行分类和解释。由此,确定服务科学的基本分析单元是服务系统,并将价值主张作为服务科学的主要研究内容。而后,基于服务科学研究服务系统的观点,学者们对服务系统内和服务系统间的互动、资源整合以及服务系统的结构和关键概念等问题进行了研究。

斯波勒等(2008)认为服务科学是研究服务系统和资源整合的复杂系统内的价值共创,强调服务系统是开放的系统,个体、团体、家庭和政府都是系统的成员。一方面,它能够通过共享或应用自身的资源改善另一个系统的状态;另一方面,通过获取外部资源能够改善自身的状态,服务系统通过提议、协商和实现三个主要活动形成服务互动,与此同时,提出了包含互动、服务、提议、协商和认识五个内容的ISPAR标准模型来识别不同类型的服务系统。瓦戈等(2008)指出服务系统的资源包括私有资源、市场资源和公共资源,通过整合现有服务系统和其他服务系统的资源,实现服务系统内和服务系统之间的资源互动而共创价值。系统可以是个体或群体通过与其他系统交换和应用资源(特定的知识和技能)生存、适应和演进,通过与其他服务系统互动来增强适应性生存能力,为自己和其他成员共同创造价值。马格里奥等(2009)在斯波勒等(2008)的研究基础上深入分析了服务系统的结构和成分,认为服务系统的资源至少包括一种操作性资源能够作用于其他资源创造价值,服务系统之间的交换是自愿的,服务系统是动态地随着时间不断构成、分解和重组,在服务系统中存在联合和采纳的机制。瓦戈等(2010)对服务科学植根于服务主导逻辑中的服务、服务体验、情境价值、价值主张和系统等关键概念详细分析,以此澄清服务科学植根于服务主导逻辑的关系。

服务主导逻辑是服务科学的基础,服务科学研究服务系统的价值创造。同早期的服务主导逻辑相比较,服务科学的价值共创视角更为宏观,将早期服务主导逻辑研究企业和顾客之间的二元互动拓展到服务系统内部和服务系统间的网络互动,通过资源整合和服务交换实现价值共创,重视系统中人、技术和价值主张的结合,强调更广泛的系统网络的资源配置和互动,并且认为技术在获取共创价值的过程中起到重要作用。

5. 服务主导逻辑的拓展——基于服务生态系统的价值共创

服务生态系统视角基于在当前复杂的网络环境下,属于服务主导逻辑的拓展,成为研究价值共创的重要研究视角,继该概念被提出后,学者们开始深入相关理论的研究。

瓦戈等(2008)从服务科学视角将价值共创的研究从二元关系转向了网络关系,强调服务系统内部和服务系统之间互动,然而,现实中服务交换和价值共创都会受到社会力量的影响,供应商和顾客在社会结构中的位置、角色等都影响对价值共创的认识和行动,价值创造产生在更复杂的情境中。瓦戈和勒斯克(2010)提出服务生态系统视角超越了服务科学视角下服务系统和服务系统之间的互动范畴,强调复杂网络系统下的资源互动,在服务生态系统中供应商和受益人、生产者和顾客等所有要素的区别都将消失,并将服务生态系统定义为:不同的社会和经济行动主体基于自发感知和响应,根据各自的价值主张,通过制度、技术和语言为共同生产、提供服务和共同创造价值而互动的松散耦合的时空结构。

钱德勒和瓦戈(2011)提出通过微观、中观和宏观三个层次的互动实现价值创造,奠定了服务生态系统价值共创的结构基础。微观层是个体的二元结构和活动,企业和顾客是核心;中观层是中等范围结构和活动,关注组织、产业和品牌社群;宏观层是广泛的社会结构和活动,关注整个社会参与者,三个层次结构和活动不固定和绝对独立,相关层次的互动会随着时间而演进和变化。

基于前期研究的理论和结构基础,有关服务生态系统视角价值共创的实践和理论研究继续深化。实践研究将服务生态系统视角与企业案例研究相结合,拉马斯瓦米和奥兹坎(2013)以洛克汽车和乐高为例,提出企业可作为生态系统的节点企业,提供智能领导并公开设计和开发链接的参与平台,同时控制生产、交付后活动等核心要素,通过"众包"实现全球资源、知识和技能的整合并与利益相关者共同创造价值。拉马斯瓦米和乔普拉(2014)以马恒达汽车为例,强调在企业生态系统中加强价值共创的影响和传播,强调共同创造需要利益相关者的创造性合作、增强交流和协调。在实践研究的同时,理论研究继续深化,勒斯克和瓦戈(2014)将A2A导向的服务生态系统重新定义为:一个由资源整合者通过共享的制度安排和服务交换的相互价值创造而连接的相对独立的、自我调节的系统,并将瓦戈和勒斯克(2010)关于服务主导逻辑的10个基本命题概括为4个基本原理来解释价值共创,而瓦戈和勒斯克(2016)从服务生态系统的视角对服务主导逻辑基本命题进行修订。

尽管他们都从服务生态系统的视角研究价值共创,但勒斯克和瓦戈(2014)提出的基本原理仍采用了瓦戈和勒斯克(2008)有关服务主导逻辑基本命题的术语,瓦戈和勒斯克(2016)强调的五个基本原理则对服务主导逻辑的基本命题进行了一定程度的修订,这一次修订使服务主导逻辑的内容和术语都更符合服务生态系统基本定义的描述,是对服务主导逻辑、服务生态系统视角价值共创研究的推进。勒斯克和瓦戈(2014)将服务主导逻辑的过程描述为:所有参与者通过资源整合和服务交换,共同创造价值并在特定情境下决定价值。瓦戈和勒斯克(2016)将服务主导逻辑的过程描述为:所有参与者通过资源整合和服务交换,由制度和制度安排的约束和协调,在嵌套和重叠的服务生态系统体验中共同创造价值。比较两者的变化可以发现，瓦戈和勒斯克更强调制度和制度安排在服务生态系统的价值共创和服务交换过程中的重要作用。

另外，较多学者基于服务生态系统微观、中观和宏观三个层次的互动结构，从制度、技术、价值主张、服务情境、服务创新、服务体验等多个角度展开价值共创的研究。阿卡卡等（2013）基于服务生态系统视角，从服务交换、资源整合、价值共创和情境价值四个方面研究国际营销，强调将简单微观层的行动和互动嵌入更复杂的中观和宏观层的系统和结构。制度驱动多层次的互动，包括微观、中观和宏观层次的资源整合和服务交换，在动态的复杂情境中，通过多个层次互动和制度影响价值共创。

服务生态系统视角的价值共创，将服务主导逻辑早期强调的顾客和企业的二元视角拓展到更为广泛复杂的、松散耦合的动态网络系统。比较而言，服务科学视角研究服务系统和服务系统之间网络关系的价值共创，强调技术的重要性，但对社会情境还没有充分的考虑。服务生态系统更加宏观地认为一切经济社会参与者都是价值创造的重要组成部分，在更加复杂的松散耦合的动态系统中，通过服务交换和资源整合共同创造价值，特别强调制度在价值共创中的重要角色。

国外对价值共创的研究经历了微观到宏观的视角，价值共创主体从"企业和顾客"的二元关系发展到"系统"再到"复杂系统"的网络关系。除此之外，姜尚荣等（2020）采用文献计量方法对价值共创领域的样本文献进行了统计分析、共引分析研究，发现当前阶段价值共创领域有三类的研究重点：(1)价值共创理论研究，包括服务主导理论、客户参与理论和共创网络构建等；(2)外部环境和企业生态的构建，包括环境影响机制研究和服务生态系统建设等；(3)客户参与和价值共创实践，包括客户参与形式、共同创造实践等。

总的来说，价值共创的几个研究视角不是完全对立的，而是相互补充和衍生的关系，服务逻辑和服务主导逻辑是研究不同范围的价值共创问题，两者相互补充。其中，服务主导逻辑对价值共创研究的影响非常大，服务逻辑、服务科学和服务生态系统视角都以服务主导逻辑为基础。服务主导逻辑衍生出的服务生态系统视角从动态、系统的、松散耦合的网络系统研究价值共创问题，将社会经济的参与者都纳入到价值共创的主体，以制度和广泛互动作为实现价值共创的核心，强调通过社会经济资源整合和服务交换实现价值共创。

从服务生态系统视角研究价值共创问题，更加符合当前复杂网络环境的变化，因此成为当前学术研究的热点，也是实践发展的需要。

## 三、价值共创的内涵

当前，在价值共创理论研究领域中，服务主导理论相对更加成熟，因此我们将围绕服务主导理论对价值共创理论进行介绍。

19世纪的服务业研究中就有了价值共创的思想，如斯塔奇在研究服务业对经济的贡献时指出"服务过程需要生产者和顾客之间的合作"。20世纪60年代，顾客生产理论突破顾客仅在服务经济领域创造价值的观点，认为顾客利用生产者提供的产品或服务以及顾客自己的时间、知识和能力等"消费资本"来创造能够满足自己需要的价值，这种观点就体现了服务主导逻辑的思想。21世纪以来，价值共创备受学术界和实务界的关注，它是用于描述多个相关利益者之间合作的复杂概念,不同学者对价值共创有不同的界定,但普遍认为它是一种互动过程,例如普拉哈拉德和拉马斯瓦米(2004)认为价值共创是企业与顾客通过有目的的互动形成个性化体验的过程。按照这种理解,价值共创贯穿于企业与顾客互动和消费体验形成的整个过程。在价值创造的过程中,顾客与企业各自扮演的角色主要有两种认识:价值是共同生产的,企业是主导者,顾客是合作者(主要发生于生产领域的价值创造之中);价值是共同创造的,顾客是主导者,企业是合作者(主要发生于消费领域的价值创造之中)。

服务主导逻辑的诞生更是推动了价值共创理论的研究与发展,国内外学者们从不同视角进行了理论探讨与实证研究。服务主导逻辑认为:价值共同创造的过程主要发生在顾客使用、消费产品或服务的时候,共创的价值主要是生产者通过提供产品或服务与顾客通过消费产品或服务而共同创造价值的总和。韦恩(2010)认为价值共创是企业在产品研发、生产和销售等各个环节中与顾客合作的过程,是顾客高度参与的一种表现。刘文超等(2011)认为:价值共创是顾客与企业之间的一种积极互动过程,通过各种形式的互动顾客贡献出自己的智慧、劳动,与企业共同设计、研发、生产和提供对顾客自身有价值的产品和体验。由此可见,不同的学者对价值共创的内涵和外延有不同的理解。国内外具有代表性的价值共创概念如表 8-2、表 8-3 所示。

表 8-2 国外具有代表性的价值共创概念

| 定义/含义 | 学者 |
| --- | --- |
| 服务过程需要生产者和顾客之间的合作。 | 斯托奇(1823) |
| 1993 年提出价值共创的思想,认为供应商和顾客之间的互动是价值创造的基础。1999 年又提出价值共同生产,认为实施业务合作的双方将共同参与和再创造。 | 诺曼等(1993,1999) |
| 服务或产品的价值并不是由制造商/供应者单独创造的,而是由制造者或供应商与该产品或服务的消费者共同创造的。价值共创是企业与顾客通过有目的的互动形成个性化体验的过程。 | 普拉哈拉德和拉马斯瓦米等(2004) |
| 所有参与交换的各个服务系统共同创造价值,通过共同创造价值增强系统能力,促进产品的创新和进化;顾客通常是价值的共同创造者。 | 斯蒂芬和瓦戈等(2008) |
| 价值共创不仅仅局限于将价值链末端的顾客力量引入,事实上,在整条价值链上的所有利益相关者,从股东到原材料供应商等,都可以被整合。 | 拉马斯瓦米(2010) |
| 价值共创是企业在产品研发、生产和销售等各个环节中与顾客合作的过程,是顾客高度参与的一种表现。 | 韦恩(2010) |
| 在定义中都包含了体验环境或体验平台的要素,对此作出了回应。 | 爱德沃森等(2012) |
| 将价值共创的参与者群体进行了扩充,认为除了顾客以外,还应包括其他一切利益相关者。 | 兰伯特和恩茨(2012) |

续表

| 定义/含义 | 学者 |
|---|---|
| 由当事人直接交互的联合协作活动,目的在于一方或双方贡献价值。 | 格鲁诺斯(2012) |
| 价值共创的要素包括五大类,即体验环境要素、资源要素、共同生产要素、感知收益要素、管理架构要素,且每一类中又包含各自的具体要素。 | 巴蒂等(2015) |
| 在服务交互中,价值共创是服务员工和顾客之间的联合服务活动,该活动由六个维度构成,对应六个联合行动(个性化、关系、授权、伦理、共同发展和联合行动)。 | 内格希娜和卡尼尔斯(2015) |
| 研究了149篇关于价值共创的文献,虽然没有给出关于价值共创的明确内涵,但认为其由共同生产和使用价值两个关键的维度构成,这两个维度又分别由知识、公平、互动和体验、个性化和关系三个维度构成。 | 潘然和里德(2016) |

表8-3 国内具有代表性的价值共创的概念

| 定义/含义 | 学者 |
|---|---|
| 价值共创是指所有利益相关者打破原有的直线式价值链结构,以顾客为中心,建立一个成员间相互合作、信息互相交流的强有力的价值网,以实现价值共创。 | 李燕宁(2007) |
| 价值共创是企业与顾客之间的一种积极互动过程,在互动中顾客贡献自己的智慧和劳动,与企业共同研发、设计、生产和提供对自身有价值的产品和体验。 | 刘文超等(2011a) |
| 价值共同创造是消费者与企业之间的互动过程,在这种互动过程中消费者主动贡献自己的智慧和劳动,与企业一起共同发明、合作设计、共同生产和提供对消费者有价值的产品、服务和体验。 | 刘文超等(2011b) |
| 顾客和企业通过有效的互动,共同参与价值的创造及交换过程,即顾客借助企业搭建的互动平台而积极地参与到企业产品的研发、生产和消费的全过程,并将自己的意见和需求反馈给企业,以便企业能够更充分地了解顾客的需求,从而提供更好的、能满足顾客需求的产品和服务,为顾客创造独特的、个性化的体验。 | 李丽娟(2012) |
| 企业与顾客一同发现价值,进行良好及有效的互动,并创造出可以让不同消费者分享他们独特个人经验的环境,在产品提供服务的过程中,创造出真正的企业价值。 | 赖珍珠(2016) |

## 四、价值共创的类型

价值共创属于一个较为新颖的研究领域,已经受到国内外学术组织和学者们的高度关注,研究成果也逐渐增多,根据相关研究成果,大体可以将价值共创分为以下类型。

1. 生产领域的价值共创

生产领域的价值共创研究主要集中在顾客参与理论的研究中,重点强调顾客作为共同生产者参与到企业的生产过程中,所以,生产领域的价值共创又被称为价值共同生产。生产领域的价值共创研究主要集中在三个领域,即制造业、服务业和网络环境。

① 生产领域制造业的价值共创研究主要集中在顾客参与、新产品开发,探讨了生产领域价值共创前因、过程和结果,研究成果中多数是通过顾客与企业的交互活动视角来进行的。生产领域制造业的价值共创研究示例如表 8-4 所示。

表 8-4 生产领域制造业的价值共创研究示例

| 学者 | 示例 |
| --- | --- |
| 方(2008) | 通过对"顾客参与新产品开发的价值共创"的研究发现:顾客参与新产品开发可以提高信息共享、增强顾客和供应商的协作,即顾客和供应商的有形专用性投资,并最终创造新产品价值。 |
| 格鲁诺斯(2008) | 通过对"制造业 B2B、B2C 环境下的价值共创和关系营销"的研究认为:供应商应该视自己为服务提供者,顾客与供应商互动共同创造价值 |
| 霍尔(2010) | 通过对"新产品开发环境下企业与顾客共创价值"的研究发现:价值共创构建了基于新产品开发环境下顾客参与共创程度的概念框架,分别从顾客与企业两个方面分析了其影响因素、障碍和共创的结果。 |
| 拉姆斯瓦尼和高哈特(2010) | 通过对"企业如何发起共同创造的项目和文化"的研究发现:组织需要改变和开发一个内在的、共同创造的文化支撑时,能够向更高的透明度进行开放,关注延伸的沟通渠道,开发更适宜的参与渠道和工具。 |
| 斯腾鲁斯和贾科拉(2012) | 通过对 120 个供应商和购买者的访谈,研究了供应商和购买者在互惠价值共创过程中的行为、角色及资源,并证明价值共创是一个动态的问题解决过程,包括诊断需求、设计和生产方案、组织过程和资源、管理价值冲突及实施方案过程。 |
| 兰伯特和恩茨(2012) | 通过对"B2B 关系中的价值共创"研究发现:价值共创发生在顾客和供应商之间进行交互时,它包括联合创造价值主张、价值实现和价值决定三个阶段。 |
| 张祥、陈荣秋(2006) | 通过对"企业定制化环境下顾客参与链模型、阶段及共创环节"的研究发现:顾客可以与企业共创价值,顾客通过贡献自己的知识、技能和精力与企业进行价值共创,营销、服务和技术开发是顾客参与价值共创的接触点。 |
| 卢俊义(2011) | 通过对"B2B 环境下供应商和顾客共创顾客价值的过程机理"的研究,构建了供应商专用投资、顾客参与创新互动、顾客体验以及顾客价值之间的互动机制的理论模型。 |

续表

| 学者 | 示例 |
|---|---|
| 陈庆(2012) | 通过研究"顾客和企业的互动对共创价值的关系"发现：将顾客与企业互动分为顾客授权、信息共享和人际互动三个维度，共创价值分为关系价值、盈利价值和创新价值，探讨了市场环境在二者之间的调节作用。研究结果表明顾客驱动对盈利价值、关系价值和创新价值都具有显著正向影响，且关系价值和创新价值正向影响盈利价值，市场环境在顾客互动和共创价值的关系中起调节作用。 |
| 孔鹏举、周水银(2013) | 分析了价值共创的过程和企业在价值共创过程中的角色，提出企业参与的概念，它是指顾客在产品/服务消费过程中，企业利用自身的专业知识和技能，协助顾客使用产品/服务，从而进行价值共创的管理模式。 |

② 生产领域服务业的价值共创研究主要集中在个性化体验、服务补救、服务创新等方面，研究了服务业价值共同创造的过程及其产生的结果。服务业的价值共创既可以产生于 B2B(企业与企业)之间，也可以产生于 B2C(企业与顾客)之间，但学者们主要还是探讨的 B2B 之间的价值共创，而对 B2C 之间价值共创的研究较为缺乏。部分学者提出服务共同创造的概念，也有学者构建了服务系统的价值共创模型。生产领域服务业价值共创研究示例如表 8-5 所示。

表 8-5　生产领域服务业的价值共创研究示例

| 学者 | 示例 |
|---|---|
| 格蕾丝(2008) | 通过对"服务共创顾客的个性化体验"的研究发现：服务共同创造是顾客通过参与核心服务创造而与服务提供商互动的过程，在该过程中，顾客获取个性化体验而成为价值的共同创造者。 |
| 勒斯克和瓦格(2008) | 通过构建服务系统内价值共创的模型发现：价值最终来源于使用价值，且最终是由使用价值决定的，构建了系统内价值共创的概念模型，认为服务系统通过服务交换，可以提高服务系统的适应能力和生存能力。 |
| 叶等(2011) | 通过研究服务价值共创过程中顾客参与和服务创新对服务绩效的影响，发现：顾客参与和服务创新都是正向显著影响服务绩效，顾客参与在服务创新和服务绩效的关系中起调节作用。 |
| 张婧、何勇(2014) | 通过对"服务主导逻辑与资源互动对价值共创的影响研究"，回顾了服务主导逻辑、价值共创和资源互动的相关文献，构建了服务主导逻辑、资源互动能力与顾客价值认知之间关系的模型。采用问卷调查的方式获取 228 份有效数据，实证结果表明：服务主导逻辑导向正向影响服务企业与顾客企业进行资源互动的能力，进而改善价值共创活动，价值共创活动正向影响顾客价值认知。 |

| 学者 | 示例 |
|---|---|
| 万文海、王新新(2016) | 以健身俱乐部为例探讨了企业与顾客共创价值对员工组织承诺作用,将企业员工与顾客之间的共创价值活动分为仪式互动、情景活化和人际互动,并以顾客与员工之间的互动所形成的情感融合为纽带,探讨共创价值如何影响员工组织承诺。研究表明,员工与顾客的共创价值活动影响员工的情感融合及组织承诺,且情感融合在二者之间起中介作用。 |

③ 生产领域虚拟环境下的价值共创研究主要集中在参与动机方面,重点体现在参与虚拟新产品开发。生产领域虚拟环境下的价值共创研究示例如表 8-6 所示。

表 8-6 生产领域虚拟环境下的价值共创研究示例

| 学者 | 示例 |
|---|---|
| 泽瓦斯(2010) | 通过对"顾客参与虚拟环境中价值共创的动机"研究,总结出:动机是贡献的利他动机、对任务的热情、互惠的内在需要、娱乐、心流体验、好玩、自我构建、形成个人关系、社区规范、竞争意识、学习、满足个人归属的需要、自我尊重和自我效能、社会地位、认可和声誉需要、获得社会资本和同行认可的需要、职业提升的需要等。 |
| 简兆权、肖霄(2015) | 以携程旅游网为例探讨了网络环境下服务创新与价值共创的关系,研究发现服务供应链中的上中下游之间的两两互动、服务集成商的内外部整合是价值共创的重要组成部分。 |

价值共创系统和服务创新系统是相互渗透的紧密整体,而这之中必有一个扮演着整合角色的核心集成商存在于整个系统中,服务集成商、供应商、顾客各自在价值共创的过程中具有不同的作用。

可见,早期价值共创的界定和研究主要针对制造业的生产领域和服务行业。生产领域的价值共创主要集中在新产品开发环节,顾客参与新产品开发可以提高信息共享、增加顾客与供应商的协作等,从而实现价值共创。在服务业中,生产和消费的不可分离性使得顾客在服务提供过程中扮演着重要的角色,往往被企业视为兼职员工,实现双方互赢。服务业价值共创的研究主要集中在顾客参与服务创新、参与式开发和服务补救。顾客在服务共同创造中通过参与核心服务创造与服务提供商产生互动,从而获得个性化体验而成为价值的共同创造者。

2. 消费领域的价值共创研究

针对消费领域的价值共创研究主要集中在顾客与企业(企业是指企业直接和顾客接触的员工之间的共创价值)、顾客与顾客之间的互动共创价值。消费领域的价值共创研究示例如表 8-7 所示。

表 8-7 消费领域的价值共创研究示例

| 学者 | 示例 |
|---|---|
| 普拉哈拉德和拉马斯瓦米(2004) | 通过研究"消费者与企业员工之间互动共创顾客良好的体验"发现:与消费者接触比较多的企业重要人员(上门服务人员、推销员及维修员等)既可以提供满足消费者需要的产品和服务,又可以通过他们与消费者之间真诚和信任的互动为消费者带来良好的体验。 |
| 通巴和霍罗维茨(2008) | 通过对"消费者之间的互动共创体验价值"的研究发现:消费者在网络空间中,利用三维技术,通过叙事和故事交流能够创建网络虚拟社区,借助该社区消费者可以进行生活式消费,以获取幻觉和趣味性体验价值。 |
| 蓬萨科恩和施罗德(2011) | 通过研究"顾客之间的价值共创",运用服务主导逻辑和消费文化理念定性研究共同消费社区中顾客与顾客之间的价值共创,研究发现消费的品牌社区是顾客之间进行价值共创的平台,顾客在价值共创过程中既扮演着价值提供者的角色,也扮演着价值受益者的角色。 |
| 张婧、邓卉(2013) | 聚焦于产业服务品牌,通过定性和定量研究方法探讨了品牌价值共创。研究提取了四组利益相关者界面(企业与员工界面、企业与顾客界面、员工与顾客界面、企业与其他利益相关者界面)、八个维度(组织品牌导向和内部品牌资产,品牌信息展示和组织交易关系,服务体验质量和私人关系质量,上游成分品牌策略和下游成分策略)的品牌价值共创活动,以为这些活动直接或间接影响品牌价值的顾客认知以及最终的品牌绩效。 |

近些年来,学者们更加偏向消费领域价值共创的研究。服务主导逻辑认为企业与顾客共创的价值不是交换价值,而是顾客在消费过程中实现的使用价值和情景价值。服务主导逻辑的十大假设中有五个突出"以顾客为中心"的思想,而顾客主导逻辑更是认为顾客通过日常生活实践活动创造自身需求的价值,企业要积极获取参与顾客价值创造的机会,成为价值的共创者。由此可见,顾客已经成为价值共创过程互动的核心主体。

3. 虚拟品牌社区的价值共创

还有些价值共创的研究成果既属于生产领域又属于消费领域,这些研究成果更多地体现在虚拟品牌社区的价值共创研究。当前,虚拟品牌社区价值共创的研究主要集中在前因、过程和结果。虚拟品牌社区的价值共创研究示例如表 8-8 所示。

表 8-8 虚拟品牌社区的价值共创研究示例

| 学者 | 示例 |
|---|---|
| 布鲁恩等(2014) | 对"B2B虚拟品牌社区顾客之间互动质量的前因后果"的研究中发现:品牌信任正向影响品牌社区信任,品牌社区信任会增强顾客之间互动的质量,顾客之间的互动质量正向影响顾客的功能利益、体验利益和符号利益,这三种利益又会进一步促进顾客忠诚。 |

续表

| 学者 | 示例 |
|---|---|
| 贾科拉等(2014) | 描述了顾客契合行为的驱动因素和四种类型,探讨了相关利益者体验到的价值,认为通过诱导更广泛的资源整合,顾客契合行为影响价值共创,公司更加关注顾客贡献的资源等等。 |
| 李朝晖(2014) | 探讨了顾客参与发起的和参与自发的价值共创与品牌体验之间的关系。研究结果表明:顾客参与发起的价值共创对感官体验、思考体验和行为体验具有正向显著影响;顾客参与自发的价值共创对感官、情感、思考、行为和关联体验有显著正向影响。 |
| 杨学成,陶晓波(2015) | 通过对价值共创活动演进历程的梳理,提炼出了从价值链到价值矩阵,再到柔性价值网的价值共创逻辑,提出了柔性价值网的概念,认为柔性价值网由用户连接驱动的价值共创、用户互动驱动的价值共创与用户重构驱动的价值共创这三条价值共创的主线所构成。基于柔性价值网对小米公司展开了系统的分析,通过链接、互动与重构探究了小米公司社会化价值共创的内在规律。 |

无论是生产领域的价值共创还是消费领域的价值共创,无论是线上的价值共创还是线下的价值共创都需要顾客投入其中,顾客在价值创造过程中的核心地位越来越突出。互动是价值共创的行为轨迹,互动可以产生于顾客与企业之间,也可以发生在顾客与顾客之间。学者们分别探讨了生产领域的价值共创和消费领域的价值共创,但虚拟品牌社区情境下的价值共创,既包括生产领域的价值共创,也包括消费领域的价值共创,互动既包括顾客与企业之间的互动,也包括顾客与顾客之间的互动。既然顾客是价值共创和互动的核心,那么,价值共创产生于哪个领域,互动发生在哪些相关利益者之间并不重要,重要的是顾客在价值共创互动过程中扮演了什么样的角色,愿意实施哪些价值共创行为。因此,打破价值共创的领域界限和互动类型,探讨顾客这一核心价值共创者的价值共创是关键。

## 【关键词】

市场营销、4P营销、4C营销、4R营销、新媒体营销、价值共创

## 【本章小结】

本章首先介绍了市场营销的基本概念,接着依次介绍了五种经典营销管理理论的内容及演变过程,强调这五种营销理论是随着社会的发展与市场需求的变化而不断演进的,不同的理论在研究与应用时都具有不同的侧重。最后,结合当前网络快速发展的新环境、新背景,本章选取学术研究的热点——新媒体营销与价值共创作为营销管理理论的拓展延伸。

## 【思考题】

1. 简述市场营销学产生的背景和意义。
2. 简述4P、4C、4R三种营销理论的发展对市场营销发展的意义。

3. 依托互联网背景所产生的新型营销模式——新媒体营销,试总结本章七种营销策略组合的异同点,并思考新媒体营销在市场营销理论中的地位。

4. 什么是价值共创？价值共创理论的逻辑基础是什么？价值共创理论对社会的发展具有什么意义？

5. 在互联网快速发展、社会经济快速增长的大背景下,营销理论的更新迭代速度加快,请你用所学过的营销理论,试提出一个你认为适合当前大环境下发展的营销组合设想。

案例分析

# 第九章　业务流程再造理论

**本章要点**

1. 业务流程再造的概念
2. 业务流程再造的过程
3. 业务流程再造的结果

## 第一节　业务流程再造的概念

业务流程再造(Business Process Reengineering,简称 BPR)是 20 世纪 90 年代发源于美国的一种新的管理理念和方法。1993 年,美国哈佛大学教授迈克·哈默(M. Hammer)与美国管理咨询专家詹姆斯·钱皮(J. Champy)先生合著出版了《企业再造——工商管理革命的宣言》一书,系统地介绍了业务流程再造理论的含义及实施问题,拉开了业务流程再造运动的序幕。业务流程再造,从现代组织学的观点看,它属于组织转型理论(Organizational Transformation,简称 OT)研究范畴,是由组织发展理论(Organizational Development,简称 OD)发展而来的,该理论从 20 世纪 80 年代开始出现,是现代组织学研究的新领域。我国组织学学者复旦大学杨洪兰教授在其所著《现代组织学》中把业务流程再造理论与系统理论、权变理论和行为科学理论并列为组织行为变革与创新的 4 种理论之一。

### 一、业务流程再造的内容

业务流程再造也译为"公司再造""再造工程",它是 1993 年开始在美国出现的关于企业经营管理方式的一种新的理论和方法。业务流程再造的真正含义是要抛弃长时间来所运用的那种工作程序,重新探索为使公司推出新产品、新服务,向顾客提供价值所必需的那种经营活动。它意味着提出这样的问题:"假定我已经了解情况,又具备现代技术条件,而今天要我重建这家公司的话,那么,公司看起来应该是什么样的呢?"即再造意味着要把旧的制度扔在一边,重新开始开辟一条做好企业经营工作的途径。

狭义的业务流程再造概念以达文波特的定义为代表,达文波特使用的是"业务流程重新设计(Business Process Redesign,BPR)"这一概念,他认为业务流程重新设计是指对组织内部或组织之间的工作流程进行分析和设计。

这一概念把"业务流程再造"的内容限定在了最窄的范围内——流程的分析和设计,它突出强调了业务流程再造最核心的工作是"对业务流程重新进行设计",严格区分了业务流程再造与其他变革模式之间的本质区别。但是,该概念没有反映出业务流程再造所引发的"系统性变革",使人们很容易把它混同于一般的流程优化,不利于指导企业系统地实践业务流程再造。

广义的业务流程再造认为流程只是组织的一个基本要素,流程的重新设计会引起企业多方面的变革,包括技术、人员、组织结构等,因而业务流程再造必然是一场系统、全面的变革。

按照该理论的创始人原美国麻省理工学院教授迈克·哈默与詹姆斯·钱皮的定义是指:"针对企业业务流程的基本问题进行反思,并对它进行彻底的重新设计,以便在成本、质量、服务和速度等当前衡量企业业绩的这些重要的尺度上取得显著的进展。"这个定义包含了四个关键词:基本的、彻底的、显著的、流程。

### (一) 基本的

第一个关键词是"基本的"(Fundamental),指从根本上重新思考企业已经形成的组织管理的一些基本信念,如分工思想、等级制度、标准化和官僚体制等。企业人员在着手改革前,必须先就自己所属的公司及其如何运作,提出一些最基本的问题:为什么我们要干这项工作? 为什么我们要这样干? 提出这些基本问题会促使人们去注意在从事他们的业务工作时所因袭的那些规则和前提,然后往往会发现这些规则已经是过时的、错误的或不适当的。值得注意的是,要着手进行再造就不应有前提,也不应以现有的事物作为再造的起点。实际上,要进行再造的公司就必须对当前大多数业务流程所已经接受的假定加以警惕。例如,管理人员提出问题:"我们怎样才能进一步提高审核顾客信用这项工作的效率?"那么,提出这个问题的前提是,必须对顾客的信用进行审核,可是许多事例表明,审核顾客信用这项工作的费用支出实际上超过了这种审核工作所能防止的坏账损失。一家公司要实行再造,首先要确定必须做的业务工作是"什么",其次才确定"怎样"去做。再造意味着任何事物都不是理所当然的,它并不注重事情"现在是"怎样,而是注重事情"应该是"怎样。

### (二) 彻底的

第二个关键词是"彻底的"(Radical),指不是对现有的业务工作进行改良、提高和修修补补,而是进行脱胎换骨式的彻底变革,重新建立企业的业务流程。彻底地重新设计意指要从事物的根本着手,不是对现有的事物作表面的变动,而是把旧的一套抛掉。在再造中,彻底地重新设计意味着要不顾现有的种种组织结构和工作流程,而是要开辟完成工作的崭新蹊径。

### (三) 显著的

第三个关键词是"显著的"(Dramatic),指不是要在业绩上取得点滴的改善或逐渐地提高,而是要在经营业绩上取得显著的改进。这意味着每次变动都得是重大变革,点点滴滴的改进只需要微调,而显著的改进则需要破旧立新。进行再造的公司可以分为三种情况:

第一种情况是,公司感到自己深陷困境,除再造外别无选择。如果一家公司产品的生产成本在数量级上远高于其竞争对手或超出其经营方式的承受能力,如果它在为顾客服务方面很糟,以致遭到顾客公开的指责,如果它生产的产品报废率比其竞争对手高出一倍、两倍或四倍,或者说,如果它需要在数量级上取得显著的改进的话,那么它显然需要对业务流程进行更新。

第二种情况是,公司尚未陷入困境,但其管理层已预见到企业将面临困难。例如市场上因为出现新的竞争对手,而使顾客的需求或特点改变,从而使行政管理或经济环境发生了变化——这一切对该公司取得成就的基础构成威胁,有把它摧毁的危险。这种情况的公司需要在预见到有可能陷入困境前就着手进行改造。

第三种情况是,着手再造的公司正处在鼎盛时期,无论现在或将来,都不存在可以察觉得到的困境,可是这类公司的管理层有雄心壮志,富有进取心,把再造看成是一种机遇,用来进一步超越其竞争对手,使其竞争对手的处境更加严峻。

### (四) 流程

第四个关键词是流程(Process),指业务流程再造从重新设计流程着手,并且是最关键的。尽管这个词是最重要的,但它是大多数公司的管理人们最难下定义的,因为绝大多数的企业人员并不是"以流程为导向",他们忙于任务,忙于本位工作,重视人事,重视结构,但不是流程。我们把业务流程定义为一系列业务活动,其中包括将某种或多种东西投入并创造出对顾客有价值的产品,即流程创造的价值在于把顾客所订的货物送到顾客的手中。亚当·斯密认为应该将工作分解成若干极其简单的任务,把每一种任务交给专门的人员去做。在这种观点的影响下,公司及其管理层会把工作的重点放在工作流程的各种任务上(例如接受购货订单、从仓库提货等),往往忽视了这些工作流程的目的是为了把货物送到订货的顾客手中。整个流程中的各项任务固然是重要的,但如果整个流程不发挥作用,那么对于顾客来说,任何一项任务都是没用的。

## 二、业务流程再造的特征

再造后的业务流程跟传统的业务流程一定是有区别的,那么区别在哪呢?这个问题无法简单地回答,因为再造后的业务流程有多种不同的形式,我们只能对再造后的业务流程的特征详细地阐述。

通过迈克·哈默与詹姆斯·钱皮对十几家美国公司改革项目的参与和观察,他们注意到了公司间种种不同的业务流程之间有着惊人的相似之处,这些相似之处超越了工业部门的不同行业,甚至超越了特定流程本身。意思是,一家汽车制造公司的业务流程在经过再造之后的行之有效的东西,对一家保险公司或一家零售商来说,也有某种适用之处。

经历过再造的企业出现问题是很正常的现象,因为一家再造后的公司同传统的工业组织在外表上颇为相像,都是从一组基本的前提出发。工业模式所依据的基本前提是工人的技术单调,而培训既缺乏时间,又缺乏基础。这个前提必然会要求派给工人的工作或任务要非常简单。亚当·斯密认为,人们只有在从事同一种很容易了解的任务时,工作效率才会最高。然而,当种种简单的任务都连接起来,就需要有复杂的流程,公司为了获得简单流程带来的好处,不得不接受了复杂流程带来的不方便、低效率和高成本。

在再造时,我们把原有的工业模式颠倒过来,也就是说,为了满足当前时代对质量、服务、灵活性和低成本的需要,业务流程必须简单化。这种简单化的需要对如何设计业务流程和如何设计、设置组织机构有着极大的影响。

再造后的业务流程有着一些共性的问题和特征。

## (一) 若干职位组合成一种职位

再造后的流程有一个共同的最基本特征,即不存在流水线,也就是说,原先的若干种不同的职位或任务被整合或压缩成一种。如一家电子公司以前从出售设备到安装设备的整个流程有五个步骤,每一个步骤由不同部门的专业人员去完成,由于这个流程包括了凭证、单据的多次转手,差错和误会也就在所难免了。又因为没有任何一个个人、小组或者部门负责或了解整个业务流程,那么当客户出现问题来询问时,公司中可能没有一个人能给予满意的答复。该公司对工作流程进行再造后,把各个步骤的职责合在一起,并把它委派给一个人,此人即"向顾客提供服务的代表",这个人现在执行整个流程,并由其独自一人代表公司和客户打交道。这个人负责从头到尾的整个流程,他被叫作项目责任人(Case Worker)。

因为业务流程较长,就把流程中的各个步骤的工作压缩成一种综合性的工作,并交给单独一个人去完成。这种做法并不总是有效,在某些情况下,不同情况需要有不同的步骤,可能一家公司需要有几个人各自完成业务流程的某个部分,可能在另外情况下又需要教会一个人掌握完成整个工作流程所必需的各项技能,这也许是不现实的。例如,我们不能要求一个人掌握完成一个工作项目的所有操作,但是可以将掌握处理有关问题所需的种种技能的人员组成一个小组,来共同完成整个工作流程,也就是我们所说的项目小组(Case Team)。

项目小组的成员过去往往分散在不同地点的不同部门,现在结合起来,组成一个单位,对整项工作负责。即使该小组成员间的信息传递也可能出现误差,但相比于在不同部门之间传递的信息误差来说,显得不那么严重,并且公司明确了谁应该对该项目负责这个最重要的问题。

业务流程整合之后,项目负责人或项目小组经手的业务仍是大量的,但消除传递意味着消除由传递引起的差错、延误和重复劳动。以项目负责人为基础的业务流程,其处理、解决问题的速度比它所取代的以流水线为基础的业务流程一般要快10倍。同时,业务流程的整合还精简了行政管理费用。由于整合后的流程中的雇员负责保证及时地、无差错地满足客户的需要,因此他们不需要过去那么多的控制。公司也会适当地鼓励得到授权的工作人员在生产合格的产品或提供合格服务的同时,想方设法创新,不断地减少周转时间,降低成本。

### (二) 工作人员有决定权

公司实行再造后,由于设立了项目负责人或项目小组去完成不同的任务,因而不但在横向上而且在纵向上压缩了业务流程。纵向压缩的意思是,过去在实际操作中的工作人员常常不得不向上面的管理部门请示,等待答复,现在他们有权自己作出决定,过去由管理人员干的一部分工作现在由工作人员自己来干。

在大批量生产模式的情况下,前提是实际操作人员既无时间又无兴趣去密切注意在经营中出现的问题,他们缺乏对经营上的问题作出决定所必要的广度和深度的知识。因此根据上述前提,工业上的实际做法是建立了等级制的管理结构,设置了会计员、审计员、监察员等等对实际工作进行检查、记录和控制。管理人员则对实际操作人员进行控制,处理例外情况。这种前提及其后果,需要加以抛弃。

压缩实际操作的好处有:减少延误,降低管理费用,改善对客户作出反应,授予实际操作人员以更大的权力。

### (三) 业务流程中的各步骤按照自然顺序进行

业务流程再造可以摆脱直线顺序的僵硬做法,可以在工作中运用自然顺序取代人为的直线顺序。过去的常规工作流程是,第一个人在把工作交给下一个人去完成下一道任务之前,必须先完成自己担任的第一道任务。但实际上,如果两道任务同时进行的话,那需要把各种任务分成先后顺序,一个接一个地排成直线,这是人为强加的顺序,这种顺序会使工作的进度缓慢。

在再造后的工作流程中,根据实际情况的需要来安排各项工作的顺序。例如,柯达公司在新产品开发流程中,并没有严格按照流程的直线顺序,不必等到产品设计完成,就能着手进行制造部门用的模具的设计工作,新产品的基本设计一经认定是合适的,模具的工程技术人员不但能开始自己的设计工作,而且还能对该产品设计的其余工作产生影响。

对流程实现"非直线化"从两个方面加速了工作进度。第一,多种工作能同时进行。第二,一种流程中的上一个步骤和下一个步骤之间的时间减少了,从而减少了出现重大的变动,降低之前的投入变成沉没成本的概率,减少前后工作不协调的可能性,由此也能减少返工情况。

## 三、业务流程再造的未来

互联网时代改变了传统的交易场所、拓展了交易时间、丰富了交易品类、加快了交易速度、减少了中间环节,它对商业企业、工业企业、金融企业乃至医疗企业、高等院校、政府机构都产生了广泛而深刻的影响。

李海舰等学者归纳了互联网思维的三个层次:一是互联网精神,即开放、平等、协作、共享。二是互联网理念,即虚拟实体打通、时空约束打破、一切都极致化、一切都模块化、利用大众力量、用户本位主义。三是互联网经济,即交易技术层面:长尾理论;交易结构层面:市场均衡理论;交易绩效层面:消费者主权论。根据互联网思维,传统企业必须进行再造,其方向是打造智慧型组织:网络化生态、全球化整合、平台化运作、员工化用户、无边界发展、自组织管理。

## (一) 网络化生态

过去,企业凭借母子公司体制,采取"大而全""小而全"的发展模式;今后,企业依托价值网络体系,采取"小而专""小而精"的发展模式。所谓网络化生态,就是要对所有企业实行重构,把市场中的契约关系引入企业内的产权关系,使产权关系和契约关系融为一体,以此打造价值网络体系,然后明确各个企业在价值网络体系中的定位,据此确定企业发展模式。

一般而言,在价值网络体系中可有三类企业:模块供应商、系统集成商、规则设计商。模块供应商实施分工,系统集成商、规则设计商负责整合。不同的是,前者负责实体整合,后者负责虚拟整合。在模块供应商层面,市场高度竞争,每一个模块供应商只有凭借自身核心能力才能"入围"系统集成商;在系统集成商、规则设计商层面,每一行业3—5家或1—2家,属于垄断竞争市场或者寡头垄断市场。也就是说,在价值网络体系中,下层高度竞争,上层高度垄断。这里,竞争和垄断融为一体。这样一来,企业之间的关系从同质化竞争转向异质化合作。

模块供应商,作为节点企业,不是做大企业规模而是做强企业核心能力,然后凭借核心能力融入网主企业之中;系统集成商、规则设计商,作为网主企业,不是制造产品而是打造平台,有了好的平台,可以吸纳越来越多的节点企业融入其中。这样一来,在价值网络体系中的每一企业,其组织形态都是"四小四大":小规模大网络、小实体大虚拟、小脑袋大身子、小核心大外围,由此破解"企业成长悖论":所有企业都向"做强做大"方向发展,但是大到一定规模以后,丧失活力,产生"大企业病"。这里,价值网络体系一方面在实体层面上"把大企业做小",另一方面在虚拟层面上"把小企业做大",即把"做大"和"做小"有机统一。价值网络体系,又可称为"独立联合体""商业生态圈"。例如,阿里巴巴不是在与某家公司竞争,而是与千千万万的企业在合作,从一开始它就赢了。因为它打造的是一个"商业生态圈"。这里,阿里巴巴通过抓住关键点"四两拨千斤",利用互联网,利用大数据,将无数中小企业、无数个人变成一个紧密的整体,缔造出一个企业。企业在其中优胜劣汰,生生死死,但是,只要这个"商业生态圈"在扩大,它就有充足的"食物源",而阿里巴巴则处在这个食物链的最顶层,即网主企业位置。

## (二) 全球化整合

过去,企业经营采用封闭式思维,就企业做企业,重心在内部。现在,企业经营采用开放式思维,跳出企业做企业,重心在外部。究其原因,更多资源来自外部,更低成本来自外部,更大利润来自外部。在操作层面上,互联网思维就是要求企业运用创新精神整合全球范围内的思想资源、资金资源和业务资源,实行思想全球众智、资金全球众筹、业务全球众包。

思想全球众智,是指企业把研发、制造、营销、营运等区段的大量技术性或管理性难题放在网络平台(如美国"创新中心"网站)上委托给众多的知识型个人或开源的个体生产者,让全世界在不同地域和不同时区的人们与企业的员工共同提供解决方案。据莱克汉尼对美国"创新中心"网站的资料研究后发现,波音、杜邦、宝洁等世界500强企业,将内部研发人员解决不了的科学、技术难题放在"创新中心"的网页上,这样吸引全世界的顶尖智力资源来解决某一企业面临的科学、技术难题。在成功解决问题的科学家中,有75%的人已经知道了问题的答案。也就是说,世界500强企业研发人员历时数年解决不了的问题,只要在"创新中心"上找到"问题解决专家",就可迎刃而解。鉴于解决问题低成本、高效率的考虑,宝洁公司要求下属的每一个部门,其一半的业务或服务创新要来自外部而不是内部。

资金全球众筹,是指项目发起者通过互联网和社会性服务网络的传播特性,发动众人力量,集中大家的资金,为某项活动或某个项目或创办企业提供必要的资金融通的一种方式,其主要特点是"众付+预付",中间跳过银行等金融机构渠道。例如,在生产前购买,在服务前购买,企业经营可实现从零库存到负库存的飞跃。再如对会员制的改造,即会员预存资金,由此产生大量的现金流;其中50%用来应对日常支付,50%作为准入股资金依此可以分红;分红收入直接充入消费金额,这又进一步扩大了消费支出。如果中止,可以全额退款。可见,资金众筹这一新型融资方式不仅开创了个人和中小企业的金融蓝海,更为重要的是提高了融资效率,降低了融资成本。

业务全球众包,是指企业把主要精力集中在其核心能力建设上,把其他可以通过全球市场协作的工作放在网络平台上,采取不定向委托方式分包出去,无论是企业或者个人,谁能满足企业的项目要求,谁就能够获得该项目合同,实现个人价值。业务众包,调动了分散在世界各地的闲置生产经营能力,把企业内部非核心业务外部化,节约了生产经营成本。这里,不仅非核心业务完全外包,核心业务也可以部分外包。

### (三)平台化运作

把企业做成平台。平台是快速配置资源的架构,即企业通过整合全球资源来完成自己的目标,这实际上是一个商业生态系统。例如,海尔每个员工都在创业,这就好比是一棵树,很多很多树就变成了森林。这个森林里面,可能今天有生的,明天有死的。但是,总体上看,这个森林是生生不息的。这里,海尔过去就是管控,现在变成一个平台,即把企业打造成一个供更多合作伙伴自由创业、供更多用户自由分享的开放平台。与此同时,企业实现了由单生命体向多生命体的转型。

把产品做成平台,就是贯彻广义的产品经营理念,把"产品只是产品",转换成"产品不是产品"。"产品只是产品"是指产品的初始功能不变,"产品不是产品"是指围绕产品初始功能边界进行开放,把更多的功能纳入到这个产品中来,围绕产品核心功能进行体系化扩展,产品围绕用户需求不断进行升级,使产品成为更多功能的平台载体。比如,手机产品从单一的通信工具变成了智能终端,可以手机购物、手机支付、手机理财、手机学习……一部智能手机就可以满足全部需求。

把员工做成平台,指要充分发掘现代知识型员工的潜力,围绕激活员工潜能,为公司创造效益。不少知识型企业(谷歌等软件企业、3M的研发中心)在工作时间内,让员工每周有一天或半天的自由时间,用来完成自己想做的工作,于是,众多的新产品发明和新技术应用在这个时间内产生,为企业带来了丰厚的利润。再如海尔集团公司把员工视做"资源集成商",为内部接入外部一流的资源,即通过员工实现了内部资源和外部资源的打通、集成。

把用户做成平台,指要充分挖掘用户需求,为用户定制系统化的生活、工作和交往的解决方案。企业要整理用户信息,分析用户真实需求,通过大数据管理在不同的阶段实现精准营销。比如汽车 4S 销售店,当车主购车之后,可以进行车辆保险、车辆保养、车辆装饰等,围绕车主进行营销。

## (四) 员工化用户

员工化用户,指把用户做成"准员工",他们不是在册员工,而是在线员工,属于为企业服务的"社会资源"。这里,可有下列三种情形:

把用户做成低报酬员工。企业把自己不具有技术优势、成本优势的环节放在全社会、全世界范围内进行业务众包。外部最出色的研发专家成为企业不在编研发员工,外部最出色的工程师成为企业不在编制造员工,外部最出色的营销专家成为企业不在编营销员工,外部最出色的营运专家成为企业不在编物流员工,外部最出色的咨询师成为企业不在编管理人员。这样,企业不仅实现研发、制造、营销、营运等区段的优质高效,而且为外部员工付出的成本都是全球范围内最低的,他们成为企业的低报酬员工。

把用户做成零报酬员工。过去,企业出设备、出人工为用户服务。现在,企业出设备,让用户自我服务。过去,银行的散户业务和零售业务,比如存取款、小额转账和缴纳水电费等,都是用户来到银行排队等待,然后到银行柜台让银行业务人员帮助办理,银行成本高、效率低。现在,银行在机场、车站、商场、大型企业总部等人流较多的地方设立 ATM(自助柜员机),让用户实行 24 小时自助服务,银行不仅延长营业时间而且节约人工成本。同样,饭店和餐馆推出自助火锅服务,航空公司在机场设立旅客自助值机办理登机手续,都是企业"把用户做成零报酬员工"思维方式的物化。

把用户做成负报酬员工。把用户做成零报酬员工,企业需要投资大量自助设备,还会受到用户服务地点限制。现在,企业只是投资建立服务网络,比如银行用户网络服务系统、麦当劳网上点餐系统、航空公司网上值机系统,用户则可以直接登录企业网站或者下载手机相应的应用软件用户端,从而使得用户随时随地自带设备、自我生产、自我消费、自我服务,而且企业服务不受时间、地域限制。这里,用户不仅自我服务而且自带设备,即由用户自掏腰包为企业进行了设备购置,从而成为企业的负报酬员工。

## (五) 无边界发展

企业无边界发展,是指企业借助互联网技术和利用互联网思维,实现从破界、跨界到无边界的突破,具体体现在经营、管理和操作三个层面。

经营层面的无边界发展,一是产品无边界,指超越产品原有功能边界,贯彻"产品只是产品,产品不是产品,产品还是产品"的经营理念,实现产品从单一功能向产品平台的转变。二是时间无边界,指产品的研发、制造、营销、营运从有限时间到无限时间的全球运行;三是空间无边界,指产品的研发、制造、营销、营运从有限空间到无限空间的全时运行;

四是运作无边界,指企业通过"跨界竞争""逆袭"方式进入非相关领域,例如阿里巴巴进入金融领域,小米进入电视领域。

管理层面的无边界发展,一是打破企业内部的垂直边界,促使企业员工围绕实现企业使命、愿景、宗旨、目标这个中心,建立扁平化管理平台,让员工实现自组织式管理。二是打破企业内部的水平边界,就是通过业务流程再造,破除个人和部门的小利益,服从企业和市场的大利益。三是打破企业之间的边界,就是实现企业间供应链上物流、信息流和资金流的无缝对接,从竞争关系的己赢变成竞合关系的共赢。

操作层面的无边界发展,指在研发、制造、销售和物流环节实现虚拟运作,最大限度地整合社会资源。虚拟研发,全世界为我研发;虚拟制造,全世界为我制造;虚拟销售,全世界为我销售;虚拟物流,全世界为我服务。用海尔集团公司的话说,"世界就是我们的资源部";用蒙牛集团公司的话说,这叫"社会办企业":奶牛,全社会为我养牛;奶源,全社会为我供奶;加工,全社会为我加工;销售,全社会为我销售;后勤,全社会为我服务。

### (六)自组织管理

实践表明,现代企业管理越来越向"去管理化"发展。

管理的最高境界是零管理。管理越少越好,最好是不管理;解决问题层次越低,说明管理水平越高。也就是说,大量问题都在中层甚至基层解决掉了,高层可以"无为而治"。

零管理的实质是自组织管理。即企业中的每一员工、部门和环节实行"自我导向、自我激励、自我约束、自我发展"。以海尔集团公司为例,每个员工"各安其位、各尽其能、各司其职、各负其责"。

自组织管理的前提是要有体系,体系的特点是自驱动性、自增长性、自优化性、自循环性。价值网络体系就是"自组织管理"的载体。从整体看,所有成员都是一个利益共同体;从个体看,每一成员都是一个自主经营体。成员之间,基于模块化运行的架构,既高度分工又高度合作,既"自转"又"他转"。

## 五、业务流程再造与其他体系的集成

业务流程再造作为20世纪90年代才出现的现代管理理论,固然具有其自身的特色与优势,但是业务流程再造的成熟与发展又必须充分吸收其他现代管理理论、先进技术和方法的有用成分,与其他现代管理理论、先进技术和方法实现集成。

### (一)业务流程再造与信息技术

哈默认为信息技术是对流程进行根本性改变,是成功重组的关键。他认为信息技术的使用将对现代计算技术和通信技术出现之前长期存在的工作过程中固有的模式发起挑战。其根本是重组过程中不连续、跳跃的思考,打破目前经营管理中潜在的过时规则。

业务流程再造实施过程中需要广泛地包括信息技术和业务活动及其相互关系的信息。信息技术不但有助于流程自动化和机械化的实施,更重要的是它能够根本地、彻底地重新设计流程。它并不是单个的或甚至是功能性任务的一个集合,其追求的不是局部最优,而是从过程的观点来保障企业整体的最大化效能。信息技术在企业流程再造中的作用是关键的。信息技术所具有的某种递归关系能够支持企业流程,因此企业流程才得以在信息技术的基础上发挥更强大的功能。

业务流程再造所代表的是一种跨越整个企业组织并穿越企业组织边界的新型管理方法。借助于信息技术的影响,业务流程再造能够有效地降低协调成本。事物处理和执行的、跨地域的、自动化的、分析的、信息的、顺序的、知识管理的、跟踪的和调解的作用等都反映信息技术在业务过程重组中起到的作用。

### (二) 业务流程再造与知识管理

目前有一种观念日益流行,即认为知识管理今后将成为决定公司竞争力的关键因素。知识管理项目的两个最本质的驱动因素如下:

1. 改造企业文化

知识管理项目的成功首先取决于一种鼓励信息共享的企业文化,对知识管理持敌对态度的企业文化是知识传播中的最大障碍。改造传统的公司文化,建立有利于知识共享的新型企业文化,建立有利于知识创造与知识共享的企业文化,是知识管理融入业务流程再造的有效体现。

2. 融入业务流程重组

另外一个决定因素是知识管理与核心业务流程的有机结合。许多知识管理项目经理往往只注意知识本身的收集、分类、存储、查询和再利用。虽然这些都是知识管理项目不可或缺的内容,但是应该认识到:信息的创造、共享与再利用不是在真空中发生的,信息的收集与再利用只有与特定的业务流程密切联系才能有效地发挥作用。

### (三) 业务流程再造与全面质量管理

全面质量管理或连续改善强调的是流程的增量型改善,以及在一个无限的时间阶段持续作用的工作程序和开端。反之,业务流程再造是指为了获得彻底的重新设计的离散型工作的开端,并在有限的时间框架内改善工作。

全面质量管理和业务流程再造都是面向企业组织管理工作的过程,这种把握工作过程、控制动态过程特性正是现代企业管理实践对管理工作的要求,也反映了管理系统工程的趋势。但是,全面质量管理的连续改善或在一个无限的时间阶段持续作用,与业务流程再造在有界限的时间框架内的显著改善,是从两个不同的侧面反映了企业管理实践的要求,只有将二者有效结合起来才能创新地实施管理系统工程。

### (四) 业务流程再造与组织结构

业务流程再造是"组织内部和组织之间的工作流程和业务过程的分析和设计"。其特点是要求突破常规,树立远大目标,创造性地应用信息技术,以流程为导向进行企业组织管理的全面创新。其遵循的基本原则有:集成原则,即将分散在各个原来职能部门的作业集成为一个工作流程以提高效率;并行原则,即尽可能地以并行方式处理作业;扁平原则,即组织扁平化以促进组织内部的信息交流和意见沟通。

### (五) 业务流程再造与系统工程

管理系统工程是基于系统科学的思想与方法,针对企业组织和管理的各个过程、各个环节因素和各种资源进行全面考虑、综合运用、统筹安排、总体优化的管理工程方法,是系统工程理论与方法在企业管理领域的应用。业务重组是当前管理创新思想的一种代表,它的思想与实践方法为实施管理系统工程提供一种可行的操作模式。

从系统工程的角度来看,企业流程本身是一个系统,包括输入和输出的活动。业务流程再造的对象正是企业流程,这是一个系统分析、设计、实施的过程,该过程所要求设计的是前所未有的系统。业务流程再造与建立在分工论基础上的传统管理思想有着本质的区别,它不仅局限于观念性的变化,更强调的是一套系统化的变革方法,需要有实用的模型和方法来支持,只有在有效方法的指导下,才可保证业务流程再造项目的成功。

## 第二节 业务流程再造的过程

### 一、组织与发动阶段

#### (一) 再造队伍的组建

业务流程再造启动的第一步应该首先关注由"谁"来进行再造,挑选和组织真正实施再造的人是再造取得成功的关键。再造的队伍中一般有以下五种角色:

1. 领导人

再造领导人(Leader)能够促使企业发动变革,通常由一名影响力很大的高级主管人担任能够说服工作人员进行剧烈的变革,同时给工作人员带来美好结果的希望。如果缺少领导人这个角色,一家企业就会缺少实践的推动力和持续变革的指向标。

2. 流程主持人

流程主持人(Process Owner)对某一个具体的流程再造负责,应该是一位富有直线业务责任的高级管理人员,还应该是一位有声望、信誉、影响力的人员,通常是那些与进行再造的流程有关的某一职能部门的管理人员。流程主持人要做好再造工作,必须得到同事的尊重,有进行自造的胆略,乐于改变现状,能冷静地处理问题。流程主持人的职责不是做具体的工作,而是督促工作人员完成具体的工作。主持人必须组织一个再造工作小组,掌握小组所需要的人力物力,采取必要的措施以保证该小组的工作,还应该鼓动、激励再造小组,向小组提意见出主意,作为小组的监督者和联络员。

### 3. 再造小组

再造小组(Reengineering Team)是业务流程再造实际工作的执行者,小组成员需要能想出主意,制订计划并付诸行动。再造小组组建的前提是,一个再造小组一次只能再造一个业务流程,即如果一家公司想要同时再造几个业务流程,那就需要几个再造小组。

再造小组的人数通常在5—10人,每个小组内必须有两种人:局内人和局外人。局内人是指那些原先的职务工作同再造的流程直接有关的人,他们来自与该流程有关的各种不同的职能部门,很熟悉原先工作接触到的那部分流程。选择合适的局内人应该是那些长期以来熟悉具体工作职能却不认为旧流程是合理的人,熟悉旧规则却知道如何回避旧规则的人。局外人则是相对局内人而言的,是指原有流程以外的人,他们往往来自外单位。选择合适的局外人应该是富有想象、思维敏捷、善于听取意见和与别人交往多的人。再造小组中局内人与局外人的配比应该是两三名局内人配一名局外人最为恰当。

再造小组内部往往容易因为意见不合而产生冲突,这是正常的事情,真正做到协作一致并不容易。再造领导人需要为再造小组寻找或安排合适的工作场所,既需要有许多隔绝和半隔绝的房间让组员能够单独工作,减少矛盾产生,也需要几间会议室供组员开会使用,保证小组工作的正常进展。

### 4. 指导委员会

再造的指导委员会(Steering Committee)是有关企业再造管理机制方面的一个可供选择的做法,是一个高级管理人员的集合体,通常包括流程支持人,主席通常由再造领导人担任。指导委员会筹划业务流程再造的总战略,需要考虑再造项目的优先次序和资源的合理配置。流程主持人及再造小组在遇到无法解决的问题或难以协调的冲突时可以求助于指导委员会。

### 5. 再造总管

再造总管(Reengineering Czar)是指关心整个再造业务日常管理工作的支持者,通常担任业务流程再造领导人工作班子的头目,原则上直接向再造领导人报告工作。再造总管的职能主要有二:一是协助和支持每一个流程主持人和流程再造小组;二是协调所有正在进行的再造活动。

## (二) 业务流程再造的发动

### 1. 建立危机意识

企业在着手进行再造时,首先要在企业员工中间,特别是在参与再造的人员中间建立危机意识。即通过市场调查,分析企业经营面临的各种形势,包括企业面临的各种机遇和目前存在或潜在的各种危机。

对企业面临形势分析,可以拟订形势分析报告,利用各种宣传媒体进行大肆宣传,让企业所有员工深刻理解进行业务流程再造的必要性和重要性,不能让员工存在一点狐疑。否则,有的员工不但会抵制变革,而且可能会故意给再造流程增添麻烦。

为了给员工加深印象,可以将形势报告进行浓缩,形成一个"形势宣言",并将形势宣言印刷在公司内部的刊物、单独的宣传页,或者制作成电视报告片,不断地进行宣传。

哈默在《再造企业——工商管理革命宣言》一书中，列举了一家制药公司针对研究与开发流程的形势宣言。其内容是："无论在美国或在国际市场上，我们对自己的研究与开发以及注册新药所需的时间，都感到失望。我们的主要对手已设立大规模、高弹性以及全球整合的研究与开发机构。因此，凭着一体化的工作模式与信息系统，他们得以大幅度缩短研究与开发周期。我们的研究与发展机构既独立，规模又小，且散布在全球，各自为政。基于目前的竞争形势，我们显然是'反其道而行之'。我们有强烈的竞争动机与经济诱因，要尽快迈向全球整合的运作模式，改造研究与开发和专利注册流程，延长产品的商业寿命。此外，在新流程中，每发展一种新药，我们每个周期所加快的进度，可使公司的税前盈利每年多出一百万美元。"

在以上的形势宣言中，通常包括以下五个要素：

（1）企业面临的竞争市场现状。概括和描述竞争条件的变化，以及企业经营环境中出现了什么新的重要因素。

（2）企业自身存在的问题。提出当前企业面临的具体问题，如顾客响应速度太慢、产品开发时间太长等。

（3）市场对企业的需要。说明外部条件需要企业达到，但现在企业还未能达到的绩效水平，即企业要在市场中生存需要达到的目标。

（4）分析采用调整或渐进式改良不能解决企业根本问题的原因。

（5）指出不再造的代价，消除员工对再造必要性的怀疑。在这一部分，最好有具体的数据来加强说服力。

2. 勾画公司前景

对准备进行再造的公司来说，公司远景要着重于阐明未来的公司和流程是什么样子，并尽量使用可测量的目标。这样，员工参与改造的努力方向就会被引向美丽的前景，并成为考核改造绩效的标准。同时，美好的前景规划能缓解改造给整个公司带来的紧张感和压力，特别是在改造小组遇到困难和疑惑时，前景能指明方向、振奋军心。为了充分发挥前景的感染力和鼓舞力量，在再造的整个过程中，公司要利用各种手段反复进行宣传。当然，在再造完成之后，通过进一步丰富前景规划的内容，继续宣传，鼓舞大家追求更高的目标。

下面是前面提到的制药公司的前景说明：

"在国际药品研究与开发界，我们是领导人。我们将药品研究与开发和注册时间平均缩短了半年；大家都公认，我们在注册新药专利方面的效率领先同业，堪称第一；每研究与开发一种新药，我们都将其获利潜能发挥到最佳水平。

我们整合了散布全球的研究与开发机构，让他们在同样的管理结构与制度下同心协力、群策群力，充分并灵活地运用现有资源。我们跨越了一切界限，建立了更一致也更有弹性的药品开发流程、决策流程和运作流程；我们运用了高新技术去支援各个方面，以及各研究与开发机构之间的工作与管理；在全球各地的据点，我们都发展并启用了共同的信息技术系统。"

一个有说服力的前景说明，通常具备以下三个要素：集中论述了企业的经营运作、可以衡量的目标和准则、目标要触及本行业竞争的一些基础，提出再造将要改变的原则和观念。

再造发动的这两方面内容,前者是让人们从安于现状中惊醒过来,感到不变就无法生存的必要性和紧迫性;后者是给人们指出一条通向新彼岸的道路,虽然这条路充满荆棘,但是要让他们相信凭组织现在的人力和物力达到目标是可能的。从这个意义上来说,再造的发动是否有效果,直接关系到再造是否能够在开始阶段比较顺利地取得进展,也就间接关系到再造成功与否。因为开始阶段的成果和优点是最有说服力的证据,缺乏这一证据,员工就难免会军心涣散,再进行教育和沟通的工作难度只会更大。

## 二、识别与选择阶段

### (一)识别业务流程

业务流程再造的对象并不是组织机构,而是具体的业务流程。公司在确定再造的对象前,可能会出现混淆组织机构和业务流程的情况,因为从事业务工作的人熟悉机构单位却不一定熟悉业务流程;组织机构的分界线是显著的,但业务流程并不能显而易见;组织机构有名称,而大多数流程没有名称。

正确识别企业流程要把握以下三个要点:一个流程有特定的输入和输出;每个流程的执行要跨越组织内多个部门;所有流程都与顾客及其需要相关。处理一项业务流程的一个较好办法是给各个流程赋予一个名称,以说明一项业务从开头到完成的各个阶段,这些名称需要包括从开始到结束的所有工作。例如:

新产品开发:从概念到样品

销售:从预期到订货

执行订单:从订单到支付货款

服务:从接受咨询到解决问题

像组织机构表一样,业务流程也可以通过图表来表明公司内业务工作的流动情况。图 9-1 是德克萨斯仪器公司有关半导体业务的第一层次流程图(简化版)。

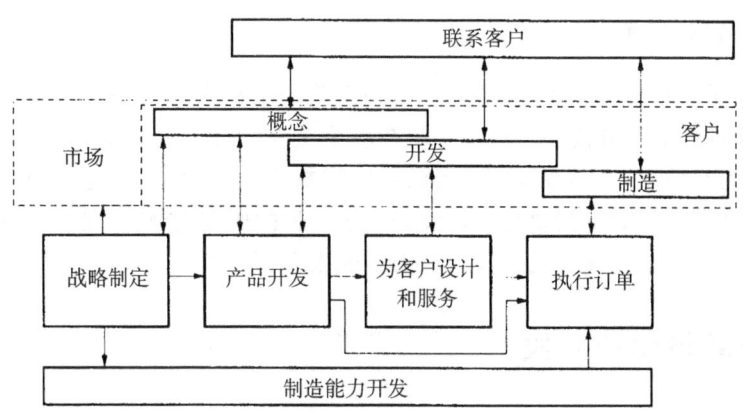

图 9-1 德克萨斯仪器公司半导体业务流程图

## （二）选择业务流程

一旦区分了各个业务流程，就需要决定哪些流程需要再造，以及再造流程的先后次序，因为没有一个公司能够同时对其全部流程进行再造。一般情况下，公司通过以下三条标准来进行选择：

1. 机能失调：哪些流程的问题最严重

在寻找机能失调的流程时，最显而易见需要考虑的流程是令公司主管人员早就感到头疼的流程，通常是内部人员都清楚、需要再造的突出地方。如果一个流程的运行效率很低，并且又没有什么效益，那么，这个流程肯定有问题。例如，产品开发流程如果多年来一直没有推出新产品，那么，我们就有理由怀疑这个流程问题严重了。

2. 重要性：哪些流程对公司客户的影响最大

重要性或对外界客户的影响是公司在考虑决定哪个流程需要再造以及以什么先后次序进行再造时所依据的第二条标准。因为客户不可能详细了解供货方的业务流程情况，因此简单直接地询问客户是不可取的，但是客户仍然是决定不同流程相互重要性的一个很好的信息源。公司能确定客户最关心的问题，例如：产品成本、交货时间、产品特点等。这些问题能帮助公司与业务流程进行对应，拟订出一份需要优先重建的名单。

3. 可行性：哪些流程目前进行重新设计最有可能成功

第三条标准是可行性，即需要考虑决定特定再造项目是否能够取得成功的一整套因素。例如，可以考虑的一个因素是范围，如果一个流程的范围越庞大，涉及的部门单位就会越多，再造成功的可能性也就越小。流程的范围意味着涉及更多客户，更多部门，更多管理人员，容易影响到原先的正常业务，失败的后果影响巨大。再例如可以考虑的是高成本，高成本降低了再造的可行性，投入大量资金后的业务流程遇到的困难也会超过不需要大宗投入的流程。其余因素，再造小组的实力和流程主持人作出的承诺等等都需要考虑在内。

## （三）了解业务流程

一旦选定了要再造的流程，就需要选出一位流程主持人，组建一个再造小组，接下来的工作是了解现行的业务流程。再造小组在着手重新设计之前需要了解现行的流程：该流程的功能，运行情况，影响该流程运行的主要问题是什么。因为再造小组的目标并不是要改善现行的流程，因此不需要去分析和记录该流程的所有细节，而是需要有高屋建瓴的观点，需要有创造全新的优秀设计流程所需要的眼力和见识。

# 三、创新与设计阶段

再造小组在识别和选择要进行再造的业务流程后，下一步就是对旧的业务流程进行着手重新设计。重新设计是整个流程再造中最具有创造性的一部分工作，它最需要想象力、归纳的思维方法和狂热的执着，要求小组成员，尤其是局内人，能够暂时中止对现有的规制和步骤的信奉,暂时放弃他们原有的职业自豪感。

重新设计流程虽然需要创造性,但并不意味着从零开始。我们可以从若干再造后的公司进行重新设计的流程中寻找出一再出现的模式,它们在流程再造中所采用的一些行之有效的创新设计策略,值得我们借鉴。这些策略主要是:废除、合并、分散、改变和自动化。

**(一) 废除**

废除对产品"增值"无效的环节是这一策略的主要任务。它是以"是否确信为必要活动"的眼光来重审被企业视为"理所当然"的活动。几十年来形成的习惯,使人们对许多无效(或无用)的环节和工作熟视无睹。例如丰田汽车公司在对其传统的生产流程进行分析之后惊人地发现,居然有约 85% 的工人在做与产品增值无关的工作;5% 的工人怠工;25% 的工人因流程安排不科学在等待上一环节完成工作;30% 的工人的工作与成品和半成品库存有关,这部分工作并不直接产生增值;25% 的工人工作不规范、效率不高,甚至在生产次品和不合格品。像这些与产品增值无关的活动,只能通过更科学的流程再设计加以彻底废除。

**(二) 合并**

由分工理论我们可知,分工可以提高效率,但是随着分工程度的提高,分工所带来的效率增量往往被各细分活动间的复杂协调活动抵消。因此,分工必须有度。合并是指在一定条件下,把分散在不同职能部门、由多名专业人员完成的几项活动,压缩成一项相对独立的任务,由一个人或一个团队来完成。例如,美国最大的国内电话服务公司——GTE 公司,就运用"一人包办"的思路,对其维修流程进行改造。

该公司原来的维修流程:用户首先向承修员提出保修要求,承修员通知线路检查员,线路检查员检测后向公司总机技术员反馈,再由总机技术员汇总给调度员,调度员检索后将任务分配给服务技术员完成最后的检修任务。经过简化以后,GTE 公司新的维修流程:用户向用户维修员提出保修要求,用户维修员负责检查线路、查找问题以及进行维修,如果无法解决问题,由用户维修员通知技术服务员进行特殊修理。

**(三) 分散**

活动的分散意味着不将专业的职能集中于专业人员身上或单一部门,而是将它打散,融进系统中。在企业中,复印文件资料的工作如果集中起来就会成为一个人的专职工作,但如果每个人自行处理的话,便会融入工作的时间内。这是活动分散的一个简单例子,但它有助于我们对于什么是活动分散的理解。

在业务流程再造的过程中,如果活动的分散运用得好,会收到意想不到的效果。如美国斯堪的那维亚(SAS)航空公司,它向来以优异的服务质量而闻名,其中投诉事件的迅速处理更是企业界的佼佼者。该公司投诉处理设在各工作现场,亦即由市内的票务中心及机场的柜台受理顾客投诉并即时处理。结果,该公司的服务质量大幅度提高,并获得了顾客的信赖。

通过"顾客投诉中心"集中处理活动的分散,使原本一个漫长而复杂的顾客投诉与答复流程,变成现场可随时解决的活动,原有的流程不存在了,其效率的提高是可想而知的。

## (四) 改变

改变是指对活动间的关系进行重新处理,它有两种突破的可能:

### 1. 改变活动间的顺序

这一策略是改变原流程中活动的先后顺序,从而导致一个高效运作的新流程产生。例如,班尼顿(Benetton)公司是意大利大型的服装生产企业,它以齐全的商品及丰富的色彩颇获好评,在世界各地拥有许多客户。它的传统生产方式是:一开始就查阅有关流行时装方面的信息,再进行商品策划(款式及颜色)。生产流程则是:先把丝染上色再织布,这称为先染;布织好后,接着便是配合服装的款式加以设计、裁剪、缝制、销售等。

这一流程,从设定商品的款式、颜色、商品策划到销售为止,花费了不少时间。后来,该公司将这一流程改变为先进行款式策划,后进行织布、裁剪工作,再后来的染色、缝制等工作可待销售环节根据市场反应进行调整。

在新的流程中,一开始先织原色布,然后裁剪。款式方面一年内还不至于有大幅度的变化,但是,花样与颜色的变化较大。因此,只要颜色等方面的最新流行信息一到手后,即可进行颜色的策划,然后才染色。因为试样都做了,只剩下染色活动,自然快了很多。从染好的丝到织布、裁剪,要花费很多时间。但是,采用后染方式时,只要知道今年秋季流行的颜色后,立即进行染色、缝制后即可销售,所以,能够敏捷地对应流行。这一改变结果,使得班尼顿公司的业绩获得大幅度上升。

对时装生产企业来说,缩短时装上市周期,以满足消费者对时尚的追求,是时装企业竞争的关键所在。在这一例子中,主要改变了活动的先后顺序,就能使流程更好地满足顾客的要求,并使公司的绩效大幅度提高。

### 2. 改变活动间的逻辑关系

这一策略主要是将原活动间的串联式关系改变成并联式关系,运用并行工程来提高流程的运作效率。所谓"并行工程",是指多道活动在互动的情况下同时进行。串联式流程是指流程中的某一活动只有在前道活动完成的情况下才能进行,从而造成返工的概率大、流程的周期长等缺陷。

例如,柯达公司以前的产品开发流程是连续的串联式流程。一般情况下,仅是设计照相机就得花去28周,经过漫长的等待后,制造工程师才能开始设计或加工生产工具。经过原来的流程,制造一次性使用的35厘米照相机共需70周。后来,柯达公司决定用电脑辅助设计与制造系统(CAD/CAM)来改进原来的产品开发流程。通过这两个系统,工程师可以在电脑上进行设计和修改,而不必再埋首于绘画桌前。这项措施对提高工程师的创造力和效率有一定提高,但真正给开发流程的效率带来大幅度提高的是一个整合产品设计各方面资料的信息库。这个信息库每天都会收集各个工程师的设计图,然后把它们综合起来,组成完整的草图。每天早上,设计小组和各个工程师便可以查询信息库,检查自己的设计与其他人的设计之间是否冲突,或者检查整个设计图中是否有问题。一旦发现有任何毛病,它们便立刻解决,不再像以前那样,等到花了好几个星期甚至几个月的时间,产品都快要定型了才发现问题。另外,通过信息库,所有的工程师可以随时掌握产品设计的最新信息。这样,工具设计师在产品设计完成之前就可以着手进行工具设计,使他们有更多的时间进行创造性思考,有助于设计出质量更好、价格更便宜的照相机。

由此可见,并行工程的最大特点是各工序之间随时都可以交流、可以互动。通过运用并行工程,柯达公司的新产品开发周期由平均 70 周缩短到 38 周,制造工具的成本降低了 25%。

### (五) 自动化

信息技术的巨大潜力为企业的流程再造提供了必要的手段,它在流程再造中的重要性,怎么强调也不过分。哈默博士甚至认为,信息技术是流程再造不可分割的一部分,他说:"信息技术是作业流程改造的必要条件,如果没有信息技术,要谈改造,无异于痴人说梦。"

利用信息技术可以大大促进企业流程活动的集成。我们可以从美国福特汽车公司的采购—付款流程的再造中,看到信息技术显示的巨大威力。福特汽车公司原本的采购—付款流程:首先,由采购部发送订单给卖方,同时,将订单的副本交给财务会计部;等卖方将货运抵福特汽车公司后,验收单位便会将有关收货的情形详细登记在表格上,接着将表格转交财务会计部,同时,卖方也会开出发票,送交财务会计部。于是,财务会计部便有三种关于货物的文件——订单副本、验货单以及发票。如果这三项文件都符合规定,那么,财务会计部便会如数付款。

福特汽车公司的财务付款流程经过再造以后:当采购部发订单给供应商的同时,将资料输入电脑联网的数据库。在供应商将货物运送到验收部时,验收员便利用电脑查询,看货品和数据库中的资料是否吻合。如果吻合,则验收员便会签收货物,并将有关资料输入数据库。而电脑在接到货物验收的信息后,便会提醒财务人员,财务人员则据此签发支票。另一方面,假如货物不符合订单上的要求,验收员便会拒绝收货,并将货物退还给供应商。现在,财务会计部的职员不必再拿着发票回头去核对订单和验货单。在新流程中,根本就不再使用发票。这样做的结果是,财务会计部的职员由原来的 500 多人下降为 125 人,便足以处理整个付款流程。

## 四、实施与运转阶段

### (一) 新流程的试运转

经过再造小组对业务流程的重新设计,再造流程就进入了实施阶段。但是新设计的流程并不可以直接大规模地投入运行,必须经过一段时间的小范围试验后,才可以全面地实施。

再造小组应该像一名真正的工程师。真正的工程师们为一个新产品或系统作出了一个设计,并不是直接投入大规模的制造,实际上,他们首先开发出一个实验模型,在安全的环境中,测试模型的性能。在实验室中,他们的产品概念可被试验、确认和修正。只有经过这些步骤后,产品或系统才可能投入运行。新设计的流程投入运行时应遵循同样的原则。

### (二) 克服新流程实施的阻力

在新流程的实施过程中,面对巨大的变革,人们会有不同的反应,出现一些消极抵抗的行为,完全是自然的和正常的。对多数企业来说,各种各样的阻力在所难免。对实施再造工程的企业领导者和管理者来说,关键不在于回避、压制各种抵触心理和行为,而在于弄清抵制行为的真正原因,设法加以疏导,赢得员工、群体和相关集团的积极配合和支持。一些业务流程再造工程的失败,并不是因为阻力的出现,而是没能处理好阻力问题。

在选择克服阻力的措施时,一方面要注意不能使用治标不治本的措施,要透过员工抵制行为的外在表现去分析其内在原因。管理者不能按照自己的思维方式来猜测或断定员工抵制行为的真正原因,而是要设身处地从员工的角度去考虑。另一方面,要运用"一把钥匙开一把锁"的工作方法,在运用有关措施时,必须因人而异。

### (三) 培养复合型人才

新设计的业务流程,对外部的顾客来说,流程变得更为简便,而内部的工作将变得更加复杂。复杂的工作需要配备高素质、全能型的人才。因此,在新流程的实施过程中,必须加强对企业员工的教育、培训和辅导,使他们成为能适应新流程运作的多面手。

## 第三节　业务流程再造的结果

再造需要对公司的业务流程彻底地重新设计,业务流程的重大变化是对一个组织的许多部分而言的,因此,我们需要了解业务流程再造后方方面面发生的变化。

### 一、工作单位发生变化——从职能部门变为流程执行小组

亚当·斯密和亨利·福特将工作分割成一个个简单的操作,而进行再造的公司实际上是使工作重新恢复到原先的样子。公司一旦实行再造后,就会以整个业务流程为任务成立流程执行小组(Process Team)。流程执行小组并不是由有关的各个职能部门派代表组成,而是直接用流程执行小组来代替原来职能部门的组织结构。流程执行小组的形式多样,需要根据所做工作的性质组成。例如,项目小组是流程执行小组的一种形式,通常由若干名具有不同技能的工作人员组成以完成日常发生的工作任务,由于日常工作的相似性,小组内的成员相对固定。也有些为了完成短期任务的流程执行小组,它们被称为"虚拟项目小组",当短期任务完成,该虚拟小组就此解散,成员会转移到别的项目或别的小组。

## 二、工作变换——从简单的任务转变为多方面的工作

流程执行小组的成员会发现自己的工作和以往所熟悉的职务大不相同。以往流水线式的工作都是不断地重复执行同一项任务,因此工作人员都是高度专门化的,他们往往接受了专业的培训,却不需要了解完整流程。流程执行小组的工作人员也会有不同的工种,但不是个人对其任务负责,都是共同对流程的结果集体负责。他们不仅需要运用广泛的技能,而且需要构思更大范围的前景,小组的每一个成员尽管拥有不同的技能,但是分工的界限并不明显,他们至少要大致熟悉整个流程的各个步骤,很可能还需要执行其中几个步骤。再造后使工作人员的工作含有更多的成长性,要求掌握更多的知识,也带来了更高的工作报酬。在整体环境下,工作人员比起层级结构的升职,其前途发展更在于是否能横向发展,掌握更多东西以胜任业务流程中更多的内容。

## 三、人的作用发生变化——从受控制转变为授权

传统的、以任务为导向的公司在雇用人员时,往往希望他们是循规蹈矩、听从支配的,而再造后的公司对雇员变成了希望他们能够自己支配自己。公司的管理层将完成整个流程的责任交给流程执行小组,同时也必然需要授权给流程执行小组以便他们能及时作出为完成任务所需要的决定。流程执行小组的成员需要根据具体的工作状况进行思考分析,相互交往,独立判断,作出决定。无论小组是由一名还是由几名工作人员组成,在执行以流程为导向的工作时,需要作出自我主导,因为如果按照以往的等待上级工作指示下达,那便失去了流程执行小组存在的意义,因此授权成为必需。

## 四、组织结构发生变化——从等级制转变为减少层次

整个业务流程成为流程执行小组的工作后,对流程的管理便成了该小组工作的组成部分。以往需要管理人员们一起决定部门之间的问题,现在由小组在正常工作的进程中就能作出决定并予以解决。再造后的企业减少了管理层次,也减少了管理人员。传统的公司内需要依靠组织结构的机制去解决许多问题,其基本单位是职能部门,后续如何实施控制、监督机制等都取决于基础的组织形式,而设计这些组织结构需要花费大量精力,以建立起上情下达、下情上报的线路,以及确定决策的等级制度。再造后的公司中,组织结构的问题变得不再那么重要,传统的支配现在交给执行流程的工作自己去掌握。但是,再造后的公司无论是怎么样的组织结构都是缺乏层次的,因为只需要少数的管理人员进行支持,工作由流程执行小组运作,这种组织势必会使等级制度大为逊色。

## 五、价值观发生变化——从维护型转变为开拓型

再造不仅需要公司的结构布局,还需要公司的企业文化发生重大变革,即让雇员深信

自己是在为顾客工作,而不是为了公司老板。再造后的公司需要在向雇员支付工作报酬时贯彻这种精神,让他们认为其薪水的来源是顾客。因为一个公司的薪酬管理制度往往对雇员的价值观和信念的形成起着首要的作用,只有将雇员的薪酬与顾客满意度联系起来,雇员才会将注意力更投向于如何尽最大可能使顾客满意。

## 【关键词】

业务流程再造理论、平台化运作、员工化用户、自型组织管理、无边界发展

## 【本章小结】

本章学习管理学中的业务流程再造理论,其重点首先在于了解业务流程再造的发展历程及概念,熟悉业务流程再造的具体实践过程及每个步骤的必要性,理解再造发生之后组织方方面面产生的变化。

## 【思考题】

1. 什么是业务流程再造?流程再造的主要程序有哪些?
2. 业务流程再造理论产生的背景及意义是什么?
3. 业务流程再造的基本原则及最终目的是什么?
4. 互联网的发展对业务流程再造理论的实施可能带来哪些影响?
5. 请谈谈我国传统企业、新兴知识型企业和跨国公司在实施发展战略时,分别应该如何进行业务流程再造。

案例分析

# 第十章 学习型组织理论

**本章要点**

1. 学习型组织的概念与特点
2. 创建学习型组织的意义及建设途径

## 第一节 学习型组织的概念与特点

### 一、学习型组织的概念

"学习型组织"的概念最早是由美国哈佛大学佛睿思特在《企业的新设计》一文中提出的。1990年美国著名管理学家彼得·圣吉出版了享誉世界的名著《第五项修炼》(*The Fifth Discipline*),标志着"学习型组织"理论的正式形成,同时也掀起了学习型组织研究的高潮。

关于学习型组织,目前还没有形成一个被广泛认可的定义,许多学者从不同角度对学习型组织的概念进行了界定。国际学术界主要从三个视角对学习型组织的概念进行了界定。

第一,从能力和技能角度界定,代表人物是彼得·圣吉。在《第五项修炼》实践篇中,彼得·圣吉指出,学习型组织是这样一个组织,"该组织的成员持续地发挥其能力,创造其所期待的理想结果,培养新的思想形式,塑造集体的气氛,在此,所有的成员学会如何向其他人学习"。

第二,从学习与变革角度界定,代表人物有佩德勒、沃特金斯和马席克等。在《学习型组织导论》中,佩德勒指出学习型组织是"一个帮助其成员学习并不断改变组织本身的组织"。沃特金斯和马席克指出学习型组织是"一个不断学习并改进自身的组织……学习是持续性的。学习被战略性地结合到未来的组织需求上"。

第三,从文化角度界定,代表人物有本内特、奥布赖恩、皮特汉尼等。本内特和奥布赖恩在《学习型组织的构建模块》中把学习型组织界定为:"一种能将学习、调适与变革等能力深植于组织文化的组织,其组织文化所涵盖之价值、政策、实务系统及结构均能支持人员进行学习。"皮特汉尼认为学习型组织的企业文化鼓励持续改进企业行为和工作惯例。

国内学术界对学习型组织的研究起步较晚,但学者们也都根据自己的研究成果,对学习型组织的概念作了界定。例如冯奎认为学习型组织就是充分发挥每个员工的创造性,努力形成一种弥漫于群体与组织的学习气氛,凭借着学习,个体价值得到体现,组织绩效得以大幅度提高。陈国权和杨硕英认为学习型组织是一种更适合人性的组织模式,由伟大的团队形成社群,有着崇高而正确的核心价值、信念与使命,具有强劲的生命力与实现梦想的共同力量,不断创造,持续蜕变,充分发挥潜能创造超乎寻常的成功,从而在真正的学习中体悟工作的意义,追求心灵的成长与自我实现。

尽管国内外学术界关于学习型组织的概念众说纷纭,但总体上对学习型组织的界定分为两大类:一是将学习型组织看作是一种新型的组织架构模式,从分析组织中的学习入手,着重强调这种组织区别于传统等级制组织的特点;二是将学习看作是战略过程模式,从对战略变革重点的历史演变分析入手,着重强调学习型组织作为一种新的战略变革模式的优越性。

## 二、学习型组织的特征

沃特金斯和马席克在《塑造学习型组织》中把学习型组织的特征概括为"7C",即持续不断地学习(Continuous)、亲密合作的关系(Collaborative)、建立彼此联系的网络(Connected)、集体共享的观念(Collective)、创新发展的精神(Creative)、系统存取的方法(Captured and Codified)和建立能力的目的(Capacity)。

斯蒂芬·P.罗宾斯则从五个方面概括了学习型组织的特性,包括组织成员共同赞同的构想;在解决问题和从事工作时摒弃旧的思维方式和常规程序;作为相互关系系统的一部分,成员们对所有的组织过程、活动、功能和环境的相互作用进行思考;人们之间坦率地相互沟通;人们摒弃个人利益和部门利益,为实现组织的共同构想一起工作。

我国著名管理学家张声雄结合我国的具体国情,提出了学习型组织的六大要素:拥有终身学习的理念和机制;建有多元回馈和开放的学习系统;形成学习共享与互动的组织氛围;具有实现共同愿景的不断增长的学习力;工作学习化使成员活出生命的意义;学习工作化使组织不断创新发展。

傅宗科、彭志军和袁东明等学者则把学习型组织的特征概括为三个方面:

一是层次扁平化。是指在学习型组织中,领导与员工之间的组织结构已经不再是以前的金字塔形式,而是一种网状的、扁平的、富有弹性的组织结构,领导与员工可以直接对话,直接交流,大大减少了组织中的交易成本。

二是组织咨询化。是指整个组织就像一个咨询公司,员工之间彼此询问,彼此学习,相互之间的关系非常和谐,非常融洽,并且信息能够在组织中畅通无阻。

三是系统开放化。是指组织本身形成了一个系统,而这个系统又只是社会系统的一部分,它又能与社会有机地结合起来。

## 三、组织学习智障

彼得·圣吉在研究中发现,1970年名列美国《财富》杂志"500强"排行榜的大公司,到了20世纪80年代已有1/3销声匿迹,这些不寻常的现象引起了彼得·圣吉的思考。通过深入研究,他发现,是组织的智障妨碍了组织的学习和成长,并最终导致组织的衰败。

组织智障,顾名思义,指的是组织或团体在学习及思维方面存在的障碍。这种障碍最明显地表现在:组织缺乏一种系统思考的能力。在思维中,人类总是习惯于将问题加以分解,把世界拆成片段来理解,但是无形中,我们付出了巨大的代价——全然失掉对整体的连属感。这个障碍对组织来说是致命的,许许多多的企业因此走向衰落。因此,我们首先需要对组织的学习障碍进行识别。

(1)局限思考。很多时候,企业的员工们会错误地将自己的工作混同于自己的身份,只知道自己每天做的工作是什么,却不清楚自己处在这家企业中的目的,认为自己对身处其中的系统只有很少或者根本没有任何影响力,将自己的责任限定在自己的职位界限之内。但是,这样往往会使身处其中的人们只关注自己的职位,对所有职位之间因相互关联而产生的结果缺乏责任感,当出现令人失望的结果时,人们通常会将责任推卸给他人。

(2)归罪于外。当发生问题时,我们每个人都有这种倾向:去责怪我们身外的人或事。甚至在组织中,会将这种倾向升级为命令:你们必须找到问题的责任方。这一障碍的症状,其实是第一个障碍的副产品,我们因为无法看清自己的行为在超越自己职位边界范围的影响,所以当我们的行为所产生的影响回过头来伤害到我们自己时,我们会错误地认为这些问题是因为外部原因造成的。这个障碍的症状不仅局限于组织内部的相互推诿,也可能会将责任的锅扣在外部的竞争对手,或者是经济大环境上。

(3)缺乏主动积极的整体思考。管理者总是宣示,我们要积极面对困难的问题,掌控局面。也就是说,我们应该主动迎难而上,不要等别人来想办法解决问题,要在问题变成危机之前就将其消灭。主动积极经常被当作是"被动反应"的对症药,后者的意思是等到局面失控才采取措施,但是面对外部敌人的主动攻击,主动积极往往只是被动反应的一种掩饰。意思是,如果我们只是对外部敌人采取更积极的攻击性战斗,那我们仍处于被动反应。只有当我们意识到我们是问题的始作俑者之一,才能化被动为主动。

(4)专注于个别事件。在我们的惯性思维里,每一个事件的发生都应该有一个显而易见的起因,但是它转移了我们对事件背后长期规律性规模的注意力,干扰了我们对这些长期规模的理解力。今天组织所面临的生存威胁,往往并不是突发状况,都是缓慢渐进的过程产生的结果。如果大家的思维都被短期事件所主导,那么一个组织就不可能持续地从事有创意的生成性学习。如果我们只将注意力集中在个别事件,那最好的结果就是我们能在事件发生前预测到该事件,以便作出最佳反应,而不是学习如何去创造。

(5)温水煮青蛙效应。在对企业失败案例的系统研究中,往往可以发现企业对缓慢积累的生存威胁普遍缺乏应对措施,这样的情况可以用温水煮青蛙效应来说明。如果将青蛙放在沸水中,它会立刻跳出,但如果把青蛙放进室温的水中,也不去惊吓它,它会安然不动,要是把水放在加热器上慢慢加热,青蛙仍旧会怡然自得,但如果继续加热,青蛙就会在升温的水中越来越虚弱,最终再也无法跳出来。为什么会这样呢?因为青蛙体内缺少能感应生存威胁的器官,只能应对环境中突发的改变,却对缓慢渐进式的改变毫无警惕。这要求我们放慢脚步,去注意到细微的以及戏剧性的变化。

(6) 从经验中学习的错觉。我们在生活中习惯了试错法,通过直接的试错来学会吃东西、走路和交流,通过作出行动并观察其结果,如果结果不满意就换另一个新行动,最深刻的学习来自最直接的经验。但如果我们行动的结果是不可观察的呢?或是我们行动的结果需要在很久以后才能显现呢?再或者结果只能在我们身处其中的更大系统中相隔很远的部分显现呢?我们每个人都有一个"学习视界"(Learning Horizon),意思是我们只能在一定的时空和视力范围之内观察自己的行动结果。当行动的结果超越了我们的学习视界时,我们就不能够通过直接经验来学习了。这里发生了一个悖论:我们从经验中学习是最直接、最好的,但许多重要决策带来的结果却是我们无法直接体验的,也就是超越了我们的学习视界。许多组织可能在内部下达的一个重要决策,会在很长一段时间后影响了整个生产和市场领域。在诸如此类的决策中,我们很少能有"试错式学习"(Trial and Error Learning)的机会。

(7) 管理团队的迷思。面对上述的诸多学习障碍,提出解决方案的自然是来自不同职能部门和专业领域经验丰富的经理人。这看似问题能够迎刃而解,但事实上,企业团队内部常常会陷于势力范围之争,简单回避个人责任,假装在集体的策略上已经统一了思想,来维护表面上的团结一致。为了保持形象,他们会努力消除团队中的意见不合,避免分歧,将决策退化到大家都能妥协的程度,或者直接将个人观点强加于集体。如果产生分歧,通常表现为互相指责和意见主张的两极分化,这样无法揭示深层经历的差异和不同的假设,无法推动团队整体的学习。

## 第二节 创建学习型组织的意义及途径

### 一、创建学习型组织的意义

学习型组织不存在单一的模型,它是关于组织的概念和雇员作用的一种态度或理念,是用一种新的思维方式对组织的思考。在学习型组织中,每个人都要参与识别和解决问题,使组织能够进行不断的尝试,改善和提高它的能力。

学习型组织的基本价值在于解决问题,与之相对的传统组织设计的着眼点是效率。在学习型组织内,雇员参加问题的识别,这意味着要懂得顾客的需要。雇员还要解决问题,这意味着要以一种独特的方式,将一切综合起来考虑,以满足顾客的需要。组织因此通过确定新的需要并满足这些需要来提高其价值。它常常是通过新的观念和信息而不是物质的产品来实现价值的提高。

学习型组织需要领导扮演新角色,发挥三个明显的作用:①进行组织设计。组织设计的第一个任务就是培养组织目的、使命和核心价值观的治理思想,它将用来指导雇员。有头脑的领导要确定目标和核心价值观的基础。第二个任务是设计支持学习型组织的新政策、战略和结构,并进行安排。这些结构将促进新的行为。第三个任务是领导并设计有效的学习程序,创造学习程序并且保证它们得到改进和理解需要领导的创造力。②创造共同的愿景。③当好服务型的领导。

有学者指出,创建学习型组织在当今知识经济推动下日益形成的知识社会,具有无可替代的作用。它不仅有助于企业的改革和发展,而且它对其他组织的创新与发展也有启示。人们可以运用学习型组织的基本理念,去开发各自所置身的组织潜能,去反省当前存在于整个社会的种种学习障碍,使整个社会早日向学习型社会迈进。这正是学习型组织理论对组织管理理论以及整个社会所产生的深远影响。

学习型组织有着它不同凡响的作用和意义:一方面是用学习来保证组织的生存,使组织具备不断改进的能力,提高组织的竞争力;另一方面是用学习来改造个人和工作,使其更加真正融合,使人们在工作中活出生命的意义。由此可见,学习型组织是一个非常有利于个人学习和成长的地方,因此,人人都希望自己的组织是一个学习型组织,也认识到建立学习型组织的重要性、必要性和紧迫感。创建学习型组织的意义可以归纳为以下两点,分别为对组织的意义及对个人的意义。

### (一) 对组织的意义

首先,学习型组织让企业不再是生硬的机器,而是人性的化身。学习型组织强调"学习+激励",不但使人勤奋工作,而且使人"聪明地工作"。它以增强企业的学习力为核心,提高群体智商,使员工活出生命意义,自我超越,达到企业财富增速、服务超值的目标。

其次,组织由少数人的事业变成多数人的职业,进而形成了生命共同体,能够从精神和心灵上激发起创造和奉献的恒久动力,提高员工的忠诚度。

最后,组织和员工对于责任有了新的看法。无论在哪一个岗位上都能够认识到自身的存在对于组织的影响与作用,认识到自身工作的意义与价值,因此也就能够承担起自身的责任。

### (二) 对个人的意义

学习型组织与员工个人是相互依存、相互成长的关系。组织强调对员工能力的开发与激励,员工通过不断学习和创造,通过自身价值与企业目标的认同,进而把自己的聪明才智不遗余力地贡献给企业,使组织能够顺利地完成自己的使命和目标,实现对社会的贡献。

学习型组织的创建给员工个人的各个方面带来重大的变化,体现在:思想理想升华,自我形象高大,自尊水平提高,自行负责增强,自我进行激励,发明创造有方,人际关系改善,自我效能提升。

通过这一系列的变化,员工的精神面貌和心态心智都会有脱胎换骨的改变,能够使员工在组织中活出生命的价值与意义。

## 二、建设学习型组织的途径

全球化和网络化的到来使得企业为了适应新形势不得不进行一系列的革新,如何成为学习型组织将成为新的管理革命的重要内容。值得注意的是,有些管理创新的先行者已经在这方面积累了不少经验。它们的实践表明,企业要成为学习型组织,必须保证将个人和团队的学习行为纳入系统化的轨道,并有效地将学习行为转化为创造性行动。企业要成为学习型组织,应结合自身特点,着重采取具体创建途径。

### (一) 流程再造

企业要想将自身改造成学习型组织,提高学习能力,必须从建立适合于学习的组织结构入手。学习型组织以信息和知识为基础,其管理层次比传统结构要少得多,强调组织以分权为主的扁平、网状结构,使组织更适于学习和建立开创性思考方式。

1. 改善组织结构形式

改善企业的组织结构是建立学习型组织的一个有机组成部分。组织结构形式的转变应在稳妥的基础上按层次逐步改进:直线化→扁平化→网络化→柔性化,组织结构的变化应和企业的战略、企业的文化、员工的素质有机地结合起来,达到相互匹配。运用产业经济学中的 S(结构)—C(行为)—P(绩效)模型,通过对其结构调整、相关制度的保障,营造出激发学习型组织建设的氛围,影响员工的行为,进而影响企业的绩效。为了促进组织学习和知识转换,创造有利于员工进行集体学习和相互交流的环境,学习型组织的结构应是以团队为基础单位的扁平化形态,这种扁平化的组织结构解决了经典组织理论研究中关于企业组织结构的层次、权力、规范化和边界等四个问题,是组织结构变革的趋势。

2. 设计新的组织结构

组织结构设计应遵循扁平化、弹性化、动态化、柔性化、集权与分权的平衡性、统一性、单一性与多样性相结合的原则。任何组织在设计组织结构时,都应遵循核心的指导思想:一定要从本企业自身的具体情况出发,设计出适合于自己的组织结构,看它是否有利于组织目标的实现、充分挖掘和调动员工的潜力、知识共享和项目管理等。

### (二) 营造学习文化

塑造组织的学习文化,培养组织的学习习惯,营造良好的学习气氛,开展经常性的学习,提高企业整体的学习积极性。组织只有通过不断学习,积累知识,才能带来利益和机会。而知识的积累在于学习,环境的适应依赖学习,应变的能力来源于学习,这就需要一种重视学习、善于学习的文化氛围,培养员工积极使用知识的文化。知识的价值增值要通过员工对知识的学习,并运用于现实经营过程,提高工作效率而实现。在组织内要形成一种组织学习的文化,用各种补偿或奖励的形式来增加知识的共享与使用。

1. 建立多项推动组织学习价值观的杠杆支点

组织学习的价值观是组织学习文化的核心,决定着组织对学习的看法和组织的学习能力。为了尽快建立企业的组织学习文化,并使得组织学习价值观能够被具体地体现出来,必须建立多项杠杆支点:清楚地表达并持续加强超越利润的价值观和目标;将学习和革新作为组织的一个目标,写入组织每年的计划;鼓励成员在日常的工作活动中进行思想交流;组织内各级单位按惯例举行讨论组织价值观的常规会议;加强组织内各级管理者之间的信任并经常进行沟通;将组织成员以小群体为单位进行鼓励。

2. 树立组织学习和革新的信仰

将组织学习和革新变成企业的一种信仰,组织学习文化就会对企业素质的全面提升起到决定性作用,应将学习以及学习成果作为个人和各单位的一个目标进行考核,营造崇尚学习、热爱学习的氛围,使得组织成员能将组织学习看作是自己的一种信念。

3. 培养组织学习的行为习惯

需要组织在制度和操作平台上予以保障,将组织学习融于组织的日常工作和生活中。各个组织应根据自己的工作特性、成员意愿、组织学习基础等,设计一些适合自身养成组织学习习惯的方法。

4. 重建学习型教育与训练体系

重建组织教育与训练体系,改变传统被动式、行政式的教育和训练体系,通过外部启发和引导,让组织成员根据自己的爱好、工作需求和求知欲望来决定自己需要学习什么,需要企业提供哪方面的训练等。

## (三) 建立全面质量管理体系

ISO9000系列质量认证作为国际认可的质量管理制度,可使企业的各项质量管理制度健全化和正规化。企业为了全面提高产品质量,加强质量管理,开拓市场份额,应推行全面质量管理体系,对各级管理和生产人员进行培训。

1. 成立质量改进小组

质量改进小组是全面质量管理活动的基层组织形式。质量管理要求全员参与,通过建立各质量改进小组来开展整个企业的质量管理活动。小组由提供同一服务或服务于同一类顾客的成员组成,在企业内组建众多跨部门、跨功能团队,自我管理,自主决策,在组织共同愿景和正确的质量观指引下,同心协力分析和解决工作中出现的各种问题,通过对信息和数据进行分析,持续地改进产品质量和流程管理。质量改进小组一经成立,就应明确每个人的职责,开始对每个小组所负责的工作展开改进活动。

2. 实施全面质量管理的关键

全面质量管理中的人才开发关注如何通过人力资源管理、员工参与、教育和培训等手段,更好地开发员工实现目标的潜能。而对员工授权,使其逐渐培养自我管理能力、领导能力是实施全面质量管理的关键所在。整个企业的质量管理成为全体成员的共同责任,只有调动他们的能动性和积极性,提高他们进行质量问题分析和解决的能力,企业的产品和服务质量才能得到持续、彻底的改进和提高,使质量管理的文化包含于学习型文化之中。

### （四）组建知识联盟

企业要更好地提高学习能力，还应积极向外界学习，组建知识联盟。知识联盟有助于组织之间的学习和知识共享，开展系统思考。在知识经济时代，组织仅依靠自己来发展本身所需要的知识和技能已十分困难，组织学习文化、结构和质量管理都是从企业内部来实施的，而企业的成功不但取决于企业内部的学习，还取决于企业外部在联盟中的学习，形成较高的扩展能力和转换能力。

1. 组建联盟方式

（1）建立知识与信息共享网络。随着国际互联网、内部网、局域网等的高速发展，为知识联盟创造了极大的便利条件。组织成员相互作用，实现知识的整合、共享与创新，实现运用集体的智慧，提高创新手段和应变能力，提高对市场和经营环境的反应速度成为可能。企业内部网将使企业连接成一个整体，各层人员运用信息网络工具，进行平等地"交谈"。网上角色的转变和文化的交流，可满足员工的心理需求，实现组织的有效控制和发展，真正调动员工的积极性，增强企业的凝聚力，实现以人为中心的经营观念。网络技术的作用不是试图将知识与其拥有者分离从而实现对知识的存储，而是作为一种促进沟通的手段，更好地使学习者找到那些能够对其有所帮助的人。

（2）建立知识联盟体系。在产业结构调整、资产重组的市场经济作用下，知识联盟比产品联盟更紧密和具有更大的战略潜能，可以帮助组织扩展和改善自己的基本能力，有助于从战略上更新核心能力或创建新的核心能力。知识联盟体系是基于内部知识联盟之上的外部知识联盟，内部知识联盟是体系的核心组成部分，外部知识联盟体系是较为松散的联盟。企业建立外部联盟体系，树立"不求所有，但求所用"的用人观念，通过虚拟项目组织，成立外聘兼职专家队伍，引进和吸收各方高层技术人才的智力，提升整个组织的核心能力。

2. 增强记忆能力

（1）建立专家系统和知识库。企业外部环境中的知识一部分虽然具有社会公共产品的性质，但并不会因为它的存在而自然地增加企业的能力。员工忙于企业具体的经营过程，没有时间和精力来关注外部环境中的新知识，知识管理部门可以把真正与本企业未来发展相关的知识放到企业的知识库中。通过内部组织学习，让企业真正懂得并去应用这些知识。仅有内部网络硬件平台还不够，必须开发软件系统——专家系统和知识库，真正实现知识的管理，提高企业的知识管理能力，为员工提供一个学习知识及共享知识的便利环境。

（2）设立项目共享制。企业对知识型员工的隐性知识进行管理时，要设立项目共享制度，项目的每一个步骤都要有文档记录，包括运作的关键点及相关措施等重要内容。这样做既可保证隐性知识的流失率达到最小，又可以在组织内部共享，成为学习的好教材。隐性知识管理的异地、异时、异人的使用能给企业带来巨大的价值增值。因此要鼓励员工把隐性知识贡献出来与大家共享。

3. 改善学习条件

（1）实现图书资料管理。电子化完成图书资源的数字化、图纸资料的电子化储存及管理，并借助内部网络向分布广泛的用户提供服务，是提高图书资料功能的最佳方案。员工只需运用键盘或鼠标，所需资料、图纸便会自动调出、下传，无论何时、何地，都可方便调用，加快信息的传递速度。

（2）构建 E-Learning 培训系统。企业通过构建 E-Learning 培训系统，在员工中传播新型培训理念，改变组织机构，使员工转变观念，形成主动学习的良好文化，对不断变化的组织文化产生重大影响；促进企业规范化管理，随时随地、及时准确地传播知识，降低培训成本，实现全员培训；使电子学习内容在很短时间内传递给分布在各地的员工，有利于企业创建"学习氛围"，并保持内容的持续性和一致性；及时更新内容，以适应瞬息万变的市场环境，为创建学习型企业打下良好基础，帮助组织跟上网络时代的发展，成为新的竞争优势。

4. 加强知识管理

（1）建立知识管理系统。知识管理作为学习型组织新的发展策略之一，既能促进学习型组织的发展，又能促动组织变革，是促进组织竞争力与永续发展的核心要素。企业具备相应的知识管理系统，便能促进知识的共享和流动。知识管理的实施要求企业改变其行为，培养共享隐性知识的文化，重视知识的高度运用和知识的变革与创新。充分发挥知识管理的功能，将知识文化融入组织文化中，组织方能转变为知识化的学习型组织。

（2）设立知识主管。知识型企业需要知识主管，从企业的各个角落收集和理解"局部知识"，把它整合为知识主管（CKO）头脑中的知识，转换为各个角落的知识劳动者都容易理解的"整体知识"，并随时准备与人们分享这一整体知识。某些企业把知识管理视为信息管理的延伸，试图把信息主管改为知识主管，这是对知识管理的一种误解，其结果将在不知不觉中把知识管理的重点放在技术和信息的管理上，而不是放在创新和创造力的培养与开发上。要实现对这些知识的管理就应该促进人员之间的交流，客观上要求 CKO 对知识的管理与对人的管理结合起来。为了使知识联盟更有效运作，设立负责知识管理活动的领导人——知识主管，落实其责任，将组织的知识变成组织的效益，承担制订管理计划和协调企业各种知识活动的责任，完成与知识管理活动有关的任务，建立起支撑知识管理的基础设施，如统一的技术平台、数据库和资料库等。

## 【关键词】

学习型组织、学习型组织的意义、学习型组织的创建、学习型组织五项修炼、知识联盟

## 【本章小结】

本章学习学习型组织，重点在于了解学习型组织的概念及学习型组织的五项修炼，理解五项修炼融会贯通的关系，以及如何创建学习型组织的过程，并在此基础上掌握学习型组织理论基础和应用。

## 【思考题】

1. 什么是学习型组织？其特点是什么？
2. 学习型组织的五项修炼分别是什么？怎么理解他们之间的相互关系？
3. 建设学习型组织的途径有哪些？

**拓展案例**

# 第十一章 知识管理理论

**本章要点**

1. 知识管理理论的学派
2. 知识管理理论的内容
3. 知识管理理论面临的挑战
4. 知识管理理论的发展趋势

## 第一节 知识管理理论学派及与其他管理理论的关系

### 一、知识管理理论学派

知识管理是知识经济时代涌现出来的一种新的管理思想与方法。国内外学者对知识管理的研究我们可以简单化处理为三个学派：技术学派、行为学派和综合学派。

技术学派认为："知识管理就是对信息的管理。"这个领域的研究者和专家们一般都有着计算机科学和信息科学的教育背景。他们常常被卷入到对信息管理系统、人工智能、重组和群件等的设计、构建过程当中。对他们来讲，知识等于对象，并可以在信息系统当中被标识和处理。

技术学派研究的角度包括：从知识组织的角度研究知识表示和知识库；从知识共享的角度研究团队通信与协作的技术；从技术实现的角度研究知识地图系统、知识分类系统、经验分享系统、统一知识门户技术等；从系统整合的角度研究知识管理系统与办公自动化（OA）系统、企业资源计划（ERP）等整合等等。

行为学派认为："知识管理就是对人的管理。"这个领域的研究者和专家们一般都有着哲学、心理学、社会学或商业管理的教育背景。他们经常卷入到对人类个体的技能或行为的评估、改变或是改进过程当中。这些人在传统上，要么是像一个心理学家那样热衷于对个体能力的学习和管理方面进行研究，要么就像一个哲学家、社会学家或组织理论家那样在组织的水平上开展研究。

行为学派研究的角度包括：从组织结构的角度研究知识型组织；从企业文化的角度研究知识管理观念，如学习型组织；从企业战略角度研究企业知识管理战略；从人力资源的绩效考评和激励角度研究知识管理制度;从学习模式的角度研究个人学习、团队学习和组织学习等等。

综合学派则认为:"知识管理不但要对信息和人进行管理,还要将信息和人连接起来进行管理;知识管理要将信息处理能力和人的创新能力相互结合,增强组织对环境的适应能力"。组成该学派的专家既对信息技术有很好的理解和把握,又有着丰富的经济学和管理学知识。他们推动着技术学派和行为学派互相交流、互相学习,从而融合为自己所属的综合学派。由于综合学派能用系统、全面的观点实施知识管理,所以能很快被企业界接受。

综合学派强调知识管理是企业的一套整体解决方案,在这套解决方案里,第一是知识管理观念的问题,第二是知识管理战略的问题,第三是知识型组织的结构问题,第四是知识管理制度的问题,接下来还有知识管理模板比如规范的表格等问题。在此基础上,将知识管理制度流程化、信息化,将知识管理表格和模板界面化、程序化,将企业知识分类化、数据库化,在考虑与其他现有系统集成的基础上,开发或购买相应知识管理软件,建设企业的知识管理系统。

## 二、知识管理与其他管理理论的关系

知识管理并不是一种单一的职能管理,而是涉及战略管理、人力资源管理、信息管理和技术管理等多种职能管理的形式和内容,是一种跨越这些职能的综合性管理。

### (一) 知识管理与信息管理

信息管理是知识管理的重要基础之一。信息管理是为了满足组织的要求,解决组织的环境问题,而对信息资源进行开发、规划、控制、集成、利用的一种战略管理。信息管理作为一个系统,既有信息的搜集、加工、存储、报道、传递和咨询等部分,也有计算机硬件和软件的应用开发及通信技术和多媒体技术部分。信息管理的实质就是对信息生产、信息资源建设与配置、信息整序与开发、传递服务、吸收利用等活动全过程及各种信息要素的决策、计划、组织、协调与控制,以达到有效满足社会使用信息需要的目的。

信息管理强调利用信息技术对数据、信息进行管理,而知识管理则将信息技术作为一个组成部分,将信息管理纳入其范畴,综合了信息管理的优势,获得了更高层次的优势。因此,信息管理是知识管理的基础,知识管理是信息管理的提升与升华、延伸与发展。

### (二) 知识管理与人力资源管理

人力资源管理在 20 世纪 80 年代以前主要是人事管理,人事管理主要关注招聘、岗前培训、工作记录、报酬、在职培训和档案管理等。

20 世纪 80 年代以后,人事管理进入了人力资源管理阶段,这并不只是名称的简单更替,而是赋予人力资源管理全新的概念和内容。所谓人力资源是指一定时间内组织中的人员所拥有的能够被企业所用,且对创造价值具有贡献作用的教育、能力、技能、经验、体力等的总称。

人力资源管理改变了传统的将人看成"物"的人事管理,而是将人视为企业的一种重要资源。从功能角度讲,人力资源管理是为了对组织所有人力资源进行最适当的保护、开发、维持和活用而制定和执行规划的过程。吸纳、维持、激励和开发是人力资源管理的四大功能。人力资源管理的主要工作有:雇员的招聘与配置、员工培训与开发、绩效管理、薪酬管理与劳资管理等。

知识管理的思想、理论及方法为人力资源管理注入了新的视角和框架,大大丰富了人力资源管理的内容,扩大了人力资源管理的视野与范围(比如知识工作者的管理与激励、企业大学的创建、学习型组织的建设等),将人力资源管理推向了一个新阶段,人力资源部门应该在组织的知识管理中发挥重要作用。

### (三) 知识管理与学习型组织

组织想要在激烈的竞争中领先,必须通过不断的学习来建立有竞争力的核心优势。自从彼得·圣吉 1990 年出版了其经典著作《第五项修炼——学习型组织的艺术与实务》一书以来,学习型组织的理念迅速在全球普及,世界各地的优秀企业都争先恐后地欲转型为学习型组织。圣吉将学习型组织描述为:"在这里,人们不断地扩张自己的能力,去创造他们所真正期望的结果;在这里,人们可以释放出他们郁结已久的激情;在这里,人们可以不断学会如何在一起学习。"知识管理不仅包含着诸如知识的分类,知识创造、产生与开发,知识识别与获取,知识共享、传播与扩散,知识编码与存储,知识整合、应用与评价等一系列的任务,更重要的是要关注组织文化、知识工作者、组织学习、组织战略与知识管理战略等影响因素。

知识管理与学习型组织存在着很多交叉点:

二者都把知识放在组织生存和发展、获取核心竞争力的中心位置上。知识管理通过强调显、隐性知识的互相转化和知识的生产(创新)、分配、交流(交换)、整合、内化、评价、改进(再创新),直接道出了知识的主导地位。学习型组织则通过强调学习行为的重要性而凸显知识在组织中的核心地位。

二者都重视对组织内部知识的共享和利用,以提高组织的信息能力和应对能力,形成自身的核心能力。知识管理主要通过技术和组织创造平台等手段的结合引起知识的共享;学习型组织则主要通过个人学习与组织学习的结合促进组织内部知识的流动和运营。

二者都强调知识在组织内传播的流畅性。知识管理通过技术平台减少成员间的时空距离感,通过管理机制减少成员对于奉献、分享知识的顾虑;学习型组织则主要是通过组织沟通形成组织成员之间的共识,增强成员间的心理相容度和认同感,从而使知识共享得以快速实现。二者的最终目的都是获取组织的核心竞争力。

因此,知识管理和学习型组织具有不可分割的密切关系,学习型组织是知识管理得以实施的最佳载体,而知识管理又是学习型组织的核心功能和精髓所在,学习型组织的构建保证了组织知识管理的有效进行。

## 第二节 知识管理理论的内容

### 一、知识管理理论的基本研究框架

知识管理研究的基本框架中,应包括以下几个要素,也就是所谓"5W1H"。它们分别指知识管理研究的原因(Why)、主体(Who)、客体(或称对象,What)、地点(Where)、时间(When)以及实务(How)。要进行知识管理的研究,也可以依 5W1H 的框架进行。

实施知识管理的原因(Why)。信息经济时代的一大问题是信息过载,而知识经济时代最大的问题却是知识匮乏。组织中的大量知识以个体知识或知识孤岛的形式存在,资源浪费严重;同时,组织规模越大,控制和整合知识资源的难度也就越大。因此,进行知识管理的研究,在知识经济的时代大背景下是势在必行的。实施知识管理的主体(Who)是知识型员工。他们是追求自主性、个性化、多样化和创新精神的员工群体,因而需要有针对性的人力资源管理方法。在知识管理理论形成的初期,其管理对象(What)只包括知识本身的共享、转移这些狭小的范围。随着人们对于知识生命周期的研究,知识管理理论取得了新的突破,其研究范围也逐渐扩大到包括信息、知识、知识资产等的创造、维护、发现、获取、过滤、转化和利用全过程。知识管理既包括企业内部知识资源的整合与开发,也包括外部知识的获取与挖掘,这里涉及知识管理的地点要素(Where)。要根据知识源的不同采取不同的管理手段。知识本身是有一定时效性(When)的,因此,知识管理工作也带有时效性,要在恰当的时间将知识资源及时发掘出来,并进行知识资产的管理,否则会造成知识资源的流失。至于知识管理实务(How),即是前述企业知识管理的解决方案,既有知识管理的制度体系,也有信息技术为平台的知识共享工具等内容。

通过以上的研究,我们将企业知识管理概括为如下十大方面的内容:知识创新管理、知识共享管理、知识应用管理、学习型组织、知识资产管理、知识管理的激励系统、知识管理的技术与工具、知识产品的定价与版本、知识员工的管理、学习与创新训练。

企业知识管理水平,可以用知识创新率(力)、知识传播率(力)、知识应用率(力)三维坐标来衡量,其中每个坐标又可以分为若干个小指标。显然,上述 10 个内容中的前 3 个主题是企业知识能力的表现。第一个主题是知识创新管理,包括知识创新的模式、条件、环境等内容,其中很重要的一点是显性知识、隐性知识转换引致的创新研究。第二个主题是知识共享管理,研究如何通过知识转移缩小知识差距。一般认为,"知识转移"比"知识共享"这个词更富有经济管理含义。知识共享很容易给人们一种免费的感觉,而转移则有一种知识的让渡在里面,知识的让渡意味着价值的让渡,也就意味着让渡方应该得到受让方的回报。第三个主题是知识应用管理,主要包括企业如何采取一整套的知识管理解决方案去实施知识管理项目,如何实现企业的变革管理等等。知识的应用是提高生产率和竞争力的最终手段。

第四、五、六、七个主题都是从行为科学的角度去讨论知识管理在企业的应用。第四个主题是学习型组织,是从企业文化的角度讨论企业如何通过"五项修炼"来使企业保持一种不断学习的状态。当然,学习不是目的,创新才是目的。第五个主题是知识资产管理,即怎么从财务的角度,管理客户关系资产、人力资本资产、结构资产、知识产权资本,以及上述资产之间如何协调发展。第六个主题是从人力资源的角度,考虑怎么设计一套绩效考评体系和激励制度来构建知识管理的激励系统。比如,如果是以每个项目年终的业绩来考核,那么各个不同的项目之间拥有的知识就不愿意互相分享。如果分享了,就有可能造成别的团队比自己的团队业绩好。所以在考核体系中也应该有考核一个团队和其他团队分享知识多少的指标。第七个主题是从信息技术的角度,来探讨知识管理的支持软件或工具,比如知识地图或知识导航系统。知识地图是一种帮助用户知道在什么地方能够找到知识的知识管理工具。企业知识地图将企业各种资源的入口集合起来,以统一的方式将企业的知识资源介绍给用户。知识地图采用一种智能化的向导代理,通过分析用户的行为模式,智能化地引导检索者找到目标信息。像 IBM 推出的 Lotus 系列软件,就是非常好的工具,我们可以在上面做许多知识管理系统的开发,比如项目经验分享系统的开发等。

第八、九、十个主题分别从单项管理的角度去讨论知识管理在企业的应用。第八个主题是关于知识产品的问题,主要考虑知识产品的定价和版本问题。夏皮罗等的《信息规则》一书,对信息产品的定价和版本有许多讨论,对知识产品的定价与管理有很大的启示。第九个主题是知识员工的管理,因为企业的知识管理最终要落实到个人身上。这个主题包括知识员工的职业生涯规划与企业的战略规划如何配合、知识员工的个人知识如何成为企业记忆、知识员工如何招聘与培养等问题。最后一个主题也是和个人有关的,既包括学习与创新的技巧和规范训练,也包括比如 E-Learning(电子学习)平台的学习,以及课件和教学资源的开发等内容。

## 二、SECI 模型

野中郁次郎和竹内弘高 1995 年出版的《创造知识的企业》一书中所提出的知识创造理论是知识管理文献中被引用次数最多的理论之一,著名管理学大师彼得·德鲁克称此书为管理学中的经典之作。

在研究中野中郁次郎逐渐发觉,现有的"信息处理"理论并不足以解释创新,因为除了信息处理,创新的过程还包含知识的获取、创造、运用与保存等多种内涵。换言之,仅仅处理信息是不够的,知识才是重点。另外,在采访许多创新者时野中郁次郎也发现,创新通常来自于创新者个人的信念,这些信念是他们对世界的看法,或者称为心智模式。随后,他们将主观观点转换成客观语言,并努力争取所处组织的认同,最后才将概念转化成具体产品。尽管创新的过程很漫长,但是整个过程的开端其实是相当主观的。基于这样的经验,野中郁次郎后来特别强调隐性知识的重要性。

他们通过深入调查日本本田、佳能、松下、NEC、夏普、花王等 27 家知识型企业持续保持旺盛创造力的根源,提出了闻名世界的知识螺旋理论(The Spiral of Organizational

Knowledge Creation），这一理论又被称为"SECI 模型"。

日本企业知识创造的独特模式首先源自他们认识知识及组织的独特方式。野中郁次郎认为，长期以来西方传统管理体系一直把组织当作"信息处理"的机器，而在许多日本企业中，对待知识的方式是基于另外一种完全不同的基本见解：企业不是一台机器，而是一个活生生的有机体。企业就像一个人一样，有自己的独特个性和基本目标，这便是企业的"自我认知"——在企业所代表的含义、将向何处发展、希望在什么样的环境中生存，以及如何创造出这样的环境等问题上，企业成员所持有的共同期望。

另一方面，就知识而言，西方的传统管理体系根深蒂固地认为只有正式的、系统化的东西（比如硬性的或可计量的数据、编好的程序或者放之四海而皆准的原理等）才是唯一有用的知识。相应地，用来评价新知识价值的关键指标也是硬性的、可计量的，如效率提高、成本降低、投资回报增加等等。但是，日本企业对知识及其在企业中的作用还存在着另一种理解，这种理解在诸如本田、佳能、松下、NEC、夏普、花王等成功的日本企业中最为普遍。野中郁次郎等明确地指出：通过语言和数字表达出来的知识只反映了知识冰山的一角，知识基本上是"隐性的"、不易觉察和表达的东西。隐性知识是高度个人化的，而且难以进行显性化，因此很难与别人交流或共享。像主观洞察力、直觉和预感等均属于隐性知识的范畴。另外，隐性知识深深地根植于个人的行动和经验以及个人所信奉的理想、价值观及个人情感之中。显性知识是可以很容易地利用计算机进行处理的，可以通过电子方式进行传输，或储存在数据库中。但隐性知识的主观和直觉本质使其难于以任何系统化或逻辑化的方式进行处理或传输。

基于以上对知识和组织特性的独特理解，日本企业的知识创造并不是简单地"处理"客观信息，而是注重发掘员工头脑中潜在的想法、直觉和灵感，并综合起来加以运用。在这个过程中，关键是员工个人的责任感，以及员工对企业及企业使命的认同感。知识创造型企业既追求创意，也追求理想，它们激励着企业不断创新。在知识创造型企业中，知识创造并不只是研发、营销或战略规划部门专有的活动，而是一种行为方式，一种生存方式，在这种方式下人人都是知识的创造者。

野中郁次郎等认为组织的知识创造其实是发生在以下三个层面的：个体、团体及组织。他们提出的知识创造理论由两个主要部分组成：知识相互作用的形式和知识创造的层面。知识相互作用的形式表现为显性知识和隐性知识相互之间的转换，即"SECI"模型；关于知识创造的层面野中等构建出了组织知识创造的一般理论。

野中郁次郎等强调，现实中隐性知识和显性知识并不是完全独立的，确切地讲，它们之间是互相补充的。在人类的创新活动过程中，两者之间相互作用、相互转化。两种知识之间的这种相互作用往往首先起源于个体，然后才在数量和质量方面不断地扩大。野中郁次郎等提出了隐性知识和显性知识之间转化的四种基本模式。

## （一）社会化(Socialization)

社会化是指隐性知识转化为隐性知识的过程。这是一个通过共享经历建立隐性知识（如共享思维模式和隐性技能）的过程。获取隐性知识的关键是"经历"，特别是那些"共享的经历"。社会化主要通过观察、模仿和亲身实践等形式使隐性知识得以传递。例如，师傅带徒弟就是这种模式的典型表现形式。另外，借助于头脑风暴、非正式会议、对话、观察、现场培训、客户接触、学习小组、教练等方式也可以促进知识的社会化（潜移默化）。

但是，这种"潜移默化"具有相当大的局限性。虽然徒弟能从师傅那里学习技能，但不管是师傅还是徒弟，都没有掌握技能背后的系统化原理。他们所领会的知识从来都不能够被清楚地表述出来，因此很难被组织更有效的综合利用。

### （二）外在化（Externalization）

外在化是指隐性知识转化为显性知识的过程。这是一个将隐性知识用显性化的概念和语言清晰表达的过程。此阶段对于整个知识创造过程来讲是至关重要的，隐性知识常常通过隐喻、类比、概念和模型等方式被转化为显性知识。例如，一流面包师傅的和面技术被广泛开发，生产出性能优良的和面机。可以作助于类比、隐喻和假设、倾听深度会谈、最佳实践等方式来推动隐性知识向显性知识的转化。

### （三）组合化（Combination）

组合化是指显性知识和显性知识汇总、组合的过程。这是一个通过各种媒体（文件、会议、电话会谈或电子交流）产生的语言或数字符号，将各种显性知识组合化和系统化的过程。信息技术对增强组织内部显性知识的"汇总组合"十分有效。近年来，在知识管理领域里取得的许多进展很大程度上都得益于此。

### （四）内在化（Internalization）

内在化是指显性知识转化为隐性知识的过程。这是一个将显性知识形象化和具体化的过程，它与人们常说的"做中学"的学习模式密切相关。

将上述四种模式英文单词的首字母组合起来，就形成了组织知识转化的"SECI"模型，见图11-1。

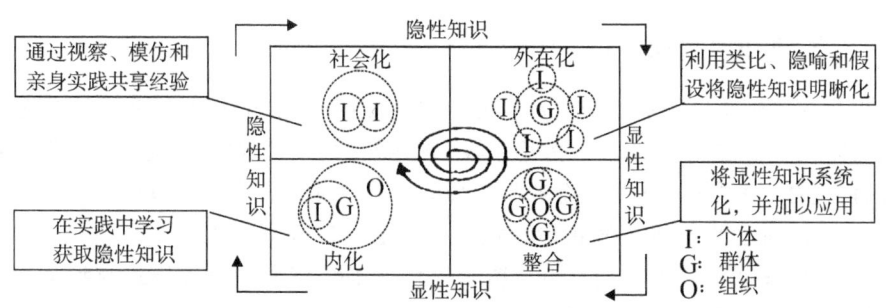

图 11-1 知识转化的"SECI"模型

## 三、知识管理的特征

在知识经济时代，知识是企业的战略性资源，知识管理是面对新形势所作出的战略反应。以知识经济时代为背景的知识管理，不仅具有丰富的内涵，而且拥有传统管理无法比

拟的优势与特点,这主要体现在以下几方面:

### (一) 重视对智力资源的开发和共享

随着信息技术的发展,未来的经济发展模式将在更大程度上依赖知识与信息。人的智力因素将决定经济发展的水平,人的聪明才智将成为最有价值的财富。因此在知识经济时代,社会必将一方面越来越重视人的特殊作用,另一方面也将普遍重视员工的科技知识水平、员工获得知识和创新知识的能力,把开发员工头脑中的知识资源作为提高效率的重要途径。施乐公司总经理兼执行董事长保罗·阿尔莱尔认为知识管理是以强调人的重要性,强调人的工作实践及文化开始的,然后才是技术问题。因此,全面提高员工素质和定位人的价值就成为知识管理的重要标志。

### (二) 重视知识资产的作用

在知识经济时代,"知识和信息在生产力中的作用已从非独立因素变成独立因素了,并由潜在的生产力变成了现实的生产力,这种知识生产力已成为生产力、竞争力和经济成就的关键因素"。以经济学家罗默为代表的"新经济增长理论"把当今的经济增长归功于知识的增长。他认为一个国家的繁荣与进步并不取决于其所拥有的矿产、资源和一般资本,而是取决于其所拥有的积累知识、创造知识和利用知识的能力。具体来说,将来决定企业命运的不再是固定资产与金融资产,而是知识资产。这些知识资产包括:①体现竞争力的知识资产,如信誉、服务、商标等。②体现智力劳动的知识资产,如专利、商标、版权等;③体现企业内在发展动力的知识资产,如企业管理和经营方法、企业文化、企业信息支持系统等;④体现人力资源的知识资产,如员工的知识能力、工作技巧等。这些由知识、实用经验、组织技术、客户关系和专业技能等组成的无形资产,其市场价值远远超过其账面价值,知识管理就是促进这些无形资产到有形资产的转变、潜在生产力到现实生产力的转变。

### (三) 重视知识集成管理

知识集成管理是以企业的知识资本为基础,以创新机制为动力,以实现社会责任为条件,以整体优化、优势互补、聚变放大为手段,兼容各种管理手段和文化,在集成对象连锁互动、共同受益、协同推进中实现企业与社会的可持续发展。这种管理不仅强调人、财、物等硬生产要素,而且更加重视知识、信息、经验等软生产要素在集成聚变中的主导作用。通过资本存量、知识存量的裂变重组与功能放大,从而突破传统管理模式的明确边界与等级金字塔型结构,实现管理组织结构的网络化与虚拟化。

### (四) 重视效益模式的转变

以规模求效益、以质量求效益虽然在工业经济时代曾为企业和社会创造了辉煌业绩,但是到了知识经济时代,这种管理模式不能解决在科技快速发展和信息网络化条件下的市场需求的个性化和对市场的迅速反应等问题。因此,必须实现效益模式由规模、质量型向速度型的转变。这种速度型效益模式需要企业的一切行为要以"快"为基本准则,做到获取市场信息快、决策快、产品开发快、生产快、上市快、资金周转快、信息反馈快。"快"的实质就是要大幅度降低时间成本,尽快满足市场个性化所决定的多品种、小批量、灵活生产的要求,以速度求效益。

### (五) 重视社会整体发展目标

传统企业管理中,往往把追求企业经济目标放在压倒一切的地位上,但在知识经济时代,企业在追求自身经济利润的同时,还应追求整个社会的发展目标,形成"顾客满意、员工满意、投资者满意、社会满意"的企业经理目标体系。"如果一个企业不能对资源利用、生态平衡、经济的可持续发展承担责任;如果不能对消费者的直接利益和间接利益承担责任;如果不能对员工的身心健康和全面发展承担责任;如果不能为投资者带来应有的收益,那么在知识经济时代的市场竞争中,就会被淘汰出局"。因此,追求企业与社会整体的和谐发展,是知识管理研究的一个重大课题。

## 四、企业知识流管理模型

从知识管理的发展和定义来看,所谓知识管理,是指为保证知识在企业中从获取、产生、共享、创新、利用到知识挖掘和衰亡的整个知识生命流程畅通无阻而采取的保障措施。企业中的知识流程可以用"知识流小车"模型来加以形象的概括。

知识在组织中经历了发生、发展、消减和消亡的整个过程。企业组织内部的知识来源有两个:一个是企业外部知识源,具体来说包括供应商、客户、竞争对手(包括潜在的进入者)、互补商,以及私立知识机构(如各种培训机构)、公共知识机构(如公共图书馆);另一个是企业内部知识源,包括尚未挖掘、整理的企业内部公共知识、企业员工的隐性知识等。

企业通过各种知识获取渠道从企业外部搜集知识,这是外部知识内部化的过程;企业从内部挖掘知识,是个人知识企业化的过程。与此同时,企业通过大众媒介、财务报表、股东大会等传播渠道,不断向外界发布各种有关企业的知识。在企业内部,员工通过将企业公共知识库(组织记忆)中的显性知识隐性化,学习企业文化和技能。

员工个人知识在企业内的扩散和壮大有三种途径:知识创新、知识共享和知识应用。这也是知识生命周期中最关键的步骤,正是通过知识创新、共享和应用,知识才成为与组织绩效密切相关的因素,组织记忆也不断得以更新和发展。超过一定时限的知识,可以作为历史数据进行知识挖掘,也可以通过知识备份手段保存起来。这样,知识在组织内就基本走过了它的整个生命历程。

如图 11-2 所示,图中的实线是知识实体的转移过程,虚线是知识价值的转移(让渡)过程,一对实线和虚线合起来表示一个知识交易的过程。在"知识流小车"的最上部,企业从供应商、客户、竞争对手(包括潜在竞争对手在内)、互补商那里获取有关竞争战略的企业外部知识;从私立知识机构(培训机构、信息中介、咨询公司等)和公共知识机构(国家统计局、政府官方网站、公共服务性机构、行业协会、民间组织等)那里获取有关社会、市场、行业和其他方面的知识,这些企业外部知识通过企业内的各种知识获取途径内部化为企业内部知识,以公共知识库或"企业记忆"的形式存在。同时,企业也可以通过其内部和外部的知识发布渠道,将有关本企业的知识发布出去,成为企业外部知识。这样,就在企业和企业外部实体之间,形成一个知识流环。

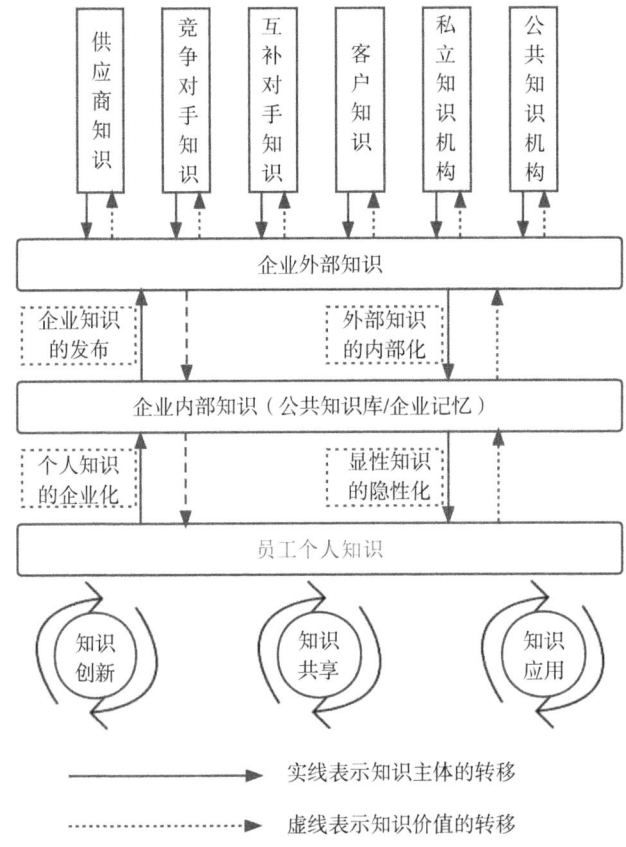

图 11-2 企业知识流管理:"知识流小车"模型

在"知识流小车"的中间,企业员工可以借助企业内部的组织学习或激励机制,将组织记忆中的一部分显性知识内在化为个人的隐性知识,也可以由企业将员工们的个人知识转化为企业的公共知识,并最终融入组织记忆之中。这样,通过显性知识、隐性知识的转化,在员工个人知识和企业的公共知识库(组织记忆)之间,就形成了第二个知识流环。

在"知识流小车"的底部是三个"轮子",分别是:知识创新、知识共享和知识应用。它们对于整个企业知识流系统而言至关重要,正是这三个轮子持续不停地运转,才保证了企业知识流系统正常的新陈代谢,推动了整个企业知识流的良性流动。

由"企业知识流小车"模型可以看出,企业知识流的管理有两个要点:一是保证知识创新、知识共享和知识应用的顺利进行;二是外部知识内部化和内部知识的显隐性转化(宽泛而言,这部分内容也可以归为知识共享的一个部分)。前者是"车轮",后者是"车身"。没有车轮只有车身,是一辆开不动的死车;没有车身只有车轮,是一辆没有用的废车。

为保证知识在企业中的顺利流动,企业应该建立知识管理的激励系统,具体包括如下四大机制:

知识运行机制。它相当于企业知识流的"源头"和"岸堤",保证了基本的知识流不会断流和流失。具体而言,知识运行机制应该包括微弱市场信号收集机制、企业知识与标准化制度、两人同行机制、退休员工回忆录机制、企业文档积累与更新机制、外部知识内化机制、知识轻松交流机制等。

知识明晰机制。它包括阶段性企业知识管理目标发布制度、员工知识成果(包括创新成果、共享成果和应用成果)申报制度。

知识绩效机制。它包括员工知识成果的稽核制度、专家和计算机知识评价系统等。知识明晰机制和知识绩效机制,防止了知识流的泛滥,保证了知识流的"水质"。

知识奖惩机制。它相当于企业知识流的动力来源,保证知识流在流动中不断更新,而不会成为一潭死水。具体而言,包括知识薪酬和股权/期权支付制度、知识晋升制度、知识署名制度、知识培训制度、新员工特区机制、创新失败宽容机制、知识绩点"自助餐"奖励机制和知识老化性员工的淘汰制度等。

## 第三节  知识管理理论面临的挑战

在当前的数字经济时代,从基本原理上讲,传统的知识管理所要解决的从数据到信息再到知识的增值过程没有发生根本的变化,对数据的获取、处理、整合、分析、应用、共享的主要活动没有改变。但是,知识管理的战略、重点、对象、增值活动、核心知识的类型发生了很大变化。传统的知识管理以组织或个人为核心,重点解决组织的知识获取、知识集成、知识应用、知识共享和知识创造等问题。其中,如何将个人的隐性知识转化为团队和组织层面的隐性知识与显性知识,以提高组织知识创造的能力是核心战略目标。传统的知识管理活动非常强调领导人、战略、文化和激励机制对知识管理效果的影响,计算机技术起辅助性作用。但是,在数字经济时代,新技术的应用和海量异构数据的大量涌现,对传统的知识管理提出了5个方面的挑战(董小英等,2019):

### 一、在知识管理的战略上,数据驱动的价值创造成为核心

传统产品主导逻辑中,企业通过一系列生产活动将价值嵌入商品,然后投入市场与消费者进行交易,最终实现价值创造,知识管理的战略聚焦在生产过程和组织内部。而在数字经济时代,价值创造是在厂商和消费者的交互中产生并且完成,从产品设计到市场交易的各项职责都跨越企业原有界限,企业之间及企业与消费者间的关系呈现为平等的网络结构。从消费者数据中挖掘相关知识,并将这些知识作为制造商创新的来源,成为企业价值创造的重要资源。因此,通过数据驱动,即时动态满足特定情境下的用户需求成为知识管理战略要解决的核心问题。

## 二、在知识管理的重点上,异构整合和数据挖掘成为关键

在网络空间,对不同来源、结构和特征的知识进行整合将成为知识管理的重点。在网络层,随着大量实体资产映射成为数字双胞胎,谁能在网络空间对这些资源进行大范围、高效地整合利用,谁就有可能成为网络空间的领导者,它需要具备的关键能力是资源整合能力。根据服务主导逻辑理论,资源密度表示主体在某一情境下主体获得资源的总量,资源整合能力越强,其整合资源的广度、深度、速度越大,资源密度也就越高,最终形成的供给双方价值共创的机会越多。在这一层,资源具有海量、多样、高速、异构等特征,传统的依靠人工和组织内部软件系统管理显然难以胜任,在这种情况下,基于大数据的人工智能和机器学习等技术就变得尤为重要。

## 三、在知识管理的对象上,海量数据分析成为关键能力

随着网络层数据的融合与快速增长,知识管理活动中动态获取、整合和分析数据能力需要有更高要求。在连接层,技术应用实现了全连接,包括人与人的连接(社交媒体)、人与物的连接(电商平台)、物与物的连接(物联网、车联网、航空发动机数据网络等)、人与物与过程的连接(物流平台)。安装在物理对象上的传感器能够在产品及其生产过程中采集海量数据,将实体资产映射到网络空间形成数字双胞胎(又称为数字孪生),呈现物理对象的属性及状态的实时和准确镜像,包括形状、位置、状态和运动。也就是说,数字双胞胎是实体资产的数字化,它根据实体资产的变化,将网络空间的人工智能、机器学习和数据挖掘等技术有机结合,创建动态更新的现实数字仿真模型。

## 四、在知识管理的增值体系上,基于数据的决策成为管理的核心指标

在从数据到信息再到知识这个增值过程中,人们对知识的精度、实时性和准确性都提出了更高要求。传统的数字资产包括文字、图像、音频等各种资料,随着移动互联网的广泛使用,人们的位置和行为都以数字化的形式被存储下来。对数字化资产的分析和解读,可以帮助人们理解、分析和预测,从而作出更具前瞻性和精准的决策。因此,在转换层,如何对来源更加广泛、颗粒度更细的数据进行多维度分析挖掘,生成对管理者和决策者有价值的建议,成为组织必不可少的核心能力。

## 五、在知识管理的核心知识类型上,人工智能成为战略知识

在网络空间形成的操纵性资源成为国际竞争的制高点。根据服务主导逻辑理论,人类可利用的资源有两大类,对象型资源(Operand Resource)和操纵型资源(Operant Resource)。对象型资源是指通过人类利用产生效用的资源(如土地、矿产等),其特征是有

形、静态、有限；操纵型资源是指利用对象型资源过程中产生的资源（如人工智能、算法、大数据分析能力、机器深度学习等知识），其特征为无形、动态、无限。传统经济模式重视开发土地、矿产等自然资源；在数字经济时代，依托人工智能等核心技术处理网络空间海量数据的能力成为核心知识。也就是说，操纵型资源的开发处于价值网络的战略核心地位，是战略性收益的基础来源，是服务提供和价值创造过程的关键要素。

## 第四节 知识管理理论的发展趋势

数字经济时代，知识管理的重要性和战略意义显著提升。随着知识管理为企业带来的核心竞争优势，知识密集型组织的数量也大幅度增加。知识管理的发展趋势如下：

### 一、在战略上，从数据挖掘到实时动态精准决策

在数字经济时代，知识管理的核心目标是实现数据驱动的价值创造。对内，知识管理的主要价值体现在对组织各个环节和岗位的决策支持，通过真实、动态的数字仪表盘和数字面板等可视化工具，协助员工对现实世界的现象进行判断、决策并采取应对措施。对外，知识管理需要帮助组织达成其战略目标，更好地服务社会；政府通过电子政务系统和智慧城市系统，有效地提供便民服务、危机管理和社会资源协调；企业根据客户需求精准地提供定制化产品和服务。要实现这些目标，各级领导要将数据－信息－知识－决策支持系统作为组织的核心战略抓手，借助它提升整体管理水平和决策能力。

### 二、在架构上，从局部知识管理向全域知识管理转变

随着人、设备、流程和活动的数字化颗粒度越来越细，范围越来越广，以往聚焦于企业战略、研发、营销或生产环节的知识管理活动将向全流程、全价值链和全过程发展。因此，组织需要更新原有的知识本体，将其放到网络空间去搜集和整合组织内外部的知识。知识本体作为系统展现各个独立要素属性及其关系的体系，对知识管理的蓝图设计和推进具有重要价值。

### 三、在组织上，通过无障碍知识流打造高效创新型组织

传统企业的纵向和横向分工，形成了大量信息孤岛，提高了知识传播与交流的壁垒、降低了知识分享效率，影响了企业的创造力和环境适应能力。对于新型平台企业来说，它们在网络空间构建的数字化连接，为无障碍知识流动和分享提供了前所未有的通路，为激活企业创造力打造了良好基础。由数据挖掘和场景追踪形成的商业洞察，能帮助企业对创意进行快速试错、迭代和总结，将其转化为商业价值，从而实现通过创意不断激发组织

适应性。特别是像阿里巴巴、网易、今日头条这样的企业,有能力将创造力紧紧聚合在消费者的数据挖掘与知识发现上,根据市场需求聚合产品厂商、服务提供者、金融机构、信息提供者等相关利益者。通过消费者与相关利益者的连接、交互和供需匹配形成的"网络效应",不断寻找实现价值共创的机会和空间。

## 四、在内容上,从碎片化生成到系统化整合

物联网、移动互联网、人工智能等技术的发展,不仅带来了数据量的爆发式增长,同时数据的复杂程度加深、信息的可靠性减弱、有价值知识的提取难度增大。知识碎片化时代的到来对知识管理提出了更高的要求。传统的知识获取相对而言是比较完整和系统的,知识与知识之间联系紧密且形成稳定的知识体系。而碎片化知识具有多源化分布、传播的社会性、冗余性等特点。碎片化知识分布零散,且信息来源多样,知识隐藏在零碎的信息数据片段之中,并在不同的信息源与接收者之间进行传递。碎片化知识传播的社会性体现在,关于同一主题的知识会在各个平台传播,并且传播过程中,不同群体的关注点亦不相同,使得碎片化知识呈现出不同的社会性形态。此外,只有有存在价值的数据才能被称为信息,碎片化在增加信息的总量之余,也极大增加了非信息的数据量,这些数据在知识管理的过程中可以被称为"噪音",噪音的污染给知识的获取造成了障碍。在这种情况下,知识搜索的价值更加重要,它不仅是搜索引擎的补充和扩展,同时有助于将隐性知识显性化。目前类似 Wolfram Alpha、知乎这样的问答网站,是基于用户需求的知识提供与搜索平台,可以将很多人的专业知识和见解转化为显性知识,也是对图书馆等传统知识提供方的有效补充。

## 五、在知识管理的核心知识类型上,人工智能成为战略知识

一直以来,隐性知识管理都是知识管理的难点和关键。数字经济时代为隐性知识管理提供了新的方法和技术支持,相较传统的人与人直接交互的方式,其效率大幅提高,能够在一定程度上避免知识分享过程中发生的异变。知识搜索、知识地图、虚拟学习社区等隐性知识显性化方式应运而生。传统知识管理翘楚野中郁次郎教授所提出的隐性知识与显性知识转化模型(SECI)强调在社会交往的群体与情境中,通过隐性知识与显性知识的转化螺旋推动知识创造。野中模型中隐性知识的来源主要是一线员工的生产经验、专业洞察与相互之间的交流碰撞,还有就是领导人的实践智慧,重点体现在对环境变化的预判、解读和决策。在数字经济时代,隐性知识的来源进一步拓展,人机交互成为隐性知识的重要来源。依据数字双胞胎或大数据中心的自动监测、诊断和预测功能,以及它们的数据挖掘算法模型,通过物理资产使用中不断产生和归档的历史信息,在不同地理分布的机器群之间进行比较,自动提示问题和障碍,以较小的人力投入对独立设备甚至整个网络进行远程监控和管理。在这个过程中,可以由人工智能从事相对单一、重复和初级的数据采集和分析工作,解放员工的时间和精力来做更加复杂的、具有创造力的活动。因此,企业要在人工智能等颠覆性技术的浪潮下保持组织竞争优势,必须提升人机交互和数据挖掘

等技术能力,加强对数据和运营等过程的知识管理投入。

## 六、在技术上,从基于组织的知识地图到基于平台的知识图谱

知识地图是一种隐性知识获取技术,将不同领域的知识之间建立动态联系,可以将专家的隐性知识显性化后内化为组织的知识资源,协助组织发掘其智力资产的价值。传统的知识管理重视组织知识资产的显性化与管理,通过系统审计发现整个组织的知识体系。而知识地图正是展现知识资产中市场资本、结构资本、创新资本和人力资本的导航系统,它可以显示不同知识的位置、所有权、使用方法和价值,展现它们之间内在结构和动态联系,对组织知识资产价值的最大化起到引导和杠杆作用。但是,以往的知识地图是以人和文档为核心的,在揭示知识资产的广度和深度上是有局限的。在数字经济时代,基于平台的企业及其相关利益群体的知识资产范围、规模、类型不断扩大丰富,知识地图方法无法覆盖所有的知识要素。而知识图谱(Knowledge Graph)通过综合使用算法、机器学习、图形学、信息可视化技术、信息检索、图像识别、语音识别等方法,以可视化的图谱形象地展示人、设备、产品、过程的核心结构、发展演化和整体架构,从而为网络平台的系统管理和决策支持提供依据。知识图谱的概念最早在2000年提出,2012年由谷歌开发使用,是一种大规模的语义网络。以往知识地图更多地依赖专家的经验规则构建,受限于特定领域的数据,而知识图谱扩展了大量来自互联网的实体数据和关系数据。数字经济时代,受益于海量数据、强大计算能力以及云计算等技术,如今能够自动化构建大规模、高质量知识库,从而满足互联网时代的大规模开放应用的需求。

### 【关键词】

知识管理、SECI模型、企业知识流管理模型、人工智能、知识图谱

### 【本章小结】

通过本章的学习,应能够基本掌握知识管理理论的概念、学派、内容、发展趋势以及其面临的挑战。本章学习重点在于了解知识管理理论的基本研究框架、SECI模型、企业知识流管理模型等主要内容,熟悉知识管理理论的演变过程,理解知识管理理论的学派及与其他理论的关系,并在此基础上了解知识管理理论面临的挑战及发展趋势。

### 【思考题】

1. 知识管理的研究是如何发展而来的?理论基础是什么?
2. 知识管理的学派有些哪些?优点缺点分别是什么?
3. 什么是知识管理?在企业中如何实施知识管理?
4. 在数字化背景下,知识管理的挑战和发展趋势如何?

拓展案例

# 第十二章　数字化管理

**本章要点**

1. 数字化环境下企业管理面临的变化
2. 数字化环境下企业治理结构的变革
3. 数字化环境下企业内部管理的变革
4. 数字化环境下企业管理的创新方向

## 第一节　数字化环境下企业管理面临的变化

### 一、数字化环境的特点

数字经济正在重塑世界经济版图,也成为中国经济增长的新动能。2023年4月3日,国新办举行第六届数字中国建设峰会新闻发布会,指出我国数字经济规模稳居世界第二,数字基础设施实现"市市通千兆、县县通5G、村村通宽带",数字产业规模稳步增长,电子政务发展指数进入全球前列。数字经济已成为推动我国经济增长的主要引擎之一。截至2022年底,累计建设开通5G基站231万个,千兆光网具备覆盖超过5亿户家庭的能力。数字产业规模稳步增长,2022年电子信息制造业营业收入达到15.4万亿元,软件业务收入达到10.8万亿元。行业数字化转型纵深推进,农业生产信息化率超过25%。工业互联网全面融入45个国民经济大类,实物商品网上零售额占社会消费品零售总额的比重已经达到了27.2%,创历史新高。

正如马克思在《资本论》中所讲:"各种经济时代的区别,不在于生产什么,而在于怎样生产,用什么劳动资料生产。"如果说"手推磨产生的是以封建主为首的社会,蒸汽磨产生的是以工业资本家为首的社会",那么数字技术产生的必然是以数字企业家为首的社会。数字技术的广泛应用,增强了用户在市场中的地位和作用,用户价值主导成为企业创造与供给价值的核心理念。在数字经济下,信息的表现形式从原子转变为比特,数据驱动对企业的数字化赋能彰显了智力资本价值,加剧了替代式竞争,重构了传统的商业逻辑,推动着企业目标、治理结构以及内部管理的系统性转变,如图12-1所示。

人工智能、区块链、云计算、大数据(简称为ABCD)等底层数字技术的应用加剧了企

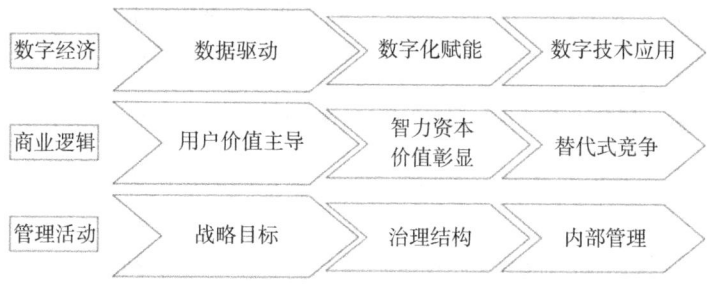

**图 12-1　数字经济推动商业逻辑与管理活动的系统性转变范式**

业之间在价值供给上的竞争。作为市场主体,企业生存和发展都必然要面临市场竞争这一根本性问题。竞争使得最适合从环境中获利的企业最终胜出,而这些企业往往也最有利于周围事物。移动互联网的普及和第五代移动通信技术(5G)商用的不断扩大使得"比特"成为信息传递的主要载体,推动人类社会从物质化的信息时代进入数字化的信息时代。ABCD 等技术的应用实现了用户对生产过程的深度参与,企业价值的实现必须以满足客户价值需求为前提条件。由于使用价值是用户价值的核心,企业之间的竞争逐步聚焦于产品使用价值的供给。与此同时,基于 ABCD 等技术而建立的数字化连接打破了组织内部和外部的边界,为跨界经营创造了机遇,企业不得不面临来自不同领域的颠覆式创新和替代式竞争。

目前的研究可以分为两大类,一类是把数字技术作为经济发展的新基础设施来研究其对组织和管理的影响,另一类是研究单个数字技术的影响,如云计算、大数据等。总体来看,基于数字技术的创新应用,越来越多的数字产品和服务将会被创造出来,在满足人们需求的同时,也将物质世界的运作与网络世界的数字融合起来,其多样性、连通性和多主体间的相互依赖性等复杂社会技术系统的特征,给现代企业组织与管理、商业模式、信息系统、数据智能算法等带来了深刻的影响。

## 二、数字化环境下企业面临的新变化

工业具有信息本源性,是信息的物化体,因而总是倾向于最大限度地运用可以获取和处理的信息。然而,在传统的商业关系中,企业作为主要的生产部门,却是一个封闭型组织。客观存在的组织边界抑制了信息的传递,企业之间互为独立的信息孤岛,竞争更多地发生在价格、质量、性能等产品的生产属性上。信息无法高效地进行传递,在一定程度上制约了产业的创新效率。特别是对于一些需要多个领域协同开展的项目,无疑会产生较大的消极影响。尽管企业内部通过各种努力尝试对产品的创新升级,但是受到要素禀赋的限制,实际效果并不是非常理想,创新速度难以跟得上用户需求的变化。选择通过扩张战略以增加要素供给,却又会带来规模不经济以及核心竞争力的下降,反而得不偿失。同时,过多地关注于生产端的技术改进,也导致企业在服务端的工作不够到位,用户体验得不到足够重视。因此,在以企业生产活动为主导的商业逻辑下,产业的创新能力无法得到完全释放,用户仅仅作为产品的被动接受者,其权益也无法得到充分保障。ABCD 等技术的出现改变了上述状况,企业之间建立起互联互通的商业网络,数字化连接打破了组织的内外边界。在商业活动中,用户的地位和作用得以增强,逐渐演化出以用户价值为主导的新的商业逻辑。

## (一) 数据穿透推进信息孤岛的互联互通

互联网的普及使得信息传递的载体变为"比特",ABCD等技术则将"比特"信息进一步数字化为数据。与信息相比,数据仅仅被视为一种量化的符号和客观存在,本身没有固定的意义。也正因如此,数据能够穿透组织边界的抑制,在网络上快速传递。从性质上看,数据属于非竞争性资本,没有内在价值,其传递不存在边际价值递减的问题。只有当数据被转化为信息或知识并用于决策时,才能够产生一定的社会和经济效用(经济合作与发展组织,2017)。数据的客观性也使得其用途没有限制,在一个领域创建的数据仍然能够跨界提供信息或知识的支持。此外,数据作为数字经济以及第四次工业革命的核心,它的流动还能够带动技术、资本、人才向利用效率更高的领域集中,纠正资源错配。综上所述,数据穿透在推进信息孤岛的互联互通的基础上,还为产业组织内部加强协作、促进知识扩散、优化要素配置创造了有利条件。数字化转型促使企业的经营更加专注于深耕自身的核心能力,产业组织演变为一系列核心能力的组合。

数字化转型的逐步深入,日益放大了数据在商业活动中的作用。随着互联网应用扩张,人类社会逐步向"人与数据对话""数据与数据对话"的时代过渡。从产品设计到质量检测,从订单分配到终端销售,都离不开数据驱动的潜在影响。在产品被数字化为具体的数据指标后,数据驱动的生产系统避免了由人的主观意识所造成的误差,在程序性业务的运营上对人形成了替代。由于计算机不涉及体力恢复、娱乐休闲等生活性问题,数据驱动的生产线能够进行全时段生产,保障产品的稳定供给。对于数据的分析遵循一套通用的商业规则,克服了地域文化、语言障碍、国别差异等现实问题,进而降低了企业之间的沟通、协作成本。不过,也要意识到,在网络经济中,数据所能传递的边际价值随着时间而递减。数据延迟会向市场传递错误的信号,误导企业的经营活动,并且产生负向的连锁反应。因此,企业不仅需要具备快速收集实时数据的能力,而且要能够对实时数据进行及时地处理、分析,将其转化为经营决策。

企业数字化能力的加强,有利于降低失误、犯错的概率,提高经营效率。为了巩固竞争优势,企业还必须将核心能力做到极致,不断推出超越市场预期的产品、服务,以此加强品牌声誉。基于自身的核心能力来开展适应市场变化的业务,对于企业未来的发展具有非常重要的意义。从这个角度来看,企业在制定战略方向时,选择"做正确的事"显然要比"正确地做事"更符合数字经济的发展趋势。柯达、诺基亚、西尔斯等老牌名企都是因为过度地专注于巩固传统的优势业务,没有及时切换战略"赛道"而遗憾落败,将行业领先地位拱手让给竞争对手。

根据格罗夫定律(Grove's Law),在网络效应的影响下,新的产品或服务必须在性价比方面超出现有产品或服务的10倍,才能够赢得市场认可,而这也需要企业对市场动态进行全面了解。区别于工业时代相对稳定的市场环境,数字时代的市场环境日新月异,企业只有根据市场变化随时调整经营重点,才能够立于不败之地。数据客观地记录了市场行为和市场选择,因而能够比信息更加真实地反映市场状况。企业通过收集来自不同领域的实时数据,结合高效的分析工具,有助于其较好地追踪市场动向。更为准确地讲,就是通过对用户偏好和行为进行更精确、更深入地挖掘,不断加强供需两端的衔接。数据穿透将产业组织内部连接起来,并且向用户开放了深度参与生产活动的机会,企业与用户之间的距离不断被拉近,用户对生产活动的影响越来越突出。

### (二) 用户价值主导下企业目标的转变

ABCD 等技术为商业活动构建起一个虚拟世界,数字孪生(Digital Twin)系统将物理世界完整地映射到数字化空间。在这里,用户摆脱了物理环境的束缚,能够从多个渠道接收实时的市场信息,与任何企业的任何生产环节进行直接对话,获得所需要的产品、服务。数字世界的微妙之处在于,它在很大程度上实现用户和企业之间的权力平等。用户的个性化得以释放,参与生产活动的热情显著提高,不断从需求端倒逼生产活动改变,"以用户为中心"的理念也从一句营销口号真正转变为企业经营的价值判断。毫不夸张地讲,在数字经济时代,只有用户才能定义企业,也只有用户才能成就企业。信息量的丰富,使得用户对市场与产品能够作出更为合理的判断。由于用户最终决定了产品价值能否变现,企业既要积极满足用户明确表达的需求,也要善于挖掘用户不易于表达以及尚未产生的潜在需求。企业只有以用户价值为主导,持续地向用户输出价值,才能够赢得用户的认可,实现生存与发展。因此,在数字世界中,企业应该利用各种途径,想尽方法去了解用户。以苹果公司为例,乔布斯通过对既有技术进行新的组合,在现有功能的基础上,不断为用户提供预期之外、更加便捷的使用体验。无论是早期的 ipod 系列,还是后来的 iphone 系列,苹果公司都取得了不菲的业绩,公司市值曾长期稳居世界第一的地位,也是全球第一家市值突破 1 万亿美元的公司。再如,爱彼迎通过为房屋所有者和旅行爱好者建立在线连接,促进闲置房源的共享,利用虚拟现实(VR)和增强现实(AR)技术较好地向旅行爱好者展示了房屋信息。这种共享模式为房屋所有者创造了获得闲置资产收益的机会,也为旅行爱好者提供了便捷、经济的居住体验,实现了交易双方及第三方平台的价值共赢。2019 年,爱彼迎的全球用户数量超过 5 亿。也正是凭借全球用户的认可以及良好的财务业绩,2019 年爱彼迎的市场估值升至 420 亿美元。

企业管理的价值创新是一个自上而下、由内而外的过程,目前较为集中的领域为企业运营管理、产品研发制造、客户服务、企业营销四方面,其中前两方面属于企业内部管理的相关内容,后两方面则属于企业外部管理的相关内容。企业内部管理的价值内涵包括企业自身利润实现价值、可持续发展的自然价值、员工的人际价值和精神价值、社会和谐发展的社会价值四部分,企业可以在管理理念、管理方式、管理制度、产品线结构等方面通过一系列的数字化变革举措实现上述价值的创新。企业外部管理的价值主要指与客户相关的价值,通过客户服务与企业营销两方面实现,前者具体包括互动方式和服务机制,后者则为营销媒介与营销方式。数字化环境下,诞生了以虚拟社区为核心的互动媒介,并以此媒介产生了个性定制、网上预约等新型企业服务机制。同时,营销媒介逐渐向以终端媒介为核心的融合型新媒介转化,借助网络的普及,主流营销方式逐渐由线下转到线上,呈现多种类型营销方式共存的局面,服务与营销共同创新,全方面提升了用户的购买价值。但需要注意的是,管理价值创新的过程中也可能由于有意或无意的原因产生一些负面影响,导致无法达到企业预期的目标,企业需要未雨绸缪,对可能出现问题的环节多加关注,减免相关问题的产生。

在传统企业管理理论中,利用用户信息改进产品、服务的供给已经是常规做法。但是,信息存储技术能力有限,信息量在规模和范围上难以实现较大突破,在决策支持方面难以提供充分的证据。受益于云计算及相关辅助性技术的升级与完善,企业能够以较低的成本在多个维度快速地聚集海量的用户数据。谷歌凭借搜索引擎所建立庞大的用户数据库,在美国疾病预测系统上处于领先地位。然而,仅仅拥有数据仍然无法建立牢固的竞争壁垒,企业还必须能够从实时数据中快速、持续挖掘出稳定的边际价值,并且在较短时间内体现到产品、服务的供给中。高德地图、百度地图利用路况的实时数据,预测交通流量并推荐最优路线,赢得了大量用户,而这些实时数据在几分钟内就会失去价值。

实时数据的快速采集和高效挖掘,加剧了企业之间在价值创造上的竞争,直接的结果就是产品更新换代的速度逐渐增快。根据摩尔定律(Moore's Law),计算机微处理器(芯片)的处理能力(速度)每 18 个月就会翻一番。同等价位的微处理器会越变越快,同等速度的微处理器越变越便宜。这一规律反映了信息技术更新升级的速度,以及企业发展所面临的压力和危机。这也意味着,刚刚上市的新产品,可能还没有来得及实现成本优化和大规模盈利,便已陷入被淘汰的尴尬境地,这就正是比尔·盖茨所说的"微软离破产永远只有 18 个月"的道理所在。

"一切商品对它们的所有者来说是非使用价值,对它们的非所有者是使用价值"。企业倘若过多地关注于利润最大化而与用户的实际需求渐行渐远,最终结果就是脱离市场,被用户所放弃。正如德鲁克在《管理:任务、责任和实践》一书中所讲:"企业本身打算生产些什么东西并不具有十分重要的意义……顾客想要买的是什么,他认为有价值的是什么,这才具有决定意义的——它决定着什么是一个企业,它生产些什么,它是否会兴盛起来。"从这个角度来看,用户价值决定了企业存在的价值。在以用户价值为主导的商业逻辑下,企业在为用户创造价值的同时,也是在实现自身价值最大化。那么,企业与其将精力花费在追求利润最大化上而陷入被动,倒不如为用户创造更多的价值,主动去赢得用户的信任和积极预期,平衡多方利益主体的权益,追求自身价值最大化。在向用户供给新价值的同时,不断强化与其他企业在知识、技术等领域的合作与协同,以此降低生产成本,实现长期发展、互利共赢,显然是更为合理、有效的经营目标。

在追求利润最大化的传统目标下,资产负债表、利润表、现金流量表的信息仅仅传递了价值创造的过程,既未体现企业价值创造的源泉,更未体现企业价值创造的目的。恰恰表外资产(如投资者关系、高管团队、商业模式、治理结构与组织结构、供应链与渠道、公共关系等)才是推动表内资产高效运转、进而创造利润和现金流的价值驱动器,是企业名副其实的"第一资源",是企业真正的价值源泉。众所周知,资产若创造不了利润则成为"不良资产",但即便是有巨额的利润,若这种建立在权责发生制基础上"纸上富贵"的利润无法转化为收付实现制基础上"真金白银"的现金,则照样可能导致企业的"黑字破产"(有别于长期亏损、资不抵债的"赤字破产"),即由于现金链断裂而导致的企业再生产难以为继,通俗说就是"盈利企业没钱花"现象。鉴于 2008 年国际金融危机以来企业"黑字破产"频频发生,故"现金为王"理念大行其道。作为未来现金流的贴现值的企业价值,无疑表现为企业价值创造的目的所在。在企业价值最大化目标下，不仅保留了利润最大化的所有优点，也有助于克服利润最大化在不体现为现金流、没考虑风险、未考虑货币时间价值、容易导致短期行为等方面的根本缺陷。这就使得"值钱"比"赚钱"更符合企业的根本目的和长期目标。也正因为如此，与工业化时代实体企业的市值占主导相比，数字化时代下，数字企业的市值地位更为凸显甚至引领潮流。

## 第二节　数字化环境下企业治理结构的变革

　　企业的可持续发展是动态性的，表现为：不断突破发展的局限性，不断超越自己的本身的能力，不谋求短期发展而谋求长期发展。在这个过程中，企业要始终处于谋求长期发展的状态。从这几个特征来看，企业发展与企业可持续发展有着极为突出的差异。首先，企业的发展是短期的，没有可持续性，而企业可持续性发展是长期的，具有可持续性。其次，企业的发展强调的是量变到质变的过程，是只有发展，不一定有持续性的，而企业的可持续发展是在发展的基础上保障企业发展的连续性，是既有发展又有持续性的。再次，发展强调的是企业与过去的自己相比而产生的进步，可持续性发展不仅有企业与过去自己本身相比的进步，还有在其他竞争者、竞争地位、市场环境的适应等方面的进步。最后，二者的研究内容有一定的区别。前者是研究企业如何由稚嫩、弱小变得成熟强大；后者是研究企业如何在发展基础上突破发展的局限性，如何更好地规避风险和陷阱。
　　企业可持续性发展有着多方面的意义。一方面，企业可持续发展是社会经济可持续性发展的客观要求。由于几次工业革命以来人们对于各种自然资源的过度开采，导致不少种类的资源逐渐枯竭，同时自然环境愈发恶劣。在此情况下，企业需要承担起一部分责任，在生产、营销等环节进行创新，努力做到绿色化，减少企业生产经营活动对环境的影响，走可持续发展之路，这便是企业可持续发展的自然价值。为了人类本身的可持续生存和发展，人类社会就必须做到与自然发展规律和谐统一。社会经济的发展也要与自然规律和社会发展规律和谐统一，而企业的发展也必须符合社会经济发展规律，进而实现社会经济的可持续性发展。另一方面，企业可持续性发展能延长企业寿命，增强企业经济效益。随着市场环境的变化，企业面临的机遇和挑战也越来越多，可持续发展战略能有效地帮助企业避开风险，节省资源，增强企业活力，延长企业寿命，提高企业经济效益。
　　数字经济中，每一条数据都反映着用户需求与价值供给之间的平衡。每一条数据都可以有多个用途和多个用户，如何发挥它的最大价值则需要企业进行精细化设计。要想在设计方面少走弯路，最好的办法就是发挥需求端的拉动作用，鼓励用户协助企业提出具体的方案。ABCD等技术的应用与创新，为企业向用户开放参与生产活动的权限提供数字化赋能。例如，并行制造通过整合传统生产技术与ABCD等技术，利用海量数据对资源进行综合管控以及跨区域配置，强化流程之间的衔接，将传统链式生产流程转变为并行、扁平化的生产流程，提高了产品从设计到生产的成功率；智能合约通过以数字形式定义合同条款，并且借助信息技术严格监督合同履行，保障双方权益；块数据技术将跨行业数据进行关联性聚合,改变数据的生产方式,促进数据流通,为企业和用户提供更为全面的数据支持。数据是 ABCD 等技术创新的关键要素,数据化意味着 ABCD 等技术的创新从以应用模糊集合推理为主的模糊逻辑过渡到以数据为要素且可量化的精确逻辑,是更高阶意识形态的反映,具有更强的客观实在性。从技术的本质来看,ABCD 等技术的创新较好地融合了供需两端的发展与变化。无论是技术性能的升级,还是应用场景的延伸,ABCD 等技术都表现出更为灵活多样的特点,这也恰恰顺应了消费升级的市场趋势。

## 一、数字化赋能彰显智力资本价值

随着数字化、网络化、智能化的发展,计算机能够从过往数据中学习形成经验,在网络上进行传播、推广,并且逐步代替人工从事重复性的简单劳动。蓝领机器人开始向生产一线渗透,企业财务资本的配置效率大幅提升。相同的要素会因为在配置上的差异而产生截然不同的生产率水平。布林约尔松等以美国 330 家企业作为样本研究发现,在促进生产效率上,数据驱动的实际效果比将信息与通信技术应用于其他方面高出 5% 左右,并且对企业的财务绩效、资本表现等均产生了正向影响。巴赫希等选择英国 500 家企业为样本进行类似研究发现,将用户数据纳入生产管理的企业的生产率要比没有这么做的企业平均高出 8%~13%。也正是凭借数字化赋能带来的优势,在数字化转型方面先行一步的企业实现了降本增效,进而体现出更高的生产力。根据埃森哲发布的《中国企业数字化转型指数》,2015~2017 年间,数字化转型领先者的营业收入复合增长率高达 14.3%,而其他企业仅为 2.6%;2017 年,前者的销售利润率达到 12.7%,后者仅为 5.2%。根据《华为 2018 年年度报告》,受益于数字化赋能,华为在 2018 年的全球销售收入突破 7212 亿元,同比增长 19.5%,其中数字化相关业务的销售收入为 744 亿元,同比增长 23.8%。

程序性业务决策自动化,激发企业对知识密集型劳动需求的快速增加,智力资本价值受到更多的关注。人工向非程序性业务聚集,专注于提供创造性的复杂劳动以及价值输出。由于非程序性业务的处理需要应对各种非结构化问题和新信息的使用,创造性能力是重要基础,而常规的业务流程缺乏用武之地。对新问题进行分析、解决、总结的过程,也是在探求和归纳新的知识。ABCD 等技术增强了信息存储的能力,加快了知识的生产、扩散、应用,知识经济的规模不断扩大。同时,智力资本的重要性不断提升,其稀缺性以及资产专用性均超过财务资本。在产品的成本结构中,财务资本占比持续下降,智力资本的比重进一步加大。

数字化赋能增强了企业利用数据驱动创新的能力,企业对服务的关注程度超过了对生产的关注,"服务化"趋势日益明显。根据世界贸易组织发布的《世界贸易统计评论 2019》,2008~2018 年间,全球商业服务出口价值增长 46%,年均增长 3.9%,商品贸易出口价值增长 20%,年均增长 2.3%。"服务化"就是以 ABCD 等技术为基础、以用户需求为导向,充分发挥智力资本的关键作用,面向用户提供创新、个性化的价值供给。这个过程不仅要求把人类的创造性意识反映在产品的服务中形成价值,而且要将计算机的数据分析有效地应用于补充人类的创造力,提供客观、实时的市场信息和反馈。

ABCD 等技术的应用打破了物理环境对产品供给的约束,企业在时间和空间两个维度能够为用户创造更多的服务价值。企业可以通过在线调度增加附近地区的闲置产品的供给,用户对产品的使用不再以获取所有权为前提,而仅需根据使用情况进行付费。按照这个思路,用户消除了购买时间以及购买后不得不支付的维护成本,闲置产品的所有者迎来新商机。存量式调度的商业模式,缓解了由产品增量式供给所带来的市场压力,也成就了以优步、滴滴、爱彼迎为代表的众多共享经济企业。

## 二、智力资本价值提升下有限合伙制与双重股权结构

数据穿透增强了不同行业之间的互联互通,降低了企业跨界成本。源于 ABCD 等技术的推动,全球最大的搜索引擎商谷歌于 2012 年开始研发商用无人机,美国社交网站脸书于 2019 年 6 月宣布将发行私人数字货币天秤(Libra),美国最大的电子商务公司亚马逊于 2019 年 12 月宣布将加入量子竞赛的行列,等等。跨界伴随着企业经营范围和资源范围的扩大,进入新的业务领域使得企业有机会捕捉新的增长点,摆脱对传统核心业务的过度依赖。企业的边界反映了自身综合能力的范围,动态、灵活的组织边界有利于企业最大化地整合内部资源的价值,更好地适应外部环境的变化。但是,企业选择跨界发展并不是要放弃传统的核心业务。企业在其他行业中探索现有的、可类比的、价值链以外的技术或知识,也可用于解决本行业面临的技术难题或创新,以此加强竞争优势。基于跨界学习的异质性知识所形成的创新经验,不易于被竞争对手模仿和复制。

ABCD 等技术实现所有权的明晰与管理,促进使用权的交易,"不求所有,但求所用"的原则更加契合企业跨界经营的实态,通过有限合伙制作大网络的连接规模能够为企业产生更为长远的价值。面对 ABCD 等技术应用给商业带来的各种不确定性,企业唯有时刻警惕由跨界投资带来的高风险,才能够维持有序、健康地运营。从设计机制来看,有限合伙制是最有利于高风险投资的组织形式,既能保障创业企业控股权的稳定,又通过给予投资方股权激励的方式,最大限度地发挥各方的积极性。在二元责任制度下,创业企业主(GP)承担无限责任,普通投资方(LP)以出资额承担有限责任,这也较好地契合了双方的市场需求,确保资本、技术与管理的高效组合。灵活的经营管理机制使得企业仅针对政府及债权人进行信息披露,减少了应对外部监管的压力,有限的信息公开提高了商事保密性,对投资方具有很强的吸引力。资本市场的不断完善为投资方转让合伙股份创造了便利,健全的退出机制促进投资方收益的及时变现,并且不会影响到创业企业的正常发展。

传统公司治理机制致力于解决"内部人控制"引发的代理问题,试图通过引入独立董事和"累计投票权"等机制保护中小股东利益。但是,资本具有逐利性,股东追求短期利益的原始动机并不与企业价值最大化的目标完全兼容。过度地保护股东权益也忽略了对创始人团队利益的维护,而后者所具有的智力资本才是创业企业保持稳定发展的核心力量。在"一股一票"的传统制度下,创始人团队往往难以主导企业发展的方向,甚至随时都有可能被董事会"炒鱿鱼",企业管理层的频繁变动显然会大幅削弱企业经营的活力。例如,苹果公司董事会 1985 年罢免了乔布斯的董事长职务,理由是乔布斯对产品的乐观预期出错,导致企业经营陷入危机。而乔布斯的离职,也使得苹果股价在接下来 7 年多的时间里持续下跌,苹果公司走向停滞不前、亏损甚至濒临破产。直到 1997 年由于乔布斯的"二进

宫"才开始逐步扭转苹果公司的命运。鉴于在美国硅谷,类似公司创始人被董事会被"炒鱿鱼"的事情很多,一些数字企业在有限合伙制的基础上,又"发明"了双重股权结构制度,即同股不同权、同股不同利。根据美国上市公司的数据,2009—2013年间大约有16.5%的企业在首次公开发行(IPO)时采用了双重股权设计,特别是新兴领域的高科技企业,2013—2017年间这一比例继续保持增长。从实际效果来看,双重股权的设计有助于上市企业提高对智力资本的投资与激励,避免企业在管理者不知情的情况下被收购,释放创业企业的发展潜力,提高对投资者的长期回报,使管理层关注创造企业的长期价值,日益成为发达国家创业企业进行首次公开发行的首选模式。双重股权结构为企业跨界经营提供了便利,企业能够以较小的付出获得必要的跨界支持。

在有限合伙制和双重股权结构的助力下,企业凭借所拥有的大量用户及数据,可以轻易地跨界进入众多不相关的领域,获得更加丰富的用户和数据资源。数据来源单一会降低企业的竞争优势,因为从这类数据中得到的灵感无法适用于不同的用户群体。那些无法跨界获取用户和数据的企业必将陷入竞争劣势,处于被动的市场地位。美团、饿了么等企业的出现,为用户提供了便捷的外卖服务,但是也间接地造成方便面销量的断崖式下跌。智能手机在被注入拍照功能,并且不断增加美颜、连拍、流光等技术后,愈发受到用户的偏爱,对专业相机构成了替代式竞争。在数字时代,跨界打劫的现象几乎每天都在上演,正如数字经济业内人士经常表述的,如今"打败你的不是对手,颠覆你的不是同行""我打败你,与你无关""没有成功的企业,只有时代的企业"。"跨界打劫"增加了市场环境的无序、混乱,加剧了企业之间的替代式竞争,对产业结构、产业组织、企业组织产生了深刻的影响。

## 三、智力资本价值汇聚下利益相关者的价值整合

智力资本价值的彰显,表明企业之间的竞争还需要针对人类的创造性意识的获取。创新是经济和社会进步的重要驱动力,企业的发展壮大同样离不开创新的潜在影响。创新源于个体之间主观能动性的碰撞。ABCD等技术加快数据的传递,提高信息交互频率,为创新思想的凝聚创造了有利条件。在数字化空间里,数据汇集之处往往也是新思想、新创意生发和涌现的源头。只有那些能够源源不断地获取大量数据流入且对算法加以持续优化的企业,才有机会提炼出新的产品价值。建立流量思维,固化、促活并日益扩大用户群体,集聚更多的发展能量,对于企业创新服务方式、改善服务质量具有重要作用。例如拼多多作为新兴的平民购物平台,采用拼团折扣的消费模式,利用微信朋友圈的力量实现"野蛮生长",按照"拉新、留存、促活"的步骤,逐步将新加入者转化为活跃用户,最大限度地降低了流量成本。

服务升级必不可少,关键还是要带来新的价值。就某个产品所蕴含的价值总量而言,单个个体显然无法给予全部供给,必须与其他个体共同完成。2019年8月,美国188位顶尖企业首席执行官联合签署《企业的目的宣言》,该宣言强调企业将不再独尊股东利益,应该更加重视致力于为所有利益相关者创造价值,包括为客户提供价值、提高员工薪酬福利与培训教育、与供应商公平合理交易、支持社区、保护环境、为股东创造长期价值等。钱

德勒将工业时代企业绩效的驱动力归纳为规模经济和范围经济,但二者对价值的贡献呈边际递减。而在人工智能驱动的模型中,学习效应和网络效应使得二者对价值的贡献呈边际递增。在交叉网络外部效应(Cross-Side Network Effects)作用下,利用数字化空间中的集群力量,形成规模经济和范围经济,无疑对推进价值创造具有更为积极的作用。在数字化初期,网络效应和算法应用都会面临一定困境,当连接规模和数据达到临界值后,就会爆发出惊人的能量。根据梅特卡夫定律(Metcalfe's Law),网络的价值为网络节点数的平方,即网络价值会随着连接用户数量的增多而呈现指数级增长状态。新的节点,也预示着新的机会。在网络里,企业在不断把握新机会的同时,也是为之后捕捉更多的机遇奠定基础,进而形成一种良性的正向循环。为了赢得、巩固竞争优势,企业必须追求扩大对个体的连接规模,致力于整合网络中的碎片化价值。

除了要最大限度地发挥用户的作用,企业内部的员工同样具备贡献智力资本和碎片化价值的能力。因为长期从事于一线工作,员工对于用户需求的变化有着更为直观的感受,也更加明确创新的必要性和方向。在价值创造方面,企业有必要发动全员的力量,形成合力共同推动实现企业价值最大化。一个行之有效的办法就是让用户和员工变成动态合伙人,赋予他们相应的权力,在创造价值的同时也能够分享由此所产生的回报,强化激励相容,切实激发他们的热情和积极性。概括起来就是"高管股东化、员工创客化、用户员工化",高管、员工、用户之间的角色定位日益模糊,而这显然有别于传统的公司治理机制。海尔于2005年推出以用户为中心的"人单合一"模式,将员工的角色从雇佣者转变为创业者,企业提供基础设施和生产服务帮助员工实现个人理想。通过将员工、订单、用户合在一起,让员工直接负责向用户创造价值。薪酬由用户决定,根据员工创造的价值进行支付。让用户倒逼员工转变观念,主动提高专业素养。所谓的"用户员工化"就是企业在向用户提供服务的同时,将用户付出的劳动折算为股份,使用户与企业共同发展、共担风险、共享收益。企业为用户提供生活化的创业空间,让用户参与产品的开发、推广,借助用户的圈子力量,扩大网络的连接规模。如滴滴出行把一些好的司机发展为公司的"司机服务经理",小米手机将一些"米粉"发展为公司的员工。

随着用户在市场中的地位不断提高,用户之间的连接更加频繁。具有相同或相似爱好的用户在互联网上聚合为虚拟社群,围绕共同的需求形成在线分工,分享新知识和价值,推进产品的更新换代。虚拟社群作为一个自我运作的组织平台,包括用户、企业等多个主体,知识的交流与增值是维持其运行的根本动力。在这里,个性化将得到前所未有的体现。每个主体通过与其他主体进行价值交互以及贡献智力资本,在参与知识创新的同时,也从最终产品中直接获益。企业为了获得发展,就必须在努力地满足"长尾需求"的过程中,建立自身的粉丝社群。由于每一个虚拟社群都反映了一类用户的共同爱好,社群之间形成不同的圈子与层次,这种现象也被描述为"社群圈层化"。逻辑思维选择"85后"的读书爱好者作为目标群体,通过培养用户形成共同的阅读习惯、分享经典学习体会、加强线上阅读与线下交流等互动方式,吸引大量的在线用户,逐步构建起知识服务的社群,成为中国前三大内容知识提供商之一。

虚拟社群的崛起,推动了平台型互联网市场的出现。价值供给的多样化加快用户的个性化升级,促使企业进行跨界连接。企业加强碎片化价值的整合能力,丰富了价值供给的形式，有助于更好地迎合用户的多样化需求，加快用户的个性化升级。然而，需求具有无限膨胀的特性。用户总是希望在对产品支付一定的固定成本后，能够以较低甚至零边际成本获得更多的使用体验。当产业内部的价值整合接近天花板时，企业之间竞争陷入白热化。在这种情况下，企业选择打破组织边界，寻求跨界连接，能够为开拓蓝海以及进一步扩大价值供给创造新的可能。

## 第三节　数字化环境下企业内部管理的变革

ABCD等技术打破了组织边界，赋能企业跨界发展。智能化设备的应用日益推广，使得智能化设备不同的根本原因不在于互联网应用，而是物体的性质发生了改变，智能化设备性能的扩展及其产生的数据重新定义了用户价值、竞争模式以及竞争边界。传统制约因素的消除改变了竞争方式，竞争过程从"市场内的竞争"转向"市场间的竞争"。用户与用户之间、用户与企业之间以及企业与企业之间的沟通与互动，都比以往任何时期更加频繁、高效。在数字经济浪潮下，替代式竞争是市场运行的基本特征。市场总是在不断淘汰那些低效、无效地向用户供给价值的企业的过程中，完成自我更新与升级。海量数据为企业业务流程的优化以及标准化提供了条件，也增加了维持竞争优势的难度。与那些将互联网技术仅仅作为办公工具的企业相比，能够将互联网技术用于提高核心竞争力的企业在市场竞争中往往获得更多的竞争优势。将ABCD等技术与实体经济进行深度融合，不仅有利于加快传统产业的质量变革、效率变革、动力变革，而且为企业对接全球技术标准、提升国际竞争力奠定了基础。随着ABCD等技术在企业运营中的全面应用，企业势必需要对内部的各项职能活动作出适应性调整，进而不断提高价值创造与供给的效率。

变革需要全新的制度逻辑以及应对组织内外环境挑战的敏捷能力，才能实现良好的适应性变革，需要更加专业化的风险预警机制、知识管理机制、应对变化的内在弹性和自适应的数据智能系统来支持企业组织变革。同时实践表明，数字企业的组织范式已经不再是基于直线职能制的有明确边界的组织，而是表现出诸如平台化、生态化、模块化、虚拟化等新范式的特征，需要探索这些新的组织范式和特征现象背后的科学逻辑和科学基础，并形成系统性的组织管理理论与方法。

数字技术正在重新定义企业的运营管理体系和管理模式。特别是随着大数据和人工智能技术的发展，数据智能以及智能体支持下的人机协同成了运营管理系统中重要的角色，并驱动着需求预测、研发设计、定价与库存管理、供应链协同、客户化定制等关键运营活动发生彻底变革，也给运营协同决策带来了新的挑战，数字技术的应用使创新链的上下游关系变为错综复杂的开放环境中的互动网络关系。企业与用户、供应商、合作伙伴的多向互动正加速成为新的创新源，企业竞争焦点正快速地转向基于平台协同的生态体系塑造，也使企业创新快速进入共创、共享、共赢的协同创新的新时代。如何从基于价值链的纵向创新管理转向基于价值网络的多向互动的敏捷协同创新管理，需要从科学原理上去探索协同创新的本质和规律、创新管理的机制和机理，从而形成数字时代协同创新的新理论和新方法。

## 一、组织结构趋于网络化、扁平化

对于工业企业而言,战略决定了组织结构。工业化时代,不管是直线制、职能制、直线职能制还是事业部制、矩阵制,企业组织结构都像金字塔般一样,呈现垂直化、科层制、等级制的特点,在应对外部环境变化、资源配置等方面缺乏足够的灵活性。数字经济的高速发展使得企业战略发生转变,也要求企业对组织结构进行创新,重新协调、评估和筹划人、财、物的组合。如前所述,数字经济背景下企业的战略应聚焦于"做正确的事",通过加强与其他企业之间的协同,追求企业价值最大化。传统理论中有关企业竞争优势的描述并没有涉及互补品和用户基础,然而在数字经济下二者对竞争优势的形成都发挥着重要的作用。针对竞争优势的研究主体也从企业转变为生态圈,价值共创和价值协同成为新的经营理念。有别于经典的价值链理论以及战略网络,生态圈可以定义为一组具有不同程度的多变性、互补性且不受等级控制的参与者。生态圈不仅覆盖供给侧,而且向需求端进行延伸。在生态圈中,终端用户能够通过数字化连接直接选择产品的组成部分以及组合方式。生态圈的核心在于用户价值的供给,而非企业。ABCD等技术的应用强化了企业之间的数据共享,重新诠释了服务的内涵,管理者可以及时了解一线情况并且配置相应资源,"让听得见炮声的人来决策"。随着消费者对实时性体验的追求不断增强,企业的职能部门之间要加强相互配合、协作共赢,对市场需求做出及时响应,组织结构趋于网络化、扁平化。

企业职能部门之间的协同体现为横向业务的跨界入局以及纵向业务的贯通融会,由此构建起网络化的组织架构。其中,企业、用户都表现为一个个独立的节点,节点之间通过数据传递建立实时连接。网络组织的运营以节点为单位,具有去中心化、去中介化等特点。在数字化空间中,经济时空的外延不断拓展,逐渐取代物理时空在资源配置当中的地位,进一步提高了要素流通对于价值创造的效率与效果。一个富有活力的生态圈具有3个特征,即拥有一定规模且参与者之间能够高频交流、彼此间信任、不断有新的参与者加入。因此,为了提高价值供给的效率,企业需要不断尝试着扩大连接规模。在横向业务上,通过跨界入局为用户创造更多的附加价值。以腾讯公司的微信为例,在最早的通信功能之上,程序中陆续添加了手机充值、生活缴费、城市服务等新功能,并且通过与第三方合作的模式先后推出了车票购买、打车出行、点餐外卖、酒店预订等服务,打造微信生态圈体系。在纵向业务上,借助迁移学习、城市计算等技术实现业务之间的贯通融会,优化价值供给的成本与效率。为了改善城市生活品质,阿里巴巴提出"三公里理想生活圈",在淘宝、天猫、蚂蚁金服、菜鸟、阿里云等业务的基础上,于2018年入股居然之家、收购饿了么,打通线上与线下的连接,组成新零售生态的"八路纵队"。

企业对市场变化做出的每一次应对,都会引发市场的新一轮变动。在企业与市场相互影响的过程中,市场变得更加复杂。企业唯有加强对市场需求的即时响应,才有机会在竞争激烈的环境中赢得发展先机。为此,企业内部有必要消除冗余层级,减少对数据、信息传递的阻碍。然而,传统的垂直型、多层级、封闭的组织结构过度依赖于集团总部的中央管控,缺乏灵活应变的管理机制,越来越难以适应数字经济时代。集团与终端用户之间相距甚远,不利于使数据、信息快速地转化为经营决策,严重削弱了企业的市场竞争力。扁平化的组织结构能够以用户为中心,基于小型团队的分散化决策以及更广泛的连接与集合,加快资源的交互与整合,成为企业内部数字化转型的最优方案。在扁平化的组织结构下,供给侧的分工得到深化,小型团队将致力于持续强化在用户价值创造方面的核心能力,企业的核心能力更加侧重于价值整合、价值供给以及改善用户体验,通过平台化管理为小型团队与用户的沟通以及小型团队之间的交流、合作提供所需的各类支持。以红领集团为例,集团遵循"源点论"的价值观引导,按照"四去两组"的变革思路,逐步转变为"全员对应目标,目标对应全员、高效协同"的扁平化组织模式。红领集团的大量中层被取消后,管理者以服务和支持性业务为主要工作,员工直接对接用户,客服中心成为集团内部指令传达、资源协调的关键部门。

## 二、营销模式趋于精准化、精细化

企业采用网络化、扁平化的组织结构有助于强化对市场需求的即时响应,也提高了整合碎片化价值的综合能力。ABCD等技术的应用极大地丰富了产品的供给,数据、信息充斥于数字化空间。然而,产品种类的增多,无形中增加了消费者的搜索成本,并不必然能够带来更好的消费体验。信息的丰富导致用户对单个产品的注意力匮乏,信息过载降低了用户从产品中获得的使用价值。针对上述现象,工业化时代"广而告之"的粗放化营销模式在满足个性化需求方面的速度慢、时间长、成本高,越来越难以适应市场的变化。数字经济时代下,企业的营销模式必须更加精准化、精细化,在详细地了解用户需求的变化后,切实提供他们真正需要的产品、服务,减少信息噪声。其中一个非常重要的方面,就是为用户打造独特、便捷的使用体验。与价值挂钩的使用体验因用户的不同而变化,企业在设计体验情境时还需要考虑用户需求的多样性。也正是这种以个体用户为中心的经营理念,使得企业从需求端的视角不断发现新的市场机遇。联合利华公司的品牌之一多芬,根据用户群体的定位,在电脑端和移动端跨屏投放营销信息以增加品牌曝光,通过对人群、算法、时段、地域等多个维度进行优化,挑选优质目标群体参与到品牌互动的各类活动中。多芬采用精准营销模式的投放成本仅为传统营销模式的1/3,活动转化率却是后者的3倍以上,在不断聚焦优质群体的同时,提升了服务的针对性和有效性。

数字技术的发展为企业触达客户提供了空前的渠道和途径,正在重塑企业与客户全生命周期的互动关系,也使企业拥有前所未有的用户和营销数据以及市场洞察的能力。全渠道、智能化、产品服务化、个性化营销已成为数字时代营销管理新的基本特征。尤其是人工智能算法和智能体以及服务商网络协同来满足客户个性化需求的同时,也面临着如何保护用户隐私和客户数字资产的重大挑战,需要系统性地探索各种变化趋势的科学逻辑和管理规律,从而形成具有数字时代特征的营销管理理论与方法。

ABCD等技术提高了价值供给的效率,为企业提供个性化、一对一服务创造了条件,同时也实现产品的差别化定价。差别化定价是指企业根据用户对产品性能的使用情况、消费偏好、紧急程度等,设计不同的价格标准,增加品牌影响力以及对用户群体的覆盖率。

追求使用体验、品牌忠诚度高的用户对时间、性能的敏感超过了对价格的敏感,即使在使用中出现一些小的问题也不会削减他们的热情,新上市但价格较高的产品能够较好地迎合他们的需求。不过,大多数用户仍然希望能够获得有一定品质保证、价格相对合理的产品,企业要想获得他们的认可就需要通过持续测试实现性能的稳定、成本的降低。随着用户体验场景的丰富化,不同的用户从同一件产品中获取的价值诉求表现出明显差异。在数字化空间中,企业可以对产品性能进行精细化的划分,按照用户提出的要求进行组合,制定相应的价格。用户仅需对所需的产品性能进行支付,不必以获取产品的全部性能为前提。如此,产品的性价比得到明显的提升。苹果公司旗下 iTunes 凭借让用户在线整理歌曲库、仅对入库歌曲进行付费的商业模式,减少了用户购买整张唱片专辑的成本以及盗版资源的泛滥,也节省了用户为听喜欢的歌曲而不得不更换 CD 的时间。iTunes 成为美国最大的在线音乐商家,为苹果公司创造了巨大的经济利益。

精准化、精细化营销的基础是透过丰富、海量的数据去深入分析用户的消费行为与意图,开展全渠道营销、拓展数据来源成为必要之举。所谓全渠道营销是指企业采用 ABCD 等技术,通过实体商店、网上商城、移动终端、社交网络等多元化的渠道满足用户多方面的综合性需求,给予用户全方位的直接沟通以及一体化消费体验,并在不同渠道之间实现精准衔接。其间,企业以数据的形式随时记录和采集用户的所有相关行为。数字化测量隐含了两个基本假设,分别是用户行为受到潜在意识的支配以及偏好趋于稳定。分析用户过去的行为总是能够为企业提供有价值的市场信息,这些信息也成为企业制定营销决策的重要依据。从这个角度来看,全渠道营销也意味着营销活动的全面数字化,即由数据驱动人流、物流、信息流、资金流的共享与汇集。优衣库以信息化管理的方式打通供应链的主要环节,基于对用户数据的分析进行市场预测,连接线上、线下链条,改善生产、分配流程,降低库存数量。同时,优衣库还利用人工智能技术建立全球用户的数据平台,加强对用户需求变化的观察与判断,实现从"为所有人而做"向"为你而做"的转变。

## 三、生产模式趋于模块化、柔性化

精准化、精细化的营销模式倒逼上游的生产体系发生变化,模块化、柔性化生产模式应运而生,进而逐步替代了工业化时代的单一性、批量化生产模式。为了满足顾客的多样化需求,企业的生产装配线必须具有快速调整的能力。为此,必须实现适合于定制化产品的模块化制造。模块化是指半自律的子系统,通过和其他同样的子系统按照一定的规则相互联系而构成的更加复杂思维系统或过程,即将产品的某些要素组合在一起,构成一个具有特定功能的子系统,将这个子系统作为通用性的模块与其他产品要素进行多种组合,构成新的系统,产生多种不同功能或相同功能、不同性能的系列产品。产品的模块化由两部分组成,一部分是所有产品共有的,另一部分是体现产品定制特征的,企业将共同的部分事先组装起来,一旦顾客提出自己的特定要求,便将这些满足要求的部件迅速组装上去,从而可以提高速度和效率。模块化有多种形式,其中可组合模块化(Sectional Modularity)可提供最大程度的多样化和定制化,允许任何数量的不同构建类型按任何方式进行配置,只要每一构件与另一构件以标准接口进行连接,如同儿童积木,组成积木的对象个数仅仅受想象力的限制。

柔性化生产最早由英国莫林斯公司于 1965 年首次提出,生产技术的发展不断扩大了柔性化生产的内涵与形式。数字技术与制造业的不断融合带来制造范式的变革,制造业在数字化空间中实现闭环、赋能的价值循环。与传统的工业技术相比,ABCD 等数字技术的突出特点就是它们更加善于捕捉由数字化和信息技术普及所带来的无处不在的力量,智能化的生产线能够在少品种、大批量生产与多品种、小批量生产之间的任意切换。数字经济降低了企业的搜索成本、复制成本、运输成本、溯源成本以及认证成本,极大地提升了生产的柔性化、供应链协同以及对生产风险的管控。企业可以根据实时获取的市场信息进行生产要素的配置,合理安排生产计划,弹性释放产能,加快库存周转。随着线上交易的普及,计算机在对用户订单进行分析后,为企业设定了最优的规划方案,信息、数字产品以及实体产品的运输成本及运输效率都得到了明显改善。三一集团作为高度离散化的制造型企业,在经过数字化升级后,建立起基于三维仿真的数字化规划之上多车间协同、执行一体化的柔性化生产模式,生产效率、物流配送效率得以提高,生产周期、误操作、不良品率、人力成本、运营成本等均有不同程度的降低。

柔性化、智能化的生产使得企业能够更为灵活地生产用户需要的产品,生产模式从传统的大规模生产转变为数字经济下个性化定制。ABCD 等技术强化了企业对生产流程的管控,促进产品质量的持续改善,也为企业打开了让用户参与生产活动的大门。在影响用户购买意愿的各类因素中,个性化、产品类型具有显著影响,而价格的影响却微乎其微。与标准化产品相比,个性化产品更好地满足了用户的需求,给用户带来更高的价值。用户不再满足于仅仅作为产品的被动接受者,而是更希望拥有在众多的产品属性中进行选择的权利,根据个人喜好进行组合。用户是具有创造性的个体或群体,有意愿,也有能力与企业共同进行产品的设计与研发。如果用户对自我偏好有更好的了解、更好地表达偏好并且更多地参与到产品中,那么获得的价值就会更高。因此,很多企业推出了由用户自行设计产品的网站,通过一系列的技术引导,帮助用户发现需求、表达需求,然后根据用户的作品进行定制化生产。上汽大通采用 C2B 模式,在数字化平台上构建数字化运营体系和数字化营销体系,推出用户确认、在线互动、众智造车、随心选配、个性创造、自选服务、安心置换等定制化业务,打造全生命周期的数字化场景体验,实现用户对生产活动的全程在线参与。

## 四、产品设计趋于版本化、迭代化

技术进步对于经济与社会的作用,必然要借助于产品形式。信息、数据的普及增强了用户对产品的了解,企业提供优质的产品要比垄断渠道、提高营销力度更为重要。Excite@Home 在与谷歌的竞争中,尽管在营销方面投入大力度,但是忽略了对产品的改善,从而走向衰落。

柔性化生产与个性化定制加强了市场供需两端的衔接,企业与用户共同参与生产活动进一步加快了产品的更新换代。新产品的生命周期在无意当中缩短,产品在时间维度上的价值潜力逐渐超过了其他方面。工业化时代,企业的产品设计是从大众化的基本需求出发,追求性能完美的"大产品",常常忽略了用户群体之间的差异,对于用户需求的响应速度明显不足。面对市场需求的不确定性,用户识别、敏捷学习、迭代试错是企业动态适应外部环境变化的重要能力。企业过度地追求向市场推出完美化的产品反而会贻误最佳时机,降低市场竞争力。较为合理的做法,则是在发现市场空缺后,以有限的资源支出,快速提供一个较为可行的产品。这个产品不必满足用户所需的全部内容,但是需要具备最关键的功能并且能够维持最低程度的运行。即使产品在刚推出后遭遇失败,企业也能够在较短时间内从用户反馈的数据和信息中寻找原因。通过对原始创意进行不断地调整与修正,治疗用户痛点,在发布一个又一个新版本的过程中实现创意市场化以及产品的迭代与升级。迭代创新模式降低了企业面临的资源禀赋约束,也增强了企业的战略多样性。迭代化的生产节奏,有助于企业将供需两端的发展与变化及时地融入产品的设计之中,更好地感知、把握、转化新的机遇。谷歌公司在 2007 年发布安卓系统 1.0 版本,通过建立开放的系统平台,吸引众多的开发者与用户,按照改版、新增、改善的思路对系统性能进行持续的升级,历经 20 多个版本的迭代过程,如今已迭代至 11.0 版本。

在数字化空间中,详细的技术参数全方位地展示了每一件产品,物理世界的虚拟呈现降低了企业试错与创新的成本。对于一些设计原理高度复杂的产品,也能够被数字化为零散的组装部件,较为准确地还原系统集成的步骤。技术人员对产品情况的系统性了解,降低了企业在技术进步过程中不得不面临的不确定性。企业必须通过增加新的产品,不断强化自身的竞争力,围绕产品迭代展开激烈的竞争。尽管市场上第一个产品需要较高的固定成本支出,但是在之后的迭代成本却很低。已形成一定市场规模的产品若是无法迅速迭代,从而更好地融入用户的生活,便有可能会被其他新产品所取代。塞班操作系统在与安卓操作系统竞争的过程中,采用了闭环式系统且仅属于诺基亚的专属配置,在产品性能的迭代方面处于劣势,导致越来越多的用户只能加入安卓的阵营。为了维持塞班系统的运行,诺基亚内部组建了庞大的运营团队。臃肿的组织机构提高了管理成本,研发部门之间技术协调的难度随之增加,使得诺基亚的竞争优势被削弱。最终,诺基亚在迫不得已的情况下战略性放弃了塞班系统。

在产品性能不断迭代与升级的同时,企业还需要兼顾对多样化、个性化需求的满足。针对不同的用户群体提供差异化的版本,尽可能地增加总的价值供给。例如,允许普通用户低价或者免费使用产品的基本功能,以此建立基本的利基市场;针对付费的高级用户,则提供一些更为高级的性能与服务,进一步改善使用体验。美国奈飞(Netflix)公司按照付费情况,将会员服务分为基础、标准、高级 3 个档次。其中,基础服务包括移动设备观看、无限浏览、随时取消、首月免费,同时观看 1 个屏幕;标准服务在基础服务的基础上增加了高清可视,可以同时观看 2 个屏幕;高级服务在标准服务的基础上又增加了超清画面,可以同时观看 4 个屏幕。微软公司在推出 Windows7 系统时,为了更好地适应不同用户群体的消费特点,将产品进一步细分为初级版、家庭普通版、家庭高级版、专业版、企业版以及旗舰版 6 个版本,不同版本的功能、桌面体验、常规操作、网络性能存在细微的差别。在数字经济下,沿着时间和空间两个维度进行产品版本划分,近乎创意无限,这样企业就可以低甚至零边际成本实现产品差异化,进而实现成本领先优势和产品差别化优势的兼顾和结合。

## 五、研发模式趋于开放化、开源化

传统的封闭式、闭源式创新模式在市场需求趋同、信息相对有限的情况时具有优势，但是在响应多样化需求以及应对不确定性方面存在不足。数字经济时代下，任何企业都不具备在所有领域保持领先的全部技术、资源与能力，只有在不断凝聚、展现新想法的过程中才能发展壮大。因此，创新不应仅仅是组织内部的闭门造车，而是需要整个生态的协力共进。整个生态在价值创造上的协同，产生指数级的增长效应。有价值的思想遍布数字化空间的各个角落，企业要实现可持续发展显然不能忽略规模庞大的外部知识。AB-CD 等技术以及开源系统能够为企业源源不断地输入新的创意，开放化创新模式为产品迭代提供了强劲动能。从概念上讲，开放化创新是指企业借助互联网将研发职能众包给非特定的主体，在任何时间、任何地点对各种形式的意见都保持开放、接收的姿态，并将其中好的创意表现在产品和服务中。以维基百科为例，通过向全球用户开放编辑功能，加快词条的解释与更新，在 2002—2008 年之间已拥有多种语言版本，共计 20 多万组词条，信息储量远超大不列颠百科全书。

众包有助于企业调动网络上的资源与能力，将研发活动交由最合适的人员在最有效率的地方来开展。通过汇聚来自不同领域的知识，发掘跨界创新的潜力，构建创新生态圈。在动态、不确定的市场环境中，生态圈内部参与主体的多元化为信息交换、解决问题提供了更多的选择，也提高了系统的稳定性、应对未知风险的能力。企业借助生态圈内部合作伙伴跨界提供的专业知识基础，有利于优化创新的成本、质量和速度，更好地适应用户需求的变化。Raymond 将创新模式区分为大教堂模式和集市模式，二者分别对应了封闭化和开放化的创新文化。与大教堂模式相比，集市模式下开放化、开源化的研发思路，吸引了多方参与主体，也增强了企业对市场机遇的捕捉。2000 年初，宝洁因为研发能力停滞，导致企业市值缩水 800 亿美元。随后，宝洁将非核心业务全部剥离，并且增加了创新支出规模，将研发重心转至企业内外部创意的整合与孵化，而不再仅仅依赖于内部研发。为了促进研发团队之间的信息共享，宝洁建立了产品资讯平台，加强与用户、供应商以及其他合作伙伴的技术交流。经过 4 年多的变革，宝洁完成了对近 200 个品牌产品的更新换代，还陆续推出一些全新的产品类别，其中一半以上的创新成果来源于组织外部。海尔集团的开放化创新平台 HOPE，旨在打造全球智慧家庭领域最大的技术创新入口和交互平台，通过内部 1000 多名接口人，紧密对接 10 万多家一流资源、120 多万名科学家和工程师，组成一流资源的创新生态圈，形成了一个遍布全球的创新网络，进而实现了"世界就是我的研发部"的开放化创新局面。

开放化创新模式可以分为外部知识在组织内部的利用，以及内部知识向组织外部的转移。在内向开放化创新与外向开放化创新的协同作用下，知识的跨界传播与交互促进不同主体在数字化空间中密集的虚拟集聚，催生出开放化创新网络。替代式竞争促使企业对新知识的探索，不断寻找竞争优势的新基础。借助互联网的力量，企业能够在创新网络中实时获取互补性资产，尤其是隐性知识的积累。与显性知识相比，隐性知识往往是特定情境下的产物，具有较强的情境依赖性。数字化、密集化的创新网络降低了隐性知识在不同情境下应用的试错成本,加快隐性知识的创造、传播、共享,促进产品迭代、技术升级以及创新扩散。只有接受者表现出更为积极的姿态,知识才能够在不同主体之间实现有效"转移"。这也要求企业与创新网络中的其他主体建立更为密切的连接,在汲取新思想、新知识的同时,充分发掘并整合生态中的碎片化价值。Linux 系统向全球开放源代码,允许程序员在原始系统的基础上进行修改、研发与测试,提高产品质量和性能。正是凭借汇聚全球爱好者的共同努力,Linux 系统被广泛地应用于各类计算机硬件设备中。根据中国信通院发布的《中国云计算开源发展调查报告(2018 年)》,有 80% 以上的企业在使用私有云的过程中应用了开源技术。

## 六、用工模式趋于多元化、弹性化

工业化时代,用工模式表现出直接雇佣、刚性化的特点,在用工成本上给企业造成了很大的负担。特别是在产业转型升级、智力资本价值凸显、劳动力结构和配置亟待优化的背景下,传统用工模式加重了企业发展的困境。在开放化创新模式下,企业劳动力结构与技术之间的匹配扭曲,会阻碍新技术应用所带来的积极效应,抑制创新产出。ABCD 等技术应用对生产率的影响具有不确定性,而只有在特定情境下与高技术劳动力相结合之后才能产生正向的促进作用。高技术劳动力在数据分析、深度思考以及解决新问题等方面的优势,对 ABCD 等技术形成有益的赋能与补充,其市场需求日益增加。互联网促进了企业与高技术劳动力之间快速匹配,二者之间通过建立短期、灵活的项目契约关系,达成合作。劳动者不必拘泥于传统组织的束缚,企业也能够按需招聘、降低用工成本、提高创新能力。由于长期、稳定的用工契约被打破,劳动者在整个职业生涯中将会完成更多性质不同的工作,终身学习成为每个人必备的新技能。这种新的用工形态较好地迎合了高技术劳动力的工作偏好,被称为零工经济。基于云技术而建立的人力云模型,为企业在全球范围内实时获得人才资源提供了便利。根据国际咨询机构 Affing Industry Analysts 统计,2017 年全球人力云总收入达到 820 亿美元,全球零工经济规模达到 3.7 万亿美元。根据世界银行发布的《世界发展报告 2019》,当前全球零工经济的活跃劳动者不到 0.5%,发展中国家的这一数据不到 0.3%,未来还有很大的发展空间,特别是在高技术劳动力的供给方面。根据在线工业人才供应商 PeopleReady 对美国劳动者的调研结果,有超过 52% 的劳动者表示计划将在 2020 年承担更多的零工任务。

企业可以根据数据分析的结果仅保留稳定性的最小单位,将每个项目作为浮动结构,借助互联网在全球范围内调用所需资源,并支付相应的费用。零工经济平台汇聚了来自全球各地的劳动力,无论是软件开发,还是图形设计,在线服务的供给超过了需求,企业管控的重点从工人工作状态的监督转变为对劳动产出的评估。海尔在大幅削减中层管理人员后,在册员工不足 6 万人,但是通过双创平台向社会提供了超过 100 万人次的零工就业机会。海尔通过双创平台向零工就业人员提供必要的资源支持,汇聚全社会的智力资本,不断推进人力的社会化。ABCD 等技术的应用,进一步加强了海尔对在线劳动进度以及产出的管控。

在创新驱动的全球氛围下,零工经济使得组织边界随着目标的变化而变化,劳动者之间以项目为单位形成液态组织。液态组织没有层级结构,人才、技术、知识等要素在自由流动的过程中实现共融共生。自适应、自驱动的模式强化了劳动者的"使命感和归属感",激发了组织的创新活力。多元化、弹性化的用工模式,也使得企业能够对市场竞争和变革做出快速、有效的应对。以字节跳动为例,企业自成立之日起建立了信任文化,员工可以在重大项目之间调配或者自行组建项目团队,按照团队目标、关键成果进行周期性考核。凭借项目团队的自主创新能力,字节跳动在8年多的时间里,陆续推出了今日头条、抖音短视频、懂车帝等产品,业务遍布全球150个国家和地区。

由于ABCD等技术的应用加快了决策自动化,简单劳动岗位大幅减少,企业对高技术劳动力的需求日益扩大,员工队伍中高技术劳动力占比将不断提高。根据麦肯锡全球研究院发布的《人机共存的新纪元:自动化、就业和生产力》,自动化促使全球生产力以每年0.8%至1.4%的速度持续提高,对全球15万亿美元的工作内容形成替代,从事简单劳动的员工将面临转业和技能提升的现实压力。在多元化、弹性化的用工模式下,企业的用工理念从"为我所有"转变为"为我所用"。灵活用工的思路不仅有助于企业优化用工成本,而且有利于缓解高技术劳动力供不应求的失衡局面。根据金柚网研究院发布的《2019中国灵活用工及灵活就业研究报告》,2017年中国除去劳务派遣外的灵活用工渗透率仅为1%,远低于美国和日本的同期水平;随着企业对人才需求的日益扩大,预计在2018—2025年,中国灵活用工市场的复合增长率将达到23%以上。

## 第四节 数字化环境下企业管理的创新方向

数字经济背景下,基于交叉网络外部效应的作用,用户价值主导和替代式竞争成为驱动企业管理变革的两个根本力量,具体而言,用户在商业活动中将发挥更为重要的作用,替代式竞争则驱使着企业的管理创新。基于ABCD等技术在企业之间形成数据穿透推进了信息孤岛的互联互通,企业在制定战略方向时选择"做正确的事"并且追求企业价值最大化,更加符合数字经济的内在要求。ABCD等技术对企业的数字化赋能彰显了智力资本价值,有限合伙制和双重股权结构应运而生,强化了创始股东的超级控制权。此外,"高管股东化、员工创客化、用户员工化、社群圈层化"的治理机制创新切实激发了利益相关者的积极性,驱使企业各种利益相关者身份的模糊化和融合化。在颠覆式创新与替代式竞争的数字规则下,企业内部管理的变革方向主要表现为:组织结构趋于网络化、扁平化,营销模式趋于精准化、精细化,生产模式趋于柔性化、个性化,产品设计趋于版本化、迭代化,研发模式趋于开放化、开源化,用工模式趋于多元化、弹性化。

全球数字化革命浪潮下,ABCD等技术的广泛应用使得产业结构和产业组织发生巨大变化,市场竞争变得更加复杂激烈,企业面临着一系列新的机遇和挑战。面对经济世界的"百年未有之大变局",数字化转型、智能化升级业已成为各类企业战略方向上的不二选择。对于中国企业而言,应当重点围绕以下几个方面作出应对。

## 一、确立数字化管理意识

区别于工业化时代企业主要关注于产品的数量、质量和价格等属性,数字经济下企业管理将围绕用户而展开,产品、服务的模式均以价值的创造与供给为核心。数字化不仅是利用 ABCD 等技术提升效率,而且意味着竞争属性的变化,也意味着管理思维和范式的转变。企业只有聚焦满足用户多元化、个性化的需求,不断加强与生态伙伴的密切协作,才有可能把握住数字化机遇。与发达国家的企业相比,中国企业数字化转型意识还普遍较为薄弱。根据埃森哲 2019 年 9 月发布的《2019 埃森哲中国企业数字转型指数》,仅有 9% 的中国企业在数字化转型后产生了良好的经营绩效,在营利性、成长性以及应对外部冲击等方面都有着更佳表现,而绝大多数企业的数字化转型实践尚没有带来实质性的成果。根据波士顿咨询公司 2019 年 1 月发布的《为中国互联网下一阶段做好准备》,仅有 25% 的中国制造企业提出将建造智慧工厂,而美国与德国分别有 54% 和 46% 的制造企业开始进行转型,中国制造企业在智慧连接、数据整合、智慧决策、人机协作 4 个方面的表现,也落后于美国与德国的同类企业。在数字产业经历了原始的"野蛮生长"期之后,在用户数量逐渐逼近"天花板"乃至趋于市场饱和的背景下,中国企业需要尽早确立数字化转型意识,从根本上转变传统管理理念。让用户切实、有效地参与到生产、设计等活动中,通过赋能用户与员工充分发挥智力资本的力量,在不断探索 ABCD 等技术升级及其广泛应用的同时,加速推动其与实体经济的深度融合,从消费互联网时代迈入产业互联网时代,即"从 C 端到 B 端"的转移。

## 二、制定数字化管理战略

根据埃森哲 2019 年 9 月发布的《2019 埃森哲中国企业数字转型指数》,有 67% 的高管认为在未来 1 到 2 年"数字技术+商业"是企业发展的主要动能,有 54% 的高管表示将在强化核心业务的同时,开拓新的业务。面对数字化转型的大势所趋,中国企业迫切需要制定数字化转型战略,依据战略管理的组成要素,制定既先进又可行的数字化战略及其实施方案。虽然并不存在普适性的数字化战略,但"成功的企业是一样的,失败的企业各有各的不幸",这就要求企业依据"系统决定成败"的理念,先行满足数字化转型的关键要件;同时根据"牵一发而动全身"的特点及时"补短板"。对制造业企业的数字化转型而言,需要构建数字化决策体系与管控系统,促进组织结构的网络化、扁平化;需要注重线上和线下渠道有机结合,运用大数据增强营销行为的精准化、精细化;需要运用数字孪生、数字主线(Digital Thread)、高性能模糊控制器、智能制造等技术加强生产流程管理,促进生产活动的模块化、柔性化;需要整合客户关系管理系统和产品设计平台,利用敏捷开发和精益创业方法论,助推产品的版本化和迭代化;需要选择开放型创新平台和各类开源软件,激励全球各种"兴趣小组"主动发现问题并贡献解决方案,实现研发与创新的开放化和开源化;需要利用零工经济趋势,基于在线工作平台,采用多元化、弹性化的用工模式,有效汇聚"碎片化"价值。当然,这里所谈的数字化战略转型,只是择其要点而言,远非全部。即便是对于芯片制造而言,一条生产线就会涉及 50 多个细分行业、2000－5000 道工序。显然,现实中的数字化战略转型过程是一个复杂的系统工程,不仅仅是技术层面的选择,也不完全是管理方面的考量,甚至包含着对体制改革的内在要求以及对各种利益集团的精心考虑和妥善安排。

## 三、加强数字化人才的内培外引

随着数字化转型的不断深入,企业对数字化人才的需求日益扩大。培养、吸纳一批具有数字技能的人才队伍,对于企业转型升级、强化核心优势是必不可少的。根据埃森哲于 2018 年 7 月发布的《智企业新工作》,预计 2018－2022 年间,全球企业加大在人工智能、人机协作上投资,收入将提高 38%,总利润将增加 4.8 万亿美元,员工规模将增加 10%。根据德勤于 2020 年 2 月发布的《制造业工作的未来》,随着先进技术的发展,在未来 10 年,美国制造业面临的数字化人才缺口将达到 200 万以上。毫无疑问,未来中国对数字化人才的需求肯定会更为旺盛,对此,企业需要主动应对。企业应设立副总裁级别的首席数字官(CDO),统筹软件平台建设、运营以及数字化人才队伍的管理。在加大对企业内部人员的数字技能进行培养的同时,利用外部渠道向全球招聘所需要的数字化人才。作为传统制造业典型的通用电气公司,2011 年开始着手制造业数字化转型以来,仅 2012－2016 年的 5 年间就迅速从外部特别是硅谷地区新招聘了 7500 名数字化人才。与此同时,公司加强对原有员工的数字化培训,加速员工轮岗。到 2016 年 6 月,在 30.7 万名的员工队伍中,有 2.8 万人从事与数字化相关的业务。正是这些数字化人才的新活力,助推了通用电气向"数字化制造业"的成功转型。

## 四、利用支持政策

党的十八大以来,中共中央、国务院围绕数字产业化和产业数字化已经出台了百余个专项战略规划和指导意见,如国家创新驱动发展战略、"十三五"国家信息化规划、推进"互联网＋"行动、制造业与互联网融合发展、发展工业互联网、科技基础设施与仪器向社会开放、打造"双创"升级版、构建"双创"支撑平台、发展"众创空间"、加快发展生产性服务业、大力发展电子商务、促进大数据发展行动、新一代人工智能发展规划、物联网发展、物流业中长期规划、云计算创新发展、移动互联网发展、数字乡村发展战略、扩大和升级信息消费,等等,几乎涉及了数字经济的方方面面和各个环节。与此同时,各个部委和各级地方政府围绕发展数字经济及其具体业态也出台了众多支持性政策。从整体来看,中国政府针对数字经济发展已经制定了较为完整健全的政策体系,各项具体配套政策业已渐次落地,日益完善的政策体系必将为中国企业数字化转型释放出更多的"利好"。为此,企业应该用好用足中央和地方政府的各种支持政策,合理利用各级政府的产业引导基金,充分享用地方政府的人才引进政策,大力开展数字化投资,尽早收获"数字效益"。

## 【关键词】

数字化环境、ABCD 技术、数字化管理、数字化人才

## 【本章小结】

关于数字经济时代企业管理，本章在经典企业管理理论的基础上，结合全球企业管理创新的实践证据，从全景式视角探讨了数字经济引发的企业管理变革。数字经济背景下，用户价值主导和替代式竞争作为驱动企业管理变革的两个根本力量，不仅推动着企业目标的转变和治理结构的创新，而且推动着企业内部管理模式的一系列变革，包括组织结构趋于网络化、扁平化，营销模式趋于精准化、精细化，生产模式趋于模块化、柔性化，产品设计趋于版本化、迭代化，研发模式趋于开放化、开源化，用工模式趋于多元化、弹性化。本章研究有助于了解数字经济运行规律以及相应的管理变革实践。

## 【思考题】

1. 数字技术与数字化的区别是什么？
2. 数字化管理的意义是什么？
3. 分别从技术维度、流程维度、管理维度分析企业数字化管理的目标。
4. 数字化环境下企业的管理方式已经不再是基于直线职能制的有明确边界的体系，它具有哪些新的特征？

拓展案例